D1753824

La reduplicación léxica en español y en italiano: formas y motivaciones

ÉTUDES DE LINGUISTIQUE, LITTÉRATURE ET ART
STUDI DI LINGUA, LETTERATURA E ARTE
Dirigée par Katarzyna Wołowska et Maria Załęska

VOL. 40

Notes on the quality assurance and peer review of this publication

Prior to publication, the quality of the work published in this series is reviewed by the editor of the series

Ewa Urbaniak

La reduplicación léxica en español y en italiano: formas y motivaciones

Bibliographic Information published by the Deutsche Nationalbibliothek
The Deutsche Nationalbibliothek lists this publication in the Deutsche Nationalbibliografie; detailed bibliographic data is available online at http://dnb.d-nb.de.

La publicación financiada por la Facultad de Filología de la Universidad de Łódź.

Printed by CPI books GmbH, Leck

ISSN 2196-9787
ISBN 978-3-631-81583-0 (Print)
E-ISBN 978-3-631-82412-2 (E-PDF)
E-ISBN 978-3-631-82413-9 (EPUB)
E-ISBN 978-3-631-82414-6 (MOBI)
DOI 10.3726/b17051

Peter Lang – Berlin · Bern · Bruxelles · New York · Oxford · Warszawa · Wien

This publication has been peer reviewed.

www.peterlang.com

Índice

Introducción

La reduplicación constituye un mecanismo característico para varias lenguas del mundo. No sorprende, por lo tanto, el interés de los lingüistas por este fenómeno que, a primera vista, puede parecer muy simple, pero que en realidad entraña significados y usos de gran complejidad. La finalidad de nuestro estudio radica en describir y explicar el funcionamiento de las reduplicaciones léxicas en dos lenguas: español e italiano. De este modo, se analiza un tipo específico de reduplicación limitándose a dos lenguas provenientes de la familia románica. Como vamos a demostrar a lo largo del estudio, el fenómeno de la reduplicación léxica en las lenguas analizadas revela unos usos y funciones muy variados desde el punto de vista de la interacción y sus diversos matices.

Como el trabajo concierne a dos lenguas, se inscribe dentro del repertorio de los estudios comparativos. Se trata, por lo tanto, no solo de describir y analizar la reduplicación léxica en español, sino de compararla con su equivalente italiano. Las lenguas examinadas pertenecen a una misma familia, por lo que no sorprende que en varias ocasiones la reduplicación española comparta ciertas características con la italiana. Por otra parte, a veces varía el comportamiento de esta estructura según la lengua, lo que nos puede proporcionar datos interesantes para los estudios comparativos de la lingüística románica. Creemos que el hecho de contrastar estas dos lenguas nos proporciona una perspectiva más amplia del fenómeno en cuestión: en numerosas ocasiones, los usos de la reduplicación léxica en una lengua nos hacen reflexionar sobre sus funciones en la otra. De este modo, se llega a conclusiones difícilmente alcanzables teniendo en cuenta solo una lengua.

La base para nuestro estudio está compuesta por diferentes corpus de español e italiano. Al seleccionar los corpus, hemos hecho hincapié en dos aspectos. Primero, en el caso del español, el estudio se centra en la variedad correspondiente a la Península Ibérica. Por lo tanto, se excluyen del análisis sus diferentes variedades americanas. La lengua española manifiesta una gran diversidad diatópica, por eso, nos ha resultado imprescindible limitarnos a un solo territorio. Aunque al español de España tampoco le falta variedad, ya que se caracteriza por un amplio abanico de dialectos, una especificación más radical estrecharía los datos del corpus a un número poco representativo. Por la misma razón, nuestro trabajo abarca diferentes dialectos de la lengua italiana que se consideran incluso más variados que los españoles. Dada la escasez de ejemplos de las reduplicaciones léxicas en un dialecto exclusivamente, nos hemos decidido a analizar los corpus de diversas partes de Italia. Además, tras llevar a cabo el análisis, no hemos reconocido diferencias significativas entre el uso de la construcción estudiada según los factores diatópicos (en el caso de notarlas, vienen detenidamente descritas).

El corpus está compuesto por muestras de español e italiano hablados. La oralidad, por lo tanto, va a constituir uno de los conceptos clave para el presente estudio. En general, se considera la reduplicación léxica como un mecanismo propio de la lengua oral. Además, nuestro trabajo manifiesta un enfoque primordialmente pragmático, por lo que resulta indispensable observar cómo se comporta la estructura en cuestión en la interacción. Los fragmentos citados provienen tanto de conversaciones coloquiales como de entrevistas. En ambos casos se trata de lengua hablada, aunque reconocemos que cada uno presenta ciertas particularidades. El uso de un corpus oral parece muy provechoso a la hora de examinar datos lingüísticos, no obstante puede suscitar también cuestiones problemáticas (tanto la utilidad como las limitaciones de este tipo de corpus vienen detenidamente explicados a lo largo de nuestro trabajo).

Una de las propuestas más significativas para el presente estudio consiste en acudir a varias metodologías para describir el funcionamiento de las reduplicaciones léxicas. En otras palabras, en vez de seguir una determinada propuesta metodológica, se utilizan diversas herramientas proporcionadas por corrientes a veces muy diferentes. En principio, estamos ante un análisis pragmático, esto es, relacionado con el uso de la lengua. El concepto que hasta cierto punto organiza nuestras cavilaciones es la propuesta del ethos comunicativo desarrollado por Kerbrat-Orecchioni y Baran. Desde el punto de vista formal, se trata la reduplicación léxica como una construcción (basándose en la Gramática de Construcciones). En cuanto al significado semántico-pragmático, se utilizan una serie de propuestas metodológicas, como el Análisis del Discurso, la Teoría de la Argumentación o los postulados de la Teoría de la Gramaticalización. Entre los conceptos clave encontramos también la (inter)subjetividad, la intensificación y la iconicidad. Creemos que el análisis fundamentado sobre una amplia gama de perspectivas metodológicas nos permite detectar con más detalle el comportamiento y las funciones del fenómeno examinado.

Insistimos, además, en el hecho de que el uso de una estructura puede depender de más de un factor. En otras palabras, los hablantes recurren a ciertos mecanismos lingüísticos porque estos representan una serie de nociones. Por eso, a menudo parece indispensable dejar de limitarse a una explicación extendiendo el campo de investigación a otras características de la unidad examinada. Para poder llevar a cabo un análisis más extenso, se necesita aplicar varias herramientas metodológicas.

El presente trabajo constituye un estudio primordialmente cualitativo. Aunque en algunas ocasiones se recurre al análisis cuantitativo (por ejemplo, al comparar la frecuencia de uso de algunas construcciones), el objetivo principal radica en mostrar ciertas tendencias en el comportamiento de la reduplicación léxica sin apoyo estadístico. El estudio ha sido realizado siguiendo una serie de pasos:

- la selección de los corpus (de acuerdo con las condiciones ya expuestas),
- la búsqueda de las estructuras reduplicadas,
- el análisis de las estructuras desde el punto de vista de sus diferentes funciones (basado en el modelo propuesto en la parte metodológica),
- la comparación de las estructuras españolas con las italianas.

En cuanto al análisis de las estructuras, insistimos en la palabra "tendencias" que bien caracteriza los resultados obtenidos. Tras observar las reduplicaciones léxicas, teniendo en cuenta una serie de factores, establecemos los esquemas que rigen su comportamiento. Sin embargo, no podemos descartar la posibilidad de utilización de estas estructuras con objetivos distintos de los detectados en los corpus. Lo que se presenta son tendencias generales que, como otros tipos de leyes lingüísticas, pueden tener sus excepciones. La lengua es un ente vivo que sigue su propio camino, a veces muy inesperado y sorprendente. Por eso, aunque unas estructuras tiendan a desempeñar cierto papel, algunos hablantes deciden (inconscientemente) utilizarlas con otra finalidad. Creemos, sin embargo, que tales excepciones no descartan las tendencias detectadas en una gran parte de las conversaciones. A lo largo de nuestro trabajo intentamos establecer leyes y regularidades que abarquen el número de usos más extenso posible, pero también llamamos la atención sobre los casos difícilmente clasificables según el modelo propuesto.

El trabajo está dividido en dos partes. El primer capítulo está dedicado al fenómeno de la repetición en las lenguas analizadas. Se demuestra que en español e italiano la repetición se realiza a diversos niveles de análisis (tanto morfosintáctico como semántico-pragmático), desempeñando una serie de papeles relacionados con el ethos comunicativo de las comunidades hispano- e italoparlantes.

La segunda parte de nuestras cavilaciones concierne a un tipo específico del fenómeno de la repetición, esto es, la reduplicación léxica. Tras esbozar las diferentes propuestas interpretativas del mecanismo de la reduplicación en varias lenguas del mundo, se introduce el modelo que va a constituir la base para el análisis de las reduplicaciones léxicas en español e italiano. En los capítulos posteriores, se lleva a cabo el análisis de las construcciones reduplicadas clasificadas según el tipo de sus componentes (verbos en imperativo, sustantivos, adjetivos, demostrativos, verbos y adverbios). El último capítulo está dedicado al estudio de las relaciones entre la reduplicación léxica y el concepto de iconicidad.

1. La repetición

"Repetition is at the heart of language": bajo estas palabras de Deborah Tannen (2007: 56) se halla el punto clave del presente capítulo. La repetición, sus diferentes dimensiones y sus posibles funciones van a constituir el tema principal de esta parte de nuestro trabajo. Como la reduplicación constituye un fenómeno basado en la repetición, conviene demostrar, aunque sea brevemente, la multifuncionalidad de este mecanismo. Por eso, dedicamos esta parte de nuestro estudio a la descripción del fenómeno de la repetición en las lenguas analizadas, esto es, el español y el italiano.

El capítulo está dividido en tres partes:

1. La descripción de diferentes clasificaciones de las repeticiones.
   En este apartado se especifica la repetición como un mecanismo variopinto utilizado a distintos niveles lingüísticos. Tiene carácter teórico e introduce la problemática de la repetición.
2. La descripción de algunos de los mecanismos de la repetición a nivel sintáctico.
   Se intenta demostrar que la repetición desempeña un papel importante a nivel sintáctico tanto en español como en italiano. Este capítulo tiene carácter más bien demostrativo: a partir de los corpus se presentan unas estructuras sintácticas basadas en el mecanismo de la repetición con una breve descripción de cada una de ellas.
3. El análisis de las estructuras semántico-pragmáticas.
   En esta parte de nuestro trabajo se presentan y se explican las diferentes estructuras a nivel semántico-pragmático creadas mediante el mecanismo de la repetición. El análisis tiene carácter deductivo-inductivo: por una parte se aplican las teorías relacionadas con el *ethos comunicativo* a las estructuras tomadas del corpus, por otra, a partir de los ejemplos empíricos se formulan conclusiones más generales acerca de las funciones de la repetición a nivel pragmático.

Conviene señalar que el contenido del presente capítulo viene condicionado por la doble naturaleza de la reduplicación. La reduplicación, por una parte, concierne a la relación sintáctica que se establece entre dos constituyentes idénticos. Por otra parte, sostenemos que tiene repercusiones a nivel pragmático: está supeditada a factores condicionados por la interacción y desempeña a la vez diversas funciones pragmáticas. La reduplicación, por lo tanto, corresponde a una repetición de naturaleza doble: la sintáctica y la pragmática. Por eso, optamos por dedicar una parte de nuestro estudio a estos dos tipos de repetición.

El análisis abarca primordialmente dos lenguas: el español y el italiano. No obstante, se introducen también ejemplos de otras lenguas para obtener una visión más completa del fenómeno en cuestión. La base del presente capítulo la constituye la siguiente hipótesis:

En español e italiano la repetición es un mecanismo muy productivo tanto a nivel sintáctico como a nivel semántico-pragmático.

En la segunda y en la tercera parte de este apartado se verifica la hipótesis mencionada acudiendo a una serie de ejemplos empíricos respaldados por la descripción teórica.

1.1 La clasificación de la repetición

Los diferentes estudios sobre la repetición llaman la atención sobre el carácter polémico de este mecanismo lingüístico. Camacho Adarve (2009: 13) sostiene que en los registros elevados se desaconseja este procedimiento, mientras que en ciertos registros específicos, como el literario o el jurídico, está perfectamente permitido. Tannen (2007: 62–63) añade al respecto que generalmente el uso de la repetición se percibe como inapropiado: enunciados del tipo de *You're repeating yourself* son muestras de crítica y no de alabanza. No obstante, a pesar de su mala fama en la sociedad, la repetición sigue formando parte de nuestros hábitos lingüísticos.

Hay que admitir, sin embargo, que el elemento sustancial de la repetición es la redundancia: se vuelve a mencionar una expresión ya introducida en el discurso. El término "redundancia", no obstante, tiene un matiz negativo, como demuestran las definiciones propuestas por los diccionarios:

(1) *Repetición* ***innecesaria*** *de una palabra o de un concepto.* (Diccionario Clave)[1]

(2) *1. f.* ***Sobra o demasiada abundancia*** *de cualquier cosa o en cualquier línea.*
2. f. Repetición o uso ***excesivo*** *de una palabra o concepto.*
3. f. Cierta repetición de la información contenida en un mensaje, que permite, a pesar de la pérdida de una parte de este, reconstruir su contenido. (Diccionario DRAE)[2]

Hemos puesto en negrita las partes de las definiciones que contienen un matiz negativo. Así se observa que lo redundante viene asociado con lo innecesario, abundante o excesivo. Los análisis lingüísticos, sin embargo, defienden no solo el carácter multifuncional de la repetición, sino también su imprescindibilidad en algunos contextos, lo cual exponemos en las partes siguientes de este capítulo. Por eso, utilizamos el término "repetición" junto con "redundancia" prescindiendo del matiz negativo de la segunda expresión.

Małocha-Krupa (2003: 19–38) divide las redundancias en cuatro grupos: la redundancia del código, la redundancia del canal, la redundancia del receptor y la redundancia del uso (pragmática). La redundancia del código está condicionada por el sistema lingüístico: está inscrita dentro del conjunto de las reglas que rigen un sistema determinado. La autora divide el primer grupo de redundancias según el nivel lingüístico en que operan:

---

1 http://clave.smdiccionarios.com/app.php [19/11/2017]
2 http://dle.rae.es/?id=VaI2TcF [19/11/2017]

1) La redundancia fonológica: viene representada por los rasgos fonológicos que no ejercen influencia sobre el contenido del mensaje. Entre los ejemplos del sistema polaco, se presenta el rasgo [+sordo] de /ch/ (no existe un equivalente sonoro de esta unidad fonológica y por eso, el rasgo [+sordo] no la pone en oposición con otros sonidos).
2) La redundancia flexiva: se trata de los morfemas que reduplican unos significados gramaticales muy parecidos. Como ejemplo del sistema polaco, se proponen unas formas flexivas creadas a partir del tema del tiempo pasado: *czyt-a-ł-a-by, mal-owa-ł-a-by.*
   Czyt-, mal-: son los temas
   -a-, -owa-: son los sufijos del tiempo pasado (o los sufijos temáticos)
   -ł-: es también un sufijo del tiempo pasado, pero que no aporta ninguna información nueva, más bien repite la información ya proporcionada por los morfemas *-a-* y *-owa-*.
3) La redundancia a nivel de formación de palabras: la creación de los derivados cuyo afijo repite el significado semántico aportado por el verbo, como en *siąść* vs. *u-siąść, wrócić* vs. *po-wrócić.*
4) La redundancia sintáctica: se realiza cuando dos elementos pertenecientes a una expresión o a un enunciado manifiestan las mismas funciones sintácticas, por ejemplo *kobiet-a poszł-a*: ambos morfemas *-a* señalan la categoría del género femenino.

El segundo tipo, la redundancia del canal, se refiere al hecho de transmitir una misma información mediante varios canales, por ejemplo, cuando se utiliza tanto la lengua como los gestos para transmitir un significado. Reconocemos la redundancia del canal como un elemento cuyo papel no es nada desdeñable en la comunicación entre los italoparlantes: la abundancia de gestos acompañando al mensaje verbal constituye una característica bien estudiada de la comunidad italiana (véanse, entre otros, Ricci, 1988 o Amietta y Magnani, 1998).

La redundancia del receptor se realiza cuando, aparte de la información relevante, se aportan informaciones ya conocidas por el receptor. De este modo, se considera la información redundante como elemento dispensable e irrelevante para llevar a cabo la comunicación.

El cuarto tipo de redundancia, la redundancia pragmática, viene explicada por Małocha-Krupa (2003: 19–38) como un recurso que se manifiesta en el discurso con el objetivo de llevar a cabo una serie de finalidades comunicativas. Como subraya la autora, son numerosas las funciones que puede desempeñar la redundancia a nivel pragmático.

Lehmann (2005: 120) define el concepto de redundancia con las palabras siguientes: "A message is redundant if it contains such elements which contribute nothing to the information not already conveyed by the rest of the message. Repeating an utterance is redundant, and much of grammatical agreement, as in German *eine alte Eule* (INDEF: F.SG old: F.SG owl.F.SG) as compared to English *an old owl*, is redundant". El mismo autor, sin embargo, desaconseja considerar las redundancias como un mero mecanismo de adición de elementos superfluos que no aportan ningún matiz nuevo al enunciado. Se subraya, por lo tanto, que las redundancias, aunque a veces percibidas como incorrectas, desempeñan varias funciones a distintos niveles de la lengua, entre las cuales enumera:

- las funciones informativas: favorecer el entendimiento del mensaje,
- las funciones comunicativas: impresionar al interlocutor[3],
- las funciones poéticas,
- las funciones gramaticales.

Para Lehmann, la representación lingüística de la redundancia la constituye el pleonasmo. El pleonasmo se define de la manera siguiente (2005: 123): "An expression $E_1 + E_2 \dots E_n$ is pleonastic if it contains a meaning component F that is included in the meaning of more than one E_i". De este modo, los pleonasmos abarcan numerosas construcciones a diferentes niveles lingüísticos, clasificados en la tabla siguiente:

<table>
<tr><th colspan="3">Pleonasmo</th></tr>
<tr><th>Relación lingüística</th><th colspan="2">Nivel lingüístico</th></tr>
<tr><td>- Sinonimia: tautología
ej. useless and unnecessary
- Identidad: repetición
ej. café café (reduplicación)</td><td>Discurso: pleonasmo estilístico
ej. little baby, immer und immer (todo lo que desempeña funciones discursivas y no gramaticales)</td><td>Gramática: hypercharacterization
ej. noi viviamo (el sujeto explícito)</td></tr>
</table>

La repetición constituye también el objetivo del estudio de las conversaciones llevado a cabo por Tannen (2007). La autora establece la clasificación de la repetición según la unidad repetida:

1) La repetición de fonemas: los hablantes suelen repetir en su discurso determinados fonemas. Como ejemplo, Tannen describe el caso analizado por Harvey Sacks (comentado durante una de sus clases). Sacks analizó el uso de las diferentes

3 En el presente trabajo se utilizan cuatro expresiones para señalar hacia una misma persona: interlocutor, oyente, receptor, destinatario. Somos conscientes de que las corrientes pragmáticas establecen definiciones distintas de cada uno de estos términos. No obstante, por motivos estilísticos, en nuestro estudio se intercambian estas expresiones al referirse a la persona:

- que participa en la conversación,
- a la que se dirigen las palabras del emisor del enunciado,
- que, junto con el emisor, crea la interacción.

variantes de *because* (como *cause* o *cuz*) lo que le llevó a la conclusión de que los hablantes elegían una de las variantes según la presencia de fonemas parecidos.
2) La repetición de morfemas: los hablantes no solo repiten unos sonidos, sino también determinados morfemas en presencia de otros morfemas semejantes.
3) La repetición de sintagmas: a lo largo de la conversación se recurre a los mismos sintagmas.
4) La repetición de secuencias discursivas más largas.

Para Tannen (2007: 25–47), la repetición es indicio del involucramiento del hablante en la escena discursiva. La noción de involucramiento acapara tanto la figura del emisor como la del receptor: ambos demuestran su interés por la conversación mediante determinadas estructuras lingüísticas. La repetición, por lo tanto, desempeña un papel significativo en las interacciones verbales.

De las clasificaciones expuestas se pueden sacar dos conclusiones:
a) La repetición se realiza a diferentes niveles lingüísticos.
b) La repetición desempeña varias funciones pragmáticas.

Teniendo en cuenta estas dos premisas elaboramos nuestra clasificación que nos servirá de patrón para las partes posteriores del estudio. La clasificación no se diferencia drásticamente de las ya expuestas: sirve para organizar y ordenar los niveles del análisis e indicar las nociones que se tienen en cuenta en el presente estudio. Dividimos la repetición en dos grupos:

1) La repetición a nivel morfosintáctico.
   Es un conjunto de estructuras que presentan la duplicación de unidades que transmiten determinadas nociones gramaticales: por ejemplo, en *yo hablo* tanto el pronombre *yo* como el morfema *-o* expresan la noción de la primera persona de singular. Concierne tanto a las operaciones morfológicas (la adición de un morfema) como sintácticas (la adición de las palabras de función gramatical). Lo que caracteriza este grupo es que los elementos repetidos suelen tener diferente forma, esto es, lo que se repite no es el significante, sino el significado. Aunque en muchos casos la repetición es un mecanismo obligatorio requerido por el sistema gramatical de una lengua, sostenemos que en numerosos casos la repetición, también a nivel morfosintáctico, tiene motivación semántica o pragmática.
2) La repetición a nivel semántico-pragmático.
   Son todos los mecanismos que se realizan mediante la repetición de unidades mayores, como lexemas, sintagmas o incluso enunciados enteros. Se dividen en dos subgrupos:
   - la repetición de un mismo elemento,
   - la coexistencia de dos elementos que tienen forma diferente, pero transmiten una noción semejante.

Como ya hemos subrayado, en el presente trabajo hacemos hincapié en el segundo grupo, esto es, las repeticiones a nivel semántico-pragmático. Creemos, sin embargo, que conviene proporcionar también una breve descripción de una serie de repeticiones del primer grupo (morfosintácticas) para demostrar que la repetición es un mecanismo muy fructífero en varias capas del sistema lingüístico.

1.2 Los corpus

Los corpus que se han utilizado para obtener los ejemplos citados recogen muestras del registro oral de las lenguas analizadas[4]. Los ejemplos españoles provienen de tres fuentes (a cada fuente le asignamos una abreviatura que será utilizada en el análisis de los ejemplos):

- CORLEC, Corpus Oral de Referencia de la Lengua Española Contemporánea[5] (CORLEC),
- Corpus Val.Es.Co 2.0.[6] (Val.Es.Co 2.0),
- Corpus de conversaciones coloquiales, Grupo Val.Es.Co[7] (Val.Es.Co),
- Corpus CREA[8] (CREA).

En cuanto a los ejemplos italianos, nos apoyamos en los siguientes corpus:

- Perugia Corpus PEC[9] (PEC),
- VoLIP[10] (VoLIP).

Los resultados del análisis de los corpus españoles e italianos se han comparado con ejemplos de otras lenguas proporcionados también por corpus de conversaciones orales:

- ejemplos polacos: Narodowy Korpus Języka Polskiego[11] (NKJP),
- ejemplos portugueses: Corpus do Portugues[12] (CP),
- ejemplos ingleses: British National Corpus[13] (BNC).

---

4 Cada corpus tiene su propio sistema de transcripción. Al citar los ejemplos, no modificamos su contenido, por eso, los ejemplos pueden variar en cuanto a las etiquetas o las normas ortográficas.

5 CORLEC, Corpus Oral de Referencia de la Lengua Española Contemporánea. (s. f.). Madrid: Laboratorio de Lingüística Informática, Universidad Autónoma de Madrid. Consultado en http://www.lllf.uam.es/ESP/InfoCorlec.html.

6 Cabedo, Adrián y Pons, Salvador (eds.): Corpus Val.Es.Co 2.0. Consultado online en http://www.valesco.es.

7 Briz Gómez, A. (2002). Corpus de conversaciones coloquiales. Madrid: Arco Libros.

8 REAL ACADEMIA ESPAÑOLA: Banco de datos (CREA) [en línea]. Corpus de referencia del español actual. <http://www.rae.es>.

9 Perugia corpus (PEC): scritto e parlato [en línea]: https://www.unistrapg.it/cqpweb/pec/

10 Voghera, Miriam, Cutugno, Francesco, Iacobini, Claudio, Savy, Renata: VoLIP: Voce del LIP, [en línea], <http://www.parlaritaliano.it/index.php/en/volip>.

11 Piotr Pęzik (2012) Język mówiony w NKJP. Narodowy Korpus Języka Polskiego. Przepiórkowski A., Bańko M., Górski R., Lewandowska-Tomaszczyk B (red.). 2012. Wydawnictwo PWN.

12 Corpus do Portugues [en línea]: <http://www.corpusdoportugues.org>.

13 British National Corpus [en línea]: https://corpus.byu.edu/bnc/.

Si a lo largo del presente trabajo aparecen ejemplos de otras lenguas, se indicará la fuente de la que provienen.

1.3 La repetición a nivel morfosintáctico

Bajo el concepto de repetición a nivel morfosintáctico se entiende el conjunto de repeticiones de las unidades que transmiten el mismo significado gramatical (tanto los morfemas como las llamadas palabras gramaticales). La presente descripción de las estructuras repetitivas a nivel morfosintáctico está sometida a las condiciones siguientes:

- El capítulo ofrece un número limitado de ejemplos. Esto significa que el abanico de construcciones repetitivas puede ser más amplio: no se pretende dar una lista exhaustiva de los casos de duplicaciones morfosintácticas; más bien se trata de demostrar la productividad del mecanismo en cuestión.
- Cada una de las construcciones ha sido detalladamente explicada desde la perspectiva de diversas teorías lingüísticas. Nuestro objetivo no consiste en describir todo lo que se ha observado al respecto, sino más bien demostrar que la repetición es un mecanismo fructífero inscrito en los sistemas gramaticales de español e italiano.
- Lo que sí queremos destacar es que bajo cada construcción repetitiva, a pesar de su función gramatical, hay una motivación pragmática. No se pretenden enumerar todas las realizaciones pragmáticas de las estructuras presentadas, más bien se señala al menos una posible explicación pragmática.

1.3.1 La duplicación pronominal

Una de las estructuras repetitivas propias de diferentes lenguas románicas la constituye la duplicación pronominal. Observamos los ejemplos siguientes:

(3) *(español) Claro, entonces yo prefiero prefiero, que además* ***a ti te*** *va a venir mejor, macho, porque sacas un día más ir el lunes y hacer la prueba el martes, ¿o eso no puede ser* (CREA)

(4) *(italiano) no me lo paga il quindici sedici ma* ***a me*** *non* ***m'****interessa perché* (VoLIP)

(5) *(portugués) Sim, aqui, dum modo geral as pessoas são simpáticas. Embora eu,* ***a mim me*** *pareça que também na generalidade os interesses são muito limitados* (CP)

(6) *(gallego) Ti míra****me*** *ben* ***a min****.* (Álvarez, Xove, 2002: 97)

Las partes en negrita aluden a un mismo referente: estamos ante la repetición a nivel gramatical. Diversos estudios sobre la duplicación pronominal en distintas lenguas románicas aportan dos posibles explicaciones a este fenómeno:

1) Según la primera, la duplicación de pronombres manifiesta la concordancia objetiva (véanse, entre otros, Heger, 1967, García-Miguel, 1991 o Bogard, 2015). El fenómeno consiste en que la forma del verbo cambia no según el sujeto, sino en función del objeto de la oración. Es un fenómeno gramatical propio de un amplio abanico de lenguas no indoeuropeas, por eso, puede sorprender que aparezca asociado a variedades románicas. La perspectiva eurocéntrica que solemos adaptar relaciona la conjugación verbal con la flexión mediante afijos adheridos a la raíz del verbo, como en (7):

(7) *David come la paella.*

A la raíz *com-* se añade el sufijo *-e* que indica la tercera persona de singular correspondiente al sujeto *David*. No obstante, hay que tomar en cuenta que la conjugación puede manifestarse mediante afijos separados del verbo, lo que sucede en el caso de la duplicación pronominal.

(8) *vuelvo a repetir, el artista que no siente lo que canta, mejor que no cante. decía antes Almudena en la pausa de la publicidad que a ella* ***le*** *gustan los boleros y que la cojan y le digan "o mía o de nadie" yo soy muy troglodita* (CREA)
(9) *Q: il libretto* ***l'****hai già consegnato?* (VoLIP)

Si aceptamos que la conjugación verbal puede realizarse mediante afijos separados del verbo, en ambos ejemplos los elementos en negrita forman parte de la concordancia entre el verbo y el objeto. En (8) *le* es un afijo que representa al objeto indirecto del verbo *gustar*. En (9) *l´* es la marca de concordancia entre el verbo *consegnare* y el objeto directo. De este modo, la duplicación pronominal se presenta como mecanismo formal que sirve para demostrar concordancia entre el verbo y el objeto de la oración. Conviene señalar, no obstante, que no todos los lingüistas comparten este punto de vista (véase, por ejemplo, Sławomirski 1990 que enumera una serie de rasgos que diferencian la duplicación pronominal de la conjugación objetiva).

2) La segunda de las teorías, basada en la visión pragmática, vincula la duplicación a la estructura informativa de la lengua, en específico a la tematización o la topicalización (el concepto de la estructura informativa viene detenidamente explicado por Rojo 1983, Fant 1984, Jiménez 1986, Gutiérrez Ordóñez 2014). En general, cuando se tematiza o topicaliza el objeto, hay que marcar su presencia en la oración mediante un pronombre específico, como en los ejemplos:

(10) *0224 y entonces viene el nano↑ y cuando venía pues tía por educación yo holaa y Ana hola pero él a mí nada o sea porque yo* ***este tío no le conozco****↑ y entonces ¡claro!* (Val.Es.Co 2.0)

(11) *P: è lo stesso numero all'incirca questo questo è il libretto con tutti gli esami sostenuti*
*Q: **il libretto l'hai** già consegnato?* (VoLIP)

La duplicación pronominal en español e italiano constituye un claro ejemplo de repetición a nivel gramatical. Esta repetición puede obtener una explicación formal (como la conjugación objetiva), o bien pragmática (relacionada con la estructura informativa). Esto nos demuestra que la repetición es un fenómeno complejo: su motivación se describe mediante distintas disciplinas lingüísticas.

1.3.2 Las partículas italianas *ci/vi* y *ne*

Uno de los casos de repetición a nivel sintáctico, bien reconocido por las gramáticas italianas, concierne a las estructuras con las partículas *ci/vi* y *ne*. Las dos primeras, *ci/vi* desempeñan dos funciones (Sensini, 1997: 204–205):

– de partículas adverbiales: indican el hecho de estar en un lugar (equivalen a *qui, in questo luogo)*, el movimiento hacia un lugar (corresponden a *là, in quel luogo*) o el movimiento por un lugar (como *per quel luogo*):

(12) *Questo paesino è delizioso: ci (=qui) vivo benissimo.*

– de pronombres demostrativos: equivalen a las expresiones *a ciò, in ciò*:

(13) *Partire? Non vi (= a ciò) penso neppure.*

La partícula *ne*, por su parte, tiene los valores siguientes (Sensini, 1997: 205–206):

– el valor adverbial: equivale a *da lì, da là* o *da quel luogo*:

(14) *Paolo è arrivato a Firenze ieri, ma ne (= da là) è ripartito subito per raggiungermi al mare.*

– el valor pronominal referido a la persona (corresponde a *di lui/lei/loro* o *da lui/lei/loro*):

(15) *È innamorata di Antonio e ne (= di lui) parla sempre.*

– el valor pronominal demostrativo (como *di questo/a/e/i* o *da quello/a/e/i*):

(16) *Se vuoi che ti compri il motorino devi permettere che ne (= di questo) avrai cura.*

– el valor pronominal neutro (*di ciò, da ciò*):

(17) *È stato lui: ne (= di ciò) sono sicuro.*

– el valor idiomático (forma parte de numerosas expresiones idiomáticas, como *aversene* o *farne*).

Varios autores, como Sensini (1997: 204–206) o Dardano y Trifone (2010: 243–244), llaman la atención a la función de refuerzo de las construcciones en las que *ci/vi* o *ne* resultan redundantes. En otras palabras, si el hablante quiere hacer hincapié en una parte de su enunciado, puede valerse de una de estas partículas junto con el sintagma que representa la parte reforzada (siempre y cuando se sigan las condiciones de empleo de las partículas expuestas). Al analizar el corpus, hemos encontrado, efectivamente, varios ejemplos de redundancia de las partículas mencionadas, como en los ejemplos siguientes (las partes en negrita se refieren a los mismos conceptos):

(18) *D: sì ma io già* ***di contabilità*** *non me* ***ne*** *intendo # ma qui siamo ancora agli albori* (PEC)

(19) *L: <?>* ***nella sentenza ci*** *sta scritto?* (PEC)

(20) *A: ma tu* ***in biblioteca ci*** *hai tutto* ***lì*** *però?* (PEC)

(21) *Però intanto ci siete voi che* ***di progetti e di aspirazioni ne*** *avete molte.* (PEC)

(22) ***sul lavoro*** *non* ***ne*** *parliamo con gli amici* (PEC)

Lo que llama nuestra atención es que estamos ante usos dislocados: las partículas *ci* y *ne* se refieren a conceptos previamente introducidos por el sintagma preposicional. De este modo, el funcionamiento de estas dos partículas se asemeja a la duplicación pronominal española que también suele darse en casos de dislocación a la izquierda (como en *A Diego, no le he dado el regalo*). La partícula *ne* a veces corresponde a los pronombres tónicos españoles, por ejemplo en (21), se puede traducir como *los proyectos y las aspiraciones los tenéis muchos*. La partícula *ci*, no obstante, se presenta totalmente ajena al sistema español: no existe ningún elemento correspondiente. La traducción de (20) sería, por lo tanto, *pero tú en la biblioteca lo tienes todo ahí* (se omite la partícula *ci*).

Las partículas *ci/vi* y *ne* tienen, sin embargo, sus correspondientes en otra lengua románica, esto es, el valenciano[14] (Acadèmia Valenciana de la Llengua, 2016: 196–198). El valor parecido lo presentan las unidades *hi* y *ne*. También en esta variedad románica, las partículas se presentan como redundantes en los casos de dislocación a la izquierda y a la derecha, como en los ejemplos siguientes:

(23) ***A la seua manera de parlar****, no m'****hi*** *acostumaré mai.*

---

14 En el presente trabajo no queremos entrar en la polémica acerca del estatus de la variedad valenciana, esto es, la cuestión de si es una lengua independiente o un dialecto del catalán. Utilizamos la denominación *lengua* para no complicar el análisis con cuestiones terminológicas irrelevantes para el tema principal, aunque reconocemos que para algunos autores el valenciano es más bien un dialecto y no una lengua separada.

(24) *No m'***hi** *acostumaré mai,* ***a la seua manera de parlar.***

(25) ***De més grosses, n****'he vistes*

Como podemos observar, el sistema valenciano también sufre una redundancia parecida, esto es, las partículas *hi* y *ne* duplican el significado empleado por los sintagmas precedentes (o posteriores, en el caso de la dislocación a la derecha).

1.3.3 Las construcciones con dos determinantes: artículo definido + posesivo/demostrativo

Los artículos, los posesivos y los demostrativos pertenecen al conjunto de los determinantes. Sin entrar en detalle, todos los determinantes especifican al sustantivo que acompañan: un concepto abstracto empieza a concretarse, se identifica mediante una serie de nociones proporcionadas por cada uno de los demostrativos. Por eso, si en una construcción aparecen dos determinantes, uno puede considerarse redundante: se repite la noción de identificación (aunque cada uno de los determinantes puede añadir significados particulares). En este apartado, se bosquejan las estructuras formadas por el artículo definido seguido por el posesivo o el demostrativo.

En las lenguas románicas existen dos tipos de construcciones con el posesivo:
- en las que el posesivo es el único determinante del sustantivo,
- en las que el posesivo viene acompañado por otro determinante.

La realización de una u otra opción depende de dos factores: por una parte, existen requisitos formales que obligan a los hablantes a acudir a una de ellas (especialmente la posición dentro del sintagma: anteposición o posposición respecto al sustantivo) y por otra, la elección puede basarse en una motivación pragmática.

En varias lenguas románicas el posesivo antepuesto viene acompañado por otro determinante, como el artículo o el demostrativo:

a) en italiano: *il mio libro*
b) en portugués: *o meu livro*
c) en gallego: *o meu libro*
d) en valenciano: *el meu llibre*

El español es una de las lenguas románicas en las que el posesivo antepuesto no se combina con otros determinantes. Por eso, la construcción **el mi libro* resulta agramatical, frente a *mi libro* que constituye la opción correcta. Hernández Alonso (1986: 478) proporciona la siguiente explicación al respecto: "Cuando el sintagma viene encabezado por un posesivo, determinativo o indefinido queda excluido del mismo el artículo. Ello es lógico, pues el artículo es igualmente determinante." Los posesivos forman parte del conjunto de los determinantes, por eso, comparten una serie de nociones con los artículos o los demostrativos. Por esta razón, al emplear el posesivo en español no se necesita especificarlo con otro determinante. Como hemos advertido, no obstante, esta constatación no se aplica a otras lenguas románicas en las que el posesivo viene obligatoriamente acompañado por otro determinante. De este modo, en un sintagma se duplican ciertas nociones gramaticales, lo que Matte Bon (1995: 235–236) denomina el fenómeno de la "redundancia formal".

En cuanto al posesivo pospuesto, la coexistencia de otro determinante que encabeza el sintagma difiere según la lengua:

a) en español: *el libro mío*
b) en italiano: *il libro mio*
c) en portugués: *um livro meu*
d) en gallego: *o meu libro*
e) en valenciano: *el meu llibre*

En cada lengua el uso del posesivo antepuesto o pospuesto está condicionado por factores diversos. En portugués, por ejemplo, la elección depende del determinante que encabeza el sintagma: el artículo definido supone la anteposición, mientras que el artículo indefinido exige la posposición (Rinke, 2010: 124). En valenciano se señala el valor enfático del posesivo pospuesto (2016: 157), como en:

(26) ***Els amics teus** van vindre l'altre dia són uns maleducats.*

Matte Bon (1995: 235–236) sugiere que en español el posesivo pospuesto aparece cuando determina a una cosa cuya existencia se presupone facilitando a la vez una información nueva.

(27) *0183 J: § ¿Lanuza está saliendo con **esa tía** o qué?/¿o era **una amiga suya** de la facultad?* (Val.Es.Co 2.0)

El sintagma *una amiga suya* alude a una persona ya mencionada en el discurso proporcionando una nueva información que concierne a su relación con *Lanuza.*

En cuanto a las estructuras con el demostrativo, ni en español ni en italiano se admite el demostrativo antepuesto al sustantivo con otro determinante (como el artículo). Por eso, las expresiones tipo **la esta casa* o **la questa casa* resultan agramaticales. En español, sin embargo, se emplean sintagmas encabezados por el artículo o el posesivo en los que el demostrativo viene pospuesto, como en:

(28) *0040 J: ¡eso!/¡Leti!/digo yo Paloma// Leti// yy↑ cuando se le quedó así mirando con↑ con **la miradilla esa** [(()) de asco=]* (Val.Es.Co 2.0)

(29) *0046 J: § sí/y con **su risilla falsa esa** no/con la risilla falsa no/eso que hace/dice mm no se qué/¿sabes? lo que te digo?/y eso/empezamos ahí a mojarnos mogollón/// ¡qué pava tío!* (Val.Es.Co 2.0)

(30) *0125 A: §¿sabes? y entonces yo se l(o)- se lo di- dicho a mi madre digo si **el hombre este**/las hubiera violado↑ ¿tú te crees que esas crías van a ir a buscarlo↑/después?* (Val.Es.Co 2.0)

En cuanto a los valores del demostrativo pospuesto, Matte Bon (1995: 225–226) alude a una serie de matices trasmitidos por esta construcción como el distanciamiento, el desprecio o la no aceptación. El autor afirma que (1995: 226): "Este efecto expresivo especial que adquiere el demostrativo pospuesto se debe, por una parte, a la doble determinación impuesta por el uso de un demostrativo detrás del sustantivo, cuando ya se ha tematizado el sustantivo mediante un artículo; y, por otra, a un problema relacionado con el orden de las palabras. Al ser totalmente innecesario un segundo determinante del sustantivo, el demostrativo deja de interpretarse como tal y pasa a ser un instrumento utilizado por el hablante para expresar un punto de vista o una valoración suya sobre el elemento aludido."

También en el valenciano se aprecia este fenómeno. La Acadèmia Valenciana de la Llengua (2016: 155) reconoce el valor despectivo del demostrativo pospuesto proponiendo el ejemplo siguiente:

(31) ***El formatge eixe** que has portat fa molta pudor.*

En cuanto al italiano, sale a la luz otra construcción redundante compuesta por el demostrativo: el adjetivo demostrativo acompañado por el adverbio demostrativo. Ambos elementos presentan el mismo significado, esto es, ubican a las personas u objetos en el espacio. Por eso, al situarse juntos en un sintagma, repiten una misma noción, como en:

(32) *F: l'interve<nto> dunque il corso era dunque aspetta <F> [rinforzo] ora fra tutti quelli che si son fatti com'era? Il titolo di* ***questo qui****?* (PEC)

(33) *A: no ti volevo spie<gare> cioè siccome io non ho mai usato* ***quel telefono di là*** *ti volevo informare l'ho usato per questa ragione* (PEC)

(34) *A: sì sì* ***quella lì*** *basta sì e i documenti ognuno li porta* (PEC)

Según Pastor Gaitero (2011: 148), la combinación del adjetivo y del adverbio demostrativo puede desempeñar dos papeles: reforzar o enfatizar la deíxis. Por lo tanto, otra vez estamos ante una construcción en la que la presencia de dos elementos que conllevan el mismo matiz significativo (en este caso, la localización deíctica) provoca unos significados pragmáticos.

Dicho sea de paso, en algunos dialectos del italiano resulta también posible colocar en un sintagma un adjetivo y un adverbio demostrativos de diferente significado espacial, como en *sta donna là* (Ledgeway, 2015: 66): *sta* corresponde a *esta*, *là* a *allí*. Se vincula esta posibilidad a la pérdida de la fuerza deíctica por parte del adjetivo demostrativo que tiende a indicar la definitud (asemejándose así al artículo definitivo), mientras que el valor deíctico viene expresado por el adverbio demostrativo.

Esta breve descripción de las construcciones repetitivas que conllevan la categoría del posesivo o demostrativo nos demuestra la abundancia de casos en los que se repiten unas categorías morfosintácticas. La repetición puede formar parte del sistema gramatical de una lengua revelando así su valor de obligatoriedad (como en las estructuras italianas con posesivos, tipo *la mia casa*), o bien puede constituir una variedad opcional cuya aplicación lleva a la aparición de determinadas nociones semántico-pragmáticas (como en el caso del demostrativo pospuesto en español, tipo *el chico ese*). Sea cual sea la explicación, estamos ante estructuras de valor redundante, en las que se repite, por obligación o por motivación pragmática, una determinada noción gramatical.

1.3.4 El artículo + el antropónimo

Según Alarcos Llorach (1973: 176), "el valor de referencia que efectúan los nombres propios consiste, según es sabido, en la indicación de algo presente, inconfundible y único dentro del campo de sentido en que se mueven los interlocutores en una situación concreta de habla: *Francia* para todo humano someramente ilustrado es la referencia a una realidad geográfica concreta e inconfundible; *Juan*, en un ambiente dado, es la etiqueta que designa a un determinado ser humano sin posible confusión." De este modo Alarcos Llorach describe la función que comparten los nombres propios con los artículos: identifican al referente como "una precisa y concreta realidad". Por lo tanto, las construcciones en las que un antropónimo (que pertenece al conjunto de los nombres propios) aparece junto con el artículo se pueden considerar redundantes: se repite el mismo valor de identificación, como en los fragmentos:

(35) *0056 A: ¿a **la Marta** ↓ tu tía Amparo ↑ o la otra?* (Val.Es.Co 2.0)

(36) *0121 A: que presuntamente las ha viola(d)o↑// se asoman por la puerta↑// pero sin entrar ¿no? se asoman por la puerta↑ y entonces↓ me dice **la Pepa**- dicee ésas vienen a buscar a Paco/digo ¡huy! y digo ¿para qué? y dice no↑ porque las crías esas/se ve que hacen algo o de pulsericas oo/// pulseritas o algo d´eso↑* (Val.Es.Co 2.0)

(37) *B: no **la Giovanna** ha detto che non gli piace* (PEC)

(38) *B: ogni tanto con **la Nadia** sì sì* (PEC)

En estos cuatro ejemplos observamos que los antropónimos vienen acompañados por artículos, aunque las personas mencionadas no necesitan identificación, dado que es su nombre el que desempeña esta función. Conviene señalar, además, que en todos estos casos resulta posible prescindir del artículo sin que el enunciado pierda la gramaticalidad (e incluso la obtiene, según las normas de la gramática normativa).

Bajo Pérez (2002: 134–135) divide las motivaciones por las que el nombre de pila aparece determinado por el artículo en cuatro grupos:

- factores diastráticos: este mecanismo es propio de registros bajos,
- factores diatópicos: en algunas zonas del español es un procedimiento más común, por ejemplo en Cataluña o en algunas variedades del español americano,
- el artículo puede proporcionar un tono burlesco o despectivo,
- el artículo puede funcionar como demostrativo: la expresión *la María* corresponde entonces a *esta María* (y no *aquella*).

Calderón Campos (2015), por otra parte, estudia la construcción *artículo definido + antropónimo* desde el punto de vista diacrónico llegando a dos conclusiones. Primero, el valor del artículo depende del texto en el que aparece. Además, en cuanto a la lengua hablada, el artículo desempeña tres funciones: señala la intimidad o cercanía frente a la persona aludida, expresa el desprecio o elogio, o bien indica que el hablante pertenece a un nivel sociocultural bajo.

Ambos autores se refieren al valor pragmático del artículo que acompaña al antropónimo. El mecanismo en cuestión carece de prestigio (su uso no corresponde al registro alto), no obstante, su presencia en las conversaciones coloquiales, incluso entre personas de buena formación, sigue siendo bastante frecuente. Así pues resulta que esta estructura repetitiva puede ser muy prolífera a la hora de expresar valores pragmáticos.

1.3.5 El pronombre personal explícito

El siguiente caso de repetición a nivel morfosintáctico en español e italiano lo constituye el pronombre personal explícito. En ambas lenguas, la categoría de persona viene señalada por los morfemas verbales (en *hablo, -o* hace referencia a la primera persona, como en *parl-o* en italiano). Por eso, cuando junto con el verbo conjugado aparece el pronombre personal en función de sujeto, estamos ante cierta redundancia formal (en *yo hablo* o *io parlo* los pronombres y los morfemas *-o* desempeñan la misma función). Conviene señalar que el pronombre personal explícito, en contraste con el posesivo acompañado por otro determinante, no es obligatorio: esto significa que la oración que carece de este se considera perfectamente gramatical. Por lo tanto, su motivación debe residir en algunos factores pragmáticos.

En cuanto al español, Enríquez (1984) esboza el panorama de las teorías concernientes al pronombre personal explícito. Los estudios lingüísticos hacen hincapié en tres conceptos clave: el pleonasmo, el énfasis y la ambigüedad. La autora subraya, sin embargo, que estos tres términos carecen de una definición homogénea. Por eso, resulta complicado establecer unos límites claros entre ellos y, en consecuencia, aplicarlos a la descripción del fenómeno de los pronombres explícitos. Lo que queda claro, no obstante, es que la motivación para la introducción del pronombre en el discurso tiene carácter pragmático, como en:

(39) 0207 B: ¡ay!/pos eso/// ¿qué ***vas*** *a comer* ***tú****?* (Val.Es.Co 2.0)

(40) 0231 A: nano ↓/nano ↓/// mañana ↓ porque resulta ↑ que ***he visto yo*** *esta mañana a un chaval que viene conmigo a los escauts ↑ *§* (Val.Es.Co 2.0)

(41) 0063 M: creo que lleva almendra↑// huevo↑/// pero lo que ***no sé yo*** *es si lleva harina↑/// oo→/* (Val.Es.Co 2.0)

En estos tres casos, la repetición de la misma noción por el morfema verbal y el pronombre personal tiene una explicación pragmática: puede ser un indicio de énfasis, una marca de contraste (para marcar la diferencia entre una persona y el resto del mundo, o bien para evitar equivocaciones) o, especialmente en el caso de la segunda persona, puede constituir un mecanismo de intersubjetivización: se subraya así el interés por el interlocutor. Cualquiera que sea el caso, la aparición del pronombre personal está condicionada por unos factores relacionados con la interacción verbal.

Nos hemos enfrentado también con unos ejemplos en los que la repetición de la categoría de persona que se realiza en un morfema y un pronombre resulta obligatoria:

(42) *Sì Mi sembra un pò come la tua famiglia no?*
*Sì, **anche io** ho una mamma, una quasi nonna e uno sorella Cosa vuol dire quasi – nonna?* (PEC)

(43) *Cioè, lui non c' è ...*
*però **io sto** lì per lui, cioè, per merito suo.* (PEC)

(44) *Sì **tu fai** mia madre e **io faccio** la nonna ecco ora dimmi se la sto facendo bene, dammi delle indicazioni ...* (PEC)

En estos tres ejemplos italianos la aparición del pronombre personal es imprescindible. En (42), la construcción **anche ho una mamma* sería gramaticalmente incorrecta porque *anche* determina al pronombre *io* (el cambio del orden de los constituyentes a *ho anche una mamma* cambiaría el significado del enunciado). En cuanto a (43), se podría prescindir del pronombre personal (diciendo *però sto lì per lui*), pero el contexto en el que aparece este fragmento provoca el uso del pronombre (para marcar el contraste entre *lui* e *io*). En (44), estamos ante el uso gramaticalizado: al repartir los papeles se recurre a la construcción *sì tu fai... e io faccio*: la omisión del pronombre podría crear un enunciado poco inteligible para los hablantes.

Lo que se pretende demostrar bosquejando el uso del pronombre personal explícito es que algunas estructuras repetitivas morfosintácticas tienen una doble naturaleza: son opcionales u obligatorias según el contexto. Esto significa que su uso depende no solo de las reglas gramaticales, sino también (o exclusivamente) de la situación comunicativa.

1.3.6 A modo de conclusión

El objetivo de este breve análisis de diferentes estructuras repetitivas a nivel morfosintáctico en español e italiano radica en demostrar que la repetición forma parte del sistema de estas dos lenguas y que, además, desempeña un amplio abanico de funciones. Las estructuras repetitivas morfosintácticas se dividen en dos grupos: las obligatorias, impuestas por el sistema gramatical (como *artículo + posesivo + sustantivo* en italiano) y las opcionales, cuyo empleo depende de las motivaciones pragmáticas del hablante (como el pronombre personal explícito). Las primeras carecen de una explicación pragmática, más bien demuestran la tendencia de las lenguas analizadas a volver a exponer las mismas nociones. Las construcciones del segundo tipo, por otra parte, revelan que la repetición es un mecanismo fructífero en cuanto a los significados pragmáticos que puede expresar.

A lo largo del presente análisis se ha notado que la repetición a nivel morfosintáctico suscita las cuestiones siguientes:

1) La repetición a nivel morfosintáctico puede servir como mecanismo de expresión de ciertos valores pragmáticos. Dichos efectos son de diversa índole:
   - reforzadores (como en el caso de las partículas *ci/vi/ne*),
   - de énfasis (como el pronombre personal sujeto),
   - la expresión de las nociones subjetivas (como el valor despectivo del antropónimo precedido por el artículo),
   - la tematización o topicalización (como en el caso de la duplicación pronominal).
2) Algunos mecanismos se pueden explicar tanto desde el punto de vista de las reglas gramaticales como del significado pragmático. Tal es el caso, por ejemplo, de la duplicación pronominal, que es obligatoria en determinados contextos, y en cambio en otros puede ser fruto de ciertas elecciones a nivel pragmático.
3) Las estructuras repetitivas varían según la lengua románica. Es decir, aunque en numerosos casos hay correspondencia directa entre las estructuras duplicativas en diversos sistemas lingüísticos, cada lengua presenta sus particularidades. Además, el uso de una estructura repetitiva puede someterse a los factores diatópicos (por ejemplo, la construcción *artículo definido + antropónimo* resulta más frecuente en unas variedades del español que en otras).
4) Las estructuras repetitivas dependen también de factores diastráticos (relacionados con el estatus sociocultural de los hablantes). Tal es el caso de la construcción *artículo definido + antropónimo* que se considera propia más bien del registro bajo.
5) Por último, conviene señalar que al examinar ciertos mecanismos lingüísticos parece aconsejable dejar la perspectiva etnocéntrica para reparar en sus valores menos evidentes. Por ejemplo, al analizar la duplicación pronominal se manifiesta su semejanza con la conjugación objetiva no asociada tradicionalmente a las lenguas románicas. Esta observación nos parece muy provechosa a la hora de estudiar la reduplicación. Como es un fenómeno característico de muchas lenguas no indoeuropeas, consideramos importante no perder de vista los valores que presenta en los sistemas lingüísticos mencionados.

Tanto desde el punto de vista de la gramática del español y del italiano como de los valores pragmáticos, la repetición a nivel morfosintáctico constituye un fenómeno no solo frecuente, sino también muy productivo. Queda por debatir, por lo tanto, si las nociones que se hacen operativas al estudiar diferentes construcciones morfosintácticas, se manifiestan también en el mecanismo clave de nuestra tesis, esto es, la reduplicación.

1.4 Las estructuras semántico-pragmáticas

El objetivo de esta parte de nuestro trabajo consiste en llevar a cabo una breve presentación de diferentes estructuras semántico-pragmáticas que presentan repeticiones de diversa índole. Lo que se intenta demostrar es que, tanto en español como en italiano, la repetición a nivel semántico-pragmático es un mecanismo muy frecuente y desempeña distintos papeles. Por lo tanto, creemos que el análisis de las estructuras que aparecen en este apartado nos puede ayudar a la hora de examinar las construcciones reduplicadas, el objetivo del presente estudio.

Hemos optado por juntar en este apartado las construcciones de carácter semántico con las de naturaleza pragmática. Aunque reconocemos que pertenecen a diferentes niveles del análisis, en muchos casos observamos un vínculo entre estas dos áreas. La estructura pragmática suele alimentarse de la semántica, por lo que a veces nos resulta complicado establecer una frontera clara entre mecanismos puramente semánticos y los exclusivamente pragmáticos. Como el presente trabajo no se ocupa de la problemática de la diferenciación entre la semántica y la pragmática, hemos decidido presentar los ejemplos semánticos y pragmáticos en un mismo apartado sin profundizar en cuál es su naturaleza.

En esta parte de nuestras cavilaciones consideramos las repeticiones, siguiendo a Camacho Adarve (2009: 46), como "la copia de un texto propio o ajeno, completo o parcial, reproducido dos o más veces en sus rasgos fónicos pertinentes y que nunca reproduce el mismo sentido pragmático de su "matriz" o "emisión original". La autora hace hincapié en una serie de factores que conciernen al mecanismo de la repetición:

- "las repeticiones *siempre* incluyen modificaciones pragmáticas" (2009: 14): esto significa que al repetir determinadas unidades se introducen sentidos pragmáticos;
- el fragmento repetido no desempeña la misma función que el fragmento originario: aunque desde el punto de vista formal mantiene la misma estructura, varía en cuanto a su funcionamiento pragmático;
- la repetición desempeña dos tipos de funciones: textuales e interactivas. Las primeras sirven para organizar la conversación, mientras que las segundas consisten en establecer relaciones entre los hablantes.

El presente análisis se basa en la siguiente hipótesis:

> **La repetición constituye un mecanismo lingüístico característico de las interacciones de la comunidad hispanohablante peninsular y la comunidad italoparlante desempeñando una serie de funciones pragmáticas y formando parte de su ethos comunicativo.**

Antes de proceder a la descripción de unos ejemplos concretos, se definen cuatro términos que, a nuestro juicio, constituyen conceptos clave a la hora de explicar el funcionamiento pragmático de la repetición en español e italiano:

- el ethos comunicativo,
- el registro coloquial,
- la interacción,
- la convención.

1.4.1 El ethos comunicativo

La comunicación entre los humanos se caracteriza por la doble codificación: la lingüística y la cultural (Ureña, Cruz, 1998). La primera se realiza mediante las unidades de la lengua, la segunda consiste en el uso de las unidades lingüísticas en función de las normas culturales. Por eso, al estudiar el uso de un sistema lingüístico, hay que tener en cuenta el código cultural vigente en una comunidad. Si las normas rigen la comunicación entre los hablantes, organizando la interacción de acuerdo con una serie de patrones socioculturales, estamos ante el fenómeno del *ethos comunicativo*. Como explica Baran (2010: 42), el ethos comunicativo constituye un conjunto de "determinadas normas de comunicación/interacción compartidas por los miembros de una comunidad de habla". En otras palabras, en cada comunidad de habla existen ciertos comportamientos lingüísticos que se consideran adecuados. A partir de las características que crea el ethos comunicativo se estructura el perfil comunicativo de una comunidad.

Baran (2010: 42–56) basa el concepto del ethos comunicativo en seis ejes constitutivos: la *parole*, las relaciones interpersonales, la cortesía verbal, la concepción del individuo, la ritualización y la afectividad[15]. Conviene subrayar que son factores de carácter gradual: en una comunidad se pueden realizar con mayor o menor fuerza, no son categorías absolutas. En adelante se describe el funcionamiento de cada uno de los ejes constitutivos.

1.4.1.1 La parole

La *parole* es una categoría que refleja la actitud que asumen los hablantes hacia la verbosidad. El estatus y la percepción de las manifestaciones verbales varían según la comunidad de habla. La postura frente a la verbosidad puede abarcar dos aspectos: la cantidad y la cualidad de la *parole* (Baran, 2010: 42–44). En cuanto a la primera, se trata de oponer las comunidades en las que, como demuestra Hymes (19[illegible]), se valora hablar más, frente a las que juzgan de manera negativa cuando una persona habla demasiado. Hymes como ejemplo presenta tres comunidades: Bella Coola, Aritama y Paliyan. En la primera, la actividad de hablar forma parte de los componentes importantes de la vida social. En cuanto a Aritama y Paliyan, no se aprecia tanto el hecho de charlar: uno habla solamente cuando tiene algo importante que decir.

15 La clasificación de Baran se fundamenta sobre la propuesta de Kerbrat-Orecchioni (1998: 63–145) incluyendo unas ligeras modificaciones.

Además, algunas comunidades hacen hincapié en la calidad de la *parole*: se tiene en cuenta no solo la cantidad de las palabras expuestas, sino también su calidad (Baran, como ejemplo, aporta la cuestión de *le beau parler* en francés). Siguiendo esta línea, Haverkate (1994: 61–62) introduce el término de la *comunión fática* que se realiza en distinto grado en diferentes comunidades cumpliendo las máximas *Sigue hablando,* o bien *Evita el silencio.* La problemática de la oposición hablar/ silencio ha sido estudiada desde diferentes perspectivas (véase, por ejemplo, Tannen y Saville-Troike (eds.), 1995). Además, resulta que los estereotipos acerca de la postura de una comunidad frente al silencio pueden no coincidir con los datos que aportan los estudios. Saunders (1995), por ejemplo, examina la actitud de la comunidad italiana en un pueblo de Valbella frente al silencio. Aunque, como observa el autor, se suele percibir a los italianos como muy emocionales y expresivos, el silencio constituye un aspecto de gran entidad en las conversaciones italianas: si un asunto es muy importante, se prefiere recurrir al silencio, en general, para no ofender al interlocutor. De este modo, la comunidad italiana, asociada más bien con la máxima *Sigue hablando,* se beneficia también de la categoría del silencio.

Conviene señalar que la calidad de la *parole* emitida tiene también mucho que ver con la situación comunicativa. En las situaciones consideradas generalmente de mayor grado de formalidad, se requiere una mayor calidad de las palabras expuestas, en contraste con las situaciones más cotidianas, informales, en las que no se cuida tanto la lengua utilizada. En lo que pueden diferir las comunidades es en el repertorio (más o menos amplio) de situaciones en las que se acude a las palabras de mayor calidad.

Entre las diversas posturas frente al concepto de la *parole* destacan también dos oposiciones:

- la oposición entre la *parole* verdadera y la *parole* eficaz,
- la dependencia de la *parole* del contexto: la *parole* directa *vs.* la *parole* indirecta.

El parámetro de la *parole* nos indica que distintas comunidades asumen, aunque inconscientemente, una postura concreta no solo frente al contenido del mensaje, sino también frente al mismo acto de hablar, su dimensión tanto cuantitativa como cualitativa. Como la lengua desempeña una función de gran entidad en las interacciones humanas, las sociedades marcan también sus preferencias acerca del papel y de los roles de las palabras.

1.4.1.2 Las relaciones interpersonales

Las relaciones interpersonales se dividen en tres tipos (Kerbrat Orecchioni, 1998: 71–72, Baran, 2010: 44):

- relaciones horizontales (la noción de distancia),
- relaciones verticales (la noción de poder),
- *eje de consenso* vs. *conflicto.*

Las relaciones horizontales, que marcan la distancia o la cercanía entre los hablantes, se realizan mediante recursos verbales, paraverbales o no verbales (sobre las relaciones horizontales véanse Kerbrat Orecchioni, 1998: 72–74, Baran, 2010: 44–45). En cuanto a los mecanismos no lingüísticos, estamos ante una serie de parámetros que indican el grado de distancia entre los interlocutores: la distancia física entre los hablantes, las aproximaciones, los alejamientos, etc. Estos factores permiten dividir las culturas en las de contacto y las de no contacto, esto es, aquellas en las que se mantiene la distancia corporal entre los interlocutores y las que permiten un alto grado de proximidad al llevar a cabo una conversación. Raga Gimeno (2005: 61–72) incluye entre los factores que intervienen en la comunicación cara a cara la distribución del espacio. En otras palabras, los hablantes de diferentes comunidades estructuran el espacio de la conversación de manera diversa. Raga Gimeno alude a dos tipos de espacio: el espacio relacionado con el cuerpo (que incluye parámetros como la distancia entre los interlocutores, las posturas que adoptan los cuerpos, cómo se forman los grupos al hablar, la expresividad de las manos, el comportamiento del rostro y de los ojos) y el espacio en el que actúan los interlocutores (entre los parámetros se encuentran: el lugar privado o público, el lugar abierto o cerrado, el lugar fijo o variable, el tamaño del espacio, la distribución de los hablantes, la decoración, la luz, etc.). En otras palabras, la comunicación cara a cara en una determinada comunidad se basa también en una distribución del espacio que puede variar según la cultura.

El segundo grupo está compuesto por los recursos lingüísticos que sirven para marcar la distancia o la proximidad entre los hablantes. El ejemplo más citado que refleja las relaciones horizontales lo constituyen las formas de tratamiento: en algunas comunidades se marca la proximidad mediante el uso abundante de la segunda persona *tú*, mientras que en otras se mantiene un distanciamiento verbal acudiendo con más frecuencia a la tercera persona *usted*. Hay que tener en cuenta, sin embargo, que los mismos datos lingüísticos pueden favorecer conclusiones bien distintas según la comunidad estudiada. Un ejemplo llamativo viene aportado por Wierzbicka (1985, citado por Kerbrat-Orecchioni, 1998: 73) que trata del uso de la forma *you* en inglés. Como subraya la autora, la segunda persona en inglés, en vez de marcar proximidad, tiende a crear distancia entre los interlocutores, dado que no existe una forma opuesta que equivalga a *usted* y, por lo tanto, sería falso afirmar que *you* propicia el acercamiento de los interlocutores. De este modo, se aprecia que unos datos lingüísticos correspondientes (como *you* en inglés y *tú* en español) desempeñan distintas funciones en el proceso de crear relaciones interpersonales.

En cuanto a las relaciones verticales, estamos ante dos tipos de culturas: las del ethos jerárquico y las del ethos igualitario (sobre las relaciones verticales, véanse Kerbrat Orecchioni, 1998: 74–82, Baran, 2010: 45–47). El factor distintivo entre estos dos grupos lo constituye el hecho de marcar, mediante recursos verbales o no verbales, la posición jerárquica de los hablantes. En las comunidades del ethos jerárquico se observa la presencia de diversos medios que expresan la posición de los interlocutores en la jerarquía (que puede basarse en varios aspectos, como la edad, el sexo, el estatus, etc.). Tal es el caso de las culturas asiáticas en las que se codifican diversas marcas de jerarquización, como los honoríficos o las palabras egocéntricas. No solo son las culturas asiáticas las que han desarrollado distintas marcas de honoríficos u otras formas del ethos jerárquico. Como afirma Huszcza (2005), entre las lenguas europeas es la polaca la que destaca por su abundancia de marcas de jerarquía social (aunque en comparación con el japonés, el sistema polaco no resulta tan jerárquico).

En las comunidades del ethos igualitario se subraya la igualdad entre los interlocutores evitando las expresiones que puedan ponerlos en una escala jerárquica. Se observa tal tendencia en las culturas occidentales en las que notamos ciertos mecanismos propios del ethos igualitario, como la expansión de la forma de tratamiento *tú*, la simetría en los comportamientos salutatorios o la toma de turnos de carácter disruptivo-cooperativo (Baran, 2010: 47).

Las formas lingüísticas que marcan la distinción entre el ethos jerárquico y el igualitario pueden incluirse dentro del concepto de *deíxis social*. Como afirma Hernández Sacristán (1999: 99), "la simbolización de la distancia social entre los interlocutores por procedimientos deícticos constituye uno de los dominios donde más claramente se expresa la variabilidad interlingüística e intercultural". Como indica el autor, la diferencia puede radicar en dos factores:

- si estamos ante una sociedad de clanes o castas, o bien de relaciones más igualitarias,
- si el referente que requiere formas de respeto es un ser humano, o bien un animal, una planta o un objeto (lo que sucede en las culturas animistas).

La tercera realización de las relaciones interpersonales se basa en la distinción entre las comunidades de consenso y las de conflicto (véanse Kerbrat Orecchioni, 1998: 82–88, Baran, 2010: 47–48). Las primeras recurren a una serie de herramientas que las ayudan a conseguir consenso, mientras que en las segundas se valora la falta de conformidad entre los interlocutores. Como sostiene Baran, esta tercera diferenciación es la que abunda en conclusiones más bien *impresionistas* que carecen de un sólido aparato metodológico. Se observa, además, que los estudios suelen tener un cariz comparativo: se examina qué cultura es la más propensa al conflicto y cuál se dirige más bien hacia el consenso. Existen estudios que clasifican las comunidades de mayor interés para nuestra investigación, esto es la española y la italiana. En cuanto a la primera, en un artículo de Fant (1989) aparece la comparación de la comunidad española con la comunidad escandinava demostrando que es la española la que se presenta como más propensa al conflicto. A la misma conclusión llegan Corsaro y Rizzo (1990, citado por Kerbrat-Orecchioni, 1998: 84) que examinan los debates entre los niños americanos y los niños italianos. Según los investigadores, los italianos favorecen situaciones de conflicto, mientras que los americanos se inclinan más bien hacia la búsqueda del consenso. Por lo tanto, ambas comunidades, la española y la italiana, se suelen caracterizar por el ethos de conflicto.

Lo que llama nuestra atención al realizar esta breve distinción entre diferentes tipos de relaciones interpersonales es que a veces puede resultar complicado delimitar cuál es el tipo de relación reflejado mediante un mecanismo lingüístico. Lo que puede suscitar mayor polémica son las formas de tratamiento. Las formas *usted* en español, *pan/pani* en polaco o *lei* en italiano pueden vincularse tanto a la relación horizontal como vertical entre los interlocutores. A veces es el contexto el que nos proporciona una determinada interpretación, no obstante, en numerosas ocasiones observamos la dificultad de delimitar la naturaleza de la relación que sale a la luz al acudir a cierta forma de tratamiento. Por ejemplo, en el ámbito universitario en España se suele tutear, incluso en conversaciones estudiante-profesor (lo que resulta impensable en la realidad polaca). ¿Es la señal de una mayor proximidad entre los hablantes (relación horizontal), o bien de un ethos igualitario (relación vertical)? Por lo tanto, al vincular determinados mecanismos lingüísticos con unas características culturales hay que tener en cuenta muchas variables de diferente índole para poder formular conclusiones sólidas.

1.4.1.3 La cortesía verbal

La cortesía verbal constituye un concepto cuya introducción aclaró numerosas cuestiones en el ámbito de las ciencias sociales y lingüísticas. No obstante, existen varias perspectivas que se asumen para describir este fenómeno[16]. Márquez y Placencia (2005) enumeran las siguientes metodologías relacionadas con el estudio de la cortesía:

- la cortesía como norma social vigente en una comunidad,
- la cortesía como realización de las máximas conversacionales,
- la cortesía como contrato social,
- la cortesía como operaciones de imagen,
- la cortesía como elaboración de relaciones.

El modelo más famoso a partir del cual se suelen desarrollar otras propuestas y en el que se basa la presente tesis es el modelo de Brown y Levinson (1987)[17]. El modelo está fundamentado sobre tres elementos: *face* (la imagen)[18], *face threatening acts: FTAs* (actos contra la imagen) y las estrategias para la realización de actos contra la imagen. El primer elemento, la imagen, forma parte de la identidad del individuo, es lo que genera el individuo hacia el resto de la sociedad y al mismo tiempo cómo la sociedad lo percibe. Existen dos tipos de imagen:

- la imagen positiva: el deseo de ser aceptado y de formar parte del grupo,

16 Sobre diferentes modelos de cortesía verbal, véanse Baran (2010: 22–23), Albelda y Barros (2013).

17 Hay que mencionar, además, las aportaciones influyentes de Lakoff (1973) y de Leech (1983).

18 La categoría de imagen está basada en el concepto introducido por Goffman (1967).

- la imagen negativa: el deseo de actuar libremente, de que otros no se impongan.

En la interacción, la imagen positiva o negativa del interlocutor se ve constantemente amenazada por los llamados *face threatening acts* (FTAs). Se amenaza la imagen positiva al ignorar el deseo de aceptación del interlocutor (por ejemplo, mediante quejas, reprimendas, expresiones de crítica). Por otra parte, la imagen negativa se ve amenazada al imponerse al interlocutor (por ejemplo, mediante los ofrecimientos). Por eso, para minimizar la amenaza, se recurre a determinadas estrategias de cortesía positiva (para salvar la imagen positiva, el deseo de aceptación) o negativa (para salvar la imagen negativa, el deseo de libertad).

El modelo de Brown y Levinson ha sufrido muchas ampliaciones en los últimos años. Las ampliaciones conciernen a todos los elementos del modelo:

1) La imagen

El modelo de Brown y Levinson toma como punto central la imagen del oyente, dado que este es el receptor de las posibles amenazas. No obstante, los trabajos posteriores llaman la atención también sobre la dimensión social de la imagen, dado que tanto el oyente como el hablante crean la comunicación (Hernández Flores, 2004). Hernández Flores proporciona el siguiente ejemplo al respecto:

(45) Juan da las gracias a Pedro por una ayuda prestada

En esta situación, se beneficia tanto la imagen de Pedro como la imagen de Juan, ya que, mediante el acto de dar las gracias, Juan cumple con un valor socialmente apreciado, esto es, se muestra como una persona que reconoce y valora los esfuerzos de los demás.

Por lo tanto, la cortesía constituye una estrategia que tiene como objetivo alcanzar el equilibrio entre la imagen del hablante y la imagen del oyente. En una situación ideal, ambas imágenes se salvan, aunque en realidad esta es una finalidad muy difícil de conseguir.

Teniendo en cuenta la dimensión social (y no solo individual) de la cortesía, Bravo (2002: 105–107) introduce una alternativa a la imagen positiva y la imagen negativa que consta de dos elementos:

- la imagen de autonomía: "abarca todos aquellos comportamientos que están relacionados con cómo una persona desea verse y ser vista por los demás como un individuo con contorno propio dentro del grupo",
- la imagen de afiliación: "agrupa aquellos comportamientos en los cuales se refleja cómo una persona desea verse y ser vista por los demás en cuanto a aquellas características que la identifican con el grupo".

Hay que subrayar que no son categorías diferenciadas de manera tajante: según la sociedad y situación comunicativa puede prevalecer una sobre otra. Llama la atención, además, que no es solo el oyente el que recibe efectos de cortesía, sino también el emisor del enunciado que, al comportarse de determinada manera, proyecta una imagen de sí mismo.

Fuentes (2010: 12), por su parte, propone una clasificación de las imágenes que establece las categorías siguientes:

- la imagen que uno tiene de sí mismo,
- la imagen que se proyecta a los demás,
- la imagen de rol: de profesor, amigo, etc.
- la imagen del *yo* integrado en el grupo: cuando nos sentimos como parte de una colectividad (profesores, españoles, etc.).

La clasificación de Fuentes llama la atención sobre la existencia de otras categorías vinculadas a la imagen. Primero, estamos ante el concepto de rol: los hablantes pertenecen a unos grupos que requieren cierto comportamiento. Un mismo hablante suele encarnar varios roles, por ejemplo, el de profesor (si está en la Universidad hablando con los estudiantes), el de amigo (si está en el bar con sus amigos), el de hijo (si está hablando con su madre), etc. De cada uno de estos roles se requiere un comportamiento distinto, también en cuanto a la expresión lingüística.

Además, trabajando sobre el discurso público de los políticos, Fuentes (2016) hace hincapié en el concepto de identidad. A diferencia de la imagen (que tiene una dimensión social), la identidad está compuesta por rasgos personales, en general estables, aunque pueden también ajustarse a ciertas motivaciones estratégicas. Según Fuentes (2016: 172), la identidad difiere de la imagen en los aspectos siguientes:

Identidad	**Imagen**
Una	Múltiple
Constante	Variable
Parte constante + parte construida en la interacción	Construida en la interacción
Para el receptor: característica previa a la interacción	Efecto interaccional
Para el hablante: estrategia	Estrategia
Categoría del Análisis del discurso	Limitada a la Teoría de la cortesía

Por lo tanto, la imagen se crea en la interacción y varía según las necesidades comunicativas. La identidad, por otra parte, es previa a la interacción: los hablantes empiezan a interactuar con cierta identidad que luego se pone de manifiesto ejerciendo influencia sobre las relaciones sociales.

2) Los FTAs

En el modelo de Brown y Levinson la imagen (positiva o negativa) puede verse amenazada mediante diferentes actos, mientras que la cortesía sirve para proteger esta imagen y suavizar de alguna manera los efectos de esta amenaza. Kerbrat-Orecchioni (1996:59), por su parte, introduce el término de los *face flattering acts (FFAs)*, esto es, los actos que valorizan la imagen. La autora divide la cortesía en dos tipos (2004: 43–46):

- la cortesía negativa: evitar los FTAs (A comete contra B una ofensa, FTA, que inmediatamente intenta reparar con una excusa, FFA),
- la cortesía positiva: realizar FFA (A presta a B algún servicio, FFA, y entonces le toca a B producir un FFA).

La ampliación del modelo propuesto por Kerbrat-Orecchioni nos permite explicar numerosas estrategias de cortesía que no se presentan como respuesta a los actos amenazantes, sino que desarrollan su propio papel en la interacción.

3) La cortesía normativa vs. la cortesía estratégica

La tipología de la cortesía ha sido ampliada, además, por una distinción entre la cortesía normativa (convencional) y la cortesía estratégica (Albelda y Barros, 2013: 18–22). El primer término se aplica a las situaciones en las que, por motivos culturales y normas sociales, se requiere un comportamiento adecuado (por ejemplo, el acto de saludar a alguien). Este tipo de cortesía presenta un alto grado de ritualización. Por otra parte, la cortesía puede manifestar también una dimensión estratégica. En este sentido, consiste en aplicar una serie de mecanismos discursivos para cuidar la imagen de los interlocutores y, a la vez, conseguir algún objetivo. Entre los procedimientos discursivos de la cortesía se enumeran la atenuación y la intensificación (Briz, 2004) – volveremos sobre estos dos conceptos en un apartado posterior de nuestro trabajo.

La distinción entre la cortesía normativa y la estratégica nos permite observar una doble naturaleza del fenómeno en cuestión. Por una parte, en numerosas ocasiones se aplican los mecanismos de cortesía de manera automática (por ejemplo, al entrar en una tienda saludamos con un *buenos días* sin mucha reflexión acerca del efecto que producimos). Por otra parte, la cortesía puede constituir un fenómeno muy fructífero a la hora de alcanzar ciertos objetivos, por ejemplo en una discusión, las estrategias de cortesía suavizan los argumentos produciendo un mayor efecto (sobre la relación entre la cortesía verbal y la argumentación, véanse Fuentes, 2012 y 2013).

4) La descortesía verbal

Numerosos estudios sobre la cortesía verbal llevaron al reconocimiento de la categoría opuesta: la descortesía verbal (Albelda y Barros, 2013: 22–27). La descortesía supone "una agresión o amenaza a la imagen de nuestros interlocutores, en principio, de manera intencionada y deliberada, aunque a veces también puede producirse de forma involuntaria o por omisión de una acción cortés esperada" (Albelda y Barros, 2013: 22–23). La descortesía ha sido también examinada desde el punto de vista del oyente:

- cuando el hablante es descortés, pero el oyente no se da cuenta,
- cuando el hablante no quiere ser descortés, pero tal es la interpretación del oyente.

Por lo tanto, a veces resulta que la intención del hablante es amenazar la imagen del interlocutor mediante una serie de mecanismos (como insultos, gritos, ironías, doble sentidos, etc.), o bien es el oyente que malinterpreta la intención de los hablantes.

Un caso muy interesante constituye, además, un concepto frecuentemente confundido con la descortesía, esto es, la *anticortesía.* Es el acto aparentemente descortés cuya finalidad se asemeja a los objetivos de la cortesía verbal. La anticortesía suele ocurrir en el ámbito familiar, cuando hay una relación de proximidad entre los interlocutores. Ejemplo de ello son los numerosos vocativos, aparentemente ofensivos, que aparecen en el fragmento (46):

(46) 84 B: = como buen caballero
85 C: °(eso es cierto)°
86 A: ¿no te llama?
87 C: ¿que si no me llama ↓ quién ↓?
88 A: ***¡coño!*** *si no te llama ↑/invitarnos*
89 C: °(¡claro que me llama!)°
90 A: pues venga ↑/invítanos
91 C: (()))//* ***¡no te jodee!*** *// que noo*
92 A: ¡venga!
(Val. Es. Co 2.0)

Las expresiones en negrita, *coño* y *no te jodee,* se pueden considerar actos ofensivos. Sin embargo, en un contexto familiar, entre amigos, el uso de estas expresiones indica más bien la relación de proximidad que existe entre los interlocutores: es un acto aparentemente descortés que, en realidad, funciona como acto de cortesía.

5) La dimensión universal de la cortesía

El modelo de Brown y Levinson implica que la cortesía es un fenómeno universal, común para todas las culturas. No obstante, un amplio abanico de estudios llaman la atención sobre la especificidad del fenómeno según la comunidad (véanse Bravo, 2004, Kerbrat-Orecchioni, 2004). Coincidimos con la postura de Kerbrat-Orecchioni (2004), según la cual la cortesía tiene dos dimensiones. Por una parte, es un fenómeno universal, dada su presencia en todas las comunidades. Por otra parte, la realización de la cortesía varía según la comunidad:

- cuantitativamente: en unas sociedades los procedimientos de cortesía son más frecuentes que en otras,
- cualitativamente: distintas culturas consideran un mismo acto como FTA o FFA y, además, difieren en las situaciones en las que se requiere ser cortés.

De este modo, citando a Bravo (2004: 33), conviene "observar la relación entre el comportamiento comunicativo y las creencias y la visión del mundo de los hablantes, visión que se supone capaz de proyectarse hacia la comunidad de pertenencia, al mismo tiempo que es influenciada por esa misma comunidad". Dadas las diferencias en la percepción y la realización de la cortesía verbal, se incluye este fenómeno dentro de los ejes constitutivos del ethos comunicativo[19] (sobre la relación entre la cortesía y el *ethos comunicativo* véanse Kerbrat-Orecchioni, 1998: 88–107 y Baran, 2010: 48–50). Desde esta perspectiva, se pueden dividir las culturas según los parámetros siguientes:

a) Primero, encontramos sociedades en las que prevalece la cortesía positiva y sociedades en las que predomina la negativa. En las primeras se valora la intromisión en el terreno ajeno, por ejemplo, mediante preguntas, cumplidos u ofrecimientos. Las comunidades de cortesía negativa cuidan la no-interferencia en el espacio de otra persona.
b) Además, las culturas pueden dividirse en aquellas en las que se subraya la importancia de la imagen del hablante frente a las que cuidan de manera especial la imagen del oyente. Teniendo en cuenta este parámetro, Kerbrat-Orecchioni divide las culturas en dos tipos:
   - las que mantienen el equilibrio entre la imagen del hablante y la del oyente,
   - las que dan preferencia a la imagen del interlocutor.
c) La tercera distinción resalta la existencia de dos ethos: culturas en las que se otorga mayor importancia al espacio comunicativo (*el territorio*) frente a las que valoran más la imagen positiva.

Aparte de la variabilidad de las normas de cortesía en función de la cultura analizada, Fuentes (2010: 17–18) hace hincapié en dos factores de mayor influencia: el contexto (la situación) y el tipo de texto. Son diferentes las reglas de cortesía si se trata de una situación familiar (por ejemplo, una charla entre amigos) o de una situación de carácter formal (por ejemplo, una entrevista de trabajo). Además, encontramos diversos recursos de cortesía en una conversación coloquial y en un discurso político. Por eso, al estudiar la cortesía verbal conviene tener en cuenta que se pueden obtener resultados bien distintos dependiendo del corpus examinado.

1.4.1.4 La concepción del individuo

La cortesía verbal está estrechamente vinculada a la concepción del individuo que se manifiesta en una sociedad (sobre la concepción del individuo, véanse Kerbrat-Orecchioni, 1998: 96–101, Baran, 2010: 50–53). Existen sociedades en las que se perciben las personas como entes individuales, mientras que en otras se hace

---

19 En los últimos años ha surgido la propuesta de la pragmática variacionista (véase, entre otros, García y Placencia, 2011). Esta corriente subraya la variabilidad de los comportamientos lingüísticos no solo en función de la lengua, sino también de las diferentes áreas en las que se utiliza. En las lenguas de una gran extensión territorial, las normas pragmáticas pueden diferir sustancialmente (por ejemplo, los mecanismos pragmáticos del español de España y del español de Perú resultan muy divpersos).

hincapié en la colectividad, esto es, el hecho de pertenecer a un grupo concreto. En general, se asocian las culturas occidentales al ethos individualista (en una conversación los participantes se consideran como individuos que tienen sus propios deseos, necesidades, visiones del mundo, etc.), mientras que se les atribuye a las culturas de la África negra, el Pacífico o el Oriente la percepción de los hablantes como parte de una colectividad, un grupo. Baran (2010: 51) presenta las siguientes características del *ethos* fundamentadas en la oposición individuo vs. colectividad:

- el grupo como conjunto de individuos vs. los individuos como elementos que forman el grupo,
- el individuo se define por su personalidad propia vs. el individuo se define por el lugar que ocupa en el grupo,
- se hace más hincapié en la realización de objetos individuales vs. los intereses individuales se someten a los de la colectividad,
- la tendencia a diferenciar los miembros del grupo vs. la tendencia a la homogenización de los miembros del grupo,
- los miembros del grupo son autosuficientes vs. los entes del grupo son interdependientes,
- la competición entre los miembros del grupo vs. la armonía interna del grupo,
- la vida privada como *sagrada* vs. el grupo puede invadir el espacio del individuo.

1.4.1.5 El grado de ritualización

En la lengua se han codificado ciertas expresiones que se reconocen como rituales: aparecen siempre en determinadas situaciones de modo que los hablantes ni siquiera se dan cuenta ni reflexionan sobre su función, su significado o los elementos de los que se componen. Como afirma Hernández Sacristán (1999: 144–145), los ritos en la lengua son imprescindibles por dos razones. Primero, en numerosas ocasiones son simplemente cómodos porque provienen de un acuerdo entre los miembros de una sociedad y por eso, tenemos la certeza de que son aceptados (nos ayudan en varias ocasiones complicadas desde el punto de vista de las relaciones interpersonales, como, por ejemplo, el acto de dar el pésame). Además, los componentes rituales constituyen el punto de referencia del que los hablantes se pueden distanciar con el objetivo de dotar un acto lingüístico de un carácter más informal, más familiar, etc. Por ejemplo, la expresión de dar gracias en polaco es *dziękuję*. Por eso, al cambiarla por *dzięki* añadimos unos matices informales a este acto de agradecimiento (aunque hay que tener en cuenta que, con el paso del tiempo, en situaciones determinadas la expresión *dzięki* también se ha ritualizado).

Las culturas se dividen en aquellas que presentan un alto grado de ritualización y las que demuestran un bajo grado de ritualización (sobre la ritualización véanse Kerbrat-Orecchioni, 1998: 107–112, Baran, 2010: 53–55). Existen tres parámetros que se consideran indicios de un alto o bajo grado de ritualización:

- el número y la frecuencia del uso de las expresiones ritualizadas,

- el grado de fijación,
- el margen que se deja para saltar las normas establecidas.

De este modo, diferentes culturas son más o menos propicias a la ritualización. Tannen y Öztek (1981) constatan que el turco y el griego se caracterizan por una amplia gama de fórmulas rutinarias que desempeñan numerosos papeles en la interacción. En el turco hay expresiones que se aplican cuando alguien se ha puesto enfermo, cuando alguien ha fallecido, cuando alguien compra una casa nueva, cuando alguien quiere contar una historia. En el griego, por su parte, cuentan con un reconocimiento común las expresiones que se utilizan cuando alguien va de viaje, cuando alguien se ha comprado un vestido nuevo o durante una boda. En general, al comparar la frecuencia del uso de las expresiones rutinarias en turco o griego con las del inglés, resulta que los anglohablantes recurren bastante raramente a fórmulas establecidas. Esto significa que el grado de ritualización es mucho más alto en griego o turco que en inglés.

En general, las culturas occidentales se caracterizan por un bajo grado de ritualización. Aunque existen situaciones en las que se recurre obligatoriamente a determinadas fórmulas, existe un abanico bastante amplio de posibilidades que se consideran adecuadas y aceptadas por los miembros de distintas comunidades. No obstante, en cada sociedad encontraremos situaciones en las que parece imprescindible utilizar una determinada expresión ritualizada.

1.4.1.6 La afectividad

La afectividad, el último eje constitutivo del ethos comunicativo, es un parámetro vinculado a la exteriorización de sentimientos y emociones (sobre la afectividad, véase Baran, 2010: 55–56). En principio, las culturas pueden dividirse en dos tipos: las emocionales (en las que se expresan abiertamente las emociones) y las antiemocionales (en las que se evita expresar las emociones). La afectividad depende, además, de una serie de factores contextuales, como la situación, la relación entre los participantes o el estatus social. En el sistema lingüístico se encuentran numerosos indicios de afectividad, como exclamaciones, partículas enfáticas, procedimientos fonológicos, morfológicos, prosódicos, sintácticos o léxicos.

Sin embargo, el concepto de afectividad no se limita al hecho de demostrar emociones. Baran afirma que la afectividad puede "reinterpretarse en términos de convención sociopragmática dominante" Baran (2010: 55). Al respecto, Baran (2010: 159–166) hace hincapié en la diferencia entre los conceptos de *comunicación emocional* y *comunicación emotiva*. El primero, se refiere a la muestra de emociones o sentimientos, mientras que el segundo abarca diversas formas de afecto, solidaridad o proximidad que se utilizan de modo consciente y con un fin estratégico concreto. El hecho de mostrar afectividad, en su sentido estratégico, se somete a una convención sociopragmática, esto es, en determinadas comunidades se recurre a mecanismos de afectividad con el objetivo de alcanzar ciertas finalidades interactivas, como la de marcar su posición en la conversación. De este modo, en español encontramos una serie de expresiones gramaticalizadas, como los vocativos tipo *hombre, mujer* o marcadores discursivos tipo *vaya, venga* que se emplean como marcas de afectividad con unos objetivos estratégicos concretos (como marcas de cortesía, para influir en el destinatario, para resaltar algunos aspectos de la realidad, etc.).

Baran considera la afectividad como un elemento de la "convención sociopragmática" llamando la atención sobre sus dos aspectos clave:

- el carácter convencional (volveremos al concepto de convención y su carácter gradual en el apartado 1.4.5.),
- su naturaleza sociopragmática, esto es, la variación según la sociedad y sus experiencias comunicativas previas. Por eso, lo que en una comunidad constituye una estrategia para conseguir algún objetivo, puede ser malinterpretado por los miembros de otra comunidad.

1.4.1.7 El concepto del ethos comunicativo – reflexiones finales

Cada uno de los ejes se realiza en mayor o menor grado en la comunicación de los representantes de diversas comunidades. Al comparar los ethos comunicativos de distintas comunidades, se confronta el nivel de realización de los factores expuestos. De este modo, se crea el perfil comunicativo de la comunidad, esto es, el patrón del comportamiento lingüístico no solo aceptado, sino también requerido por una comunidad de habla. Insistimos, no obstante, en el carácter gradual de los ejes constitutivos: no son categorías discretas. Esto significa que las comunidades no se dividen, por ejemplo, en las del ethos jerárquico y las del ethos igualitario, sino que en algunas comunidades prevalecen los rasgos del primero y en otras los del segundo (lo que se puede observar comparando las distintas sociedades). Las culturas occidentales presentan características propias del ethos igualitario, no obstante, en varias lenguas occidentales encontramos también estrategias cuya función es mostrar relaciones jerárquicas (como la distinción de *tú/usted* en español, las expresiones léxicas *sir/madame* en inglés o el uso del pronombre *Lei* en italiano). Por lo tanto, al analizar una comunidad, hay que tener en cuenta que los resultados del análisis no siempre nos aportarán datos uniformes, aunque lo que sí que podemos constatar es que en cada sociedad prevalecen los rasgos de un tipo de ethos.

Conviene señalar que entre los distintos ejes constitutivos del ethos se presentan varios vínculos. La cortesía verbal, por ejemplo, está estrechamente relacionada con el concepto de las relaciones interpersonales (cada tipo de relación requiere unas estrategias de cortesía concretas) o con el grado de ritualización (la cortesía puede apoyarse en unas rutinas, o bien el uso de las rutinas puede considerarse un mecanismo descortés). De este modo, los ejes constitutivos no son conceptos independientes, sino que unos ejercen influencia sobre otros formando juntos una característica etológica de una comunidad. Por otra parte, dadas las interdependencias entre los ejes constitutivos, reconocemos que una estructura lingüística puede relacionarse con varios ejes. Un ejemplo muy llamativo lo constituyen las formas de tratamiento: la distinción entre *tú* y *usted.* Ambas formas pueden manifestar determinadas relaciones interpersonales (bien horizontales, bien verticales), verbalizar una estrategia de (des)cortesía, servir como muestra de un cierto grado de afectividad o incluso llevar rasgos de ritualización (al fin y al cabo, el uso de *usted* en situaciones formales constituye un rito aceptado por una comunidad). A veces resultará muy difícil distinguir con qué tipo de eje se asocia una estructura lingüística.

Como advierten Kerbrat-Orecchioni (1998: 115–122) y Baran (2010, 56–60), el concepto de *ethos* sufre también ciertas limitaciones. Entre las cuestiones problemáticas relacionadas con esta metodología destacan las siguientes:

1) Las comunidades presentan a menudo una gran variabilidad dialectal lo que dificulta el análisis del ethos. Tal es el caso de las comunidades hispano- e italoparlantes, en las que cada región presenta sus propios hábitos, tanto lingüísticos como relacionados con las costumbres o tradiciones.
2) El estudio comparativo de los ethos debe basarse en las situaciones equivalentes. No obstante, muchas de las situaciones que se dan entre los miembros de una sociedad no tienen el mismo significado interactivo en otra realidad (por ejemplo, el acto de ofrecimiento: en una sociedad puede ser un rito gramaticalizado que, en realidad, ha perdido sus rasgos de ofrecimiento y no sirve para dar algo a alguien, mientras que en otras culturas, el acto de ofrecer tiene el verdadero valor de otorgar un objeto al interlocutor).
3) Conviene reflexionar si el valor pragmático asumido anula por completo el sentido literal de una expresión, o bien si en esta quedan restos de su significado literal. Por ejemplo, si consideramos la pregunta *¿Qué tal?* en español una forma de saludo que ha perdido sus rasgos de interrogación, podemos reflexionar si su codificación en el sistema pragmático ha cancelado totalmente su función interrogativa, o bien si quedan huellas de su función de pregunta.
4) No se puede olvidar, además, que todo el comportamiento de una sociedad (también el comportamiento lingüístico) está dictado por una determinada situación demográfica, política o económica. Aunque en el análisis no se incluyen estos parámetros, hay que tener presente su importancia a la hora de describir las particularidades de una sociedad concreta.

1.4.2 El ethos comunicativo – teorías relacionadas

La metodología del ethos comunicativo está estrechamente vinculada a una serie de propuestas que han surgido en diferentes ámbitos del análisis lingüístico. Por lo tanto, exponemos brevemente una serie de teorías que presentan varios puntos en común con la propuesta del ethos comunicativo refiriéndose a la lingüística etológica de Nowikow, la etnosintaxis de Wierzbicka, el estilo conversacional de Tannen y la lingüística pragmática de Fuentes.

1.4.2.1 Lingüística etológica de Nowikow

Entre las metodologías vinculadas a la teoría del *ethos comunicativo* destaca la propuesta de Nowikow de la lingüística etológica. El nombre de esta corriente proviene de la *etología*, esto es, de la ciencia que examina los diferentes rasgos del comportamiento humano (Nowikow, 2003: 159). Como afirma el autor (2005: 180), la lingüística etológica:

> "estudia las correlaciones entre la utilización de determinados recursos de expresión lingüísticos y las normas culturales que reglan el comportamiento social de los hablantes, en otras palabras tratamos de establecer el carácter de las relaciones entre las formas lingüísticas y factores culturales y sociocomportamentales. Por otro lado, el enfoque etológico-lingüístico dedica su atención a la descripción y la interpretación de las diferencias que se dan tanto entre distintas lenguas como entre los comportamientos verbalizados de los representantes de diversas comunidades lingüísticas."

Por lo tanto, la lingüística etológica explica el uso de determinadas expresiones lingüísticas mediante diversos factores socioculturales. El aparato metodológico se compone por dos entidades: las entidades de cultura lingüísticamente operacionales (ECLO) y los modelos etológico-lingüísticos (MEL). Los ECLO son factores que determinan el funcionamiento de los actos de habla en una sociedad concreta. Como ejemplo, Nowikow (2005: 185–186) compara el sistema de saludos en polaco y en español peninsular. El autor advierte que en el sistema polaco, la oposición *dzień dobry/dobry wieczór* se estructura en torno al factor 'luz solar' (*dzień dobry* se aplica cuando hay luz solar, mientras que *dobry wieczór* después de atardecer). En español peninsular, por otra parte, el factor decisivo en el empleo de uno de los elementos de la oposición *buenos días/buenas tardes/buenas noches* lo constituyen las 'horas de comer' (*buenos días* antes del almuerzo, *buenas tardes* después del almuerzo, *buenas noches* después de la cena). Se observa, por lo tanto, cómo los factores socioculturales determinan la distribución de determinados actos de habla.

El modelo etológico-lingüístico describe el comportamiento verbal en función de las entidades de cultura lingüísticamente operacionales. Como ejemplo, Nowikow (2005: 187–188) presenta el funcionamiento del acto de habla de los ofrecimientos en dos entornos culturales: español y polaco. Según el autor:

{en situación X de acuerdo con las normas socioculturales el acto de ofrecimiento se realiza mediante:

- Polonia: preguntas x (parciales) y
- España: preguntas *sí-no* (totales)}

Esto significa que, con el objetivo de ofrecer algo de beber, un español utilizaría la pregunta *¿Quieres tomar algo?*, mientras que un polaco acudiría a la pregunta *Czego chcesz się napić?*, esto es, *¿Qué quieres tomar?*. Observamos, por lo tanto, que un mismo acto de habla encuentra dos realizaciones diferentes de acuerdo con el sistema de reglas de comportamiento en una sociedad concreta.

En suma, la lingüística etológica toma como punto de partida determinados actos de habla examinando:

- los factores socioculturales que ejercen influencia sobre su empleo,
- los recursos lingüísticos que sirven para llevarlos a cabo.

1.4.2.2 Etnosintaxis de Wierzbicka

La relación entre lengua y cultura ha sido detenidamente examinada por Anna Wierzbicka. Parecen particularmente conocidos sus estudios sobre la relación entre el léxico y la cultura de una sociedad. La teoría de Wierzbicka establece el acuerdo entre la perspectiva universalista y la perspectiva relativista frente a la cuestión del léxico. Como advierte la autora (1997: 22), el repertorio léxico y las nociones que indican las unidades varían entre las lenguas. No obstante, para poder comparar el léxico de diferentes sistemas lingüísticos, se necesitan unas nociones universales, recogidas por la autora bajo el nombre de *semantic primitives.* Estas nociones aparecen en el léxico de cada lengua y constan de los elementos siguientes (Wierzbicka, 1997: 26):

Substantives: I, YOU, SOMEONE/PERSON, SOMETHING/THING, PEOPLE, BODY
Determiners: THIS, THE SAME, OTHER
Quantifiers: ONE, TWO, SOME, ALL, MANY/MUCH
Attributes: GOOD, BAD, BIG, SMALL
Mental predicates: THINK, KNOW, WANT, FEEL, SEE, HEAR
Speech: SAY, WORD, TRUE
Actions, events, and movement: DO, HAPPEN, MOVE
Existence: (alienable) POSSESSION: THERE IS, HAVE
Life and death: LIVE/ALIVE, DIE
Logical concepts: NOT, MAYBE, CAN, BECAUSE, IF, IF...WOULD (counterfactual)
Time: WHEN/TIME, NOW, AFTER, BEFORE, A LONG TIME, A SHORT TIME, FOR SOME TIME
Space: WHERE/PLACE, HERE, UNDER, ABOVE, FAR, NEAR, SIDE, INSIDE
Intensifier, augumentor: VERY, MORE
Taxonomy, partonomy: KIND OF, PART OF
Similarity: LIKE

A partir de las nociones mencionadas, el léxico de cada lengua se estructura de manera diversa. Por ejemplo, Wierzbicka analiza el significado del verbo *friend* en inglés, ruso y polaco llegando a la conclusión de que en cada cultura esa misma palabra puede aportar significados distintos (o incluso, la palabra inglesa *friend* engloba varios referentes que en polaco tienen tres denominaciones separadas: *przyjaciel, kolega, znajomy*).

Paralelamente con los universales léxicos, se estructuran en la lengua los universales sintácticos (Wierzbicka, 1997: 27–28). Las unidades léxicas necesitan unas reglas para poder crear unidades mayores. Algunas de estas reglas parecen comunes para todos los sistemas lingüísticos. En las palabras de Wierzbicka (1997: 28), la sintaxis universal "it consists in universal combinations of universal conceptual primitives". Por ejemplo, el predicado verbal WANT se coordina con otras unidades primitivas: I WANT DO THIS. Según Wierzbicka, en todas las lenguas, para poder explicar el concepto equivalente a WANT, se recurre a una estructura parecida.

Wierzbicka observa que, tal como ocurre a nivel léxico, también en la sintaxis la cultura deja sus huellas en la estructuración de las unidades. La relación entre la cultura de una comunidad y la sintaxis obtiene el nombre de *etnosintaxis*. Conviene mencionar esta corriente, dado que el objetivo del presente capítulo es el análisis de la repetición: un mecanismo lingüístico que afecta al nivel sintáctico del enunciado. Al repetir ciertas expresiones, se crea una relación entre estas y otras partes del discurso modificando así la estructura del enunciado entero. Por eso, se puede incluir la repetición dentro del conjunto de los mecanismos sintácticos de la lengua.

Bajo el concepto de *etnoskładnia* (*etnosintaxis*) Wierzbicka (1999: 341–401) propone el estudio de la unión entre la lengua y la cultura. Según la autora, determinados aspectos de la gramática pueden reflejar unos valores o conceptos importantes para la sociedad. Entre los ejemplos menciona diferentes modos de manifestar la oposición bueno/malo por las estructuras sintácticas de una serie de sistemas lingüísticos. Wierzbicka afirma que esta oposición forma parte del conjunto de los universales lingüísticos, esto es, en cada comunidad existe la diferenciación de estos dos conceptos. Sin embargo, en algunos sistemas lingüísticos la oposición entre lo bueno y lo malo queda gramaticalizada, lo que significa que existen unas estructuras sintácticas que engloban este significado. En inglés tal es el caso de las construcciones con la preposición *on*, como en (47):

(47) John´s wife died on him.

Como demuestra Wierzbicka, la construcción con la preposición *on* resulta posible solo cuando el acontecimiento descrito tiene matiz negativo. Además, se observa que en la mayoría de las lenguas prevalecen las construcciones que codifican significado negativo sobre las que sirven para transmitir algo bueno. De acuerdo con los principios de la *etnosintaxis,* el paso siguiente sería examinar si la codificación de lo negativo en la estructura sintáctica de las lenguas está vinculada a algunos aspectos socioculturales.

Otro ejemplo concierne a la perspectiva que se adopta frente al cuerpo. Wierzbicka (1988: 171) presenta tres frases en francés:

(48) Pierre a lavé sa tête sale: Peter washed his dirty head.
(49) Pierre lui a lavé sa tête sale: Peter to-him washed his dirty head.
*(50) Pierre lui a lavé la tête (*sale): Peter to-him washed the (dirty) head.*

La sintaxis particular de cada uno de los enunciados nos indica otra visión de la parte del cuerpo mencionada, esto es, la cabeza. En (48), la cabeza se percibe como una parte del cuerpo, como objeto independiente que no pertenece a nadie, en (49), la cabeza es un objeto independiente, pero que pertenece a una persona, mientras que en (50), la cabeza se considera una parte integral de una persona. Estas tres construcciones son posibles solo en la relación cuerpo/persona, por lo que se considera que la sintaxis francesa percibe ese tipo de relación como muy especial[20].

Wierzbicka subraya que, a la hora de relacionar los hechos lingüísticos con los culturales, se debe tener mucho cuidado porque es un ámbito en el que resulta fácil incurrir en confusiones. Para poder llevar a cabo el estudio de la *etnosintaxis* resulta imprescindible reconocer los valores culturales propios de las culturas estudiadas (Goddard, Wierzbicka, 1997: 231). En otras palabras, para poder confrontar las estructuras sintácticas con las características culturales de una comunidad de habla, hay que proporcionar una serie de nociones culturales a partir de un estudio basado en las entrevistas u observaciones. Por eso, se advierte que las coincidencias entre la estructura sintáctica y la cultura deben examinarse cuidadosamente con la intención de descubrir y explicar las relaciones entre la lengua y la sociedad. Wierzbicka llama la atención sobre numerosos trabajos pertenecientes al campo de la *etnosemántica* que comprueban los vínculos a nivel semántico de la lengua y la cultura. Se supone también que a nivel sintáctico deben aparecer dependencias correspondientes.

A diferencia de la propuesta de Nowikow, Wierzbicka toma como punto de partida no actos de habla, sino determinados conceptos, como las partes del cuerpo, lo desconocido o la oposición bueno/malo. El paso siguiente en su análisis consiste en reconocer las estructuras sintácticas que engloban estos conceptos haciendo hincapié en la perspectiva asumida por los hablantes. A partir de eso, se indaga si esta perspectiva refleja de algún modo las particularidades socioculturales. Tal estudio permite comparar entre sí varias culturas y sociedades. Por ejemplo, al examinar las estructuras sintácticas en varios sistemas lingüísticos que describen las actividades concernientes a las partes del cuerpo, se sacan conclusiones acerca de la percepción y la importancia de determinadas partes del cuerpo en las culturas diversas. Por lo tanto, lo que resulta necesario en los estudios sobre *etnosintaxis* es establecer una lista de conceptos universales para varias comunidades de habla.

1.4.2.3 Lingüística pragmática de Fuentes

La lingüística etológica y la *etnosintaxis* comparten el interés por los análisis de índole comparativa. Se toman como punto de partida unos conceptos (en el caso de la lingüística etológica, son actos de habla, en la *etnosintaxis,* son los conceptos semánticos universales), se observa su funcionamiento y, a partir de eso, se comparan los sistemas lingüísticos diversos. La metodología siguiente, que aparece bajo la denominación de *Lingüística pragmática,* se desarrolla en el ámbito hispánico

---

20 Wierzbicka argumenta que no se aceptan enunciados tipo *Pierre lui a levé les murs (à la maison): Peter to-it washed the walls (to the house)* porque la relación muros/casa no goza de las mismas posibilidades que la de cuerpo/persona.

aplicándose únicamente a la lengua española. Fuentes Rodríguez (2015a) estudia diferentes funciones pragmáticas que desempeñan las estructuras sintácticas. La realización de estas funciones es propia del sistema español, dado que no se la compara con sus posibles correspondientes en otras lenguas. Según la propuesta de la lingüística pragmática, los elementos microestructurales (a nivel fonológico, morfosintáctico o semántico) crean significados macroestructurales, esto es, argumentativos, informativos o polifónicos. Por lo tanto, como punto de partida se toman ciertas estructuras lingüísticas, entre ellas las sintácticas. Por ejemplo, se emplea esta metodología en el análisis del funcionamiento y de los rasgos pragmáticos de la expresión *es que* (Fuentes, 2015b). Tras llevar a cabo un estudio detenido, Fuentes concluye que esta expresión puede actuar en cuatro planos: informativo, argumentativo, modal y enunciativo. De este modo, se muestra cómo una construcción puede afectar no solo al plano sintáctico (entendido como la organización interna), sino también a la interpretación pragmática del enunciado.

La propuesta de la lingüística pragmática difiere de la lingüística etológica y la *etnosintaxis* en varios puntos:

- No maneja el concepto de cultura: tanto la lingüística etológica como la *etnosintaxis* relacionan el nivel lingüístico con la cultura de una determinada comunidad. La Lingüística pragmática emplea las entidades consideradas macroestructurales, esto es, argumentativas, informativas o modales.
- Se parte de los recursos lingüísticos con el objetivo de establecer sus significados pragmáticos (y no al revés, lo que ocurre en la propuesta de Nowikow; tampoco se parte de unos conceptos semánticos universales, como propone Wierzbicka).
- No presenta matiz comparativo: se centra en una lengua, el español, manifestando que la sintaxis sirve para transmitir significados vinculados al hablante, al oyente o al contexto comunicativo. La lingüística etológica y la *etnosintaxis* tienen como objetivo comparar diversos sistemas lingüísticos lo que no ocurre en la lingüística pragmática.

Lo que constituye el punto común para estas tres propuestas es que todas ellas relacionan la estructura sintáctica con entidades de naturaleza no sintáctica:

- la lingüística etológica observa cuáles son los factores extralingüísticos que sirven para elaborar los diferentes actos de habla,
- la *etnosintaxis* demuestra cómo se perciben diferentes conceptos semánticos a partir de las estructuras sintácticas en las que aparecen,
- la lingüística pragmática describe las funciones pragmáticas que se activan al utilizar determinadas estructuras sintácticas.

1.4.2.4 Estilo conversacional de Tannen

Al hablar del *ethos comunicativo*, conviene mencionar el estudio realizado por Tannen acerca del concepto denominado por la autora *conversational style*. El estilo comunicativo se divide en dos tipos:

1) El estilo individual (Tannen, 2005): se compone de los diferentes recursos y estrategias lingüísticas que caracterizan el modo de hablar de una persona particular. En su trabajo, Tannen examina conversaciones entre un grupo de amigos durante la cena de *Thanksgiving*. A partir de estas conversaciones define dos tipos de estilos: *high-involvement style* y *high-considareteness style* a partir de los factores siguientes (2005: 40–41):

   - temas (como la preferencia por temas formales o informales),
   - tiempo (por ejemplo, la velocidad con la que cambian de turno),
   - estrategias narrativas (como la abundancia de historias contadas),
   - paralingüística expresiva (por ejemplo, la fonología expresiva).

La autora analiza las conversaciones grabadas durante el encuentro de amigos teniendo en cuenta los indicadores expuestos y clasificando las intervenciones en los dos estilos mencionados. En cuanto a las diferencias relacionadas con el tema, Tannen observa, por ejemplo, que distintas personas consideran los temas personales más o menos adecuados para una conversación entre amigos:

(51) Deborah: Yoù live in LÁ
Chad: Yeah.
Deborah: Y´visiting here?
Chad: Yeah.
Deborah: What do you dó there?
...
Chad: uh: I work at Studio Prosuh- ... First Studios. ...a:nd
Deborah: Yòu an ártist?
Chad: No:no.
Deborah: Writer?
Chad: Yeah .I write ... ádvertising company. (p. 70)

En este fragmento, Tannen observa que Chad no se muestra muy comunicativo: parece que considerara los temas personales como inadecuados para esta conversación.

En cuanto al factor del tiempo, los hablantes de *high-involvement style* frente a los de *high-considareteness style* difieren en la percepción del silencio (2005: 119–121). Para los primeros, el silencio no debe entrar en la situación comunicativa. Por eso, para cada enunciado tienen una réplica, aunque a veces esta introduce un tema o aspecto nuevo en la conversación. Los hablantes de *high-considareteness style,* por otra parte, pueden sentirse ofendidos por estas réplicas porque podría parecerles que el interlocutor quiere cambiar de tema: pueden percibirlo como falta de interés o respeto hacia otros participantes.

Los estilos comunicativos difieren también en cuanto a las estrategias narrativas. Como ejemplo de variaciones al narrar una historia, Tannen (2005: 139–141) contrasta los estilos de Steve y David en los fragmentos siguientes:

(52) *Steve: In fact òne of my stúdents told me for the first time,*
I thought her for over a yéar. ... That she was
adópted, and then I thought ... -uh- ... that explains
.. so many things.
Deborah: Ehat. That she was →
Steve: Cause she´s so: different from her mother
Deborah: smárter than she
should have been? Or stùpider →
than she should´ve been. [chuckle]
Steve: It wasn´t smárt or stùpid, àctually, it was just she
was so different. ... Just ´different.
Deborah: hm

(53) *David: My u:m ... my aúnt´s two kids are adopted, and they were both adopted from*
different ... famili-different móthers.
Steve: Yeah. And?
David: And they´re just ´dífferent from each other and dífferent from anyone in my family.
... They´re
Steve: hm
David: not like each óther at àll.

Al analizar estos dos fragmentos, Tannen enumera las diferencias en el estilo narrativo de Steve y David que hablan del mismo problema: la adopción. Steve introduce la temática de su propia experiencia, mientras que David se apoya en la experiencia de otras personas. Por eso, Steve muestra su actitud emocional frente a la adopción, mientras que David, por su parte, se centra en el contenido del mensaje. Se distinguen, por lo tanto, dos estilos distintos: el de Steve que se caracteriza por un alto grado de involucramiento emocional y el de David, menos involucrado en la historia narrada.

El *high-involvement style* se caracteriza, además, por una serie de mecanismos prosódicos que apoyan la expresión, entre otros, el entusiasmo. Cuando los participantes hablan de John Fowles, Peter expresa su opinión de la manera siguiente:

(54) *Peter: Hé´s a gréat writer. Í think he´s one of the bést writers. (p. 108)*

Como afirma Tannen, cada enunciado de Peter empieza con una entonación muy alta, por lo que enfatiza su involucramiento en el tema y la expresión entusiasta acerca de la persona descrita.

Los ejemplos introducidos por Tannen demuestran que, aunque los participantes hablan la misma lengua, cada uno tiene su propio estilo comunicativo. Si los estilos de dos interlocutores varían mucho, esto conduce a una serie de malentendidos e incluso algunos participantes pueden sentirse ofendidos. Por eso, en la vida cotidiana nos enfrentamos a numerosas situaciones en las que no nos entendemos bien con nuestro interlocutor, aunque, en realidad, compartimos la misma opinión.

2) El estilo de una comunidad: Entre las observaciones de Tannen sobre los estilos comunicativos, encontramos también el estudio de los estilos comunicativos característicos para determinadas comunidades. La autora afirma que no solo difiere el estilo individual de cada persona, sino que también son diversos los estilos comunicativos de las distintas sociedades. Viviendo en Grecia, Tannen observó que en determinadas situaciones los hablantes griegos se comportaban de manera diferente a la esperada desde su propia perspectiva. Por ejemplo (Tannen, 1981: 224), una mujer le contó que, cuando era joven, necesitaba el permiso de su padre para salir a bailar. Si su padre decía *An thes, pas* que equivale a *Si quieres, puedes ir*, equivalía a una respuesta negativa. Para que la mujer pudiera salir con los amigos, su padre tenía que decir algo tipo *Ne. Na pas*, esto es, *Sí, puedes ir*. Tannen notó, por lo tanto, que su percepción de los mismos enunciados variaba mucho de la de los hablantes griegos.[21] Basándose en su propia experiencia, Tannen (1981) realizó un estudio *cross-cultural* entre los hablantes griegos y americanos. La investigadora presentó la encuesta a un grupo de griegos y a un grupo de americanos con el diálogo siguiente:

(55) *Wife: John´s having a party. Wanna go?*
Husband: Okay.

Los entrevistados debieron interpretar el significado de *okey*: para la mayoría de los hablantes griegos tal respuesta significaba que el marido no quería ir a la fiesta porque su intervención carecía del entusiasmo esperado en tal ocasión. Para los americanos, por otra parte, las palabras del marido constituyeron una respuesta positiva (bastaba con el significado literal de la expresión).

El estudio llevado a cabo por Tannen demuestra que la interpretación de ciertas expresiones varía según la comunidad entrevistada. Lo que para una comunidad puede constituir una respuesta positiva, para otra parece una reacción negativa. La interpretación depende, por lo tanto, del estilo comunicativo de cada sociedad en concreto.

Además, Tannen sostiene que el estilo comunicativo puede diferir entre los hablantes de una misma lengua, pero procedentes de diferentes regiones. En un artículo titulado "Talking New York" (Tannen, 1990), la autora enumera los rasgos del estilo propio de los habitantes de Nueva York:

- no admiten el silencio en la conversación,
- a menudo recurren a los *machine-gun questions*, preguntas rápidas que requieren una respuesta corta,
- se interrumpen: todos los participantes suelen hablar a la vez,
- demuestran un interés exagerado por las palabras de los interlocutores.

21 Hernández Sacristán (1999: 67–91) sostiene, al respecto, que los mismos actos de habla pueden tener diferentes realizaciones en culturas distintas. En el caso del acto de dar permiso a alguien, podemos concluir que su realización difiere en la comunidad griega y en la americana.

Estas propiedades del estilo comunicativo de los habitantes de Nueva York suscitan varios problemas al enfrentarse a los estilos de los hablantes de otras partes de los Estados Unidos. Además, se atribuyen a los neoyorquinos unos rasgos personales que no coinciden con su personalidad, más bien se basan en la percepción de su estilo comunicativo.

En el presente trabajo, el concepto del ethos comunicativo se acerca más bien a la segunda definición del estilo comunicativo: el estilo de la comunidad. De este modo, no se examina el estilo particular de los individuos, sino de todas las sociedades. Sin embargo, conviene tener en cuenta que dentro de una sociedad cada hablante presenta unos hábitos lingüísticos que crean su propio idiolecto.

1.4.3 Cuestiones metodológicas del análisis

El presente análisis se apoya en las premisas introducidas por las teorías expuestas de la siguiente manera:

- la lingüística etológica proporciona el concepto del *ethos*, según el cual cada comunidad de habla presenta un conjunto de normas sociopragmáticas que rigen el desarrollo de la conversación;
- la *etnosintaxis* nos ayuda a reconocer el vínculo entre la estructura sintáctica de una lengua y la sociedad;
- la lingüística pragmática aporta el método de investigación que toma como punto de partida las estructuras microlingüísticas estudiadas desde la perspectiva de las funciones macroestructurales que desempeñan;
- la teoría de Tannen nos da cuenta de las diferencias no solo entre el estilo conversacional de diferentes comunidades, sino también de los individuos concretos.

El concepto que constituye el punto de partida para nuestro análisis es un mecanismo microestructural[22]: la repetición. Analizando los corpus de español e italiano se exponen las funciones macroestructurales que desempeña la repetición. Se advierte, además, que la repetición constituye un mecanismo sintáctico propio para la comunidad hispanohablante peninsular[23] y la comunidad italoparlante

22 El ethos comunicativo puede verbalizarse mediante diferentes medios lingüísticos. Aparte del nivel fonológico, morfosintáctico o semántico, también sale a la luz en la organización del discurso. Fernández Jódar (2003), a partir de su experiencia como profesor, demuestra que los problemas en la comunicación en lengua extranjera provienen no solo de la falta de conocimiento de las reglas gramaticales o la pobreza en el campo léxico, sino también de las diferencias en la organización del discurso en lenguas distintas. El autor compara cómo los hablantes nativos de español y de polaco estructuran la respuesta a una pregunta y advierte así que existen diferencias a la hora de organizar tres componentes: la apertura, la tesis y la información. Debido a estas diferencias, se pueden producir ciertos problemas al desentrañar el significado del discurso.

23 Al referirnos a la comunidad hispanohablante, tenemos en cuenta solamente los hablantes de la Península Ibérica (la repetición merece también un estudio aparte en las comunidades hispanohablantes de América).

formando parte de su *ethos comunicativo*. No nos atrevimos a parangonar, como sugiere Wierzbicka, la repetición con los aspectos culturales, dado que no gozamos de un estudio necesario que determine las características de las culturas en cuestión. Advertimos, sin embargo, que las comunidades de habla sometidas a nuestro análisis lingüístico tienden a recurrir al fenómeno de la repetición con el objetivo de marcar numerosas funciones y alcanzar varios objetivos.

1.4.4 El registro coloquial

Una gran parte de nuestro corpus está compuesta por conversaciones coloquiales. Por lo tanto, se debe introducir la problemática relacionada con el registro coloquial aludiendo, aunque sea brevemente, a tres conceptos que suelen producir confusiones: la oralidad, la escritura y la coloquialidad. El término *coloquial* puede confundirse con *oral* o *hablado*, por eso, antes de empezar su descripción conviene señalar cuáles son las diferencias entre los términos expuestos.

La oralidad y la escritura son dos conceptos opuestos que se refieren a diferentes realizaciones de la lengua: la primera utiliza como medio nuestro aparato articulatorio destinado a producir sonidos, mientras que la segunda se apoya en los signos gráficos establecidos por una determinada sociedad. Como afirma Briz (1998: 19–24), cada una de estas realizaciones se caracteriza por una serie de rasgos relacionados con los siguientes factores:

- las condiciones de producción y de recepción (la situación comunicativa),
- las características de los usuarios,
- el tipo del discurso,
- las tradiciones textuales.

Aunque la oralidad y la escritura se consideran dos realizaciones opuestas, se producen entre ellas varias tensiones basadas en una influencia recíproca (Bustos, 1995). Por una parte, la oralidad puede influir en el modo de escribir ciertas unidades (por ejemplo, se escriben con *h* todos las palabras que comienzan por el diptongo /*wé*/), a la vez que el hecho de elegir una determinada manera de escribir ciertas expresiones puede tener repercusiones en su pronunciación (tal es el caso de la elección ortográfica de *fruto, luto* frente a *efecto, concepto*). Por otra parte, el canal escrito y el canal oral se caracterizan por diferentes expresiones léxicas que pueden pasar de una realización a otra (como en el caso de las expresiones cultas que empiezan a formar parte de la lengua oral, o las expresiones propias de la lengua hablada que se incluyen en textos escritos). Por lo tanto, la oralidad y la escritura pueden concebirse como dos polos que presentan características diversas, pero, a la vez, mantienen entre sí relaciones estrechas.

La problemática de la coloquialidad suscita polémica desde hace varios años en la tradición lingüística. En el ámbito español, uno de los primeros estudiosos que se interesó por esta temática fue Werner Beinhauer. En su tratado sobre el español coloquial (1973 [1958]: 9), lo define como "el habla tal como brota natural y espontánea en la conversación diaria, a diferencia de las manifestaciones lingüísticas conscientemente formuladas, y por tanto más cerebrales, de oradores, predicadores, abogados, conferenciantes, etc." Aunque la definición de Beinhauer puede parecer más metafórica que estrictamente científica, refleja con adecuación lo que intuitivamente reconocemos bajo el término examinado.

La coloquialidad constituye un tipo de registro determinado por la situación comunicativa (Briz, 1998: 39–40). La coloquialidad puede manifestarse tanto en la variedad oral como la escrita, aunque se asocia más bien a la lengua hablada. Briz (1998: 39–40) llama la atención sobre una serie de cuestiones relacionadas con la coloquialidad. Primero, no la podemos vincular a una determinada clase social, es más bien un dominio de todos los hablantes. Incluso las personas de mayor nivel de formación recurren al registro coloquial en determinadas situaciones. Además, la lengua coloquial presenta variaciones dialectales o sociolectales. No es una simplificación del registro formal, más bien una variedad que se rige por sus propias reglas asumiendo como principal la finalidad comunicativa. Aunque se puede manifestar tanto en la lengua oral como en la escritura, su realización prototípica se produce en la conversación. Además, Briz subraya que el registro coloquial viene propiciado por una serie de factores situacionales, como la relación de igualdad entre los interlocutores, la relación de proximidad, el marco discursivo familiar o la temática especializada (aunque hay que tener en cuenta que estos rasgos propician la aparición del registro coloquial, no obstante, no constituyen condiciones eliminatorias).

Aparte de las cuestiones expuestas, Briz menciona tres características primarias del registro coloquial:

- la ausencia de planificación,
- la finalidad interpersonal,
- el tono informal.

Criado de Val (1980: 19–22), por su parte, menciona como rasgo esencial del coloquio el dinamismo: es siempre una confrontación de dos fuerzas, de dos actitudes personales.

El registro coloquial tiene sus propias realizaciones en distintos niveles de la lengua. Se trata de los rasgos fonológicos (si estamos ante lo coloquial en la lengua hablada), los rasgos ortográficos (si es el texto escrito el que presenta la coloquialidad), los rasgos semántico-léxicos (la elección de determinadas expresiones) o los morfosintácticos (el conjunto de procedimientos morfológicos o construcciones sintácticas que determinan el carácter coloquial del enunciado). Lo que puede resultar problemático es trazar una clara frontera entre estos rasgos y los que pertenecen a dos conceptos ya mencionado en este apartado: la oralidad y la escritura. El mecanismo de la repetición puede servir como buen ejemplo de esta confusión. La repetición es un procedimiento tan variopinto que puede resultar difícil decidir con certeza si constituye una estructura propia de la oralidad, o bien si es un rasgo del registro coloquial. No debemos olvidar, además, que forma parte también del conjunto de estrategias fructíferas de varias realizaciones escritas de la lengua. Por eso, al incluir los parámetros de oralidad o coloquialidad en el análisis de la repetición, hay que aclarar dos cuestiones:

1) Como el objetivo de nuestro análisis lo constituye la lengua oral, no se analizan las diversas funciones de la repetición en los textos escritos (aunque somos conscientes de que la repetición desempeña un papel importante también en la escritura).
2) El corpus está compuesto por textos orales, primordialmente conversaciones coloquiales y entrevistas. El primer tipo está estrechamente vinculado a la coloquialidad, lo que no siempre ocurre con el segundo. Aunque los entrevistadores intentan crear un ambiente familiar al hablar con los entrevistados, la situación comunicativa no es del todo natural, por lo que a veces puede propiciar el uso de estructuras de carácter más formal. Por tanto, al analizar los ejemplos, manejamos más bien el concepto de oralidad y no el de coloquialidad (si algún caso nos parece vinculado al habla coloquial, introduciremos un comentario acerca del porqué lo clasificamos así).

Tanto las conversaciones coloquiales como las entrevistas requieren la presencia de, por lo menos, dos hablantes. Por tanto, en ambos casos se crea la situación de interacción, explicada en el apartado siguiente.

1.4.4.1 La interacción

El concepto de interacción está sujeto a una serie de condiciones. Primero, para que se produzca interacción, resultan imprescindibles por lo menos dos participantes. La presencia de un solo hablante permite producir discursos, pero al no ser escuchados por ningún receptor, no forman parte del proceso interactivo. Además, cada uno de los participantes realiza unas acciones mediante la lengua que se encadenan entre sí. Si una persona habla de sus vacaciones, mientras que la segunda le responde con la descripción de su plato favorito, la interacción no se realiza porque cada hablante produce un discurso, pero estos discursos no se relacionan entre sí. A veces puede parecer que los enunciados producidos por los hablantes no tienen nada que ver uno con otro, pero esto es solo una impresión porque un análisis detallado descarta tal posibilidad, como en el fragmento siguiente:

(56) H2: ¿Y Andrés no sabes si viene o no viene a Sevilla, mañana?
H1: Hombre, tiene que venir, porque el viernes tiene... (intercursos)
H2: [afirmación]
H1: Lo que no me dijo es... eso, que no sabía ni a qué hora saldría, porque me parece que me dijo que tenía sala o que tenían que pasar... visitas a alguien, y dijo: "Yo, en cuanto pueda..." Vamos, eso me lo dijo cuando yo me vine el viernes a la estación, porque ayer al final no... [risas] Dice: "Bueno, pues na[palabra cortada]". Le dije yo, digo: "Oye, ¿mañana te podría yo localizar en algún sitio?" Me dijo: "Pues no sé", y tal... [ininteligible]
H2: Pues si estuve yo por llamaros el domingo y luego, no sé por qué, no os llamé. Digo: "Seguro que está en casa de [ininteligible]" Porque como... dice que los domingos [ininteligible]
H1: Los domingos como en [ininteligible]. No, per[palabra cortada]... la verdad es que los domingos siempre... como siempre solemos hacer algo o salimos... con Lola y Íñigo,

porque no es como Madrid, como di[palabra cortada]... una de las ventajas que tiene Sevilla es que si hace buen tiempo pues te vas a comer a una venta
(CORLEC)

El hablante H1 cuenta que no sabe si Andrés va a Sevilla. H2 responde que quiso llamar a H1 el domingo, pero que al final no lo hizo. A primera vista entre las intervenciones de H1 y H2 no existe conexión alguna. No obstante, la siguiente intervención de H1 no expresa asombro: la conversación se desarrolla sin interrupciones. Por razones contextuales, H1 se dio cuenta de que H2 quería cambiar de tema y por eso, no continúa con la cuestión de Andrés. Advertimos así que no solo el significado de los enunciados, sino también las nociones extralingüísticas garantizan el éxito comunicativo de una interacción.

La interacción puede desarrollarse en todo tipo de comunicación lingüística, tanto escrita como oral, a condición de que se observe la reciprocidad. Si dos personas mantienen una conversación enviándose mensajes electrónicos, estamos ante una interacción a través del texto escrito. No obstante, en cuanto a los textos literarios, no se los puede clasificar como un tipo de interacción: aunque el autor realiza una acción verbal, el receptor no tiene la oportunidad de responder a esta acción de modo que su reacción llegue al autor del texto y ejerza cierta influencia sobre este.

Como es de suponer, la interacción más transparente se realiza en las conversaciones orales. En este tipo de comunicación, se les brinda la oportunidad a todos los participantes de reaccionar directamente a lo dicho por otros y gracias a eso, la interacción obtiene una forma más evidente. Como señalan Calsamiglia y Tusón (2007: 6–14), existen numerosas disciplinas que se ocupan del análisis de las conversaciones, como la etnografía de la comunicación, el análisis de la conversación, la sociolingüística interaccional, la pragmática o las teorías de la enunciación. Cada una de estas corrientes ha desarrollado un aparato metodológico propio, no obstante, lo que constituye el punto común es el interés por las interacciones verbales entre los hablantes. A lo largo del presente análisis de las estructuras semántico-pragmáticas basadas en el mecanismo de la repetición, nos apoyamos en varios conceptos establecidos y desarrollados por varias disciplinas. La etnografía de la comunicación aporta el término *comunidad de habla*, esto es, el grupo de personas que comparten no solo un sistema lingüístico, sino también unas normas de comportamiento sociocultural que salen a la luz en las interacciones. El análisis de la conversación propone dividir la conversación en unidades menores lo que permite examinar su organización. La pragmática, por su parte, hace hincapié en una serie de factores extralingüísticos que desempeñan un papel de mayor importancia a la hora de comunicarse (relacionados con el emisor, receptor y la situación comunicativa). Las teorías de la enunciación proporcionan una serie de conceptos muy útiles a la hora de describir el comportamiento lingüístico, como la *polifonía* o la *subjetividad* (que se utilizan en varias partes del presente estudio).

La perspectiva interaccional indica ciertos caminos a la hora de desarrollar el análisis lingüístico. Awidiejew (2004) defiende el postulado de la gramática de la interacción, esto es, un conjunto de reglas que rigen el comportamiento de unos mecanismos interaccionales. Como nota el autor, algunas expresiones no se pueden examinar únicamente desde el punto de vista de sus características sintácticas o semánticas porque están dotadas de unos significados conversacionales relacionados con la figura del hablante, la figura del oyente, el tiempo o el lugar en el que se realiza el intercambio comunicativo. Tal es el caso, por ejemplo, de los marcadores discursivos (analizados en la parte posterior del presente artículo). Los marcadores discursivos, aparte de dotar al enunciado de cohesión, están estrechamente vinculados a la situación comunicativa, esto es, a la actitud del hablante frente a determinados aspectos de la acción comunicativa.

En el presente estudio se consideran de mayor utilidad dos propuestas vinculadas al análisis de la interacción: la propuesta dialógica de Per Linell y la propuesta *cross-cultural* de Anna Wierzbicka. Linell (1984) enumera dos actitudes frente al texto: la monológica y la dialógica. Para la primera, la comunicación equivale a un intercambio de mensajes entre los individuos. Siguiendo esta postura, se examinan diferentes aspectos de enunciados pronunciados por un hablante, como la estructura morfosintáctica, fonológica o semántica, sin tener en cuenta la participación de otras personas. La perspectiva dialógica, por su parte, trata la comunicación como una interdependencia dinámica y mutua entre los individuos en un contexto y una situación concretos. De este modo, para poder descifrar el mensaje transmitido por un enunciado, hay que vincularlo con otros aparecidos a lo largo de la conversación. El significado va siendo co-construido por todos los participantes que, presentando diferente grado de conocimiento, interactúan entre sí para completar juntos el mensaje. Para explicar esta teoría analizamos el ejemplo siguiente:

(57) *H2: Y he visto personas jóvenes que tienen pancreatitis, pero normalmente es en la... edad mediana de la vida, ¿no?*
H1: Ajá. O sea, que hay excepciones...
H2: Exacto.
H1: ... con gente joven, pero suele ser en la edad mediana.
(CORLEC)

En este fragmento, el mensaje viene construido por dos participantes de la conversación. H2 que posee mayor conocimiento médico explica a H1 el funcionamiento de la pancreatitis, mientras que H1 desarrolla el tema a partir de lo expuesto por H2. De este modo, los hablantes llegan juntos a la conclusión de que la mayoría de los que sufren pancreatitis son de edad mediana, aunque algunos de los enfermos son jóvenes.

Según Wierzbicka (1991), varios aspectos de la interacción dependen de la tradición y de la cultura de una determinada comunidad de habla. Para comparar las interacciones entre diferentes comunidades, hay que establecer una serie de universales interaccionales: son unas nociones pragmáticas que aparecen en todas las culturas, pero en distinto grado. Entre ellas, Wierzbicka enumera la *self-assertion, directness, intimacy, closeness, informality, harmony* y *sincerity*. Diferentes culturas representan mayor o menor grado de estas nociones, lo que se refleja en las expresiones lingüísticas en las que se fundamenta la interacción. Inchaurralde (2000–2001) realiza un estudio de las diferencias culturales a partir de las interacciones. El autor examina cuáles son los medios lingüísticos utilizados por los ingleses y por los japoneses para cumplir con ciertas variables pragmáticas. Por ejemplo:

- grado de formalidad: en inglés se utilizan expresiones convencionales y se evitan las expresiones informales, en japonés se aplican formas verbales formales, pronombres con alto grado de formalidad y KEIGO (lenguaje cortés),
- cortesía en la interacción comunicativa: en inglés se utilizan recursos muy variados, como modales, negaciones, interrogaciones, verbos performativos, etc. (según el contexto), mientras que en japonés se aplican TEINEI-GO (lenguaje honorífico), KEIGO, formas verbales tentativas, interrogación con KA y negación.

De este modo, con el objetivo de proporcionar una imagen de la interacción en estas dos comunidades de habla, el autor compara también otras nociones pragmáticas, como la relación social y jerárquica entre los interlocutores o la relación de los participantes en la situación comunicativa, con el contenido del mensaje. La interacción, por lo tanto, constituye en el estudio de Inchaurralde la entidad en la que mejor se reflejan los rasgos culturales de las comunidades examinadas.

En el ámbito hispano, un amplio estudio de las funciones interactivas proporcionadas por la repetición viene presentado por Camacho Adarve (2009). La autora demuestra que la repetición sirve no solo para organizar el discurso (función textual), sino también para establecer relaciones con otros participantes. Según Camacho Adarve (2009: 161), entre los interlocutores se forman cuatro tipos de actitudes interactivas: el acercamiento (funciones empáticas), la neutralidad (funciones apáticas), la ambigüedad (funciones anfibiológicas) y el rechazo (funciones antipáticas). Diferentes tipos de repeticiones señalan la posición del hablante frente a su interlocutor[24]. Por ejemplo, la repetición puede servir como mecanismo para salvaguardar la imagen ajena (2009: 168–169), como en el fragmento citado por Camacho Adarve:

(58) H1: esto que te queda aquí sigue siendo una mala hierba que lo ponen mu- cho en todos los libros de jardinería que ***se llama normalmente –se llamaa*** *(0.8)*
*H2: sí/lo que tú dices/***se llama normalmente ortiga**
(CORLEC)

Nuestro estudio tiene como objetivo demostrar que la repetición forma parte del conjunto de mecanismos característicos para las interacciones de las comunidades hispano- e italoparlantes. Además, se asume la postura dialógica, esto es, se consideran las funciones pragmáticas del mecanismo en cuestión como el resultado de la interacción entre los interlocutores. Por eso, se estudian las estructuras repetitivas

24 El interés por el interlocutor está considerado en el presente trabajo como mecanismo de intersubjetividad.

en el contexto que sobrepasa los límites de los enunciados en los que aparecen. Se observa, por lo tanto, una relación recíproca entre estos dos conceptos: la interacción se caracteriza por la repetición, por lo que para poder descifrar las particularidades de la repetición, hay que llevar a cabo el estudio de las interacciones.

Las interacciones analizadas en el presente trabajo tienen carácter oral. Por eso, en algunos casos vinculamos ciertos tipos de repeticiones a las particularidades de la lengua hablada. De este modo, el fenómeno de la repetición viene incluido dentro del conjunto de las diversas propiedades lingüísticas de la oralidad.

1.4.5 La convención

El tercer concepto que parece imprescindible describir antes de empezar el análisis de las estructuras repetitivas semántico-pragmáticas es el fenómeno de la convención. Como vamos a demostrar, la convención explica varios comportamientos lingüísticos expuestos en el presente trabajo. La problemática de la convención apareció en la Antigüedad, también en los primeros intentos de análisis lingüístico (Dąmbska, 1975: 60–66). Lo que interesaba a los filósofos era la determinación de si la relación entre los signos lingüísticos y los referentes era algo natural, o bien resultado de una convención que se estableció en la sociedad. La temática de la convención perduró hasta el siglo XX en el que se continuaron las disputas acerca del carácter natural vs. convencional (arbitrario) del lenguaje.

En el presente estudio no vamos a desarrollar la interminable polémica relacionada con la naturaleza del signo lingüístico, sino que nos apoyamos en el concepto de convención de modo diferente[25]. Partimos de la suposición asumida por Sawicka (2006), según la cual existe una relación estrecha entre la sociedad, la lengua y la cultura. Como afirma la autora, la sociedad siente una necesidad de orden y por eso, establece ciertas convenciones que garantizan un mejor funcionamiento de sus miembros. De este modo, los miembros saben cuál es el comportamiento que se requiere de ellos y, además, cómo juzgar el comportamiento de los demás. Como la lengua y la cultura dependen de una sociedad, no sorprende que también se sometan a convenciones específicas. En el campo lingüístico, Baran (2010: 166) llama la atención sobre las convenciones sociopragmáticas que, según el autor, se caracterizan por los rasgos siguientes:

- tienen carácter arbitrario y significativo,
- se vinculan a la esfera del *habitus*,
- tienen carácter normativo,
- sufren variaciones en el espacio y en el tiempo,
- presentan un alto grado de previsibilidad y regularidad.

25 El capítulo 9 está dedicado a la posible iconicidad (y no arbitrariedad) de la reduplicación. No obstante, en el resto del trabajo, la convención se refiere a una noción interaccional.

Las convenciones sociopragmáticas en muchos casos determinan un cierto comportamiento lingüístico. En otras palabras, debido a este tipo de convenciones los hablantes se deciden a emplear determinados recursos lingüísticos.

Baran, siguiendo a Dąmbska (1975), subraya un aspecto de la convención que destaca en el análisis de las estructuras repetitivas: la no obligatoriedad de las normas. Dąmbska (1975: 11–37) divide la convención en tres tipos:

- la convención como contrato,
- la convención como elección,
- la convención como uso.

Además, cada uno de estos tipos se divide en dos subgrupos representados por la convención como acto, proceso y la convención como resultado. En cuanto a las normas sociolingüísticas, estamos ante la convención del segundo tipo, como subraya Baran (2010: 168): "los participantes en la comunicación deben efectuar constantemente elecciones dentro de las normas coexistentes". Se advierte, por lo tanto, que algunos comportamientos lingüísticos se presentan como fruto de la elección entre varios comportamientos socialmente aceptables. Tradicionalmente, se percibe la convención como una condición obligatoria: debido a la convención los hablantes tienen que actuar de una manera concreta. Gracias al concepto de la no obligatoriedad de los comportamientos que se inscriben en el marco de las normas socialmente aceptadas, se nos brinda la oportunidad de examinar una serie de fenómenos lingüísticos. Baran, por ejemplo, examina las relaciones entre la emotividad y la convención (2010: 151–179). Advierte que la emotividad es un tipo de convención sociopragmática que no se caracteriza por la obligatoriedad, sino por el vínculo al *habitus* y cierto grado de regularidad. El autor señala que "a pesar de su consolidación y regularidad, las convenciones tales como la emotividad no son parámetros obligatorios en la comunicación. Su función consiste más bien en la motivación de los modelos dominantes en la organización comunicativo-discursiva, sin que estos últimos tengan que interpretarse como únicos."

En nuestro trabajo intentamos averiguar si la repetición a nivel semántico-pragmático puede ser, en algunos casos, el resultado de una convención que caracteriza a la comunidad española e italiana. En este sentido, la noción de la no obligatoriedad nos resulta muy provechosa: la repetición constituye uno de los recursos posibles dentro de un conjunto de mecanismos socialmente admitidos (la elección depende del emisor del enunciado). Además, si la repetición de unas estructuras semántico-pragmáticas se presenta como representante de la convención, a lo mejor, el objetivo principal del presente estudio, la reduplicación, también puede ser propiciada por una convención comunicativa.

Dicho sea de paso, al hablar de los conceptos de convención y repetición conviene mencionar el fenómeno del *prepatterning* descrito por Tannen (2007: 48–55). Como explica la autora, la lengua no es tan libre como la imaginamos: aunque existe un número infinito de enunciados que se pueden construir a partir de un inventario lingüístico limitado, el discurso viene determinado principalmente por unos mecanismos convencionales que constituyen la repetición de los usos previamente establecidos por una sociedad. Según Tannen, diferentes estructuras lingüísticas se caracterizan por un grado de fijación distinto (el fenómeno que, a nuestro juicio, propicia la formación de las convenciones lingüísticas):

- Las fórmulas situacionales (por ejemplo, los saludos): son las que presentan mayor grado de fijación. Además, el grado de fijación depende de la lengua y de la cultura: en algunas sociedades las fórmulas situacionales presentan mayor grado de convencionalización que en otras. Por ejemplo, Tannen (2007: 50) demuestra que en la sociedad americana existe un repertorio más amplio de expresiones que se utilizan para desear un buen viaje a alguien (como *Have a nice trip* o *I hope you enjoy your trip*) que en el griego (en el que se admite una sola expresión *Kalo taxidi*).
- Los proverbios: en general su estructura está convencionalizada, aunque pueden sufrir cambios dependiendo de la situación en la que se apliquen.
- La organización del discurso: no está tan preestablecida como el uso de las fórmulas situacionales o proverbios, pero también se caracteriza por cierta iteración. Esto significa que el discurso suele organizarse de una manera más bien fijada en función de todo tipo de rasgos (extra)lingüísticos.
- Tannen advierte también que, según la cultura y la situación comunicativa, existen determinadas nociones que se deben expresar, o bien evitar (se trata de un amplio abanico de categorías como las opiniones, las emociones o los sentimientos). Los hablantes, por lo tanto, expresan una noción porque es lo que requieren las reglas de cortesía y no necesariamente lo que de verdad sienten (por ejemplo, en Polonia se debe expresar el pésame frente a la muerte de alguien, aunque esta suscite emociones bien distintas).

En esta parte de nuestras cavilaciones mencionamos el concepto de *prepatterning* porque presenta un punto de vista muy interesante en cuanto a la relación entre la convención y la repetición. En este caso la repetición no es un mecanismo lingüístico que expresa ciertas convenciones, más bien equivale a la convención misma según el esquema:

la convención = la repetición de unos patrones establecidos por la sociedad

Hay que advertir, sin embargo, que en el presente trabajo se considera la repetición como un mecanismo lingüístico que viene incitado por la convención con el objetivo de realizar determinadas funciones pragmáticas, como lo explica el esquema siguiente:

la convención → la repetición → las funciones pragmáticas

Por otra parte, lo que compartimos con la teoría de *prepatterning* es que determinadas estructuras presentan diferente grado de fijación: esto significa que los hablantes se consideran en mayor o en menor grado obligados a recurrir a un mecanismo lingüístico (según su nivel de convencionalización).

Tannen (2007: 84–86) sostiene que la frecuencia de uso de la repetición depende tanto de los factores individuales, como de los culturales. Se ha observado, por ejemplo, que la repetición es un mecanismo característico en el habla de los adolescentes. Tannen aporta, además, una serie de ejemplos de culturas en las que la repetición suele ser más frecuente. Para Tannen, la repetición crea la interacción: establece lazos entre los participantes y el discurso o entre los participantes mismos. Por eso, la última cuestión que merece ser mencionada es la determinación de si la repetición de las construcciones presentadas en este apartado es una peculiaridad de español e italiano, o bien una característica universal del habla humana. Hay que advertir que el tema de los universales resulta bastante complejo y requiere un estudio más profundo basado en una serie de lenguas pertenecientes a diferentes familias lingüísticas. No obstante, vamos a observar si las estructuras analizadas se repiten también en otras lenguas, como el polaco o diferentes lenguas románicas. Una respuesta negativa va a ser el indicio de que la repetición de cierta estructura puede ser una característica propia de una de las lenguas examinadas.

1.4.6 El análisis

En adelante presentamos el análisis de una serie de estructuras repetitivas semántico-pragmáticas, insistiendo en dos cuestiones preliminares:

1) El análisis tiene carácter cualitativo y no cuantitativo. Esto es, en general no se aportan datos sobre frecuencia de uso de las estructuras estudiadas (unas huellas del análisis cuantitativo aparecen exclusivamente en la parte dedicada a la repetición de los marcadores discursivos y de los saludos). El análisis tiene como objetivo demostrar la variabilidad de las estructuras repetitivas y sus posibles interpretaciones y no proporciona datos estadísticos acerca del uso de las estructuras expuestas.
2) Para cada estructura ofrecemos varias posibilidades interpretativas haciendo hincapié en que estas no deberían verse en términos absolutos. Lo que intentamos demostrar es que para cada fenómeno basado en el mecanismo de la repetición se pueden atribuir varias descripciones desde distintos puntos de vista. Creemos que la complejidad de las estructuras pragmáticas impide una descripción unívoca, por lo que conviene tener en cuenta varias posibilidades interpretativas (aunque, a veces, por nuestro conocimiento metodológico o simplemente por la intuición como hablantes, unas nos pueden parecer más acertadas que otras).

1.4.6.1 El vocativo

Los vocativos constituyen un mecanismo muy importante, especialmente para la gramática del español coloquial. Al analizar el corpus hemos observado que no solo se introducen los vocativos en una gran parte de las conversaciones, sino que también se repiten varias veces a lo largo del discurso. Por eso, nos parecen un fenómeno interesante para el presente estudio.

Al inicio de nuestras cavilaciones conviene señalar que, siguiendo a Baran (2010: 74–83), creemos que el empleo de los vocativos conlleva ciertos significados pragmáticos. En otras palabras, los vocativos no son una mera costumbre de algunos hablantes, sino que sirven para transmitir unos valores bien delimitados.

Como lo define Brandimonte (2011: 251), estamos ante un vocativo cuando "se sustituyen las formas de tratamiento pronominal por un sustantivo o un adjetivo sustantivado". En otras palabras, en lugar de decir *tú* se aplica otra forma refiriéndose al interlocutor. Bañón (1993: 27) enumera dos funciones principales del vocativo: llamar la atención de alguien y llamar la atención sobre lo dicho. Leech (1999: 108), por su parte, añade una tercera función, esto es, la consolidación de las relaciones interpersonales. Al utilizar los vocativos, los hablantes entablan cierta relación, se acorta la distancia entre los interlocutores y el enunciado parece más directo.

Conviene señalar, sin embargo, que no todos los autores coinciden con la tesis según la cual, en cuanto a las relaciones interpersonales, la única función de los vocativos consiste en fortalecer los vínculos entre los interlocutores. Díaz Pérez (1997) llama nuestra atención acerca de la doble motivación de los vocativos. En otras palabras, actúan en dos sentidos opuestos expresando las nociones siguientes:

- acercamiento o distanciamiento social,
- conocimiento o desconocimiento del locutor,
- cercanía o distanciamiento,
- afecto o desafecto.

Los vocativos, por lo tanto, realizan una serie de funciones opuestas que no necesariamente estrechan los vínculos entre los hablantes. No cabe duda, sin embargo, de que los vocativos desempeñan un papel importante a la hora de manejar las relaciones interpersonales.

En español existe una amplia gama de vocativos que han sufrido un proceso de gramaticalización (Baran, 2010: 73–84, Díaz Pérez, 1997). Reconocemos, por lo tanto, que en español los vocativos (especialmente algunas formas concretas, como *hombre, mujer, tío, guapo/a* etc.) se han subjetivizado, esto es, han perdido su significado original pasando a desempeñar una serie de funciones pragmáticas. Por eso, al decir *hola, guapa*, el hablante en realidad no tiene la intención de alabar al oyente, sino de expresar una serie de funciones interpersonales.[26] Según Baran (2010: 73–84), el empleo de los vocativos está condicionado por factores situacionales y etológicos. La motivación situacional puede imponer el uso de vocativos cualquiera que sea la comunidad y la lengua en cuestión desempeñando la función de enfatizar, focalizar o resaltar alguna parte del mensaje. La etológica, varía según la comunidad dada: en la española constituye uno de los recursos de cortesía verbal.

26 Díaz Pérez (1997: 195) divide los vocativos en tres grupos: los que mantienen su significado originario, los que lo han perdido totalmente y los que conservan algún aspecto del significado originario.

Lo que parece un rasgo común para diversos sistemas lingüísticos es que los vocativos aparecen en situaciones informales, como en los ejemplos:

(59) *6619 Madrycie*
6620 nie w Madrycie nie ale gdzieś tam. bardziej chyba. na południe nie wiem czy tam w se. nie wiem no nie powiem ci bo ona w różnych miejscach tam trochę pojeździła po tej Hiszpanii. no i mówi że w wielu właśnie że ja pierwszy raz słyszę
6622 ale tam w/unclear/Maroku
6623 raczej jak. y w Hiszpanii byłem to. disneyland do potęgo po prostu. co tam się działo. to jest chyba najbardziej zbadziewiony kraj kurna
6624 Hiszpania?
6625 tak. kurcze ***stary****. jedno wielkie kasyno. znaczy jak Grecja czy Włochy no to taką mają. swój punkt honoru żeby. żeby tam cywilizację swoją tak wiesz promować a tam to wiesz. takie raczej disny. Disneyland*
(NKJP)

(60) *It's only half past two! (laugh)*
(laughing) We've only been here three quarters of an hour!
(laughing) Well we've got ten pages to do, we're only half way through the first page ***man****!*
(BNC)

(61) *PA – Não há qualquer compromisso com nenhum partido, nem com nenhuma força no poder. Eu não sou anti-poder, mas sou contra a ignorância e arrogância do poder, seja de esquerda ou de direita. Enquanto isso suceder, eu estarei lá para denunciar.*
JN – Tens medo de te tornares um artista do jet-set?
PA – Eh, ***pá****, tenho, tenho...*
(CP)

Todos los fragmentos presentados provienen de conversaciones de carácter informal: el (59) en polaco, el (60) en inglés y el (61) en portugués. En español, por otra parte, los vocativos se emplean también en conversaciones de carácter más bien formal. A continuación se presentan tres usos del vocativo *hombre* tomados de conversaciones de índole formal.

(62) *H2: Muy bien. Vamos a ver lo que nos dice el doctor Fernando Martín. [solapamiento de turnos] ¿Qué opina de...*
He: De acuerdo. [fin de solapamiento de turnos]
H1: [solapamiento de turnos] ***Hombre****, efectivamente...*
H2: ... de las utilidades [fin de solapamiento de turnos] terapéuticas del flúor?
H1: Efectivamente, el flúor se utiliza en la osteoporosis y eh... el mecanismo de acción de... este. [vacilación] compuesto sería el de favorecer la formación de sustancia osteoide a nivel del hueso. Eh... este tratamiento casi nunca se realiza aisladamente, se debe de combinar con el... aporte de suplementos de calcio y de vitamina de ("D") puesto que si se utiliza de forma aislada puede conllevar a que... el paciente desarrolle osteomalacia, es decir, formación de hueso sin mineralizar. Eh... eh... se utiliza... [duda] habitualmente

en el tratamiento de fondo de la osteoporosis, con pocas[sic]... efectos secundarios, eh... aunque el efecto sobre... el aumento de masa ósea eh... está en entredicho en cuanto a que [duda] es menos eficaz cuando... que cuando está indicado la utilización de estrógenos.
(CORLEC)

(63) *H1: Pero una vez [silencio] que el motivo secundario... que el motivo secundario se ha desarrollado [silencio] [vacilación] ese motivo secundario... ese motivo secundario, me sirve para un nuevo motivo secundario. Por ejemplo, sabéis lo que es una madre castrante? [risas]*
Ha: Sí, la suegra que vive con... [ininteligible] [risas]
H1: No, ***hombre****. La suegra que vive [ininteligible] [risas]. Bueno, tenéis una idea de [ininteligible].*
Hb: Sí... eh... es un matrimonio que... tiene una... otra persona [ininteligible].
H1: Estamos hablando de la madre no del matrimonio.
(CORLEC)

(64) *H1: ... Es decir, eh...* ***Hombre****, hay eh... en el país y no... no tiene que ver con los ministros, porque yo creo que los ministros no incurren en... en... que yo sepa, en ningún caso de corrupción; es decir, la corrupción no está en ese... no está en ese nivel; los ministros cometen errores... pero no... no hay casos de corrupción. Es decir, en la... el... el... fenómeno de la corrupción es un fenómenos absolutamente lamentable, que debe... debe combatirse, eh... Por otra parte, no tiene el monopolio ni un partido ni un sector de... de la corrupción, yo creo que, afortunadamente, la sociedad española está muy concienciada, muy sensibilizada; ahora se consideran corrupciones, justamente, cosas que hace diez años... eran consideradas normales, ¿no?, de información privilegiada, o de que alguien contrata con una empresa... estando en una posición... de poder... Es decir, está la sociedad, afortunadamente, eh... sensibilizada, yo creo que la democracia tiene instrumentos...*
(CORLEC)

(62) es un debate entre dos médicos sobre un caso. Como podemos observar, los participantes utilizan formas de tratamiento formal, como el pronombre *usted.* No obstante, el doctor empieza su intervención con el vocativo *hombre.* En (63) estamos ante una clase de ética en un Instituto de Bachillerato en Segovia. H1 es profesor (de 45 años), y el resto son alumnos (de 16 años). Desde el punto de vista de la comunidad polaca, es una situación muy formal en la que tanto el profesor como los alumnos suelen evitar expresiones coloquiales. En la conversación española, sin embargo, el profesor introduce el vocativo *hombre*: el uso de un equivalente polaco sería inapropiado. Lo mismo ocurre en (64) que presenta el discurso de un político en la televisión. El político inicia su intervención con el vocativo, lo que se consideraría inadecuado para los discursos de políticos polacos. Suponemos, por lo tanto, que el uso de los vocativos en situaciones formales puede marcar un ethos más igualitario (en términos de relaciones interpersonales verticales), un ethos más directo (en cuanto a relaciones interpersonales horizontales), un alto grado de afectividad, o bien puede constituir una rutina (formar parte de los hábitos lingüísticos ritualizados). Cualquiera que sea la explicación de este fenómeno, no cabe duda

de que los vocativos constituyen un recurso lingüístico propio de la comunidad hispanohablante. La presencia de vocativos en discursos de carácter más formal indica, además, que esta categoría ha alcanzado mayor grado de gramaticalización en español que en otras lenguas, como el polaco, dado que algunos usos de vocativos inapropiados en ciertas situaciones para un hablante polaco, se consideran plenamente aceptables en la comunidad española.

Teniendo en cuenta que nuestro trabajo se centra en el fenómeno de la repetición, llamamos la atención sobre el hecho de que el uso recurrente de los vocativos forma parte del conjunto de los mecanismos lingüísticos que verbalizan las distintas características del ethos comunicativo de la comunidad hispanohablante. Como advierte Díaz Pérez (1997: 206), la redundancia de vocativos "otorga mayor viveza lingüística para mostrar acercamiento o distanciamiento, afecto o desafecto entre los hablantes". Aunque el vocativo existe también en otras lenguas, su presencia abundante en el sistema español es un fenómeno reconocido como propio de esta lengua. En nuestro estudio, sin embargo, damos un paso adelante: no solo es el vocativo un elemento codificado en el sistema español, sino que también lo es su repetición a lo largo del discurso. Para comprobar esta hipótesis presentamos unos ejemplos tomados del corpus:

(65) *0071 A: ya ves/es que esa tía es IMBÉCIL↑* ***nano****/VERÓNICA ES IMBÉCIL/****tío****/más tonta* ***tío****/[más tonta=]*
(Val.Es.Co 2.0)

(66) *0064 F: ¡Joder!/****tú imagínate tía****/y luego encima toda la parafernalia esa que te sacan ahí* ***tíaa****/de pegaTInas de BATman↓ y Jurassik Park*
(Val.Es.Co 2.0)

(67) *201 A: § y- y el domingo↑ también tienes casi siempre algo que hacer↓/// alguna (()) por ahí↑*
202 B: si es que ***machoo****/a- aunque el sábado↑ que no trabaje que tenga que ir con mi padre↓/****tío****/pero ná más/****tío****/con no pensar que te tienes que levantar→/y que tienes que// currar allí/****macho****↑/// porque vas a currar a lo tuyo↑ y lo haces a tu marcha↓/claro§ § si te cansas/que le den por el culo↑/****tío****/// pero cuando estás trabajando↓/pues estás trabajando/// (5?)*
(Val.Es.Co 2.0)

En todos estos casos se nos brinda la oportunidad de observar un comportamiento muy específico de los vocativos en español. Primero, hay que advertir que a veces los hablantes en una intervención recurren a más de un vocativo. No obstante, consideramos que su significado semántico-pragmático es prácticamente el mismo: en (65) apreciamos la abundancia de formas *tío* y *macho* que presentan la misma finalidad (la elección inconsciente de una u otra forma no introduce ninguna alternación). Por otra parte, a veces el vocativo acompaña a otros elementos relacionados con la persona del interlocutor provocando una intensificación del efecto asumido. Tal es el caso de (66) en cuanto a la expresión *tú imagínate tía* en la que encontramos incluso tres elementos referidos al oyente: los pronombres *tú* y *te* y el vocativo *tía*. Nos atrevemos a afirmar que esta expresión manifiesta rasgos de redundancia y parece casi imposible de traducir literalmente a otras lenguas.

Según nuestro punto de vista, los vocativos gramaticalizados, como en los fragmentos expuestos, constituyen un caso especial de gramaticalización: la intersubjetivización (el fenómeno de la intersubjetivización viene explicado en el capítulo 2.6.3.). Estas unidades han adquirido valor intersubjetivo, esto es, demuestran el interés del hablante por el oyente acortando la distancia comunicativa[27]. ¿Cuál es, entonces, la función de la repetición de los vocativos? Creemos que el hecho de recurrir varias veces en una intervención a los vocativos sirve como mecanismo de refuerzo de la intersubjetividad. Company Company (2006: 99) hace hincapié en la gradualidad del proceso de (inter)subjetivización. Según la autora, todo depende del involucramiento del hablante: cuanto mayor el involucramiento, mayor la subjetividad de la expresión (las expresiones pueden presentar diferente grado de subjetividad). Creemos, por lo tanto, que la repetición del vocativo refuerza su función intersubjetiva, al aumentar el interés del hablante por el oyente.

Por otra parte, todos los ejemplos aportados provienen de conversaciones. Por lo tanto, otra interpretación del fenómeno puede radicar en el vínculo entre la lengua hablada y la constante repetición de los vocativos. En este caso el uso recurrente de los vocativos puede ser un tipo de estructura ritualizada entre los miembros de la comunidad hispanohablante al expresarse oralmente (en diferente tipo de situaciones, tanto formales como informales).

Hay que señalar, sin embargo, que el fenómeno de la repetición de vocativos no es exclusivo de la comunidad hispanohablante. En otras comunidades también se suele recurrir al vocativo repetido, como en los ejemplos polacos:

(68) 19287 nie nie pamiętam
19288 nie pamiętasz tej sceny?
19289 a ty pamiętasz?
19290 ja pamiętam mycie głowy
19291 ja też pamiętam mycie głowy
19292 mycie głowy jest bardzo
19293 ***ty stary*** *czy tobie się nie pomyliło przypadkiem z palp fikszyn i z rozmową. o masażu stóp?* (NKJP)

(69) 221210 jak Prusy na nas najechały to generalnie rządziło u nich dwa procent ludzi i to
321211 /unclear/dobrze
21212 ale ja mówię powiedzmy o/unclear/tym
21213 i wtedy te dwa procent były zniewolone pod cesarzem. i tam nie było demokracji a u nas już była demokracja

27 En cuanto a los ejes constitutivos del ethos comunicativo, estamos en el marco de la relaciones interpersonales horizontales.

21214 /unclear/
21215 no ale dobrze ***stary*** *ale nie mów mi ale dobra ja się tylko nie zgodzę z tezą że we Francji jest demokracja od początku Francji* ***stary*** *no to bez jaj*
(NKJP)

En cuanto a la repetición de los vocativos, es de suponer que lo que diferencia el sistema español del polaco es que el fenómeno mencionado resulta más característico del primero que del segundo. Esto significa que también los polacos a veces repiten los vocativos, pero esta repetición es más bien ocasional y no constituye un rasgo característico de esta comunidad. En cambio, en las conversaciones españolas observamos un amplio abanico de casos en los que los hablantes recurren más de una vez a un vocativo. Como ya se ha señalado en la parte introductoria, un comportamiento lingüístico que se clasifica como convencional (en este caso la abundancia de vocativos) puede ser opcional: se les brinda la oportunidad a los hablantes de recurrir a cierto mecanismo, sin que este sea obligatorio. En la comunidad hispana parece que la repetición de vocativos es más frecuente y, por eso, forma parte del conjunto de los fenómenos del ethos comunicativo.

Para el presente trabajo, esta breve descripción del vocativo puede tener triple sentido:

1) Se advierte que una de las funciones de la repetición es la reforzadora. Al analizar el objetivo de este estudio, la reduplicación, tendremos en cuenta que una de sus posibles funciones es el refuerzo del proceso de (inter)subjetivización.
2) La repetición de los vocativos puede constituir una característica de la lengua hablada siendo una estructura ritualizada (se introduce no para transmitir un significado específico, sino porque es la convención asumida).
3) Los mecanismos analizados no pertenecen exclusivamente a un sistema lingüístico, sino que se realizan en varios sistemas con mayor o menor frecuencia formando (o no) el ethos comunicativo de una comunidad.

1.4.6.2 Los marcadores discursivos

El segundo elemento lingüístico que analizamos en este apartado lo constituyen los marcadores discursivos. Portolés (2007: 25) propone la siguiente definición de estas unidades: "los *marcadores del discurso* son unidades lingüísticas invariables, no ejercen una función sintáctica en el marco de la predicación oracional y poseen un cometido coincidente en el discurso: el de guiar, de acuerdo con sus distintas propiedades morfosintácticas, semánticas y pragmáticas, las inferencias que se realizan en la comunicación". Los marcadores discursivos, como afirma Portolés, pueden vincular dos oraciones y, además, una oración con un elemento extralingüístico. Por eso, se suelen considerar como unidades que van más allá de los límites del enunciado. Debido a esta peculiaridad, los marcadores han sido objetivo de numerosos trabajos. En nuestro estudio presentamos, sin embargo, solamente algunos aspectos de los marcadores que nos parecen relevantes para el tema estudiado.

Algunos marcadores discursivos, cuando aparecen en la conversación, se pueden convertir en marcadores conversacionales, definidos por Boyero Rodríguez (2005: 132) como "un fenómeno lingüístico con naturaleza intencional propia – no autónoma – capaz de regular el diálogo en una determinada dirección". Bajo esta expresión, la autora incluye una serie de expresiones que sirven para llevar a cabo un diálogo entre los participantes y que se dividen en tres grupos:

- marcadores tipo: facilitan la fase de contacto, su función es básicamente interactiva, suelen aparecer al inicio del enunciado,
  ejemplos: construcciones con *eso, bueno, bien, claro*
- marcadores subtipo: presentan el estado emocional, son estructuras exclamativas o interrogativas,
  ejemplos: *¿Y eso qué tiene que ver?, ¿Por qué dices eso?, ¿Entiendes?*
- marcadores estereotipo: comprometen a los participantes hasta el desarrollo final de la conversación, suelen ser unidades fraseológicas que aparecen en posición final,
  ejemplos: *al fin y al cabo, pase lo que pase, a fin de cuentas.*

Dicho sea de paso, la clasificación propuesta por Boyero llama nuestra atención sobre la multiplicidad de expresiones lingüísticas que permiten establecer y desarrollar una conversación entre los hablantes. Para construir una interacción, los participantes recurren a numerosos mecanismos que no solo expresan el tema principal del diálogo, sino que también se apoyan en diferentes estructuras que facilitan la comunicación. En el presente trabajo hacemos hincapié en lo que Boyero denomina *marcadores conversacionales tipo* sin perder de vista la importancia del resto de unidades expuestas por la autora.

Los marcadores discursivos, o bien conversacionales, están presentes en varias lenguas, por eso, existe una amplia gama de trabajos acerca de su significado y funciones en el discurso. En el presente estudio, nos centramos en un aspecto particular de los marcadores, esto es, su redundancia. Hemos observado, tanto en el corpus español como en el italiano, que los representantes de estas dos comunidades suelen recurrir varias veces a lo largo de sus intervenciones a marcadores con la misma función. Para un hablante no nativo, el número de marcadores puede incluso resultar excesivo. Giuliano y Russo (2014) realizan un estudio del uso de marcadores discursivos por hablantes de italiano como segunda lengua. Sus conclusiones confirman la relación entre el conocimiento del italiano y la frecuencia de uso de los marcadores (mejor conocimiento del italiano, mayor frecuencia de uso).

Se distinguen dos tipos de estructuras repetitivas:

1) La repetición de dos marcadores uno tras otro:

En este caso estamos ante la repetición de dos marcadores distintos que desempeñan la misma función y aparecen juntos, como en los ejemplos:

(70) *76 C: venga/pequeña/un cubito*
77 B: oye↓ ¿este animalito [qué va a comer?]
*78 C: [**venga va**]*
79 A: le pondremos lo que hay de por aquí
80 C: [((?))]
81 B: [¿no come]rá unos macarrones↑ este anima[lito?]
82 C: [claro] que se los come
(Val.Es.Co 2.0)

(71) *14 J: puees mee↑ preguntó↑ que si no ibas a subir y tal y le dije que no/que estaba-bueno es que cuando me lo dijo↑ aún no había venido Jordi↓ [y estabas=]*
15 A: [¿de Italia?]
16 J: = no lo sé si de Italia↑ o de la acampada↑ y sólo estábamos Lucía y yo
17 A: sí
*18 J: yy/no sé→ fue algo dee→ ¡uy! ↑ ¡¿ qué estás sólo?! **nosequé↑ o algo así↑***
(Val.Es.Co 2.0)

(72) *24 MJ: ¡MAdre MÍA!/¡con lo socó que es→!// ¡madre mía! [¡qué tío→!]*
*25 M: [o sea/echándose el mocarrón↑/que si tal↑ que si cual↑/y yo↑ pero flipaando↑/y yo diciéndole **bueno/vamos a ver**/por si acaso este se cree que yo soy una de esas que van detrás de él→ pues digo/mira/pues yo acabo de llamar al amor de mi vidaa↑/que además el día que te conocí↑// que? stabas ahí/porque pasó el profesor ese↑/pues yo estaba comentándole que estaba locamente enamorada de un tíioo→/que me había invitado esa noche a ceNAR→/pero yo le había dicho que NOO↓/que en todo caso le aceptaba un café↓// y él me estaba diciendo pues→/cómo se tenía que ligar*
(Val.Es.Co 2.0)

(73) *F: **allora dunque** questi interventi che sono pubblicati fanno parte di questo corso d'aggiornamento*
(PEC)

(74) *io sono la figlia quindi **allora dunque** guardiamo un attimo ditemi allora da chi cominciamo*
(PEC)

(75) *che no so neanche come si pronuncia cose di questo genere eh siamo sicuri che eh cioè evidentemente ci dev' essere una eh una presunzione da parte di chi scrive che vengano capiti dal pubblico **quindi allora** eh*
(PEC)

Todas las expresiones compuestas por dos marcadores pueden parecer redundantes para un hablante no nativo. Tanto en español como en italiano los marcadores vienen agrupados, aunque uno solo podría transmitir varios significados pragmáticos. Bazzanella (1996: 147) reconoce la *possibilità di cumularsi* como una característica propia de los marcadores discursivos que se realiza debido a la pérdida parcial del significado semántico. En el presente trabajo, sin embargo, intentamos demostrar que la repetición de los marcadores puede recibir también una interpretación pragmática.

Hemos analizado con más detalle el corpus Val.Es.Co 2.0 del español con el objetivo de examinar la frecuencia de uso de las estructuras repetitivas formadas por marcadores. Algunas de las observaciones nos parecen interesantes para el presente trabajo. Primero, hemos examinado la distribución de las expresiones formadas por el marcador *venga* (hemos descartado todos los usos no gramaticalizados de *venga*, como la primera o tercera persona de singular del subjuntivo presente). Los resultados de este análisis se presentan en la tabla siguiente:

Venga (total: 25 casos)		
Venga (11 casos) 44%	Venga+otro marcador (12 casos) 48%	Venga+...+venga (2 casos) 8%

Resulta que en la mayoría de los casos el marcador *venga* forma agrupaciones con otros marcadores (como *va, a ver* o *pues*). Además, *venga* puede aparecer varias veces en el discurso, separado por alguna expresión o enunciado.

El segundo fenómeno que ha llamado nuestra atención es la capacidad del marcador *entonces* de agruparse con otros marcadores, como en los ejemplos:

(76) *227 B: pero da igual→ o sea tú [(())=]*
228 A: [(())]
*229 B: = tendríaas tendrías que haber mm renunciado aa la asignatura→/anuLARte la asignatura/o sea como si no te hubieses matriculado// lo que pasa es que ¿tú luego te tienes que presentar en junio de esa asignatura?/°(**pues entonces↓**)°*
230 A: o? sa que-en o sea cada año serán dos convocatorias§
(Val.Es.Co 2.0)

(77) *45 A: [preparas un trabajo] entre varios↑/y **entonces↑ pues** tienes que exponerlo/luego al-/y bueno/luego el grupo↑ si quiere pues↑ te hacee/preguntas↑/y esto↓// y nada y aquí↑/creo que es todo más pues→ un poco más a la tuya/también se hacen trabajos↑ pero noo se hacen tantas exposiciones/no están tan encima de ti↓ por decirlo de alguna manera* (Val.Es.Co 2.0)

(78) *375 C: = el dolor de cabeza es algo de (()) que no te lo quitaba→ o sea que noo/// que [te despejaba un poco pero que noo]*
376 A: [no sé qué te hace en la cabeza que] te despeja
*377 C: **o sea entonces**→ eso nn- no es quitarte el dolor de cabeza↑*
378 A: me despejaba me despeja/// °(estoy despejada)°///
(Val.Es.Co 2.0)

(79) *92 B: y eso↓ sí sí y **entonces claro** se picaba muchísimo porque le decíamos Pepe tío ///(1,31) nos tenemos que salir todos del campo y él ¡va no que yoo aún no estoy*

cansao! ((y dije)) mira que entre que eres malo y que nos tenemos que salir to(do) s del campo↑ ¡salte tío! §
93 A: §[(RISAS)] lo de que eres malo te lo podías ahorraar [(RISAS)]
94 B: [¡es verdad!] ///(2,37) [noo noo] es que así no le decía ¡no no que yo no estoy cansao y- y hay otros que están más quemaos que salgan ellos que no están corriendo! ((y dicen)) es que Gabi SENTAO es mejor que tú §
95 A: §[(RISAS)]
96 B: [¿sabes? (RISAS) si lo sentamos en la defensaa] para más balones que tú ///(1,21) y* ***entonces eso*** *((nada)) al final→ eso con Juli-* ¡huy que lo rompo todo! con Julioo con Dani Pérez→ claro todos metiéndose con el pobre↑*
(Val.Es.co 2.0)

Se introduce el marcador *entonces* con otros marcadores, como *bueno, pues, claro* o *eso.* Como en el caso de *venga,* la traducción de estos agrupamientos a otras lenguas, como el polaco, resulta hasta imposible: es un fenómeno tan característico del español que requiere un buen conocimiento de esta lengua para poder emplearlo.

2) La abundancia de los marcadores a lo largo del discurso:

El segundo tipo consiste en repetir los marcadores a lo largo de la intervención. Por una parte, los hablantes suelen recurrir a un mismo marcador:

(80) *275 P: la hora también la veo*
276 D: (risas) porque tenemos un reloj ahí que la da porque sino [lo llevas claro]
277 P: [((lo llevaría claro))]
278 D: hombre↑ la primera vez
279 P: ***pues*** *no//* ***pues*** *noo tiene que estar tan tranquilo// °(¿sabes?)°///* ***pues****/mala respuesta↓ has dao// ¿no?*
(Val.Es.Co 2.0)

(81) *B: eh io ho visto che parecchi sono rimasti se ne so<no> si sono alzati immediatamente dopo la lettura delle tracce un tre quattro persone # però eravamo parecchi* ***insomma*** *rispetto* ***insomma*** *rispetto agli altri due dottorati che ho fatto eh* ***insomma*** *io ho scritto u<n> un pezzo* ***insomma*** *essendo per lo più penso laureati nel magi<stero> nella facoltà di magistero probabilmente* ***insomma*** *ne sapevano qualcosa più di me* ***insomma*** *senza dubbio # non so io_ avevo anche letto qualcosa ad esempio ma molto così proprio a tipo di_ no di intrattenimento* ***insomma*** *sulla tipologia pedagogia in età evolutiva*
(PEC)

Por otra parte, se observa también la redundancia de marcadores diferentes:

(82) *277 A: § no se [puede tocar eso↑ porque fíjate tú↑=]*
278 B: [de RAZONARLE las cosas]
*279 A: = sii lo tocas mucho→ pues se puede caer→/se puede romper↑/// cosas así/****¿no? ¡vamos!/o igual pues eso↓****/cruzar↑* ***pues-*** *tenéis que ir atentos↑ porque si cruzáis↑* ***entonces↑*** *y no os dais cuenta↑* ***pues entonces→*** *viene un coche y os atropella↑ §*
(Val.Es.Co 2.0)

(83) *45 A: [preparas un trabajo] entre varios↑/y **entonces**↑ **pues** tienes que exponerlo/luego al-/y **bueno**/luego el grupo↑ si quiere **pues**↑ te hacee/preguntas↑/**y esto**↓// **y nada** y aquí↑/creo que es todo más **pues**→ un poco más a la tuya/también se hacen trabajos↑ pero noo se hacen tantas exposiciones/no están tan encima de ti↓ por decirlo de alguna manera*
(Val.Es.Co 2.0)

La abundancia de los marcadores provoca que las intervenciones españolas e italianas adquieran su propio estilo. La traducción a otras lenguas de los fragmentos mencionados es una tarea de gran dificultad: la redundancia de marcadores tipo *insomma, pues* o *entonces* constituye un gran desafío para el traductor porque este fenómeno no se presenta tan fructífero en otros sistemas lingüísticos. Queda por debatir, por lo tanto, por qué los hablantes introducen dos o más marcadores con el mismo significado, si un marcador ya desempeña la función necesaria.

Una de las evidencias de la imprescindibilidad de los marcadores discursivos en español lo constituye la introducción de una amplia gama de marcadores españoles en la lengua gallega por los hablantes bilingües. Como presenta Freixeiro (2016), en gallego actual se utilizan numerosos marcadores discursivos que provienen del español. Algunos de ellos parecen tomados directamente del sistema español (como *o sea, bueno, vamos, a ver*), otros crean una forma híbrida (como *é decir, de todos xeitos*). Entre varios ejemplos, Freixeiro menciona los siguientes:

(84) *I.2. —Iso era nos Carnavais.*
*I.1. —Nos Carnavais, **claro**! E iso, claro, iso foi..., aínda agora..., non é coma...*
*I.2. —Home **claro**!*
(AGO, Ourense, Xunqueira de Ambía – A Graña, Audio 67)

(85) *–**Pois mira**, vámosche facer unha apuesta: vamos durmir co cu arriba;*
o que lle sude o cu, comeu o mel.
(Brañegos 81)

Por tanto, se puede sacar la conclusión de que los marcadores desempeñan un papel tan importante en el sistema lingüístico del español que los hablantes bilingües sienten una necesidad inconsciente de acudir a ellos incluso cuando hablan gallego.

Según Porroche (2009: 95), los marcadores discursivos "permiten poner de manifiesto la unión entre los distintos segmentos textuales, la actitud del hablante y la relación de este con el interlocutor". También Baran (2010: 103) afirma que los marcadores pueden manifestar rasgos textuales e interaccionales. Esto significa que las unidades analizadas garantizan la cohesión y coherencia del texto y, además, son elementos que transmiten contenidos (inter)subjetivos. Entre las nociones subjetivas Peñalver (2009: 242) enumera: "la asertividad, la conformidad, la complacencia, la aceptación, el rechazo, la discrepancia, la advertencia, la insinuación, la ironía, la protesta, la disconformidad, el desacuerdo, la alegría, la sorpresa". El hecho de recurrir constantemente a unos marcadores discursivos repitiéndolos varias veces a lo largo del discurso puede, por lo tanto, servir como mecanismo reforzador de determinadas nociones interpersonales. De este modo, la repetición de los marcadores puede reflejar algunas de las características de los ethos comunicativos de las comunidades analizadas:

1) Refuerza sus funciones interactivas vinculadas a las relaciones interpersonales[28]: numerosos marcadores, como *vamos* o *venga* juegan un papel importante a la hora de establecer la relación de proximidad entre los hablantes. Su repetición, por lo tanto, puede servir como mecanismo de refuerzo aumentando el grado de proximidad entre los interlocutores.
2) Refuerza sus funciones relacionadas con la cortesía verbal[29]: como advierte Landone (2009: 255), la estructuración de la información a lo largo del discurso puede percibirse como muestra de cortesía verbal, ya que contribuye a "un flujo estructural e informativo adecuado en la enunciación". Por eso, el hecho de repetir constantemente unos marcadores que desempeñan esta función, como el marcador *pues*, puede ser percibido como muestra de cortesía verbal.

La repetición de los marcadores discursivos puede convertirse, además, en una rutina: los hablantes repiten los marcadores porque inconscientemente se dan cuenta de que tal es la manera aceptada, e incluso requerida, de aplicarlos. La convención puede constituir una explicación tanto para los casos en los que se recurre a dos marcadores diferentes, pero con la misma función (como en el caso de la construcción *pues entonces*) como en los que el emisor vuelve a repetir un mismo marcador en diferentes partes de su discurso. En polaco, por ejemplo, tal comportamiento lingüístico se considera erróneo: no solo los lingüistas, sino también la sociedad consideran de mal gusto recurrir tantas veces a un marcador. En la sociedad española o italiana este fenómeno parece formar parte de sus hábitos cotidianos y no sorprende a ningún hablante.

No debemos perder de vista que el uso abundante de los marcadores puede relacionarse con los rasgos de la lengua coloquial, especialmente con uno de sus fenómenos: la *sintaxis concatenada* (Briz, 1998: 68–69, Gaviño, 2008: 95–97). Los hablantes al comunicarse oralmente en situaciones cotidianas suelen decir lo que les viene a la mente, alejándose así de las normas tradicionalmente reconocidas por los estudios sobre sintaxis. Los enunciados suelen ser entrecortados por reflexiones o palabras sueltas constituyendo de este modo una estructura bastante compleja de mensajes y pensamientos. Los marcadores discursivos suelen dividir los diferentes enunciados que se realizan en esta compleja red de ideas denominada discurso. Esta característica se refiere primordialmente a la constante repetición

28 Baran (2010: 103–136) proporciona una amplia descripción de las funciones interactivas de los marcadores discursivos tipo *vamos, venga, vaya, anda* en la que se explica cuáles son los significados pragmáticos aportados por estas estructuras.

29 Landone (2009) en su trabajo demuestra que muchos de los marcadores sirven como mecanismos de cortesía verbal. Creemos que una de las funciones de la repetición de los marcadores discursivos es reforzar su significado cortés.

de diferentes marcadores discursivos a lo largo del discurso, como en (81). En este ejemplo, el discurso se divide en las secuencias siguientes:

'poca gente ha quedado **insomma** en cuanto a **insomma** en cuanto a otros dos doctorandos **insomma** he escrito **insomma** pensaba que estos dos que han hecho el máster **insomma** que estos dos sabían algo de mi **insomma** no hay duda, yo también he leído algo para entretenerme **insomma** de la tipología pedagógica'

Como se puede observar, el discurso se estructura siguiendo los pensamientos, a veces muy enredados, del hablante. El mecanismo sintáctico sobre el que se apoya tal encadenamiento lo constituye la repetición del marcador discursivo *insomma.*

No se debe olvidar, además, que, como sostiene Bazzanella (1996: 146), la repetición de los marcadores discursivos puede constituir una característica idiolectal: algunos hablantes suelen repetir determinadas expresiones porque tal es su estilo comunicativo. La autora cita una entrevista televisiva en la que uno de los interlocutores recurre continuamente al marcador *guardi* (correspondiente a *mira*), mientras que otro se apoya en el marcador *ma* (equivalente a *pero*):

(86) A. ***guardi*** *(–) non faccia l´insegnante della scuola me- dia (-)* ***guardi*** *(-) lei non faccia l´insegnante (-) lei fa gin- nastica da camera (-) Sgarbi (–) lei fa ginnastica da ca- mera!*
B. [...] ***ma*** *impari a parlare* ***ma*** *lei debe tornare a scuo- la elementare non media [...]*
A. ***allora guardi*** *lei (–) Sgarbi è uno scioccone mol- to pubblicizzato!*
(Bazzanella, 1996: 146)

El uso de los marcadores discursivos puede ser, por lo tanto, indicio de un estilo individual y no necesariamente del de toda la comunidad.

Como en el caso de los vocativos, también en cuanto a los marcadores la repetición puede desempeñar varios papeles:

1) puede funcionar como refuerzo de los mecanismos que parecen reflejar el ethos comunicativo de la sociedad,
2) puede formar parte de comportamientos convencionales, rutinarios,
3) puede constituir una característica propia del registro coloquial,
4) puede interpretarse como un elemento del estilo individual del hablante.

1.4.6.3 La representación semántica

El nivel semántico proporciona una serie de ejemplos de repeticiones de carácter y funciones variopintos. En esta sección presentamos algunos casos del corpus y una breve explicación de su funcionamiento.

1.4.6.3.1 Los pleonasmos

El primer concepto de nuestro estudio sobre las repeticiones semánticas es el fenómeno del pleonasmo. Ceppellini (2005: 398) define los pleonasmos del modo siguiente: "figura grammaticale consistente nell'usare una o più parole che non sono necessarie al senso di una proposizione. (...) La ripetizione del significato è accettabile quando ha per scopo il rafforzamento del messaggio". La definición de Ceppellini representa lo que solemos tener en mente, cuando hablamos de este mecanismo lingüístico. No obstante, la interpretación de las estructuras pleonásticas puede ser mucho más compleja y abarcar un mayor número de casos. Como demuestra Małocha-Krupa (2003: 29–36) en su estudio detallado de la figura del pleonasmo, en la tradición lingüística existen numerosas perspectivas que abarcan el tema del pleonasmo y sus posibles relaciones con otros conceptos como la tautología, la fraseología o las construcciones léxicas de carácter analítico. Algunos autores extienden incluso el concepto de pleonasmo al campo morfológico o sintáctico incluyendo dentro de esta denominación todos los usos redundantes de ciertas unidades a diversos niveles lingüísticos.

En el presente trabajo seguimos la definición del pleonasmo propuesta por Małocha-Krupa (2003: 51–52) según la cual, es un sintagma cuyos componentes se presentan de manera redundante (aspecto semántico) y cuyo uso está condicionado por una serie de factores pragmáticos, como el objetivo comunicativo, el contexto, la competencia comunicativa de los interlocutores, etc. (aspecto pragmático). Un ejemplo de pleonasmo lo constituye la expresión *dos gemelos* porque en el significado de *gemelos* ya encontramos la noción de dualidad: el numeral *dos*, por lo tanto, parece redundante, esto es, repite la noción incluida en el significado semántico del sustantivo. El uso del pleonasmo, sin embargo, suele tener una explicación interactiva: por ejemplo, se utiliza la expresión *dos gemelos* para subrayar que no se habla de uno de ellos, sino de ambos. La metodología propuesta por Małocha-Krupa se enfrenta a la problemática del pleonasmo no solo desde el punto de vista de su redundancia semántica, sino también desde la perspectiva de sus funciones pragmáticas, entre las cuales Małocha-Krupa enumera:

- la función de precisar: los hablantes recurren a los pleonasmos para que su enunciado sea más preciso,
- la función de intensificar: los pleonasmos intensifican determinadas partes del enunciado,
- la función de explicar: a veces los pleonasmos sirven para explicar conceptos que pueden resultar poco claros.

El estudio de Małocha-Krupa revela que los pleonasmos no se deben considerar simplemente como usos erróneos de determinadas estructuras, dado que, en la mayoría de los casos, existe una interpretación pragmática que explica el porqué se acude a dos expresiones que repiten el mismo significado semántico.

En los corpus de español e italiano hemos encontrado varios ejemplos de usos pleonásticos, como los siguientes:

(87) *0150 A: estas fiestas↑/me dice el tío y ((dice)) vamoh/vamoh a la- vamoh allí a la puerta de la plaza de los toros/nos↑ vamos con la moto// los monos allí↑// nos ven los monos↑ y nos bajamos↑ pa abajo/viene↓ el coche detrás de no(s)otros//* ***nos bajamos pa abajo****// vamos por los- por donde está el bar de mi tía↑ §*

*0152 A: una vez sólo/// **subimos** por lo dee- por lo del polideportivo↑/**pa arriba**/en la puerta de la T↑/el otro coche de los monos// loos- loos (()) esos/que les han dao§*
(Val.Es.Co 2.0)

(88) *0063 Edu: **hemos almorzao un almuerzo**/que te cagas/que te- porque no habíamos desayunao↑/pensando que estaría abierto el horno→/yo pa- para comerme una empanadilla/(())/he tomao un almuerzo↑/en un bar de estos de almuerzo/que a la hora del almuerzo/están A REBENTAR*
(Val.Es.co 2.0)

(89) *B: la tessera di circolazione quanto costa?*
*C: **nulla gratis***
(VoLIP)

Cada uno de los ejemplos parece un pleonasmo porque incluye repeticiones de ciertas nociones semánticas:

nos bajamos pa abajo	*bajar: ir hacia abajo*
subimos pa arriba	*subir: ir hacia arriba*
hemos almorzao un almuerzo	*almorzar: tomar un almuerzo*
nulla gratis	*gratis: que no cuesta nada* (*nulla* en italiano)

Queda por debatir, por lo tanto, cuál puede ser la motivación del empleo de las construcciones pleonásticas. En cuanto a *bajar pa abajo* y *subir pa arriba* la motivación puede radicar en la función informativa: los hablantes quieren que su mensaje sea claro y por eso, repiten el mismo concepto (lo que coincide con la función de precisar de Małocha-Krupa). En cuanto a *almorzar el almuerzo,* reconocemos en este fragmento la función de intensificación: el emisor quiere impresionar al interlocutor y por eso, emplea el pleonasmo. La expresión *nulla gratis*, por su parte, puede desempeñar dos papeles: impresionar al interlocutor (con la información de que no tiene que pagar nada) o favorecer el entendimiento del mensaje (para que el interlocutor esté seguro de que no tiene que pagar nada). El primer caso lo podemos clasificar como el proceso de intensificación, mientras que el segundo nos parece más bien un ejemplo de la función de explicación que facilita la comprensión.

No debemos perder de vista, sin embargo, que el uso del pleonasmo puede también tener otras motivaciones. Primero, el pleonasmo puede formar parte del conjunto de los fenómenos característicos del registro coloquial (u oral)[30]. Teniendo en cuenta sus

30 Optamos por la interpretación del pleonasmo como mecanismo de índole más bien coloquial y no oral, dado que en situaciones formales los hablantes prestan más atención a las palabras que exponen y, por lo tanto, evitan los pleonasmos percibidos como errores lingüísticos (aunque no podemos descartar por completo la posibilidad de que ocurran también en los discursos orales más formales).

numerosas funciones interactivas, el pleonasmo puede considerarse muy útil al llevar a cabo una conversación de índole menos formal. Por otra parte, hay que tener presente la posibilidad de que el pleonasmo sea fruto de un descuido lingüístico careciendo así de una motivación pragmática. Al hablar rápidamente en un ambiente informal, los hablantes suelen repetir las mismas nociones semánticas mediante dos expresiones sin darse cuenta de eso. Aunque intentamos asignar una motivación pragmática a distintos comportamientos lingüísticos que parecen un simple despiste, admitimos que en algunas ocasiones no podemos estar completamente seguros de si, efectivamente, estamos ante un fenómeno pragmático, o más bien ante un descuido lingüístico[31].

En su trabajo, Małocha-Krupa (2003: 91–106) adopta una perspectiva comparativa demostrando que algunos de los pleonasmos son universales repitiéndose en varias lenguas. Analizando los casos del polaco, francés e inglés la autora distingue 12 tipos de pleonasmos universales (no son traducciones literales, más bien tipos de construcciones que comparten las mismas nociones duplicadas). Con el objetivo de comprobar su tesis, hemos consultado los corpus de español e italiano en busca de los pleonasmos correspondientes:

1) *zejść na dół*: bajar pa abajo, *scendere verso il basso* (la reduplicación de la noción [arriba] o [abajo]);

El ejemplo español viene presentado en (87), en cuanto al italiano, hemos encontrado el pleonasmo siguiente:

(90) -C' ha una specie di collare quest' uomo lo vedi?
-Eh sì che però non è chiuso eh non so se sia.
-Eh proprio uguale diventa un albero a un certo punto.
-C' ha delle pieghe sulla manica.
-Sì è vero.
-Una che è a uncino, un amo diciamo e l' altra ***scende verso il basso****.*
(PEC)

2) *współpracować razem*: colaborar juntos, *unirsi insieme* (la redundancia de la noción [juntos]);

(91) Ha sido una cosa muy muy hermosa, ha tenido una respuesta, sobre todo los artistas cubanos, muy hermosa, se nos han acercado de todas las facetas de la de la cultura a ayudarnos, a que les ayudemos a ***colaborar juntos*** *en un proyecto que puede ser, por su dinamismo, por su rapidez, por su frescura un un una nueva forma de hacer cultura en nuestro país y, además, volcarla hacia otros países, el ejemplo es este, ¿no?*
(CREA)

31 La cuestión del descuido se relaciona con uno de los ejes constitutivos del ethos comunicativo, esto es la *parole*. El interés por la *parole* se refleja, entre otros aspectos, en la postura de los hablantes frente a lo que se considera un buen uso de la lengua. Por lo tanto, si tratamos el pleonasmo como una expresión descuidada, se pueden comparar los ethos de las distintas comunidades examinando hasta qué punto consideran aceptable este fenómeno.

(92) *Il metodo principale impiegato sin dagli albori dell' astronautica è quello della propulsione a razzo, che è pure quello maggiormente collaudato; è un metodo abbastanza semplice dal punto di vista chimico – fisico, dato che si basa su un razzo che opera sfruttando le reazioni chimiche fra un combustibile e un ossidante, i quali* ***uniti insieme*** *producono l' espulsione del gas che dà la spinta al razzo.*
(PEC)

3) *ostateczny koniec*: fin último, *completamente distrutto* (se repite la noción de extremidad);

(93) *Para lograr la gran transición pendiente, que es pasar de un país de grandes desigualdades a un México de oportunidades para todos, todo lo demás, democracia, federalismo, equilibrio de Poderes, son medios para lograr el gran propósito de la Nación, la justicia social,* ***fin último*** *del esfuerzo sostenido desde Morelos, en el sentimiento de la Nación hasta el porvenir.*
(CREA)

(94) *È stato* ***distrutto completamente*** *il furgone dei Carabinieri ed è stato incendiato.* (PEC)

4) *powtórzyć znowu*: repetir otra vez, *ritornare di nuovo* (se repite la noción de multiplicidad);

(95) *Hay que* ***repetir otra vez*** *las votaciones porque no sale el candidato que se que se presenta de fuera.* (CREA)

(96) *nel senso che se dovesse cadere mettiamo a zero la temperatura eh l' umidità interna si trasforma in ghiaccio eh questo ghiaccio poi quando ritorna si* ***ritorna di nuovo*** *a meno diciotto eh si vede facilmente perché ci sono i cristallini come quelli della neve per intenderci*
(PEC)

5) *przełożyć na później*: ir a hacer algo posteriormente, tiempo futuro+dopo (se repite la noción de posteridad);

(97) *El informe, naturalmente, obra en poder del técnico, mañana será remitido al presidente, va a haber una larga reunión entre Vicente Cantatore y Luis Cuervas, y* ***posteriormente se va a reunir*** *la junta directiva para analizar lo que fue esta circunstancia adversa en el encuentro. Junta directiva en la que posiblemente se decidirá una sanción para el austriaco de del Sevilla, Tony Polster. Gracias, José Manuel, Sevilla, buenas noches.*
(CREA)

(98) *ve lo faccio vedere non nella pagina web (come in un altro filmato che* ***vedremo dopo****) perché così la visione è più grande, vediamo i primi tre minuti.* (PEC)

6) *iść pieszo* : pasear a pie, *gridare forte* (el complemento contiene algún rasgo expresado por el verbo);

(99) *Cuando nosotros estábamos pequeños, yo tenía una prima que vivía de por la esquina de El Hoyo, y los sábados por la mañana, como mis hermanos y yo no teníamos clases en los colegios, íbamos a casa de esa tía, y esa prima, que era mucho mayor que nosotros, nos sacaba a* ***pasear a pie*** *por El Paraíso.*
(CREA)

(100) *e vivere il mondo andare come un treno Sotto la pioggia e camminare più vicini e poi rincorrersi fino a quel punto lontano e* ***gridare forte*** *resteremo fuori, fuori dalla realtà!* (PEC)

7) *zobaczyć coś na własne oczy*: ver con sus propios ojos, *vedere con gli occhi* (el verbo ya contiene el medio con el que se realiza la acción);

(101) *De la tecnología punta baltí? a las avionetas o helicópteros que les permitirán disfrutar de una visión muy diferente de la de ras del suelo. otras veces, para lograr esa visión fue necesario colocar las cámaras a nuestros hombres pájaro o a sus artilugios voladores, que les proporcionarán no sólo una perspectiva insólita sino para ofrecerles* ***lo que ven y sienten con sus propios ojos***
(CREA)

(102) *Il mondo* ***visto con gli occhi*** *di un bambino è un grande circo* (PEC)

8) *zaspa śnieżna*: niños pequeños, *vecchia nonna* (el adjetivo reduplica una característica ya expresada por el sustantivo);

(103) *Y en en la mayoría de los casos son las abuelas las que se ocupan de de los* ***niños pequeños****, ¿no?* (CREA)

(104) *Ricordo* ***la vecchia nonna****, la nonna di questa mia amica, che quando parlava Mussolini alla radio ci faceva stare in piedi sull' attenti.* (PEC)

9) *importować z zagranicy* : exportar al extranjero, *esportare all'estero* (un constituyente es un préstamo de otras lenguas: los hablantes lo completan con una expresión que conlleva la misma noción semántica);

(105) *Entonces eso, ¿qué es? Elegancia,, es simplemente difusión, es blando,, presentar a la gente, entusiasmarla, para que no sea tan abandonada y entre a comprar las prendas más actualidad, para que luego podamos, con ese prestigio del consumo interior, poder* ***exportar al extranjero****.*
(CREA)

(106) *Così ci siamo avvalsi della collaborazione di No Reason Records (Italia), Engineer Records (Inghilterra) e Fond Of Life (Germania), in modo da poter distribuire* ***all' estero*** *e di conseguenza* ***esportare*** *la nostra musica, senza però disdegnare la nostra Italia.*
(PEC)

10) *bardziej łatwiejszy* : más mayor (se repite el comparativo);

(107) *Creo que los celos son un sentimiento absolutamente natural. Tan natural como el afán de posesión de un niño con una pelota nueva, que llega un un un niño* ***más mayor*** *en el colegio, le pega dos bofetones y le quita la pelota quiero decir, para mí es lo mismo* (CREA)

11) *numer NIP*: se refiere a las siglas que ya en sí mismas contienen la expresión precedente;
12) *wyjść na zewnątrz* : salir fuera, *uscire fuori* (donde el elemento redundante es el rasgo [fuera]);

(108) *¿Aprovechará, por cierto, para* ***salir fuera*** *o tiene que estar este sábado y domingo al pie del cañón?* (CREA)

(109) *d'altra parte i soldi pur dovevano* ***uscire fuori*** *e ha tentato di far regalare questo tipo di risorse economico economica a carico delle finanze del comune di tutti i comuni non solamente del comune di Napoli ma i comuni d' Italia*
(PEC)

Los pleonasmos universales aparecen también en el español y en el italiano lo que confirma su hipótesis acerca de la universalidad de ciertos usos redundantes[32]. Los pleonasmos, por lo tanto, no constituyen un mecanismo único para las lenguas analizadas, sino más bien un fenómeno muy interesante desde el punto de vista del análisis comparativo, en especial, de los universales lingüísticos.

Al examinar el corpus hemos encontrado, sin embargo, un tipo de redundancia semántica que parece característico de las lenguas en cuestión:

(110) *0009A: sí↓* ***mi abuelo*** *está en casa porque está fatal* ***el hombre*** *ya y→// mi madre- bueno↑ lo estamos engañando pa(ra) que no se vaya// le estamos diciendo NO es que hoy no hay autobús hoy es domingo*
(Val.Es.Co 2.0)

(111) *C: e tu invece vuoi il filetto?*
[incomprensibile:_interruzione]
C: ***il filetto*** *a te* ***il filetto*** *[incomprensibile]*
(VoLIP)

(112) *A: il coso* ***il collaudo*** *devi fare* ***il collaudo*** *con cinquantacinque posti e poi la deve mettere tutti i sedili nuovi sicchè non so fino a che punto interessa # per me interesserebbe più avere il veicolo nuovo*
(VoLIP)

32 El único que no hemos encontrado en los corpus es el tipo 11, *numer PIN*. Las siglas suelen corresponder a un lenguaje especializado, por lo que los corpus utilizados pueden no registrar este grupo de pleonasmos.

(113) A: sì e ***la banca*** *era molto più tradizionale* ***la banca*** (VoLIP)

En todos estos fragmentos hay enunciados que contienen dos expresiones con el mismo referente. En (110), son dos unidades distintas, esto es, *abuelo* y *hombre*, pero ambas se refieren a la misma persona. En los ejemplos italianos las palabras se repiten literalmente. Desde el punto de vista de la transmisión del mensaje, la repetición es redundante: no se necesita doblar los términos para entender la información. La pregunta es, por lo tanto, por qué los hablantes se deciden a repetir estos conceptos. Según la perspectiva funcional, la repetición desempeña los papeles siguientes:

- poner énfasis sobre un hecho: en (110), por ejemplo, el emisor demuestra su compasión por el abuelo focalizándola mediante la expresión *el hombre*,
- facilitar el entendimiento del mensaje: en (111), (112) y (113) los hablantes repiten ciertos elementos para que sus interlocutores estén seguros de a qué se refieren[33].

No obstante, tal como advertimos en cuanto a los pleonasmos expuestos anteriormente, es también posible que este tipo de repeticiones representen una tendencia del registro coloquial, o bien que sean fruto del despiste.

Este breve análisis de las construcciones pleonásticas nos conduce a las conclusiones siguientes:

1) Algunos tipos de repeticiones pueden tener carácter universal: funcionan de manera similar en varios sistemas lingüísticos.
2) Aunque tradicionalmente los pleonasmos se consideran como un error lingüístico, se puede encontrar también una motivación pragmática para el uso de dos expresiones del mismo (o muy parecido) significado semántico.
3) Se pueden examinar los pleonasmos como un fenómeno del registro coloquial, aunque no debemos descartar también la posibilidad de que sea un simple descuido en el uso de la lengua.

1.4.6.3.2 La afirmación

El acto de afirmar, esto es, de mostrar que algo se considera verdadero, forma parte de nuestro discurso cotidiano. Un estudio exhaustivo de las construcciones lingüísticas que sirven para afirmar lo podemos encontrar en el trabajo de Cervera (1996). Entre las tesis propuestas, el autor advierte que las respuestas afirmativas suelen sufrir redundancia (1996. 230). En otras palabras, los hablantes en vez de decir un solo *sí* que expresa la afirmación, recurren a una serie de expresiones que

33 Vigara Tauste (1995: 185–188) denomina este tipo de repeticiones *recurrencias "temáticas"* asumiendo que demuestran "el interés del hablante por dejar claro a su interlocutor cuáles son los contenidos informativos a los que concede prioridad en su enunciación".

en realidad transmiten el mismo significado. Hemos llegado a la misma conclusión al enfrentarnos con los ejemplos siguientes:

(114) 0033 A: [BUENO] mañana no se la daré- se la daré/sí mañana mañana mañana se la daré- se la dejaré aquí/porque vendrá el jueves/nosotros ya pasaremos ya el jueves por la tarde a por ella
0034 B: como tú no eres de bajar ni eso ↑ hay una oferta quee- que es una () que estaba muy bien/lógicamente os la he cogi(d)o// (esta está) bien/le bajas lo de la () y haces horas extra
0035 A: aah ***bien bien bien [vale]****=*
(Val.Es.Co 2.0)

(115) 0233A: [peroo] NO son distintos↓/o sea ¿se estudia lo mismo?§
0234 MJ: § ***¡claro! ¡claro! sí sí [sí sí]***
(Val.Es.Co 2.0)

(116) 0250 D: pero ee- este no tiene ni puta idea de lo que él tiene que pagar [cada uno]
0251 B: ***[claro↓] claro que no lo [saben]*** (Val.Es.Co 2.0)

(117) B: lei conosce Alessandro?
A: ***sì sì*** *lo conosco* ***sì***
(VoLIP)

(118) A: ah son du milioni e passa eh??
B: ahah
A: ***va bè okay va bene*** *mi raccomando allora*
(VoLIP)

En cada uno de estos enunciados los hablantes expresan el reconocimiento de la veracidad de lo dicho por los interlocutores. Por otra parte, su repetición puede obtener varias explicaciones pragmáticas. En cuanto a las categorías relacionadas con el concepto del ethos comunicativo, creemos que la repetición de las expresiones afirmativas desempeña una función reforzadora, vinculada a dos aspectos:

1) La cortesía verbal

A veces la repetición de unidades afirmativas sirve para mostrar interés hacia lo dicho por el interlocutor. Podemos considerar este mecanismo un FFA que garantiza al hablante una buena relación con otros interlocutores. En español, una de las expresiones que desempeña esta función es el adverbio *bien*, como en (114). La repetición de este elemento constituye una reacción positiva y entusiasta a las palabras del interlocutor. Creemos estar ante el fenómeno de la cortesía estratégica, ya que el hablante proyecta una cierta imagen de sí mismo, posiblemente para alcanzar el objetivo de ser percibido como una persona cortés.

2) La función fática

Entre las distintas funciones de la repetición, Vigara Tauste (1995: 188–192) enumera las *recurrencias fáticas* que, según la autora (1995: 188): “tienen valor fundamentalmente fático porque actúan en el coloquio como “reguladoras” del flujo de comunicación, facilitando al hablante la emisión del mensaje y orientando al destinatario, para su cabal entendimiento, acerca del uso del canal y del contacto". De este modo, al repetir las expresiones afirmativas, se mantiene el contacto con el interlocutor facilitando el desarrollo de la conversación.

Por otra parte, la redundancia de unidades afirmativas puede ser también fruto de una convención establecida en la sociedad. Si observamos el ejemplo (117), advertimos que la respuesta a la pregunta sobre Alessandro podría ser un *sì* o *sì, lo conosco*. La repetición de la expresión afirmativa puede ser un fenómeno convencional, esto es, un hábito lingüístico que no expresa ningún mensaje nuevo, más bien nos informa sobre las costumbres lingüísticas de esta comunidad de habla. Lo mismo ocurre en (118), en el que el emisor vuelve a pronunciar *va bene* y *okey*, a nuestro juicio, por pura convención. Este tipo de convención puede ser considerado, además, como un tipo de cortesía normativa: las reglas de la conducta social nos indican que se debe repetir la expresión afirmativa (siempre y cuando se desee mantener una buena relación con los demás).

Aparte de las explicaciones expuestas, creemos que en algunos casos la falta de repetición de la unidad afirmativa puede interpretarse incluso como una negación. Por ejemplo en (114), el participante A reacciona a la propuesta de B repitiendo tres veces *bien* seguido por un *vale*. Si su respuesta fuera un solo *bien*, se podría interpretar como una aceptación de la propuesta de B, pero sin ganas (como si no tuviera otra opción). Por lo tanto, la repetición puede hacer la afirmación más creíble.

Sin embargo, la repetición de las expresiones de afirmación no parece un fenómeno exclusivamente español o italiano. Se encuentran también numerosos ejemplos de tal procedimiento en las conversaciones en otras lenguas como el polaco, el inglés o el portugués:

(119) 5408 *ale to był ten jej konkubent?*
5409 ***tak tak tak**. tak że w sumie te wszystkie jego działania doprowadziły do jakiegoś/ unclear/tam*
5410 *do/śmiech//śmiech/szpitala*
(NKJP)

(120) 202950 *no i co. oglądamy?*
202951 *no jak tylko chcecie?*
202952 *yhm . .*
202953 ***jasne jasne**. Karol wiesz co ja bym zadzwonił do tego mojego kumpla bo on ten bardzo by chciał ewentualnie zobaczyć te slajdy nie wiem*
(NKJP)

(121) (SP:PS2B5) I would have thought so.
(SP:PS2B8) ***Yes yes**. In other words for er si-- the heart is deceitful*
(BNC)

(122) (SP:PS54G) I thought Maxine wanted to go.

(SP:PS54L) Yes.
(SP:KPEPS000) (unclear)
(SP:PS54L) ***Yeah. Sure sure***
(BNC)

(123) (SP:PS1LD) I think you know that I think this cinema is well managed. (unclear)
(SP:PS1L8) Yes but it was an aim which I'm sure (pause) I I (pause) would, ***alright alright***
(BNC)

(124) X: É uma estrada..
A: Mas é uma vedação?
B: Pois é uma vedação, pois.
X: É uma estrada vedada
A: ***Sim, sim sim.***
(CP)

Los ejemplos presentados demuestran que no solo son el español y el italiano los que utilizan el recurso de la repetición de expresiones afirmativas, sino que tal comportamiento lingüístico parece una tendencia más bien universal (por lo menos en el ámbito indoeuropeo). Queda por debatir cuál es la explicación de este fenómeno:

- si es un elemento que refuerza los mecanismos propios del ethos comunicativo, como la cortesía verbal o el significado fático,
- o bien si es un mecanismo puramente convencional que se emplea porque tal es la norma establecida entre los miembros de la sociedad.

Al analizar la reduplicación en español y en italiano hay que tener en cuenta que la repetición puede constituir un elemento reforzador o intersubjetivo (a nivel interpersonal). Además, aparte de formar parte de una convención social, la repetición puede también resultar imprescindible: en algunos contextos la repetición constituye un mecanismo indispensable para manifestar unas nociones determinadas.

1.4.6.3.3 Los saludos

Se suele realizar el estudio de los saludos desde la perspectiva de tres marcos teóricos: la teoría de los actos de habla, la teoría de la cortesía y la teoría de la relevancia (Padilla, 2003). Cada una de estas corrientes explica las funciones que desempeñan los saludos en las relaciones interpersonales. Hay que advertir que los saludos parecen bastante peculiares: por una parte, son mecanismos relativamente poco complicados, de comportamiento esquemático. Por otra parte, el conocimiento de su funcionamiento resulta imprescindible para llevar a cabo con éxito una conversación.

Cada comunidad goza de su propia tradición de saludos. Para Nowikow (2005: 185–186), los saludos constituyen uno de los fenómenos cuyo funcionamiento viene explicado por la lingüística etológica: el autor demuestra cómo se organizan los sistemas de saludos en función de varios factores extralingüísticos reconocidos por una sociedad concreta. De este modo, no solo difiere el sistema de los saludos entre los hablantes de lenguas distintas, sino que también se observan varios usos de los saludos por los hablantes de una misma lengua, pero que pertenecen a dos comunidades distintas (tal es el caso del sistema de los saludos de los españoles y los mexicanos).

Los saludos forman parte de lo que Baran (2010: 169) denomina *convenciones fuertes*. Esto es, los saludos se aplican según un esquema altamente estable y regular. Si, por ejemplo, *adiós* sirve para despedirse, nunca lo escucharemos al inicio de una conversación. Conviene señalar, además, que en cada comunidad los saludos se rigen por sus propias reglas. Analizando el corpus hemos observado que en las conversaciones españolas e italianas los saludos suelen repetirse. En cada una de estas comunidades, sin embargo, la naturaleza de esta repetición es diversa.

Areiza y García (2002) dividen los saludos en dos tipos: *los saludos sinceros* y *los saludos no-sinceros*. El primer tipo abarca todos los saludos que cumplen con su finalidad prototípica: el hecho de saludar a una persona al encontrarse con ella. En cuanto a los no-sinceros, ocultan algún objetivo que puede ser de naturaleza estratégica (por ejemplo, cuando uno quiere presentarse como cortés) o de índole protocolaria (cuando el saludo forma parte del protocolo, por ejemplo, en los debates políticos o al iniciar un discurso público). Se observa, por lo tanto, que los saludos pueden desempeñar varias funciones pragmáticas.

Antes de empezar nuestro análisis, advertimos que en esta parte de nuestras cavilaciones nos ocupamos de la repetición de saludos por un hablante. Camacho Adarve (2009: 188) incluye la repetición de saludos como pares adyacentes que se introducen para que la conversación se desarrolle convenientemente, como en (125):

(125) H1: ***¡Hola! ¿Qué hay?***
H2: ***¡Hola! ¿Qué hay?***
(CORLEC)

Sin embargo, en adelante presentamos una serie de casos de repetición (y sus posibles funciones interactivas) dentro de la intervención de un mismo hablante.

En español, un mismo hablante puede pronunciar dos saludos uno tras otro, como en los ejemplos:

(126) 1 A: ***hola buenas noches***
2 C: ¿qué tal?
*3 B: CALLA/// °(****hola buenas// ¿qué tal?****)°/// CALLA§*
(Val.Es.Co 2.0)

*(127) 168 B: [****hola****]* ***buenas****// ee yo quiero uun café roma*
169 E: muy bien §
(Val.Es.Co 2.0)

(128) 6 N: [(RISAS)] más despacio por favor (RISAS) eso es como cuando- cuando vas a la facultad y→ no os habéis dado cuenta que- que entras y dice el profesor ***¡hola! ¡buenos días!*** *y se ponen a copiar/y prácticamente tú ¡qué coño estarán copiando! hola buenos días porque vamos*
(Val.Es.Co 2.0)

En todos estos ejemplos, la repetición puede proporcionar algunos indicios acerca del ethos comunicativo de la comunidad hispana. Desde el punto de vista de otras comunidades, tal comportamiento puede percibirse como redundante. Entre los hispanohablantes, sin embargo, la repetición constituye una convención. La repetición no es obligatoria: un enunciado que se limite a un saludo no se considera agramatical. No obstante, la tendencia comunicativa se inclina hacia la duplicación de los saludos.

Con el objetivo de comparar la tendencia a repetir los saludos, hemos llevado a cabo un breve estudio cuantitativo de un saludo español, *hola,* y dos saludos polacos que le corresponden: *dzień dobry* y *cześć.*[34] Hemos consultado el corpus CREA y el Narodowy Korpus Języka Polskiego: en ambos casos, se recurre a los datos provenientes de la variedad oral de la lengua. Entre todos los ejemplos hemos descartado las expresiones figuradas (como *decir hola* en sentido de 'saludar'). De este modo, hemos obtenido los resultados siguientes:

<table>
<tr><th colspan="7">Hola (total: 80 casos)</th></tr>
<tr><td rowspan="2">Hola
(25 casos)
31,25%</td><td colspan="6">Hola + otro saludo</td></tr>
<tr><td>Hola buenos días
(11 casos)
13,75%</td><td>Hola buenas tardes
(10 casos)
12,5%</td><td>Hola buenas noches
(5 casos)
6,25%</td><td>Hola hola
(6 casos)
7,5%</td><td>Hola ¿cómo estás?/ ¿qué tal?/ ¿cómo te va?
(22 casos)
27,5%</td><td>Hola hello
(1 caso)
1,25%</td></tr>
</table>

<table>
<tr><th colspan="6">Dzień dobry (total: 329 casos)</th></tr>
<tr><td rowspan="2">Dzień dobry
(287 casos)
87,23%</td><td colspan="5">Dzień dobry + otro saludo</td></tr>
<tr><td>Dzień dobry witam
(21 casos)
6,38%</td><td>Dzień dobry dobry wieczór
(4 casos)
1,22%</td><td>Dzień dobry cześć
(3 casos)
0,91%</td><td>Dzień dobry dzień dobry
(12 casos)
3,65%</td><td>Dzień dobry kłaniam się
(2 casos)
0,61%</td></tr>
</table>

34 Como advierte Nowikow (2005), en cada comunidad los saludos se organizan a su propia manera. En polaco, el sistema de los saludos está compuesto por dos unidades: *dzień dobry* y *dobry wieczór* (el factor decisivo lo constituye la luz solar). Notamos, además, que *dzień dobry* aparece cada vez con más frecuencia (se observa la tendencia a sustituir *dobry wieczór* por *dzień dobry).* Ambos se caracterizan por un cierto grado de formalidad. En las situaciones informales, sin embargo, los hablantes recurren a *cześć.* El saludo español *hola* puede ser traducido a *dzień dobry* (o *dobry*

Cześć (total: 213 casos)						
Cześć (185 casos) 86,85%	Cześć + otro saludo					
	Cześć cześć (15 casos) 7,04%	Cześć hej (3 casos) 1,41%	Cześć dzień dobry (2 casos) 0,94%	Cześć pa (5 casos) 2,35%	Cześć witam (2 casos) 0,94%	Cześć do widzenia (1 caso) 0,47%

Como podemos observar, en ambas comunidades se admite la utilización de más de una expresión a la hora de saludarse. En la comunidad polaca, sin embargo, en la mayoría de los casos los hablantes no repiten los saludos.[35] Creemos, por lo tanto, que la repetición a la hora de saludarse representa el ethos comunicativo propio de la comunidad hispana. Como ya hemos señalado, la convención tiene carácter no obligatorio: se les brinda a los hablantes la posibilidad de recurrir a uno de los mecanismos dentro del conjunto de los socialmente admitidos. Aunque un fenómeno puede ser aceptado en varias comunidades, resulta más característico para unas que para otras. Tal es el caso de la repetición de los saludos: es un fenómeno más típico de la comunidad española que de la polaca.

1.4.6.4 La repetición de información

Entre los distintos niveles pragmáticos encontramos la estructura informativa cuya unidad base es la información. La información está condicionada por los rasgos sintácticos y semánticos de sus componentes, sin embargo, se presenta como una organización separada que se rige por unas reglas específicas.

Podemos observar el mecanismo de la repetición también en la estructura informativa. Esto significa que entre las unidades repetidas se encuentran no solo elementos morfológicos o significados semánticos, sino también contenido informativo. Como señala Del Pilar (2002–2004: 439–441), existen dos tipos de repeticiones: *autorrepetición* y *heterorrepetición*. La primera consiste en pronunciar varias veces un elemento dentro del discurso de una persona, mientras que la segunda se refiere al hecho de repetir algo previamente dicho por el interlocutor. Tal distinción se puede aplicar a la estructura informativa: el emisor puede recurrir varias veces a la información que ha introducido por sí mismo, o bien repetir la

wieczór, pero con menor frecuencia) o *cześć* dependiendo del grado de formalidad requerido por la situación comunicativa.

35 Ożóg (1992) considera la repetición de los saludos en polaco como la transgresión del mínimo de cortesía. Esto significa que, al duplicar los saludos, los hablantes añaden algún sentido nuevo relacionado con la cortesía verbal. En el presente trabajo no hemos analizado la motivación de la repetición de los saludos en polaco, por eso, no desarrollamos esta temática, aunque admitimos que tras este fenómeno debe de ocultarse alguna explicación pragmática.

información aportada por otro participante en la conversación. En este capítulo, todos los ejemplos incluyen casos de autorrepetición. Creemos que la heterorrepetición merece una explicación aparte porque actúa a nivel interpersonal. Por eso, tal tipo de repetición constituye el objetivo del apartado siguiente. En esta parte de nuestro estudio examinamos las autorrepeticiones y la posible descripción de su funcionamiento en el sistema del español y del italiano.

Como siempre, partimos de la suposición de que todo (o casi todo) en la lengua está motivado por alguna razón comunicativa. Esto significa que si los hablantes repiten una información varias veces en la intervención, no lo hacen por pura casualidad: la repetición en sí misma conlleva algún significado. Creemos que este tipo de iteración puede desarrollarse en tres planos: informativo, interaccional y convencional. Exponemos brevemente cada una de estas explicaciones aportando una serie de ejemplos. Insistimos, sin embargo, en que la interpretación de los ejemplos no se debe limitar a una de las opciones, sino que simplemente nos sirven como muestra de nuestro razonamiento. Por lo tanto, si para un ejemplo se propone un análisis desde el punto de vista de su función informativa, esto no significa que no se pueda analizar también a nivel interaccional o como parte de la convención lingüística.

1) El nivel informativo: la focalización

La focalización es un procedimiento cuya finalidad radica en resaltar una parte de la información con el objetivo de llamar la atención del oyente sobre un fragmento del enunciado (Gutiérrez, 2014: 33–34). El proceso de la focalización no altera el contenido informativo, más bien modifica su percepción. La focalización se realiza mediante diferentes recursos sintácticos, semánticos o fonológicos, entre los cuales Gutiérrez (2014: 37) enumera la reduplicación. En otras palabras, al repetir una información, el emisor hace énfasis en esa parte de su discurso, como en los ejemplos:

*(129) A: **facciamo uno sforzo** vediamo un pochettino quali sono i problemi **facciamo uno sforzo** di concludere oggi entro* (PEC)

*(130) A: ma le ecco ma queste Short Stories devono entrare in tagli grandi per cui **secondo me** ci dobbiamo un attimo lavorare perchè sono quelle cose cioè **io credo** che le cose più belle della Warton siano secondo me i tre romanzi grossi e le Short stories e quindi su quelli vorrei capito? e gli altri romanzi entreranno non entreranno è uguale* (PEC)

En (129), el emisor vuelve a pronunciar *facciamo uno sforzo* que expresa la información de que un grupo de personas debe esforzarse. La repetición de esta parte del discurso hace hincapié en la importancia de que estas personas hagan todo lo posible para resolver ciertos problemas: el emisor anima a otros para que trabajen con la máxima eficacia.

También en (130) estamos ante una repetición que puede ser interpretada como focalización. Aunque el emisor pronuncia dos expresiones diferentes, *secondo me* e *io credo*, ambas transmiten la misma información: la subjetividad del discurso.

(131) *0033 M: y que también están podridas o no sé qué↓ y hay que cambiarlas↓ DOScientas y pico mil pesetas→/// así que* ***no paro de pagar↓ NO PAro de pagar↑*** *[¿eh?]*
0034 H: ***[no] paras °(de pagar)°***
0035 M: ***no paro de pagar*** *¿eh?/*
(Val.Es.Co 2.0)

(132) *H2: ¿Un ternero? Entonces tiene una boca muy grande, ¿no?*
H1: [solapamiento de turnos] Sí, un [ininteligible] de la hostia...
(Hablante alemán: No, pero ***lo desenganchan. Lo desenganchan.*** *[fin de solapamiento de turnos]. Tienen aquí un enganche, y* ***lo desenganchan*** *y lo pueden abrir bastante. Yo lo he visto con... con...*
(CORLEC)

También en los ejemplos españoles encontramos marcas de focalización. En (131), el participante M se queja de que no para de pagar: al repetir esta expresión no solo hace hincapié en el hecho de que está pagando constantemente, sino que también demuestra su actitud frente a esta situación. En (132), el participante H1 focaliza la información que le parece importante: quiere que sus interlocutores lo entiendan bien y por eso, intenta ser muy preciso al repetir varias veces esta parte de su intervención.

2) El nivel interaccional: el valor intersubjetivo

A nivel interaccional, la repetición puede desempeñar varias funciones intersubjetivas (relacionadas con el interés por el interlocutor). Estas funciones están estrechamente vinculadas al concepto del ethos comunicativo: tienen que ver con los distintos ejes que constituyen el ethos de una comunidad.

Primero, la repetición puede reflejar la tendencia a recordar cierta información al interlocutor. Aunque este procedimiento está vinculado a la focalización (porque, al fin y al cabo, se hace hincapié en algo que se considera importante), hemos optado por ponerlo como punto separado. A veces el emisor repite una determinada información porque los participantes tienden a olvidarla o, simplemente, a no escucharla detenidamente. Vigara Tauste (1995: 185–188) denomina este tipo repetición *recurrencias "temáticas"* porque su objetivo radica en recordar al interlocutor de qué va el discurso. Camacho Adarve (2009: 168–169), por su parte, vincula este procedimiento a la función empática de la repetición que sirve para "implicar a los contertulios despistados". En (133), el emisor varias veces vuelve a recordar al destinatario que la historia se la contó una persona. Por una parte, puede que focalice que la historia no sea una invención suya, pero por otra, puede que recuerde este hecho al destinatario porque intuitivamente sabe que el destinatario no lo escucha detenidamente.

(133) *0054 J: mira/estábamos en mi casa/hablando/Lucía y yoo/y estaba Reyes/que era los días que vino Reyes/fue cuando* ***me lo contó****/que por cierto↑ que salió mi hermana ahí/y estuvieron marujeando también/y* ***me contó*** *toda la historia/ahí intimando↑ nano/y nada/yy* ***nos contó****// Juan no sé si estaba/creo que sí/sí/sí/Juan también estaba/y* ***nos empezó a contar****↑ eso↑ quee↑ quee pasaron a tomar café a casa dee/de Lucía↑ creo§*
(Val.Es.Co 2.0)

A veces el hablante quiere asegurarse de que su interlocutor lo entienda bien, por ejemplo, al hacerle preguntas, como en (134), (135) y (136):

(134) *H2:* ***¿Y allí se fuma mucho y tal? ¿Se fuma mucho allí?***
H1: ¿Tabaco?
H2: No.
H1: ¿Droga? Es un tema tabú, tío.
(CORLEC)

(135) *B: c'è la manifestazione d<i> del PDS*
D: ***per che_? per che cosa?***
(PEC)

(136) *D: ah ha studiato un capitolo di storia*
A: non mi fare domande se no
B: ***che cosa? quale?***
A: Pompeo
(PEC)

Tanto en el ejemplo español como en los italianos se repite la pregunta para asegurarse de que el receptor la entienda y sepa cómo responder.

Cualquiera que sea la motivación, reconocemos en este fenómeno rasgos de cortesía verbal. El interés por el interlocutor es un aspecto indispensable de cada conversación: hablamos no solo por hablar, sino también para trabar alguna relación con el receptor. Las reglas del comportamiento social requieren que el hablante tome en cuenta también a su oyente y que tenga cuidado con él. Por eso, relacionamos el hecho de preocuparse por el interlocutor con el fenómeno de la cortesía verbal.

Los ejemplos (134), (135) y (136) se asocian también a otro eje constitutivo del ethos comunicativo, esto es, la función fática de las palabras. En estos casos la repetición puede fundamentarse en el deseo de mantener el contacto con el interlocutor, de facilitar el desarrollo de la conversación. Vigara Tauste (1995: 188–192) también reconoce este tipo de repeticiones llamándolas *recurrencias fáticas*. Su abundancia nos puede indicar que, en una comunidad determinada, los hablantes valoran positivamente la *parole* fática sustituyendo el silencio por las palabras previamente emitidas.

Los ejemplos presentados nos sirven como muestra de que la repetición puede revelar el ethos de la comunidad analizada. De este modo, se manifiesta no solo la actitud frente a la persona del oyente, sino también respecto al mismo acto de hablar.

3) El nivel convencional

Las conversaciones orales coloquiales se rigen por sus propias reglas. Una de ellas radica en el hecho de que el orden de los turnos no está previamente establecido y por eso, en general, los hablantes intervienen en el discurso cuando encuentran un hueco. Tanto en las conversaciones españolas como en las italianas observamos que los hablantes tienden a cortar las intervenciones de otros participantes para introducir las suyas. Por eso, a veces los hablantes tienen que repetir una información interrumpida por otro participante. En (137), por ejemplo, M. Eugenia vuelve a pronunciar la expresión *pero vamos a ver* que transmite la información de que quiere aportar otro argumento a la discusión. Como Elena constantemente le interrumpe su discurso, M. Eugenia tiene que repetir esta información.

(137) *0301 M.Eugenia:* ***[pero vamos a ver]*** *§*
0302 Elena: §con argumen[tos
0303 M.Eugenia: ***[pero vamos a ver]***
0304 Elena: no con/críticas
0305 M.Eugenia: ***[pero vamos a ver]***
(Val.Es.Co 2.0)

Camacho Adarve (2009: 170–173) reconoce en este tipo de repeticiones la función empática de "buscar la mirada del compañero". En otras palabras, M. Eugenia repite la expresión *pero vamos a ver* para que Elena le conteste, mientras que Elena sigue desarrollando su tema como si M. Eugenia no dijera nada.

Por otra parte, hemos observado que la repetición constituye un mecanismo convencional en las conversaciones coloquiales. Los hablantes repiten ciertas expresiones o fragmentos de discursos porque tal es su estilo de contar historias.

(138) *H1: También. Muchos. En... en algunos sitios... te ponían...* ***Paramos un se****[palabra cortada]... en donde Tortuguero y eso* ***paramos un segundo, a mear****; en... el todo el camino, eh... fue... era el camino en... en barcaza. Y por... por unos canales que van paralelos a... a la costa. Paralelos a la playa, a una distancia de 300 metros o así. Y* ***paramos a mear,*** *tío, un segundo, y (...)*
(CORLEC)

(139) *H1:* ***Un hombre que tiene al lado*** *como asesor suyo a un... a uno de los mayores conocedores de la [extranjerismo]Kabba[fin de extranjerismo], es decir, a un judío;* ***un hombre que tiene al lado suyo****... que desde... desde los 8 años ha conocido el Corán, porque se lo ha dado un asesor y lo ha leído... es decir,* ***un hombre*** *muy curioso que desde el punto de vista político externo es* ***un hombre*** *absolutamente integrista, en su vida interna es* ***un hombre*** *intelectualmente lo más polifacético.*
(CORLEC)

(140) *H2: ¿Y Andrés no sabes si viene o no viene a Sevilla, mañana?*
H1: Hombre, tiene que venir, porque el viernes tiene... (intercursos)
H2: [afirmación]
H1: ***Lo que no me dijo es****... eso, que no sabía ni a qué hora saldría, porque me parece que* ***me dijo*** *que tenía sala o que tenían que pasar... visitas a alguien,* ***y dijo:*** *"Yo, en cuanto pueda..." Vamos, eso* ***me lo dijo*** *cuando yo me vine el viernes a la estación, porque ayer al final no... [risas]* ***Dice:*** *"Bueno, pues na[palabra cortada]". Le dije yo, digo: "Oye, ¿mañana te podría yo localizar en algún sitio?" Me dijo: "Pues no sé", y tal... [ininteligible]*
(CORLEC)

La repetición de ciertas informaciones, por lo tanto, puede constituir una manera de contar las historias. De este modo, forma parte del conjunto de los mecanismos convencionales que se emplean por costumbre. La repetición, por lo tanto, puede convertirse en una rutina formando parte de los mecanismos que denotan la naturaleza del ethos comunicativo de una comunidad.

Al analizar la repetición en la estructura informativa, queda por debatir la posible universalidad de este fenómeno. Como hemos observado, existen duplicaciones propias de ciertos sistemas lingüísticos (por ejemplo, la repetición de los marcadores discursivos o los vocativos en español). Por otra parte, parece que la repetición en la estructura informativa puede vincularse más bien a las características de la conversación coloquial y no atribuirse a un sistema lingüístico concreto. Este tipo de discurso requiere cierto comportamiento por parte de los participantes, entre distintos mecanismos sale a la luz la necesidad de repetir, por varias razones, la información transmitida.

Para nuestro estudio de las reduplicaciones en español e italiano, este breve análisis de las repeticiones en la estructura informativa puede dar lugar varias suposiciones:

- primero, que el hecho de repetir suele desempeñar una función focalizadora, ya que hace hincapié en determinadas partes del discurso,
- además, la repetición de determinadas informaciones puede ejercer influencia sobre el nivel interaccional revelando ciertos rasgos del ethos comunicativo de la comunidad examinada,
- la repetición puede ser una característica de las conversaciones orales, esto es, en vez de vincularse a un sistema lingüístico concreto, puede ser fruto de la especificidad del discurso oral, especialmente del coloquial.

1.4.6.5 Las repeticiones eco

Además de las repeticiones pronunciadas por un solo hablante, existen también iteraciones a nivel interpersonal. Esto significa que ciertas expresiones aparecen en enunciados pronunciados por distintos interlocutores. Al analizar los enunciados aislados del contexto, este fenómeno podría pasar desapercibido. Sin embargo, teniendo en cuenta la perspectiva de la conversación al completo, se pueden encontrar ejemplos de repeticiones a nivel interpersonal. Un ejemplo muy claro de este fenómeno lo constituye el fragmento siguiente:

(141) *H1: Pero si no, demonio... Ya, ya Íñigo cuando se fue al Banco Exterior en París* ***lo pasó fatal***.
H3: ***Lo pasó fatal****, sí, sí.*
H1: ***Lo pasó fatal****. Y estaba en un puesto muy bueno, ¿no?.*
H3: Sí, si ***estaba de jefe****...*
H1: ***Estaba de jefe****...*
H3: Pero ***no podía soportarlo****.*
H1: Y ***no lo podía soportar****. Y decía, y... "Pero si gano mucho más", y... tal; y para un tío joven que... que quiere empuje, para contarlo a los amigos luego, "gano tanto dinero y... y no se qué", y... y de[palabra cortada]... y decía yo, "pero... cada vez me estoy pareciendo más a... a mí, ¿no?, que soy incapaz, que soy un... tío que prefiere vivir la vida desastrada, pero... pero no la vida... la vida de... Porque él se iba a jugar al golf, y porque es mucho más sociable que yo, eh...*
H3: ***Al bridge***
H1: ***Al bridge****, sobre todo, y tal; y digo yo: "... Se me cae el... el mundo encima, yo en [vacilación] en ese mundo, ¿qué hago?", el mundo de los banqueros, ¿no? Y... y claro, y... al final se retiró. Y entonces yo digo pues: "Pero usted..."* (CORLEC)

Como podemos observar en este fragmento, los interlocutores repiten los enunciados previamente pronunciados por otros hablantes. En un diálogo español, tal estructuración del discurso no parece sorprendente ni inadecuada, no obstante, si traducimos la primera parte al polaco, obtenemos un diálogo bastante infrecuente para este sistema lingüístico:

(142) *H1: Ale jeśli nie, do diabła ... Tak, tak, Íñigo jak przeniósł się się do banku Exterior w Paryżu* ***fatalnie to zniósł****.*
H3: ***Fatalnie to zniósł****, tak, tak.*
H1: ***Fatalnie to zniósł****. I miał bardzo dobre stanowisko, nie?*
H3: Tak, tak, ***był dyrektorem****...*
H1: ***Był dyrektorem****...*
H3: Ale ***nie mógł tego znieść****.*
H1: I ***nie mógł tego znieść****.*

Efectivamente, la constante repetición de las palabras pronunciadas por otro interlocutor no parece reflejar el ethos comunicativo de la comunidad polaca. En español, por otra parte, tal mecanismo puede proporcionar algunos indicios acerca de su ethos transmitiendo una serie de significados pragmáticos que, en otras lenguas, se realizan mediante otros recursos lingüísticos.

Un ejemplo parecido lo encontramos en el corpus de italiano:

(143) *B: invece di andare al mare* ***andiamo in montagna***
A: noi invece ***andiamo in montagna***
A: in montagna
[incomprensibile]
A: ***tanto per cambiare***

B: ***tanto per cambiare*** *[incomprensibile]*
(VoLIP)

Al traducir este fragmento al polaco, obtenemos la siguiente conversación:

(144) B: zamiast jechać nad morze ***jedziemy w góry***
A: zamiast tego ***jedziemy w góry***
A: ***w góry***
[niezrozumiałe]
A: ***tak dla odmiany***
B: ***tak dla odmiany***

Otra vez estamos ante una conversación que resulta poco natural para un hablante polaco. Como el fragmento proviene de un corpus de conversaciones reales y, además, los participantes no expresan su asombro frente al comportamiento de A y B (que constantemente repiten sus intervenciones), se puede deducir que en el ethos comunicativo italiano tal mecanismo resulta no solo aceptable, sino también adecuado.

El fenómeno examinado en este apartado lo constituyen las repeticiones eco[36]. Porroche (2009: 56–60) sitúa este tipo de construcciones entre las comunes para el español coloquial y propone la definición siguiente: "Las construcciones-eco siempre remiten a una construcción previa inmediatamente anterior. Se producen en situaciones de diálogo y ponen de manifiesto la interacción entre los interlocutores." Bazzanella (1996: 210) denomina este mecanismo *ripetizone dialogica* definiéndola como "le riprese uguali anche se parziali di uno o più elementi lessicali, presenti nel turno del parlante precedente, da parte del parlante di turno". Reyes (1996: 11), por su parte, advierte que "su función en el discurso es evocar un texto preexistente, o, a veces, un texto posible, y mostrar alguna actitud ante ese texto, que, en el caso más interesante, el del eco irónico, es una actitud negativa". Estas definiciones aportan dos factores clave en cuanto al fenómeno del eco:

- es un mecanismo interactivo: sirve para establecer relaciones entre los interlocutores,
- sirve para demostrar la actitud subjetiva del hablante.[37]

36 Sobre los diferentes tipos de construcciones eco, véanse Parker y Pickeral (1985), Dumitrescu (1992, 1993), Herrero (1995).

37 Las construcciones eco vienen analizadas frecuentemente como recurso de ironía o sarcasmo. En esta línea, Reyes (1996: 50–57) demuestra que la repetición inmediata de un enunciado producido por otro hablante lleva marcas de ironía. Lo que garantiza la interpretación irónica es una entonación específica (Camacho Adarve, 2009: 211). Esto significa que, para que una repetición lleve marcas de ironía, tiene que diferenciarse de la expresión originaria por ciertos rasgos prosódicos reconocidos por los hablantes como irónicos. Como señala Camacho Adarve (2009: 2013), en el caso de la repetición como mecanismo sarcástico "no hay presión cognitiva para mantener el referente, por ello se suele interpretar el segmento repetido como despectivo, casi siempre".

El mecanismo de la repetición ecoica está estrechamente vinculado al concepto de la polifonía introducido y desarrollado por Ducrot (1986). Ducrot afirma que cada enunciado está compuesto no solo por la persona que lo pronuncia, sino también por otras personas que de varias maneras han participado en la elaboración de un mensaje determinado. Toda nuestra experiencia o el punto de vista que asumimos son resultados de la interacción con otra gente. Por tanto, la presencia de otras personas en nuestro discurso resulta indispensable. El mecanismo más evidente de la polifonía radica en apropiarse de las palabras de otra persona mediante la repetición.

(145) 0057 A: ***guapísimo***
0058 B: uy ***guapísimo****§*
0059 A: § [pantalones verdes ↑]
0060 B: § [mi padre es ***guapísimo****]/-mi padre es* ***guapísimo****/como su hija/igual*
(Val.Es.Co 2.0)

En el ejemplo (145), observamos que la expresión *guapísimo* viene introducida por el hablante A. B, no obstante, se apodera de ella en función de su propio punto de vista. Sin embargo, el término *guapísimo* en la segunda intervención conlleva dos voces: una del participante A (que la introduce) y otra del B (que reconoce su validez y la coge prestada de A). Según la teoría de Ducrot, las repeticiones presentadas constituyen ejemplos de polifonía, esto es la acumulación de varias voces en una expresión lingüística.

Tanto la definición de la polifonía como la del eco llaman nuestra atención sobre la perspectiva dialógica del discurso. Para que exista la comunicación, resulta imprescindible la presencia de al menos dos personas. Estas personas a lo largo de la conversación contribuyen a la elaboración de una serie de significados. No nos referimos a los significados de palabras particulares (aunque eso también sucede), sino a los significados generales que se pueden deducir de la conversación. Los interlocutores pueden llegar a estos significados de dos maneras: con la primera nos enfrentamos cuando los interlocutores no están de acuerdo, cada uno presenta su punto de vista y así se producen dos argumentos separados. En cuanto a la segunda, es la que aparece en los ejemplos citados: los participantes elaboran juntos un significado con el que ambos se muestran de acuerdo. Por eso, con el objetivo de desentrañar el sentido hallado detrás de los recursos lingüísticos, el análisis de las conversaciones requiere tener en cuenta aportaciones de todos los participantes.

Como señala la definición de Porroche, las construcciones eco actúan como recursos interactivos. Tal planteamiento aparece también en Bazzanella (1996: 207–222) y Garcés Gómez (2002–2004). Ambas autoras dividen las funciones de la repetición (tanto autorrepetición como heterorrepetición) en tres grupos:

- las funciones textuales: que desempeñan el papel de recursos cohesivos y se relacionan con la organización informativa del texto,

- las funciones conversacionales: relacionadas con la organización de los turnos en el diálogo (la repetición puede servir para tomar el turno, recuperar el turno, ceder el turno, etc.),
- las funciones interactivas: que marcan las relaciones interpersonales.

Camacho Adarve (2009), por su parte, analiza dos dimensiones de la repetición en la conversación: la dimensión textual (la organización del discurso) y la interactiva (las relaciones entre los interlocutores). En la dimensión interactiva, sin embargo, establece la clasificación de funciones relativas a la organización de los turnos de habla (lo que corresponde a la dimensión conversacional propuesta por Bazzanella y Garcés Gómez). Lo que resulta de mayor importancia para el presente estudio es que las tres autoras llaman nuestra atención sobre el papel que desempeña el mecanismo de la repetición en el establecimiento de las relaciones sociales.

Creemos que son las funciones interactivas de la repetición las que nos pueden servir como indicios acerca de los ethos comunicativos del español e italiano. En otras palabras, las comunidades hispano- e italoparlantes recurren a las construcciones eco con el objetivo de crear una serie de significados interactivos. Siguiendo la tipología de Garcés Gómez (2002–2004: 451), presentamos las funciones interactivas con los ejemplos de los corpus españoles e italianos:

- la recepción del mensaje: al repetir las palabras del interlocutor, se afirma que se ha entendido el mensaje:

(146) *111 Alberto: sí/son paraa/()*
112 Edu: los pico ¿no?
*113 Alberto: eeh/bueno/para freírlos/**laminaos***
*114 Edu: **laminaos$***
115 Alberto: $como te apetzca
(Val.Es.Co 2.0)

(147) *A: lui diceva per esempio siamo nel palazzo di una casa di campagna erratissimo salotto di una casa di campagna perchè già il siamo mette l' <?> di una terza persona perchè invece dev'essere deve invogliare ma essere già una cosa_ adatta al film perchè se no è un racconto e basta questo è un riassunto siamo nel salotto di una nanananá invece **salotto di una casa di campagna** già ti fa visualizzare la casa di campagna*
*B: **salotto # casa di campagna***
A: [RIDE] capito? è là
(VoLIP)

- el acuerdo (total o parcial): en este caso, la repetición sirve para marcar el acuerdo con las palabras del interlocutor[38]:

38 Bazzanella (1996: 215–219) introduce la hipótesis de la gradualidad de la función de acuerdo y desacuerdo expresados mediante la repetición. Las repeticiones ecoicas pueden, por lo tanto, suponer diversos grados de acuerdo, desde un acuerdo completo hasta un desacuerdo total.

(148) *A: ecco scritto <?> non mi ricordo non mi ricordo le percentuali*
D: ah
*A: comunque ti_*
D: ***le stesse dell'emissione***
A: sì sono ***le stesse dell'emissione***
(VoLIP)

(149) *0283 Edu:* ***¿y qué tiene que ver eso?*** *§*
*0284 Elena: §**¿qué tiene ver eso?**/exacto*
(Val.Es.Co 2.0)

- el desacuerdo: en otros casos, la repetición (especialmente con una entonación específica, por ejemplo, la irónica) sirve para demostrar el desacuerdo con lo dicho por el interlocutor:

(150) *87 B: yo creo que no vamos bien* ***porque tú no quieres**§*
88 A: § PERO→//
89 ***PORQUE- PORQUE YO NO QUIERO**/¡bah!// mira§*
(Val.Es.Co)

(151) *A senta (-) e come è successo questo* ***incontro*** *potreb- be raccontarcelo*
B ***l'incontro*** *con la bimba*
A sì
(Bazzanella, 1996: 219)

Las diversas realizaciones de las repeticiones eco se vinculan a uno de los ejes constitutivos del ethos comunicativo, esto es, la cortesía verbal[39]. La repetición que sirve para marcar la recepción de las palabras del interlocutor o para mostrar el acuerdo puede clasificarse como los FFAs (*face flattering acts* propuestos por Kerbrat-Orecchioni). En este caso por lo tanto, el hablante no amenaza la imagen del interlocutor, sino que muestra su actitud positiva frente a otra persona. En el caso del desacuerdo, creemos estar más bien ante un fenómeno de descortesía verbal: se utiliza el mecanismo de la repetición para amenazar la imagen del interlocutor. En ambos casos, las construcciones ecoicas vienen utilizadas para marcar (des)cortesía verbal por lo que se supone que realizan ciertos rasgos de los ethos comunicativos de las comunidades hispano- e italoparlantes.

Vigara Tauste (1995: 188–192) menciona, además, las *recurrencias fáticas* que se asocian a algunos aspectos del ethos. Este tipo de repeticiones pueden presentarse en forma de eco, como en los siguientes ejemplos propuestos por la autora:

39 Bazzanella (1996: 220–222) entre las funciones interactivas reconoce, además, la función de corrección, tanto auto-corrección como hetero-corrección. El hecho de corregirse a sí mismo o a otras personas, efectivamente, contribuye al establecimiento del significado común en una interacción, por lo tanto, puede considerarse que funciona a nivel interactivo.

(152) – *¿**Cuándo sale tu AVE**?*
– *Mi AVE sale..., sale... Sale a las ocho, ¿no? **¿Cuándo sale mi AVE?** [a una tercera persona]*
(Vigara Tauste, 1995: 189)

(153) – *Eeeh, ¿cuáles son los motivos más frecuentes de sus cabreos?*
– *Soy **impaciente***
– ***Impaciente**...*
– *Cuando [risa]. Sí... Soy impaciente, y cuando las cosas no, me enfado, conmigo misma*
(Vigara Tauste, 1995: 191)

Se puede atribuir la función fática también a los ejemplos (146), (147), (148), (149), (150) y (151) que nos sirvieron como muestras de las funciones interactivas de la repetición eco (de recepción, de acuerdo y de desacuerdo). El mismo hecho de mostrar que se ha recibido un mensaje correctamente o que se tiene la misma (u otra) opinión sobre un asunto supone mantener el contacto con otra persona. Por eso, a veces puede resultar complicado separar estas funciones.

La función fática, de mantenimiento del contacto, se relaciona con la actitud que asume una comunidad frente a la categoría de la *parole*. Las repeticiones ecoicas demuestran que para una comunidad es importante evitar el silencio introduciendo unos elementos lingüísticos que sirven para cuidar el contacto con el interlocutor. Parece que en las comunidades analizadas existe la tendencia a utilizar los mecanismos eco con la finalidad fática, aunque, para poder formular unas conclusiones rotundas, convendría llevar a cabo un estudio cuantitativo de este fenómeno.

Por último, todos los ejemplos de repeticiones eco nos remiten al concepto de intersubjetivización. La dimensión intersubjetiva consta de dos nociones (Traugott, 2003: 128–129): el interés por la actitud del oyente frente a lo dicho o el interés por la imagen del interlocutor. En cuanto a la repetición ecoica, creemos estar ante la primera noción. La repetición inmediata de las palabras del interlocutor constituye un mecanismo cuya función radica en la demostración de interés por la actitud del interlocutor. La intersubjetividad es un concepto estrechamente vinculado a la interacción entre los interlocutores. El hablante, al mostrarse interesado por la actitud de otra persona, establece una relación que lleva a la elaboración de un significado propio. Hay que subrayar, sin embargo, que la intersubjetividad se manifiesta mediante estrategias lingüísticas concretas. Esto es, la intersubjetividad debe aparecer mediante mecanismos concretos. En nuestro caso, el mecanismo que la representa son las construcciones ecoicas.

En el presente trabajo se sostiene que la repetición ecoica puede obtener las siguientes interpretaciones:

- está vinculada al concepto de (des)cortesía verbal (puede constituir un FFA en el caso de la cortesía, o un FTA en el caso de la descortesía),
- presenta la función fática,
- constituye un mecanismo intersubjetivo,
- parece constituir un indicio de los ethos comunicativos de las comunidades hispano- e italoparlantes, aunque no se descarta su existencia en otras lenguas.

1.4.6.6 A modo de conclusión

En esta parte de nuestro trabajo hemos proporcionado una serie de ejemplos de estructuras semántico-pragmáticas en español e italiano en las que aparece el mecanismo de la repetición. El objetivo del presente apartado radica en demostrar que en las lenguas en cuestión la repetición constituye un fenómeno frecuente también a nivel semántico o pragmático. Como observamos, las posibles funciones de las estructuras analizadas suelen repetirse por lo que los resultados obtenidos pueden ayudarnos en el estudio de la reduplicación, ya que esta puede desempeñar unos papeles semejantes.

Insistimos en que cada estructura puede obtener interpretaciones muy distintas. Al hablar de la lengua viva, entramos en el ámbito en el que se activan simultáneamente varios factores de diferente índole. Por eso, describiendo los fenómenos recogidos del corpus, se proporcionan varias explicaciones de distinta naturaleza. Se evitan así las posibles imprecisiones que pueden aparecer al optar por una única versión.

Una de las cuestiones que merece nuestra atención es la multifuncionalidad de las redundancias. Como afirma Lehmann (2005), las redundancias se suelen percibir como erróneas o innecesarias, mientras que en realidad juegan un papel muy importante en la comunicación humana. Por lo tanto, creemos que el análisis de las estructuras repetitivas a nivel semántico-pragmático nos indica varias vías que se deben asumir al emprender la temática de las estructuras reduplicadas.

1) El ethos comunicativo
   Primero, hasta cierto punto la repetición puede constituir un indicio del ethos comunicativo de la comunidad hispanohablante peninsular y la comunidad italoparlante. Cada sociedad asume un modo de comunicarse que, a la vez, refleja la actitud del hablante frente a la figura del oyente, la situación comunicativa, su posición en el discurso u otros elementos de la realidad. La repetición puede funcionar como uno de los mecanismos lingüísticos que nos indican ciertas características acerca del ethos comunicativo de la comunidad cuya lengua se examina. Por eso, al estudiar las repeticiones, hemos tomado en cuenta que posiblemente revelan algunos aspectos pertenecientes a distintos ejes del ethos: la *parole*, las relaciones interpersonales, la cortesía verbal, el concepto de individuo, la rutinización y la afectividad. De este modo, se buscan los vínculos entre las características de la cultura de una comunidad y la lengua que esta utiliza.
2) La convención
   Por otra parte, hay que tener en cuenta que el uso de las estructuras repetitivas puede ser fruto de una convención acordada por los miembros de la sociedad. La convención se basa en la elección de una estructura dentro del conjunto de diferentes mecanismos aceptables, aunque no obligatorios. Los hablantes, por lo tanto, pueden recurrir a distintos tipos de repetición porque tal es el

procedimiento requerido por la comunidad. En este caso la repetición también cumple con unas funciones interactivas, pero se muestra más obligatoria que opcional.

3) Registro oral/coloquial
   No debemos perder de vista que la repetición caracteriza al registro oral, especialmente su variante coloquial. Como demuestra este apartado, a veces la repetición puede atribuirse no a un sistema lingüístico determinado, sino a un registro concreto. Por lo tanto, al estudiar las reduplicaciones, conviene reflexionar si el registro oral o coloquial propicia su aparición.
4) La función de refuerzo
   La repetición desempeña muy frecuentemente la función reforzadora. Este refuerzo puede ser de diversa índole: afecta a la estructura informativa (en el caso de la focalización), o bien apoya la noción de la intersubjetividad contribuyendo así al nivel interaccional.
5) La imprescindibilidad de la repetición
   En cuanto a las estructuras afirmativas, hemos observado que la repetición parece garantizar un buen entendimiento del enunciado (sin repetición se puede obtener el efecto opuesto a la afirmación). Conviene investigar, por tanto, si existen casos en los que la reduplicación también se presenta como imprescindible, o bien si es un mecanismo puramente opcional.
6) La universalidad del mecanismo
   Algunas estructuras presentadas en este capítulo se consideran propias de varias lenguas. Por ejemplo, una serie de pleonasmos muy similares se manifiestan en diferentes sistemas lingüísticos. Al analizar las estructuras repetitivas, hay que tener en cuenta que la repetición no es un mecanismo exclusivo para español o italiano porque presenta rasgos de universalidad.

Todas estas observaciones nos sirven como punto de partida para los capítulos siguientes dedicados al análisis del objetivo principal del presente trabajo, esto es, la reduplicación léxica en español e italiano. Se supone que las distintas funciones de las repeticiones presentadas a lo largo de este apartado pueden realizarse también en las construcciones reduplicadas. Por lo tanto, al proponer un modelo que describe el significado y las funciones de las construcciones reduplicadas, vamos a tener en cuenta las nociones presentadas en este breve recorrido por las construcciones repetitivas.

2. La definición de la reduplicación

La reduplicación constituye uno de los casos particulares de repetición en la lengua. Este procedimiento, bien estudiado en diversas comunidades, consiste en repetir ciertas unidades lingüísticas para alcanzar una serie de objetivos tanto sintácticos como semántico-pragmáticos. La reduplicación constituye el núcleo del presente trabajo, conviene explicar, por lo tanto, qué se halla bajo este concepto y cómo se puede estudiar en las lenguas analizadas: el español y el italiano.

El presente capítulo está dividido en dos partes. Primero, se describen los estudios sobre el fenómeno de la reduplicación en diversas lenguas del mundo y en las lenguas románicas, haciendo hincapié en los trabajos sobre español e italiano. En la segunda parte, se explica qué es lo que se entiende bajo el término "reduplicación", la metodología que se utiliza a lo largo de nuestra investigación y las tesis principales del presente estudio.

2.1 La reduplicación en lenguas del mundo

La reduplicación es un fenómeno presente en varias lenguas del mundo. Con el mayor reconocimiento de la riqueza lingüística, afloraron numerosos trabajos concernientes a lenguas consideradas exóticas por los investigadores de procedencia occidental. Al analizar las diferentes estructuras de varios sistemas lingüísticos, los estudiosos encontraron un amplio abanico de casos en los que el mecanismo de repetir ciertas unidades conlleva una serie de significados. Además, lo que llama la atención es que estos significados parecen repetirse en lenguas no emparentadas. Por eso, no sorprende este gran interés de los representantes de la ciencia lingüística por el mecanismo de la reduplicación y el papel que desempeña en varios sistemas lingüísticos.

Entre los escritos más significativos conviene señalar el estudio de Moravcsik (1978). Su trabajo suscita una serie de cuestiones fundamentales para el análisis de la reduplicación siendo, hoy en día, el punto de referencia para los investigadores que emprenden su estudio en este campo. Por eso, en esta parte de nuestro trabajo, intentaremos desarrollar y explicar una serie de cuestiones señaladas por Moravcsik.

La reduplicación constituye un caso específico de repetición. Para poder explicarlo, sin embargo, hay que responder a tres preguntas formuladas por la autora:

- ¿qué es lo que se reduplica?
- ¿cuál es el significado que aporta la reduplicación?
- ¿por qué los hablantes recurren a la reduplicación (y no a otros medios lingüísticos similares)?

En realidad, todos los trabajos que describen la problemática de la reduplicación se centran en todas o en algunas de estas preguntas porque resultan imprescindibles para poder formular una clara definición del fenómeno en cuestión.

2.1.1 ¿Qué se reduplica?

La reduplicación puede afectar a las unidades a diversos niveles del análisis lingüístico. En general, se pueden distinguir dos grupos de reduplicaciones:

a) La reduplicación parcial: se repite una parte de la unidad (y no la unidad entera):

(1) Tagalog: kauntî 'pequeño' > kakauntî 'pequeños' (Blake, 1917: 427)
(2) Salishano: spezu'zu 'pájaro' > spîspezū'zo 'pájaros' (Haeberlin, 1918: 157)

La cuestión problemática que divide a los investigadores radica en el reconocimiento del nivel al que actúan estas reduplicaciones: si el elemento repetido es una unidad morfológica, o bien fonológica. Moravcsik (1978: 304) advierte lo siguiente: "[The constituents] This, they may be definable either by their meaning properties only, or by their sound properties only, or in reference to both. They may, in other words, be either semantic-syntactic constituents, such as one or more semantic-syntactic features, or morphemes, or words, or phrases, or sentences, or discourses; or they may be phonetic-phonological terms, such as one or more phonetic-phonological features, or segments, or syllables; or they may be morphemes of a particular phonetic shape, or sentences of a particular number of phonetic segments; etc." Otros autores, sin embargo, suelen tomar una posición más categórica acerca de la naturaleza del fenómeno de la reduplicación. Para Marantz (1982), la reduplicación es un proceso de afijación de elementos que no necesariamente han de constituir unidades enteras (como morfemas) porque pueden ser fonemas sueltos. De este modo, se le atribuye a la reduplicación carácter fonológico. Inkelas y Zoll (2005), por su parte, defienden el concepto de la *Morphological Doubling Theory (MDT)*, según el cual "reduplication results when the morphology calls twice for a constituent of a given semantic description, with possible phonological modification of either or both constituents". De este modo, lo que se reduplica no es la forma de una unidad, sino su significado. Los autores subrayan que la reduplicación concierne a las unidades morfológicas (afijos, raíces, palabras) y no fonológicas (fonemas, sílabas o pies). Como se puede observar, por lo tanto, es muy difícil reconocer la naturaleza del mecanismo de la reduplicación porque actúa a diversos niveles de la lengua.

b) La reduplicación total: se repiten unidades enteras.

(3) Francés: Pierre est fou 'Pierre está loco', Pierre est foufou 'Pierre está un poco loco' (Marin, 1972: 98)
(4) Mandarín: jang 'hoja', jangjang 'cada hoja' (Chao 1968: 202, citado por Moravcsik, 1978: 305)

(5) Latín: quis: 'quien', quisquis: cualquiera (Sorrento, 1950: 330)

En cuanto a los ejemplos (3), (4) y (5), estamos ante la repetición de unidades enteras. Es este tipo de reduplicación el que se puede encontrar en las lenguas románicas y, por lo tanto, el que constituye el objetivo del presente análisis. Para Travis (1999, 2001), la reduplicación total forma parte del conjunto de los mecanismos sintácticos. Como advierte la autora, la repetición de ciertas unidades se realiza no solo en el plano fonológico, sino también en la estructura sintáctica de la lengua.

Una de las cuestiones que surge de los estudios de la reduplicación total concierne a la naturaleza de la unidad que puede experimentar este tipo de procedimiento lingüístico. Primero, se examina qué clases de palabras se pueden reduplicar. No obstante, asumiendo una perspectiva global (de las lenguas del mundo), la delimitación de las categorías que sufren las reduplicaciones puede complicarse. La tradición clásica de dividir las palabras en sustantivos, adjetivos, adverbios, verbos, preposiciones y pronombres no siempre se aplica a todas las lenguas (que pueden categorizar el mundo según otros criterios). La cuestión de la clase de palabra reduplicada aparece frecuentemente en los estudios sobre lenguas románicas, lo cual presentamos en las partes siguientes de nuestras cavilaciones.

Algunos autores intentan averiguar si ciertas unidades son más propicias a reduplicarse por su significado semántico. Esto es, se investiga si la reduplicación concierne solo a los elementos de determinado significado o si es posible repetir todas las palabras. Butts (2011), al estudiar diversas lenguas semíticas, advierte que la reduplicación se aplica a:

- los adjetivos que describen partes del cuerpo y características personales (incluyendo los adjetivos de colores),
- las unidades léxicas que se crean a partir de la imitación de sonidos (son onomatopeyas que se lexicalizan).

Un tipo específico de reduplicación total que consideramos necesario introducir en esta parte de nuestro trabajo es la reduplicación contrastante. Es un fenómeno bien descrito por Ghomeshi *et al.* (2004), frecuente en el inglés contemporáneo (especialmente en su variedad oral). Consiste en repetir una unidad léxica con el objetivo de, como advierten los autores, "focus the denotation of the reduplicated element on a more sharply delimited, mores specialized, range" (2004: 308). La reduplicación contrastante provoca dos efectos semánticos (2004: 311–317):

1) Especifica la interpretación:

Muy a menudo el uso de una palabra produce confusiones, carece de precisión. Al recurrir a la reduplicación contrastante se especifica la denotación prototípica, como en:

(6) I'll make the tuna salad, and you make the ***SALAD-salad***

La expresión *salad-salad* se refiere en este contexto a lo que se llama *green salad* en inglés que, según los autores, entra en oposición con otro tipo de ensaladas.

La reduplicación contrastante se aplica a todas las clases de palabras (excluyendo las funcionales, como las preposiciones), incluso a los nombres propios. Como advierten los autores, son tres las situaciones en las que se pueden reduplicar los nombres propios:

a) cuando hay confusión acerca de si el nombre es un nombre propio o un nombre común:

(7) *A: So then who´s coming through the Stargate?*
B: Gods.
A: Huh?
B: Not as in ***GOD-God****. Ra played a god, the sun god.*

b) cuando los participantes conocen más de una persona que tiene el mismo nombre:

(8) *We call him psycho Marcus in order to distinguish him from normal Marcus and* ***MARCUS-Marcus****.*

c) la reduplicación contrasta el comportamiento típico, normal con el comportamiento menos habitual:

(9) *It might have been me, but it wasn´t* ***Me-me****.*

2) Indica el significado de "lo obvio":

En este caso el hablante quiere subrayar que a lo que se refiere es a una situación o un objeto más obvio, más lógico:

(10) *A: Did you check out the leak in the bathroom?*
B: What leak?
A The ***LEAK-leak****. [drags her into the bathroom]*

Tras presentar las características semánticas de la reduplicación contrastante, los autores proceden a un análisis formal de estas construcciones. Como advierten, a veces resulta difícil delimitar cuál es la unidad reduplicada, especialmente si se repite una unidad menor que la palabra fonológica (como en el caso de ... *and here are the GLOVE-gloves*), o bien si estamos ante una unidad mayor que la palabra fonológica (verbo + clítico: *I don´t LIKE-HIM-like him* o frases hechas: *OUT-OF-HER-MIND-out-of-her-mind*). Para resolver esta cuestión, los autores utilizan la teoría de *Parallel Architecture*, esto es, una metodología que trata las estructuras fonológicas, sintácticas y semánticas como productos de una serie de primitivos y principios. Estos principios vinculan diferentes niveles del análisis, por ejemplo, la fonología y la sintaxis (unas propiedades fonológicas determinadas propician ciertas estructuras sintácticas).

La reduplicación contrastante en inglés merece nuestra atención porque, como comprobaremos a lo largo del presente trabajo, en algunos ejemplos españoles e italianos, la reduplicación presenta características parecidas.

2.1.2 ¿Cuál es el significado que aporta la reduplicación?

Como ya hemos advertido, los estudios sobre diferentes lenguas del mundo demuestran que los significados que implica la reduplicación se repiten. A pesar de la gran diversidad estructural de los sistemas lingüísticos, se observan varios puntos comunes en las reduplicaciones entre lenguas no emparentadas. En general, Moravcsik (1978: 316–325) subraya que el significado más frecuentemente relacionado con la reduplicación es el aumento de cantidad. La reduplicación puede ser de índole muy variada y, entre otras, puede servir para desempeñar las funciones siguientes:

- para marcar el plural:

(11) Tagalog: mabúti ' bueno'' > mabubúti 'buenos' (Blake, 1917: 427)
(12) Neo Armaic (Gzira): mitra > mitrare 'lluvia' (Ratcliffe, 1996: 298)

- para marcar énfasis, refuerzo, intensificación:

(13) Tagalog: búti niyá '¡qué bonita!' > bubúti niyá '¡¡qué bonita!!' (Blake, 1917: 427)
(14) Sondanés: rame: 'gracioso', ramerame: 'ser muy gracioso' (Robins, 1959: 355, citado por Moravcsik, 1978: 321)

- para mencionar algunos de los miembros de una clase:

(15) Sondanés: saha: '¿quién?', sahasaha 'cualquiera' (Robins, 1959: 355, citado por Moravcsik, 1978: 319)
(16) Latín:quis: 'quien', quisquis: cualquiera (Sorrento, 1950: 330)

- reduplicación de verbos: puede indicar la continuidad de un evento con los mismos o diferentes participantes:

(17) Sondanés: guyon: 'bromear', guguyon: 'bromear de manera continua' (Robins, 1959: 354, citado por Moravscik, 1978: 319)

Aunque la reduplicación suele asociarse a un aumento en la cantidad o la intensidad, en algunas lenguas puede expresar significados opuestos. Tal es el caso del Swati, en el que la reduplicación del verbo añade el matiz de *poco* (Kiyomi, Davis, 1992):

(18) dlala: 'jugar', dlala-dlala: 'jugar un poco' (Kiyomi, Davis, 1992: 117)

La reduplicación puede implicar, además, varios significados a nivel gramatical. Entre las categorías que se realizan mediante la reduplicación se encuentra la perfectividad. Ya en los trabajos del siglo XIX se vincula la reduplicación a la noción de perfectividad. Williams (1875) demuestra que en la historia del sánscrito, griego y latín la reduplicación fue el primer mecanismo utilizado para marcar una acción terminada.

Además, la reduplicación puede desempeñar a la vez tanto un papel gramatical como semántico. Moravcsik (1978: 324–325) enumera una serie de casos en los que junto a la modificación gramatical, se manifiestan ciertos significados semánticos:

– derivación verbal y la noción de 'división':

(19) Pacoh: bar: 'dos', bâmbar: 'dividir en dos', pe: 'tres', pâmpe: 'dividir en tres' (Watson, 1966: 99 citado por Moravcsik, 1978: 324)

– adjetivización denominal y la noción de 'estar lleno':

(20) Twi: abó: 'piedra', aboabó: 'que tienen cualidad de piedra' (Christaller, 1875: 46, citado por Moravcsik, 1978: 324)

– nominalización deverbal y la noción de 'habitualidad':

(21) Ewe: sí: 'escapar', sisílá: 'la persona que suele escapar' (Ansre, 1963, citado por Moravcsik, 1978: 325)

– nominalización deverbal y la noción de 'continuidad':

(22) Ewe: fo: 'beat', fofo: 'beating' (Ansre, 1963, citado por Moravcsik, 1978: 325)

Lo que se intenta demostrar es que la reduplicación es un mecanismo muy fructífero a la hora de crear significados nuevos. En diversas lenguas del mundo su funcionamiento se rige por sus propias reglas. No obstante, se pueden observar algunas tendencias o similitudes entre sistemas lingüísticos de varias partes del globo. Por otra parte, lo que llama nuestra atención es que un mecanismo estructuralmente sencillo puede desempeñar funciones bastante complejas en el sistema lingüístico.

2.1.3 ¿Por qué los hablantes recurren a la reduplicación?

La tercera pregunta formulada por Moravcsik no obtiene una respuesta concluyente, aunque, a nuestro juicio, merece una atención especial (y, efectivamente, constituye el problema central de nuestra tesis). Tras enumerar una serie de significados semánticos de la reduplicación, la autora plantea la pregunta sobre las razones por las que los hablantes recurren a la reduplicación. Esto es, reflexiona acerca de en qué consiste la especificidad de este mecanismo, por qué, renunciando a otras estructuras de significado parecido, se opta por la reduplicación. Para Moravcsik, son cuatro las posibles explicaciones:

a) la reduplicación contiene unas propiedades únicas,
b) las oraciones tienen algo en particular que requiere el uso de la reduplicación,
c) la distribución espacio-temporal de una lengua puede propiciar la aparición de la reduplicación,
d) todas las opciones (a, b y c) intervienen en la elección de la reduplicación.

En otras palabras, se puede atribuir el uso de la reduplicación a sus características particulares, a las características contextuales o a las características del sistema lingüístico. Moravcsik descarta las dos primeras opciones sosteniendo que no hay nada específico en la estructura reduplicada ni en el contexto en el que se acude a esta, por lo que la única razón de su uso debe radicar en las características de todo el sistema.

Es este aspecto de la reduplicación en el que nuestro punto de vista difiere sustancialmente de la perspectiva de Moravcsik. Todo nuestro análisis de las estructuras reduplicadas en español e italiano se basa en la suposición de que la reduplicación no viene elegida al azar, sino que los hablantes recurren a este mecanismo porque se diferencia de algún modo de otros mecanismos que parecen similares[40]. En otras palabras, sostenemos que hay diferencia tanto entre:

(23) *Este chico es muy guapo.* y *Este chico es guapo guapo.*

como entre:

(24) *È un ragazzo molto bello.* y *È un ragazzo bello bello.*

Conviene señalar, sin embargo, que la perspectiva de Moravcsik es más universal: su estudio se basa en el mecanismo de la reduplicación en general y no en un sistema lingüístico concreto. Nuestro trabajo, por otra parte, está centrado en dos lenguas exclusivamente lo que nos permite reflexionar sobre las peculiaridades de la reduplicación con más detalle.

2.2 La reduplicación en lenguas románicas

La reduplicación constituye también un fenómeno románico. En diferentes lenguas provenientes del latín encontramos casos de estructuras reduplicadas que desempeñan varias funciones.

---

40 Leone (1960: 126) confirma esta diferencia en cuanto a las estructuras reduplicadas en italiano afirmando lo siguiente: "(...) ordinare a qualcuno di proceder *piano piano* è cosa diversa dall'ordinargli di andar *pianissimo*, in quanto con la prima espressione gli si vuol solo raccomandare circospezione o cautela lungo tutta la durata dell'azione; si direbbe anzi che l'avverbio è ripetuto, più che per caratterizzare l'azione in sé, per fermare l'attenzione sullo svolgimento di essa; (...)".

En el catalán se enumeran tres tipos de reduplicación (Cabré, 2002: 910–920):

- *reduplicaciò sintàctica*: la repetición de un sintagma con el objetivo de aumentar la intensidad, como en:

(25) ***Treballa, treballa****, que arribaràs lluny*

Algunas de estas reduplicaciones se lexicalizan, como en:

(26) La Maria, ***balla que balla****, no es cansava mai*

- *reduplicaciò fonològica/harmonia consonàntica*: el proceso de simplificación de la estructura silábica, es característico del lenguaje infantil, tipo *Jordi>Toti, àvia>iaia*,
- *reduplicaciò parcial*: la repetición de una sílaba como mecanismo de creación léxica, tipo *nonou, bobò, tutut*,
- *reduplicaciò morfològica*: la repetición de un morfema, como en *barrim-barram, bub-bub, gori-gori.*

En el ámbito portugués, son varios los trabajos que indican la productividad del mecanismo de la reduplicación en el portugués brasileño. Gonçalves y Albuquerque (2015) enumeran tres tipos de reduplicación presentes en esta variedad de la lengua portuguesa:

- Sufijación reduplicativa: cuando se repite el morfema final para marcar la intensidad, como en *bolo>bololô* ('aglomeración grande') o *choro>chororô* ('llanto excesivo').
- Reduplicación de verbos: este tipo de reduplicaciones ha sido detenidamente estudiado por Araújo (2002). El autor enumera una serie de ejemplos, tipo *corre-corre* o *pega-pega* que están compuestos por verbos de dos sílabas, siempre en tercera persona de singular y que, en el proceso de lexicalización, se convirtieron en sustantivos.
- Prefijación reduplicativa: el proceso de repetir ciertos morfemas iniciales, es un mecanismo propio del lenguaje infantil, como en *Isabel>Bebelo Nicolau>Lalau.*

En el ámbito francés, fue Schapira (1988) quien estableció una clasificación básica de las reduplicaciones, en la cual enumera:

- *le redoublement parfait*: son unidades léxicas que se crean a partir de dos sílabas iguales que no tienen significado independiente, como en el caso de *bébé, dodo, joujou* o *mémé*;
- la reduplicación de las consonantes o las vocales iniciales para formar diminutivos o para crear significados afectivos: *Lolotte, pépère, gégène*;
- la reduplicación de la primera sílaba del verbo: es un mecanismo poco frecuente, por ejemplo, *murmurer, cloc-cloquer*;
- la reduplicación de la primera sílaba con modificación vocálica: *babiller, fafiot, tutoyer*;

- la reduplicación de una unidad léxica independiente: incluye las expresiones lexicalizadas, como *chouchou, copain-copain, fou-fou*, y las expresiones no lexicalizadas (con objetivos estilísticos), tipo *joli-joli, gentil-gentil* o *content-content*.

Como podemos observar, en diferentes lenguas románicas el fenómeno de la reduplicación resulta no solo frecuente, sino también bastante productivo. La repetición se realiza a diferentes niveles dando lugar a unidades nuevas con significados muy variados. Conviene señalar, sin embargo, que **el objetivo del presente trabajo son las reduplicaciones léxicas, esto es, la repetición de las unidades léxicas completas**. Como la base de nuestra investigación la constituyen el español y el italiano, en los apartados siguientes se exponen las definiciones y descripciones del fenómeno de la reduplicación que han surgido en el ámbito de la lingüística española e italiana.

2.2.1 La reduplicación en español

Entre los estudios dedicados a la lengua española se pueden encontrar varios trabajos que explican el funcionamiento del fenómeno de la reduplicación. Advertimos, no obstante, que cada autor alude a diferentes aspectos de la reduplicación enfocándose en diversas características de este mecanismo, tanto de tipo formal como relacionadas con el significado.

En el capítulo sobre la expresión afectiva, Beinhauer (1973[1958]: 281–282) propone la siguiente definición: "Es curiosa la duplicación de un mismo sustantivo para ponderar la pureza y autenticidad del ser a que da nombre: *un café café* 'café auténtico'. El colmo es repetir tres veces el vocablo en cuestión: *un café café café*. Equivale a decir 'que no sólo lleve ese nombre sino que lo lleve con razón'." Aunque la explicación de Beinhauer no incluye todos los aspectos del fenómeno (por ejemplo, se refiere a los sustantivos exclusivamente), es una definición curiosa y en muchos aspectos acertada. La noción de "pureza" y de "autenticidad" se manifiesta en varios trabajos sobre la reduplicación (a veces, bajo otros términos, pero refiriéndose al mismo valor).

2.2.1.1 Tipología

Entre los trabajos más actuales sobre la reduplicación léxica en español encontramos el estudio de Escandell (1991) que proporciona una definición clara y concisa del fenómeno en cuestión. Según la autora (1991: 72), la reduplicación constituye "la repetición voluntaria de un constituyente dentro de su misma unidad sintáctica hecha con el fin de producir una modificación deliberada del significado de la estructura simple". Por lo tanto, la reduplicación:

- es un tipo de repetición,
- crea una unidad sintáctica (y no dos unidades separadas),
- introduce algunas modificaciones en el significado de la unidad repetida (por lo tanto, existe diferencia entre X y XX).

Además, Escandell (1991: 72) divide el mecanismo de la reduplicación en tres tipos según tres esquemas sintácticos: la reduplicación por yuxtaposición, por coordinación y por anteposición (una distinción parecida aparece también en Vigara Tauste, 1992: 147). Cada tipo puede realizarse mediante distintas clases de palabras y de la clase de palabra utilizada depende el significado de la expresión reduplicada. La reduplicación por yuxtaposición presenta la estructura XX (sin pausa fónica entre los constituyentes) y puede indicar (1991: 73–74):

a) intensificación cuantitativa:
   - adjetivos semánticamente graduables (*guapo-guapo*: 'muy guapo'),
b) intensificación cualitativa:
   - adjetivos no graduables (*recto-recto*: 'completamente recto'),
   - nombres (*café-café*: 'auténtico café'),
c) intensificación cuantitativa o cualitativa:
   - verbos (*he estado estudiando-estudiando*: 'he hecho lo que puede llamarse genuinamente *estudiar*' o 'he estudiado mucho'),
   - algunos adverbios (*casi-casi pierdo el tren*).

En cuanto a la reduplicación por coordinación, Escandell (1991: 74) la define como una expresión compuesta por dos unidades iguales relacionadas mediante la conjunción *y*. Este tipo de mecanismo afecta a los nombres (tipo *días y días*) y a los verbos (tipo *preguntamos y preguntamos*). El tercer tipo, la reduplicación por anteposición, se realiza al topicalizar el elemento reduplicado a la derecha del enunciado, como en *Entender, entiendo, pero no hablo.*

Escandell clasifica estos tres tipos de reduplicaciones bajo una denominación común "reduplicaciones léxicas". Sin embargo, como advierte Felíu (2011), cada tipo presenta unas características propias mereciendo un estudio aparte. En su artículo, Felíu (2011: 102) divide las reduplicaciones en cinco grupos:

- los compuestos reduplicativos: *picapica, tictac, zigzag,*
- las estructuras apositivas: *café café,*
- las estructuras coordinadas: *días y días,*
- la anteposición con repetición: *entender entiendo, pero no hablo,*
- reduplicación por motivos discursivos: *Y dime, dime, ¿te han pagado?.*

La autora lleva a cabo un análisis detenido de las reduplicaciones por yuxtaposición (apositivas) nominales subrayando que este tipo de expresiones presenta ciertas particularidades (2011: 112):

Características formales	**Características semánticas**
Combinaciones apositivas de dos sustantivos, con el núcleo a la izquierda.	Tanto continuos (*amor amor*) como discontinuos (*novel novela*).
Los sustantivos no parecen estar sometidos a restricciones rígidas.	La mayoría son sustantivos individuales, aunque pueden aparecer también los colectivos (*gente gente*).

Características formales	**Características semánticas**
Pueden tener diferente número de sílabas.	Nombres concretos y abstractos.
Pueden ser simples (*café café*) o derivados (*pobreza pobreza*).	Raramente son eventivos (como *relato relato*).
Pueden ir en plural (*ministros ministros*).	También se pueden reduplicar los nombres propios.

En cuanto a las reduplicaciones por coordinación, García-Page (1997: 146–147) presenta una serie de esquemas que representan esta categoría:

a) la coordinación tipo A y A:
   - A y A (*días y días*)
   - A y A y A (*horas y horas y horas*)
   - A y más A: (*libros y más libros*)
   - A y bien A, A es adjetivo o adverbio (*deprisa y bien deprisa*)
   - A y tan A, A es adjetivo o adverbio (*lista y tan lista*)
   - A y venga/solo A, A es verbo (*comer y venga comer*)
   - A y prefijo+A (*mira y remira*)
   - A y A', A'= A con supuesto género contrario (*ni pesetas ni pesetos*).

b) la coordinación tipo A que A, A es generalmente un verbo (*habla que habla*),

c) la coordinación tipo A, pero A (*El alumno es malo, pero qué malo*).

Como podemos observar, por lo tanto, dentro de la categoría de la reduplicación por coordinación cabe una serie de estructuras bastante variadas (lo que constituye otro argumento a favor de que cada tipo de reduplicación merece un estudio aparte).

Roca y Suñer (1998), por su parte, dividen las reduplicaciones españolas en tres tipos:

1) Los compuestos reduplicativos (reduplicación morfológica): unidades léxicas formadas por dos segmentos que son fonológicamente idénticos o muy similares entre sí, tipo *tictac, zigzag* (más sobre este tipo de construcciones en Lloyd, 1966).
2) La repetición por motivos discursivos: la iteración de una unidad o de una serie de unidades para añadir un valor enfático a todo el enunciado, por ejemplo *cállate, hombre, cállate*.
3) La repetición léxica: la repetición de una palabra como mecanismo para obtener un valor de intensificación o cuantificación sobre una propiedad, una acción o un objeto.

Roca y Suñer llaman la atención sobre el carácter sintáctico de la reduplicación en español (la misma tesis aparece en los trabajos de Travis, 1999, 2001). Numerosos estudios se centran en las propiedades fonológicas o morfológicas de la reduplicación, mientras que, como advierten estos autores, la reduplicación tiene carácter primordialmente sintáctico, dado que constituye una estructura de relación entre dos constituyentes.

Aunque las reduplicaciones pueden clasificarse en diferentes grupos, son dos los aspectos que unen las propuestas citadas:

- en español podemos encontrar varios tipos de reduplicación (también desde el punto de vista de su estructura formal),
- el significado semántico aportado por la reduplicación depende de la categoría de la unidad reduplicada (por ejemplo, el significado de la reduplicación nominal es diferente del significado de la reduplicación verbal).

2.2.1.2 Significado

En los estudios dedicados al tema de la reduplicación en español aparecen las siguientes propuestas acerca de su interpretación semántica:

1) Reduplicación como designación del prototipo:
   Para Escandell (1991), los diferentes tipos de reduplicación sirven para designar a los prototipos. Utilizando la teoría matemática de conjuntos difusos (*Fuzzy Set Theory*), la autora demuestra que, al recurrirse a la reduplicación, los hablantes indican que se refieren a una unidad prototípica (para profundizar sobre el concepto de prototipo, véase el capítulo 4.1.1.).
2) Reduplicación como mecanismo de intensificación:
   La noción de intensificación aparece en la mayoría de los trabajos que se refieren a la reduplicación. Para Roca y Suñer (1998), la reduplicación constituye un mecanismo de intensificación en el que uno de los elementos pierde su valor referencial para indicar la noción de intensificación. También Albelda Marco (2007: 117–120) incluye la reduplicación dentro de los mecanismos lingüísticos que expresan intensificación. La reduplicación, por lo tanto, se vincula a las nociones de "intensidad" e "intensificación" (sobre estos conceptos, véase el capítulo 2.5.).
3) Reduplicación como mecanismo de superlación:
   En el artículo de García-Page (1997), la iteración de una unidad léxica viene presentada como un mecanismo para producir efecto de superlación. El autor demuestra cómo las diferentes estructuras de la repetición crean significado de superlación. Entre estas estructuras incluye lo que llamamos la reduplicación por yuxtaposición y la reduplicación por coordinación.
4) Reduplicación como cuantificación:
   Para Lamíquiz (1991: 60–63), la reduplicación constituye un mecanismo de cuantificación de ciertas entidades que, desde el punto de vista de la coherencia lógica, no pueden ser cuantificadas. Como advierte el autor, la lógica no nos permite cuantificar algunas unidades, como *completo* o *pánico* (estas unidades ya poseen en sí mismas el matiz de una cantidad extrema). Por eso, resultan poco

gramaticales enunciados tipo **es un trabajo muy completo* o **viajar en avión me da mucho pánico*. No obstante, la cuantificación parece posible mediante el mecanismo de la reduplicación. Por lo tanto, los enunciados *es un trabajo completo completo* o *es que el avión me da pánico pánico* resultan no solo inteligibles, sino también completamente aceptables.

Como se puede observar, los diferentes trabajos sobre la reduplicación proponen una serie de interpretaciones de este fenómeno. Advertimos, no obstante, que estas nociones no nos parecen opuestas. Tanto el concepto de prototipo como la noción de intensificación, superlación o cuantificación tienen dos cosas en común:

- comparten la noción del grado extremo, del aumento;
- se basan en cierta valoración de la realidad por parte del hablante (todos estos mecanismos se apoyan en una escala en la que el hablante sitúa las entidades, en el caso de la reduplicación, en su parte más alta).

2.2.2 La reduplicación en italiano

En los estudios italianos también encontramos una serie de trabajos que conciernen al mecanismo de la reduplicación. No obstante, advertimos que los investigadores enfocan sus estudios en aspectos diferentes de los tratados por los autores españoles. Creemos, por lo tanto, que al juntar los distintos puntos de vista se puede obtener una perspectiva más amplia del fenómeno de la reduplicación que, aunque posiblemente tiene sus particularidades dependiendo de la lengua investigada, comparte una serie de características comunes en las comunidades hispano- e italoparlantes. En el presente capítulo describimos una lista de cuestiones que destacan en los trabajos sobre la reduplicación en italiano.

2.2.2.1 La procedencia: ¿latina o griega?

Existen dos posibles procedencias de la reduplicación en italiano: una es la procedencia latina y otra es la procedencia griega. Efectivamente, en ambas lenguas se encuentra este mecanismo lo que para algunos autores constituye la prueba de que la reduplicación no es un fenómeno de la lengua actual, sino más bien una estructura heredada de las lenguas antiguas.

Sorrento (1950: 329–331) demuestra la existencia del mecanismo de la reduplicación en el latín. El autor presenta una serie de poetas latinos que recurrían a esta estructura lingüística, como Terencio, en *Adelph* (*jam id peccatum primum magnum magnum, at humanum tamen*), Plauto, en *Bacch* (*verum verum nescio*) o Petronio (*modo modo*). Sorrento señala, además, las huellas de la reduplicación en la Biblia, como *bonas bonas valde... malas malas valde* (*Jer.*, 24.3). Por otro lado, en latín, no son nada infrecuentes los casos de reduplicación morfológica, como en *quisquis, quidquid* (la reduplicación del morfema evoca la noción de indeterminación). Rohlfs (1968: 87), por su parte, señala que ya en las inscripciones latinas se encontraron casos de reduplicación (como *malus malus – pessimus, fortes fortes, bene bene*).

Siguiendo esta pauta, André (1978) examina los diferentes tipos de reduplicación en latín. El autor divide las estructuras reduplicadas latinas en cinco categorías:

- por motivos musicales, sonoros: que imitan ciertos sonidos, son onomatopeyas que pueden adquirir valores referenciales, por ejemplo: *galgulus* o *gurgurīre*,
- para marcar la noción de movimiento: la repetición de una sílaba puede indicar la acción de moverse, como en: *cincinnus*,
- para marcar la forma rotunda de un objeto: por ejemplo, *curculiō*,
- para marcar intensificación cuantitativa: *tutulus, furfur*,
- para marcar familiaridad, afectividad, etc.: *uāuātō, mamma.*

Además, existen una serie de reduplicaciones cuyo significado no resulta claro para André. Sin embargo, cualquiera que sea su explicación, lo que conviene señalar es que en la lengua latina se pueden enumerar un amplio abanico de reduplicaciones que desempeñan funciones muy variadas.

La siguiente posible procedencia de las reduplicaciones, reconocida incluso como más probable, es la procedencia griega. Las reduplicaciones fueron un mecanismo frecuente en el griego antiguo, como demuestra en su trabajo Skoda (1982). El autor enumera las posibles funciones de las reduplicaciones, entre las cuales se indican valores aumentativos, diminutivos, matices afectivos o despectivos y la motivación psicolingüística. La procedencia griega de la reduplicación en el italiano viene explicada por la frecuencia de este mecanismo en los dialectos septentrionales, especialmente en el siciliano (Sorrento, 1950: 331). Efectivamente, es el siciliano el que ha despertado mayor interés por parte de los investigadores en cuanto a las estructuras reduplicadas, entre ellos Sorrento (1950: 332–337), Rossitto (1975), Van Nuffel (1983), Sgarioto (2006)[41]. Dada la abundancia de las estructuras reduplicadas en el siciliano, se lo considera el dialecto con la mayor consolidación de la reduplicación, lo que nos lleva a la siguiente cuestión: la gramaticalización de las estructuras reduplicadas.

2.2.2.2 La gramaticalización de la reduplicación

En varios trabajos acerca de la reduplicación aparece la noción de gramaticalización (para leer más sobre el fenómeno de la gramaticalización, véase el capítulo 3.1.). Sorrento (1950: 346) al analizar los ejemplos de reduplicación provenientes de distintas obras literarias, concluye que: "Da questa documentazione abbiamo rilevato che il radoppiamento è uno degli effetti piuttosto del linguaggio affettivo in cui predominano più i fattori psicologici che quelli logici, effetti che, applicati

41 Greco (1975) proporciona un breve análisis de la reduplicación en el dialecto tarentino que también forma parte del conjunto de los dialectos septentrionales, supuestamente afectados por el griego.

al linguaggio logico, sono divenuti semplici strumenti o mezzi grammaticali." De este modo, la estrategia de carácter afectivo o psicológico pasa a constituir un mecanismo gramatical: se gramaticaliza. La noción de gramaticalización aparece también en el capítulo sobre la reduplicación italiana de Dressler y Merlini (1994). Como afirman los autores (1994: 512): "In our view, these are juxtapositions, at an early stage of univerbation or grammaticalization. The term juxtaposition refers to a stage of grammaticalization between syntactic phrase and compound, particularly in relation to tightness in both formal (e.g. prosodic) and semantic bonding." Además, los autores consideran que algunas de las reduplicaciones se han lexicalizado, esto es, han adquirido cierto significado no deducible de la suma de los significados de los constituyentes. Entre tales ejemplos, mencionan los siguientes:

(27) *gatton gattoni: movimiento del cuerpo, no incluye posición estática (incluida por gattoni)*
sotto sotto: a escondidas
ben bene
buon buono
lemme lemme: lentamente
quatto quatto: silenciosamente y a escondidas

Otro ejemplo de reduplicación como mecanismo de gramaticalización lo presenta Thornton (2009). La autora analiza el proceso por el cual la repetición del imperativo se convierte en nombres de acción, como en: *tira tira, mangia mangia* o *fuggi-fuggi* (más sobre estas construcciones en el capítulo 3.2.5.).

La problemática de la gramaticalización constituye un aspecto importante de nuestro trabajo. En los capítulos siguientes explicamos cuál, a nuestro juicio, es el papel de este proceso a la hora de interpretar las estructuras reduplicadas.

2.2.2.3 El significado semántico

Igual que ocurre con el español, también en los estudios sobre la reduplicación en italiano existen diferentes posturas acerca de su significado semántico. Leone (1960) reconoce cuatro funciones de la repetición de una unidad en italiano:

- para llamar la atención sobre algo: al decir *bel bello* no solo se intensifica, sino que también se hace hincapié en esta característica,
- para marcar continuidad: este rasgo concierne a los verbos cuya reduplicación puede indicar la continuidad de una acción, como en *cammina cammina* o *vanno, vanno*),
- la repetición intensiva: que marca intensidad[42]. Para Leone, este tipo de reduplicaciones tiene su origen en la elipsis, esto es, la expresión *un caffé caffé* constituye una forma elíptica de *un caffé che sia caffé,*

42 La noción de intensidad aparece en la mayoría de los trabajos sobre la reduplicación en italiano. La podemos encontrar también en el artículo de Poggi Salani (1971) y en el análisis de Dressler y Merlini (1994).

- para marcar el contraste: a veces, la reduplicación se utiliza para expresar que una entidad entra en oposición con otra (por ejemplo, *l'uomo-uomo* contrasta con *l'uomo-donna*).

Lo que llama nuestra atención es el hecho de que, también en el caso del italiano, el significado de la reduplicación depende de la clase de palabra repetida. Rohlfs (1968: 87–92) divide las reduplicaciones en:

- reduplicaciones de adjetivos (*nuovo nuovo*): en los dialectos septentrionales, expresan intensificación, el segundo elemento puede adquirir el sufijo *-ente* (*nudo nudente*);
- reduplicaciones de sintagmas preposicionales (*a faccia a faccia*: 'a quattr'occhi', *a corpo a corpo*: 'persona contra persona');
- reduplicaciones de sustantivos (*costa costa*): pueden indicar continuidad (*costa costa:* 'sempre presso alla costa'), se relacionan con las nociones de aumento, intensificación, extensión y pluralidad;
- reduplicaciones de verbos: imperativos, infinitivos e imperativos con *che* (*corri che tu corri*).

Rossitto (1975: 172) enumera la reduplicación como uno de los fenómenos propios del dialecto siciliano. Según la autora, en esta variedad se pueden repetir los verbos o los sustantivos. En cuanto a los verbos, se trata de sus diferentes realizaciones en indicativo, como en:

(28) Dove è è: 'dovunque sia'
(29) Come viene viene: 'quale che sia l'esito'
(30) Come dici dici: 'in qualunque modo tu dica'

Por lo tanto, observamos que, al reduplicar los verbos, se produce un efecto de indeterminación. En cuanto a los sustantivos, su reduplicación suele indicar el valor de complemento de modo, de estado o adverbial[43], como en:

(31) Casa casa: 'in casa, per la casa'
(32) Strade strade: 'per le strade'
(33) In aria in aria: 'nel dormiveglia'
(34) Passo passo: 'lentamente, a passi lenti'

Greco (1975), por su parte, analiza la reduplicación en el dialecto tarentino. Resulta que, en esta variedad dialectal, se reduplican tanto los sustantivos (*kasa kasə*) como los adjetivos (*assuttə assuttə*), verbos (*rədennə rədennə*), adverbios (*intra intrə*) y locuciones adverbiales (*a kávətə a kávətə*). Según la autora, el hecho de reduplicar una unidad puede conllevar los significados siguientes:

43 También Sgarioto (2006) analiza las reduplicaciones nominales en el dialecto siciliano subrayando su función adverbial.

- todas las clases de palabras pueden adquirir valor intensivo: *a ponta pontə*: 'la punta estrema',
- algunos sustantivos pueden presentar el valor de complemento de lugar: *marina marinə*: 'lungo la marina',
- algunos sustantivos pueden adquirir función adverbial: *paura paurə*: 'in ansia, timoroso'.

Van Nuffel (1983) estudia la reduplicación en los textos de Pirandello. Tras un análisis detenido de varias de sus obras, llega a la conclusión de que existe una diferencia entre el significado de la reduplicación por yuxtaposición y de la reduplicación por coordinación. Según Van Nuffel, la coordinación implica ciertas emociones (lo que no ocurre en cuanto a la yuxtaposición). Hay que tener en cuenta, sin embargo, que el corpus utilizado por Van Nuffel está compuesto por textos literarios, por lo que algunas de las observaciones no necesariamente se reflejan en la lengua oral. No obstante, reconocemos que la conclusión a la que llega Van Nuffel sobre el significado emocional de las reduplicaciones ha atraído nuestra atención (vamos a desarrollar este concepto en las partes posteriores de nuestro trabajo).

Entre las aportaciones más significativas acerca de la reduplicación italiana, conviene mencionar el trabajo de Wierzbicka (1999). La autora denomina el hecho de repetir dos unidades léxicas con el término "reduplicación sintáctica" contrastándola con otro mecanismo: la repetición oracional (1999: 280–284). Los puntos clave de su tesis los resume la tabla siguiente:

Repetición oracional	**Reduplicación sintáctica**
Compuesta por dos elementos divididos mediante una pausa (o coma): *adagio, adagio*	Dos elementos que forman una unidad (no hay pausa ni coma entre ellos): *adagio adagio*
El objetivo: subrayar la veracidad de lo dicho	El objetivo: subrayar la precisión de lo dicho
Dos actos ilocutivos: el primero (objetivo ilocutivo nº1) + el segundo (objetivo ilocutivo nº2)	Un acto ilocutivo con un objetivo ilocutivo

Además, Wierzbicka contrasta el proceso de reduplicar una unidad con el de intensificarla mediante intensificadores del tipo de *molto*. Son dos las cuestiones que llaman su atención. Primero, que la reduplicación mediante el adverbio *molto* es posible solo en el caso de las unidades graduables. La reduplicación, por otra parte, permite intensificar unidades que no se pueden graduar (por ejemplo, *quasi quasi* o *bianco bianco*). La segunda cuestión que nos parece de mayor importancia es el hecho de que la reduplicación conlleva cierto significado emocional. Por eso, los enunciados como (35) en italiano resultan difícilmente traducibles a otras lenguas:

(35) *Venga subito subito.*

El valor expresivo, emocional de la reduplicación *subito subito* no está reflejado en las versiones inglesas *come straight away* ni *come at once – literally at once.* Esto, según la autora, constituye la razón por la que se puede considerar la reduplicación italiana como uno de los mecanismos sintácticos propios de la cultura de los italoparlantes.

2.3 Nuestro estudio

Como hemos intentado demostrar, el mecanismo de la reduplicación ha atraído la atención de lingüistas que se ocupan de diversas lenguas del mundo. En el ámbito español y en el italiano, son numerosas las propuestas que explican el funcionamiento de esta estructura que, a primera vista puede parecer muy simple, pero que en realidad suscita varias cuestiones problemáticas.

Los trabajos sobre la reduplicación española se centran primordialmente en la descripción de su forma y significado. Se reconoce, por lo tanto, que existen varios tipos de reduplicaciones que difieren tanto desde el punto de vista de su estructura formal como desde la perspectiva de su significado semántico. En cuanto a los estudios sobre la reduplicación italiana, hemos notado un cierto interés hacia la determinación de la procedencia de este mecanismo, su diversidad diatópica y la tendencia a entrar en el sistema gramatical (gramaticalizarse). Todos los estudios mencionados nos han indicado varias pautas que emprendimos a lo largo del presente trabajo.

Dada la diversidad formal de las estructuras reduplicadas en español y en italiano, en el presente estudio examinamos solo un tipo de estructura reduplicada, esto es, **la reduplicación léxica compuesta por yuxtaposición tipo XX**. Como subrayan varios autores, cada tipo de reduplicación presenta sus peculiaridades, por lo que merece un estudio aparte. Por lo tanto, este trabajo no abarca la problemática de las reduplicaciones por coordinación (aunque reconocemos que presentan gran valor en el sistema lingüístico de las lenguas examinadas).

Tras analizar el corpus y reflexionar sobre el funcionamiento de las estructuras reduplicadas, hemos optado por realizar nuestro estudio en base a cuatro conceptos clave:

- la Gramática de Construcciones,
- la intensificación,
- la (inter)subjetividad,
- el ethos comunicativo.

En adelante presentamos cuál es el vínculo entre estos conceptos y cómo se manifiestan en las estructuras reduplicadas proponiendo un modelo que, a nuestro juicio, puede explicar el funcionamiento de la reduplicación en español e italiano.

2.4 La Gramática de Construcciones

Tradicionalmente, se distinguen cuatro componentes de la competencia gramatical (Fillmore, Kay, O'Connor, 1988: 502–503):

- el conocimiento de las palabras (la pronunciación, el significado, las funciones, etc.),
- el conocimiento de las reglas gramaticales (las normas que rigen la aparición de estructuras más complejas),
- el conocimiento de la decodificación del significado de las estructuras complejas a partir de sus componentes,
- el conocimiento pragmático (la relación del significado con la situación).

Esta percepción de la competencia lingüística presupone que se pueden dividir las unidades lingüísticas en expresiones atómicas que se unen siguiendo una serie de principios. Como subrayan Fillmore, Kay y O'Connor, esta visión tradicional de la gramática no resuelve todas las cuestiones que salen a la luz al analizar el funcionamiento de los sistemas lingüísticos: los principios establecidos no son capaces de describir todas las estructuras aparecidas. De esta deficiencia de las reglas gramaticales surge la propuesta de la Gramática de Construcciones. Como explica Gras Manzano (2010: 286): "De acuerdo con este marco teórico, el conocimiento lingüístico de un hablante puede ser descrito como una compleja red de construcciones, entendidas como aparejamientos estables de rasgos formales y funcionales de diverso grado de complejidad estructural (de la morfología a la sintaxis, e incluso al discurso) y esquematicidad (de la sintaxis a la fraseología y al léxico)." De este modo, se rompe con una división tradicional entre diferentes niveles de la lengua: el significado semántico está estrechamente vinculado a la función sintáctica de una expresión. Además, **la Gramática de Construcciones atribuye el significado a la construcción misma**. En otras palabras, cierta estructura sintáctica ya en sí motiva una determinada interpretación semántica.

La teoría de construcciones proporciona dos conceptos: *construct* y *construction* (Kay, Fillmore, 1999: 2). El primero abarca diferentes unidades, palabras, sintagmas u oraciones, que se estructuran según las reglas descritas por las construcciones. Las unidades que forman parte de las construcciones pueden pertenecer a diversos niveles de la lengua (Goldberg, 1995: 4–6): las menores son los morfemas, las mayores son las estructuras compuestas por varias palabras. Las construcciones, por lo tanto, son partes de la lengua que presentan un determinado significado semántico junto con unas determinadas propiedades sintácticas. Lo importante es que al analizar una construcción no se la divide en unidades menores, sino que se trata como un conjunto. Esta característica contradice una visión generativista, según la cual, la lengua puede dividirse en unidades atómicas comunes para todos los sistemas lingüísticos. Croft (2001) enumera las siguientes características de las construcciones que contradicen las tesis de la Gramática Generativa:

- las construcciones son propias de cada lengua (y no, como afirma la Gramática Generativa, comunes para todas las lenguas);
- no se pueden dividir las lenguas en elementos atómicos, primitivos;
- no existen relaciones entre elementos de la construcción, sino que cada construcción está compuesta por participantes que desempeñan cierto papel en la construcción.

Las construcciones, por lo tanto, son características de una lengua determinada. Aunque en sistemas lingüísticos diferentes pueden existir construcciones parecidas, al analizar una construcción no podemos asumir que esté presente también en otras lenguas.

La teoría de construcciones ha sido aplicada a varias lenguas, entre las cuales encontramos el inglés o el español. Goldberg (1995) estudia las estructuras predicativas dividiéndolas en diferentes grupos que presentan patrones parecidos. Por ejemplo, bajo el esquema *agent successfully causes recipient to receive patient* se hallan verbos como *give, pass, hand, serve, feed.* Aunque cada uno de ellos representa valores semánticos diferentes, como construcciones presentan un comportamiento parecido. Kay y Fillmore (1999), por su parte, presentan el análisis de la construcción *What's X doing Y.* A lo largo de su estudio comprueban que una construcción puede abarcar una serie de ejemplos de diverso grado de idiomaticidad. Por ejemplo, tanto el enunciado *What is this scratch doing on the table?* como *What is it doing raining?* representan la misma construcción, aunque el significado de cada uno está en distinto grado condicionado por el significado literal de sus componentes. Según la Gramática de Construcciones, el significado de la construcción no equivale a la suma de los significados literales de las unidades que la componen. Se advierte, sin embargo, que el significado de unas estructuras puede manifestar mayor o menor dependencia del significado de sus componentes.

Gras Manzano (2010) lleva a cabo un interesante estudio de las construcciones extraídas del habla coloquial. Así, la construcción "SV [infinitivo] SN [nominativo]" representada, por ejemplo, por la expresión *¿Fumar yo?* aporta el matiz de extrañeza. Además, el autor analiza el funcionamiento de la construcción "mira que si + proposición". Reconoce que esta construcción posee sus propios rasgos formales (como entonación, selección de formas verbales, etc.) y unos rasgos funcionales. Afirma también que está relacionada con la construcción encabezada por el marcador apelativo *mira* y las construcciones condicionales.

Felíu (2011: 117) aplica la teoría de construcciones a las reduplicaciones nominales, proponiendo el siguiente esquema:

$[[X_i]_N\ [X]_N]_{Nj}$ < ---------- > $[\text{interpretación prototípica de } X_i]_j$

El esquema demuestra que la combinación de dos sustantivos idénticos constituye una construcción que supone una interpretación prototípica de la unidad reduplicada. Por lo tanto, al emparejamiento de dos sustantivos idénticos en una construcción se le atribuye el significado prototípico de la unidad repetida[44].

Siguiendo la propuesta de Felíu, en el presente trabajo tratamos las reduplicaciones como una construcción. Sin embargo, introducimos algunos cambios al modelo propuesto por Felíu:

- las unidades reduplicadas representan distintas clases de palabras (el modelo no se limita a las reduplicaciones nominales, sino a las reduplicaciones en general),
- la propuesta tiene carácter pragmático, esto es, las nociones que aportan las construcciones reduplicadas trascienden la interpretación semántica vinculándose a unos significados pragmáticos.

Por lo tanto, nuestro modelo se estructura de la manera siguiente:

[[X] [X]] < ---------- > **[interpretación pragmática: intensificación de la (inter)subjetividad]**

La unidad X representa a las siguientes clases de palabras:

- sustantivos,
- adjetivos,
- adverbios,
- verbos (infinitivos, gerundios e imperativos),
- demostrativos (adjetivos y adverbios).

Al reduplicar estas unidades se crea una construcción que implica la interpretación pragmática de la intensificación de la (inter)subjetividad (las nociones de intensificación y de (inter)subjetividad vienen explicadas en los apartados 2.5. y 2.6. respectivamente).

2.4.1 ¿Por qué la Gramática de Construcciones?

Al aplicar la teoría de construcciones, se pueden resolver varias cuestiones problemáticas que surgen a la hora de analizar las estructuras reduplicadas. Especialmente, se evita el problema de clasificarlas como nuevas creaciones léxicas o como estructuras sintácticas. Como vamos a demostrar, se puede considerar la reduplicación como un mecanismo léxico de composición o una estructura sintáctica de aposición. Veamos brevemente cómo se puede interpretar la reduplicación desde la perspectiva de estos dos planos: el léxico (la composición) y el sintáctico (la aposición).

44 También Valenzuela, Hilferty y Garachana (2005) recurren a la teoría de construcciones para explicar el funcionamiento de las construcciones reduplicadas del tópico, tipo *Comer comer no come, pero bebe un cosaco.* Los autores analizan diferentes propiedades de esta construcción, tanto fonológicas como sintácticas.

2.4.1.1 *La reduplicación como mecanismo de composición*

La composición constituye uno de los mecanismos de formación de palabras. Por lo tanto, pertenece al conjunto de operaciones que sirven para crear nuevas piezas léxicas en una lengua. Como explica Varela (2005: 73), estamos ante la composición cuando "unimos dos o más lexemas para formar una nueva palabra con un sentido único y constante". Los compuestos se dividen en dos tipos: los léxicos y los sintagmáticos. Para definir los léxicos, Varela (2005: 74–80) establece tres criterios:

- tienen un núcleo (que puede ser interno o externo).
- presentan una única flexión de género y número como un todo unitario,
- tienden a eliminarse los morfemas de plural (*Estados Unidos* > *estadosunidense(s)*)
- los morfemas de género que se sitúan en el interior pierden su función gramatical (*pequeñoburgués* frente a **pequeñaburguesa* y *pequeñoburguesa*).

No cabe duda de que la reduplicación no se ajusta a los criterios expuestos. En cuanto a las reduplicaciones tipo *café café* o *guapo guapo*:

- resulta complicado establecer qué elemento es el núcleo,
- no presentan una flexión unitaria (*el chico guapo guapo*, pero *la chica guapa guapa* y no **guapo guapa*),
- no se suele eliminar el morfema de plural (*los chicos guapos guapos* y no **los chicos guapo guapos*),
- los morfemas de género interiores no pierden su función gramatical.

No obstante, la estructura analizada comparte varios rasgos con el segundo tipo de composición, esto es, la composición sintagmática definida por Varela (2005: 80) como "determinadas agrupaciones de palabras que se comportan como los compuestos ortográficos en el sentido de que forman una unidad solidaria y tienen un significado único, a pesar de que sus componentes se realicen como palabras separadas". Estamos, por lo tanto, ante estructuras tipo *ojo de buey* o *salón-comedor* que tienen un significado unitario, aunque sus componentes no dejan de ser unidades separadas. Bustos (1986: 69–180) se refiere a dos tipos de compuestos sintagmáticos, esto es, la estructura *sustantivo+de+sustantivo* o *adjetivo+sustantivo/sustantivo+adjetivo*. Dado que en las construcciones reduplicadas los constituyentes no están separados por preposición, las comparamos con el segundo tipo de compuestos sintagmáticos. Se presentan, por lo tanto, distintos criterios que utiliza Bustos (1986: 120–180) para definir la composición sintagmática tipo *adjetivo+sustantivo/sustantivo+adjetivo* observando a la vez si vienen realizados por las estructuras reduplicadas.

1) Criterios fonéticos: la pluralidad o unidad acentual del compuesto.
   El estudio de Bustos demuestra que la pluralidad o unidad acentual depende del tipo del compuesto[45]: los endocéntricos tienden a presentar pluralidad de acento (cada constituyente mantiene su acento), mientras que los exocéntricos

45 Los compuestos tienen un núcleo que, desde el punto de vista semántico, funciona como su hiperónimo (Varela, 2005: 76). Por ejemplo, en *bajorrelieve* el núcleo está

suelen manifestar unidad acentual. En cuanto a la reduplicación, observamos que los constituyentes mantienen la pluralidad acentual con lo que se asemejan más bien a los compuestos endocéntricos. En realidad, se podrían considerar endocéntricos porque el núcleo se incluye dentro de la estructura, pero de modo especial: se encuentra en ambas unidades. En las estructuras tipo *guapo guapo* resulta imposible delimitar si el núcleo viene representado por la primera o la segunda unidad, aunque no cabe duda de que la expresión *guapo guapo* se refiere a un tipo específico de *guapo.*

2) Criterios morfológicos:
   a) Son siempre dos unidades:
      Este criterio se aplica también a las reduplicaciones. Para Bustos, las unidades pueden pertenecer a dos clases, sustantivos o adjetivos, mientras que, en el caso de la reduplicación, notamos mayor variabilidad en las categorías. En ambos casos, no obstante, estamos ante cierto tipo de unión entre dos elementos.
   b) El género y el número gramaticales dependen del grado de lexicalización de estas unidades:
      Según Bustos, cuanto mayor es el grado de fijación gramatical, en mayor grado se altera la relación de concordancia entre los constituyentes del compuesto. Este criterio no se aplica al mecanismo de la reduplicación, ya que entre los elementos reduplicados no se alteran rasgos de concordancia (en realidad, no hay ningún rasgo de concordancia entre los constituyentes porque las estructuras se forman simplemente por repetición).
   c) La combinación de los compuestos y los sufijos:
      En cuanto a los compuestos, algunos presentan la capacidad de combinarse con los sufijos, como en *cuenta corriente* > *cuentacorrentista.* Las reduplicaciones, por su parte, no admiten combinarse con los sufijos (no son posibles estructuras tipo *columna columna* > **columna columnista*)[46].
3) Criterios sintácticos:
   a) Orden de colocación (sustantivo-adjetivo vs. adjetivo-sustantivo):
      Este criterio no se puede aplicar a las estructuras reduplicadas, puesto que estamos ante dos unidades iguales por lo que no podemos delimitar cuál es la primera y cuál la segunda.
   b) Conmutabilidad del compuesto por una unidad léxica simple:

---

constituido por *relieve,* porque el compuesto se refiere a un tipo específico de *relieve.* El compuesto puede ser endocéntrico, cuando el núcleo equivale a uno de los constituyentes (como en *bajorrelieve*), o exocéntrico, cuando el núcleo está fuera de la unidad, como en *ciempiés* que es un tipo de animal (no es una especificación de *cien* ni de *pié*).

46 Conviene resaltar, sin embargo, que este tipo de reduplicaciones es posible en los dialectos septentrionales de Italia Rohlfs (1968: 87–92).

De acuerdo con la investigación de Bustos, los compuestos endocéntricos pueden ser reducidos al núcleo (por ejemplo, el compuesto *acacia blanca* lo podemos sustituir por *acacia* sin perder la gramaticalidad del enunciado). En cuanto a los exocéntricos, la sustitución por una unidad léxica simple parece más difícil dado que los compuestos no suelen tener equivalentes (por ejemplo, no existe un equivalente para *buenas tardes*). En este sentido, las reduplicaciones suelen comportarse más bien como los compuestos endocéntricos (es posible sustituir *guapo guapo* por un simple *guapo*, y, aunque se pierden ciertos significados, el enunciado sigue siendo gramatical).

c) Imposibilidad de determinaciones parciales:
En cuanto a los compuestos, no se admiten determinaciones parciales (por ejemplo, la unidad *mercado negro* no puede ser dividida por un determinante intermedio **mercado muy negro*). El criterio se ajusta también al mecanismo de la reduplicación: si separamos la estructura *guapo guapo* con el determinante *muy*, como en *guapo muy guapo*, la estructura obtenida deja de ser una reduplicación.

4) Criterios semánticos:
Bustos clasifica los compuestos según los significados semánticos a los que hacen referencia. El mecanismo de la reduplicación no entra en ninguno de los criterios propuestos por el autor. No obstante, Varela (2005: 82) en su descripción de los compuestos nominales menciona uno de sus subtipos en el cual "el nombre en aposición resalta o intensifica alguna de las propiedades del primer constituyente". Como ejemplo, enumera expresiones como *oferta/pasajero/juez/cliente estrella* o *problema/decisión/hombre clave* cuyo segundo constituyente intensifica el valor del primero. En cuanto a la reduplicación, creemos estar ante una situación parecida: aunque es imposible delimitar qué elemento es el principal y cuál el intensificador (los términos son iguales), el fin último tanto del tipo de compuesto mencionado por Varela como de las reduplicaciones consiste en intensificar ciertas cualidades de un concepto.

En la siguiente tabla se recogen los criterios aplicables a la composición sintagmática propuestos por Bustos (1986) mostrando a cuáles de ellos se ajusta el mecanismo de la reduplicación:

Los criterios	**La reduplicación ("+" comparte, "-" no comparte)**	**Comentario**
Fonéticos: - pluralidad acentual	+	Comparte esta característica con los compuestos endocéntricos.
Morfológicos: - son dos unidades	+	Bustos menciona solamente los sustantivos y los adjetivos, mientras que, en cuanto a la reduplicación, tenemos mayor variedad categorial.

Los criterios	La reduplicación ("+" comparte, "-" no comparte)	Comentario
- el género y el número gramaticales dependen del grado de lexicalización de estas unidades	-	
- la combinación de los compuestos y los sufijos	-	
Sintácticos: - orden de colocación	No se aplica.	Son dos unidades iguales así que no se puede establecer cuál es la primera y cuál la segunda.
- conmutabilidad del compuesto por una unidad léxica simple	+	Comparte esta característica con los compuestos endocéntricos.
- imposibilidad de determinaciones parciales	+	
Semánticos	-	No comparte las características semánticas propuestas por Bustos, pero se asemeja a la subclase de compuestos nominales de intensificación a la que se refiere Varela.

Como podemos deducir de los datos proporcionados por la tabla, el mecanismo de la reduplicación comparte varios rasgos con la composición. Por lo tanto, desde este punto de vista, se puede sostener que forma parte del conjunto de los mecanismos de formación de palabras[47].

2.4.1.2 La reduplicación como mecanismo de aposición

La aposición es un concepto que carece de una definición unitaria. Como demuestra Paula (1978: 4–52), en la historia de los estudios lingüísticos, la aposición ha sido examinada desde diferentes corrientes metodológicas obteniendo numerosas definiciones. En su trabajo, la autora propone un análisis detallado de los distintos aspectos de la aposición que nos sirve como apoyo para demostrar que la

47 Tal es la postura de Botha (1988) quien analiza las reduplicaciones en Africaans, afirmando que la reduplicación forma parte del conjunto de los mecanismos de formación de palabras en esta lengua.

reduplicación también puede ser analizada como un ejemplo de estructura apositiva.

La estructura apositiva, según Paula, equivale a un sintagma nominal compuesto por dos elementos: el núcleo y la aposición que se caracterizan por los rasgos siguientes (1978: 77–79):

a) la aposición y el núcleo pertenecen a la misma clase funcional (y, por eso, son intercambiables),
b) la aposición está situada junto a su núcleo:
   - en posición pre- o posnuclear, separada mediante una coma o una pausa (en el caso de la lengua hablada): es una aposición "bimembre/no restrictiva" (*Don Basilio, el director*),
   - en posición pre- o posnuclear, sin coma o pausa: la aposición "unimembre/restrictiva" (*Dina la sacerdota*),
c) las estructuras apositivas no entrañan ni relación de coordinación ni de subordinación,
d) la aposición y el núcleo poseen el mismo referente.

Como es de suponer, las reduplicaciones se asemejan más bien a las aposiciones restrictivas, dada la falta de pausa entre sus componentes. Expresiones tipo *pueblo pueblo* cumplen las condiciones propuestas por Paula:

- son intercambiables: la estructura *pueblo pueblo* se puede reducir a un elemento, *pueblo*, sin que el enunciado pierda la gramaticalidad (aunque lo que sí que se pierde son ciertos significados),
- resulta complicado decidir cuál de los elementos de la estructura reduplicada constituye el núcleo, y cuál la aposición, podemos concluir solamente que la reduplicación es un tipo de aposición restrictiva,
- entre los elementos de la reduplicación no encontramos relación de coordinación ni de subordinación,
- ambas unidades se refieren al mismo referente.

Las estructuras apositivas restrictivas se dividen en dos grupos (Paula, 1978: 136–137): de conexión directa y de conexión indirecta. En el primer caso, estamos ante dos elementos que se unen directamente, mientras que en el segundo son dos unidades relacionadas mediante una preposición. El objetivo de nuestro estudio, la reduplicación léxica por yuxtaposición, carece de preposición entre los elementos, por lo que lo vinculamos más bien al primer tipo, las aposiciones directas.

Entre las aposiciones de conexión directa, Paula (1978: 315–373) enumera los siguientes subgrupos:

- nombre propio + nombre común (*señor Félix García el carbonero*)
- nombre común + nombre propio (*la doña Juana*)
- nombre común + nombre común: sintagmas fijos y compuestos apositivos (*profeta rey, soldado poeta*): el segundo sustantivo modifica al primero asumiendo una función parecida a la del adjetivo:

a) tipo *mujer soldado*: el grado de cohesión es mínimo, responde a gustos particulares del hablante,
b) tipo *cafetines concierto, luces piloto*: creado por aquellos sustantivos que forman parte de muchas aposiciones, pueden aplicarse a cualquier sustantivo (por eso, se parecen a los adjetivos),
c) compuestos apositivos: *salón-comedor, madreselva, puercoespín.*

A la clasificación de Paula se podría añadir un cuarto tipo de estructura: la reduplicación. En este caso estamos ante la relación de aposición entre dos nombres comunes (como en (36)) o entre dos nombres propios (ejemplo (37)):

(36) *Yo voy por la Castellana y veo unos gorriones que están picoteando y viéndolos" bueno, pues, ese animalito,* ***trabajo trabajo****, lo que la gente llama trabajo puede que no tenga mucho. Nada de "ganarás el pan con el sudor de tu frente". No hay sudor, pero es una joya.*
(CREA)

(37) *E: ma no veramente Vespa*
B: ***Vespa Vespa*** *non è penso che è un omone ahah Vespa*
A: no Vespa era era terrificante quando ha fatto la_ l'intervista era pallido pallido non si era messo il cerone per cui aveva tutti i nei tutti i nei qua
(VoLIP)

Paula, como rasgo distintivo entre diversos subtipos de aposiciones, presenta el grado de gramaticalización: algunas estructuras son menos comunes (y más propias de ciertos hablantes, como *mujer soldado*), mientras que otras se han gramaticalizado convirtiéndose en expresiones fijas (como *puercoespín*). En cuanto a las reduplicaciones, sostenemos que presentan diferente grado de gramaticalización (véase el capítulo 4.4.5. del presente trabajo).

Entre las diversas propuestas acerca del análisis de las estructuras apositivas, destaca la de Catalina Fuentes (1989) porque toma en consideración factores de carácter pragmático. Como señala la autora (1989: 232), la aposición "es una estructura formal que con un esquema sintáctico determinado indica un contenido semántico-pragmático de correferencia". De este modo, para Fuentes, la aposición cumple la misma función que los conectores extraoracionales, tipo *es decir, esto es.* Creemos que las reduplicaciones también presentan esta característica:

(38) *Pues Yoli siempre nosotros la conocimos por Yoli. ¿Yoli? Sí. Pero si es Marisol. Que se llamaba de* ***nombre nombre*** *¿cómo se llamaba? Sofia. Sofia, claro es mi prima, mi prima hermana.*
(CREA)

En (38), las unidades que forman parte de la reduplicación *nombre nombre* son correferentes y se podrían parafrasear como *nombre, es decir, nombre de verdad.*

El problema del análisis de las reduplicaciones como un tipo de aposición radica en el hecho de que la aposición es una relación dentro del sintagma nominal, mientras que, como hemos expuesto, la reduplicación puede crearse a partir de varias clases de palabras (sustantivos, adjetivos, adverbios, verbos o incluso demostrativos). Teniendo esto en cuenta, sin embargo, no debemos perder de vista las semejanzas entre las estructuras apositivas y las reduplicaciones.

2.4.2 Nuestra propuesta

Lo que hemos intentado demostrar en los apartados anteriores es que la peculiaridad de la reduplicación nos permite analizarla desde distintas perspectivas. Por una parte, podemos considerar que es una estrategia de composición cuyo objetivo consiste en formar nuevas unidades léxicas. Por otra, se puede argumentar que es un tipo de relación sintáctica que se halla entre dos elementos idénticos. Ambas interpretaciones pueden dar lugar a argumentos a favor o en contra dependiendo del punto de vista asumido (y de la definición del proceso de composición y de aposición que se defiende). Al aplicar el modelo de la Gramática de Construcciones, no se necesita explicar si la reduplicación es un mecanismo léxico de formación de palabras, o bien una relación sintáctica. Desde nuestra perspectiva es una estructura compuesta por dos unidades idénticas que proporciona cierto significado pragmático:

[[X] [X]] < ---------- > **[interpretación pragmática: intensificación de la (inter)subjetividad]**

Como ya hemos subrayado, la unidad X representa a diversas clases de palabras:

- sustantivos:

(39) *¿Y usted vivió en el* ***pueblo pueblo*** *o vivía afuera? No, yo vivía en el pueblo. En el* ***pueblo pueblo.*** *En el pueblo de Santa Cruz, vivimos siempre ahí, toda la vida.*
(CREA)

- adjetivos:

(40) *– Okay piedone lunghissimo piede* ***lungo lungo****.*
– Lunghissimo piedone piede, sì.
(PEC)

- adverbios:

(41) *La pocha es ¿cuántas ponemos de pocha? ¿Cuántas?. Veinticinco más. Porque ya se da bien puntos. Jugáis al revés. ¿Cómo que jugamos al revés? No, Y la pocha es cuando te pides todas las cartas y te las llevas. No, no* ***siempre siempre*** *se ha repartido a derechas, o sea que Ya ya, si yo no digo Hombre, claro. nada. ¿Cómo que no dices? Siempre*
(CREA)

– verbos (infinitivos, gerundios e imperativos):

(42) *B: sicura di sè perchè è una bambina timida*
A: sì
B: perchè io vedo che si mette anche a studiare a ***studiare studiare*** *e poi_ eh dimentica le cose*
(VoLIP)

(43) *Mira, lo que ha pasado lo que ha pasado este este trimestre este primer trimestre, porque en general, en el colegio no se puede decir que se haya pasado generalmente, salvo aquel año famoso que estuvimos sin calefacción, que se haya pasado frío, lo que ha pasado es que este año a nosotros compramos gasóleo a finales de curso, con el dinero que quedaba rellenamos el tanque y luego a la vuelta fuimos a comprar otra vez el el fueloil y y bueno, a ver, y que han tardado un montón de días en en traernos el fuel, doce días y entonces hemos estado controlando la calefacción,* ***controlando controlando*** *esto, poniéndola menos horas, porque no queríamos arriesgarnos.*
(CREA)

– demostrativos (adjetivos y adverbios):

(44) *0080 B: la emoción↓ ¿se dice emoción?//*
0081 A: ¿o el cangelo↓ [del primer año?↓ ¿no?]
*0082 B: [**ahí ahí**]*
(Val.Es.Co 2.0)

Otro factor que ha encaminado nuestro estudio hacia la Gramática de Construcciones proviene de la observación del corpus. Al examinar las distintas reduplicaciones, tanto en español como en italiano, hemos notado que, aunque su funcionamiento presenta ciertas discrepancias, lo que tienen en común es compartir la expresión de un cierto significado pragmático. Según nuestra hipótesis, el valor pragmático que presentan las estructuras reduplicadas consiste en una estrategia para intensificar la (inter)subjetividad. Por eso, en nuestro modelo como implicación pragmática encontramos la noción de intensificación de la (inter)subjetividad. Conviene explicar, por lo tanto, dos conceptos clave para el presente análisis: la intensificación y la (inter)subjetividad.

2.5 La intensificación[48]

La intensificación es un concepto que a lo largo de la tradición lingüística ha obtenido definiciones muy variadas y enfocadas a distintos aspectos de su funcionamiento. En el Diccionario de la Real Academia Española, el término "intensificar" obtiene la definición siguiente:

"1. tr. Hacer que algo adquiera mayor intensidad. U. t. c. prnl."[49]

El concepto clave de la definición, la "intensidad", se explica como:

"1. f. Grado de fuerza con que se manifiesta un agente natural, una magnitud física, una cualidad, una expresión, etc.
2. f. Vehemencia de los afectos del ánimo."[50]

Observamos, por lo tanto, que el proceso de intensificar se vincula al hecho de aumentar la fuerza o una cualidad de algo. El objeto de la intensificación puede ser de diversa índole: entre los distintos elementos que sufren la intensificación encontramos también las unidades lingüísticas.

Aunque todos los estudios sobre la intensificación mencionan conceptos como "aumentar", "fuerza", "cualidad" o "intensidad", el procedimiento en cuestión carece de unanimidad metodológica. Schneider (2017) divide las propuestas en dos grupos: las del ámbito español y las de fuera de este. En ambos casos las perspectivas son muy variadas y tratan la problemática desde distintos puntos de vista. El mayor problema al abarcar el tema de la intensificación es la multiplicidad de sus definiciones. De este modo, en diversos trabajos sobre distintas lenguas se presentan explicaciones del mecanismo de la intensificación de diferente índole. Veamos algunos ejemplos para demostrar la variedad de explicaciones del término en cuestión.

En la gramática de la lengua francesa de Wagner y Pinchon (1991: 144–146), la noción de *intensité* se presenta como propia de los adjetivos. Los autores advierten que una cualidad puede tener mayor o menor grado de intensidad: el hecho de marcarla constituye un mecanismo de intensificación. La intensificación en francés, según Wagner y Pinchon, se realiza:

- mediante el significado del adjetivo: algunos de los adjetivos ya en sí poseen marcas de intensidad, como *énorme, immense, minuscule, achevé, divin, hideaux, affreux*, etc.;
- mediante recursos fonéticos o morfológicos: una entonación o unos morfemas, como *archi-, sur- hyper-, ultra-, -issime;*
- mediante la repetición: por ejemplo, *c'est mauvais, mauvais!*;
- mediante algunos adverbios: de nivel inferior de intensidad (*peu, faiblement*) o de nivel superior de intensidad (*bien, fort*);

48 La estrategia de la intensificación está estrechamente vinculada al concepto de la atenuación introducido en el capítulo 4.4.2.3.
49 http://dle.rae.es/?id=LrzB3mf [19/03/2018]
50 http://dle.rae.es/?id=Lrv7jtU [19/03/2018]

- mediante locuciones adverbiales: como *des plus…, des mieux…*;
- mediante recursos léxicos: como expresiones estereotipadas (*fou à lier*).

Los autores reconocen también el valor de intensidad en algunos adverbios (1991: 437–439), como los exclamativos *comme* (*comme c'est triste!*) o *que* (*que c'est difficile!*). De este modo, lo que intensifican es no solo una cualidad, sino también un cierto sentimiento acerca de esta.

En el ámbito italiano, Dressler y Melini (1994: 415–525) analizan tres mecanismos de la intensificación: el sufijo aumentativo *-one*, el sufijo *-issimo* y la reduplicación léxica. La perspectiva adoptada tiene carácter semántico-pragmático: se examinan las funciones pragmáticas que proporcionan los elementos intensificadores y las situaciones en las que aparecen. El sufijo *-one* aparece en las siguientes situaciones (1994: 445–456):

- en las conversaciones entre adultos y niños:

(45) *Vieni dalla tua nonn-**ona**!*
(46) *Ti piace andare nel lett-**one** della mamma?*

– en las conversaciones de carácter cariñoso:

(47) *gatt-**one**, mici-**one***

– para expresar placer o felicidad:

(48) *Uh, che bella vacanz-**ona** che mi faccio quest'anno!*

– para minimizar la expresión de dolor o miedo:

(49) *Ho un dolor-**one** di pancia*

– para demostrar simpatía:

(50) *I tuoi figliol-**oni** come stanno?*

En cuanto al sufijo *-issimo*, los autores sostienen que no presenta unas características pragmáticas propias, sino que más bien constituye un recurso de intensificación semántica (1994: 496). Esto significa que el sufijo *-issimo* opera a nivel semántico (introduce modificaciones en el significado de la unidad a la que se aplica) y no pragmático (su significado no varía según la situación o contexto en el que aparece).

Como demuestra Albelda (2007: 21–44), tradicionalmente en el ámbito de la lingüística hispánica, las propuestas de análisis del proceso de intensificación se dividen en dos grupos: la descripción semántica y la explicación retórica. El significado semántico de la intensificación se suele asociar a tres conceptos: cuantificación, gradación y superlación, mientras que las funciones retóricas se vinculan a la noción de expresividad, de énfasis y de 'mise en relief'. La autora proporciona una clasificación de procedimientos de intensificación dividiéndolos en dos grupos: los que afectan al *dictum* (intensificación proposicional) y los que afectan al *modus* (intensificación modal). Entre los procedimientos lingüísticos de la intensificación proposicional, Albelda enumera (2007: 54–84):

- los recursos morfológicos: sufijos (como *-ísimo, -ada, -azo*) y prefijos (tipo *archi-, extra-* o *hiper-*);
- los recursos léxicos: unidades simples (tanto sustantivos, como *barbaridad, infinidad, joya*, como adjetivos, *abominable, asombroso, fantástico*, verbos, *chiflar, detestar, forrarse a*, adverbios, *completamente, horriblemente*, etc.), frases hechas (locuciones, tipo *empanada mental* o *dormir como un lirón*) y enunciados fraseológicos, como *al pan, pan y al vino, vino* o *no hay tu tía*);
- los recursos sintácticos: modificadores de las categorías gramaticales nucleares (por ejemplo, adverbio *muy* o locuciones determinativas como *así de gente*) y estructuras sintácticas intensificadas en sí mismas (como *hasta, incluso* o *un + sustantivo + que*), repeticiones y enumeraciones;
- los recursos semánticos: ironía y tropos;
- los recursos fónicos: segmentales (alargamientos fonéticos y fenómenos de relajación articulatoria) y recursos suprasegmentales (como tono o pronunciación marcada, onomatopeyas, exclamación, etc.).

En cuanto a los procedimientos de la intensificación modal, Albelda (2007: 84–102) llama la atención sobre los siguientes:

- los verbos modales,
- los modos y tiempos verbales,
- las construcciones verbales del tipo *es/está + adjetivo + que P/infinitivo*,
- los atributos calificativos de la verdad y de la certeza,
- los adverbios y partículas modales,
- los verbos de actitud que rigen una subordinada.

Tras efectuar su clasificación, Albelda (2007: 115–114) reconoce las limitaciones de esta perspectiva. Teniendo en cuenta los resultados de los trabajos previos, la autora propone un análisis pragmático de la intensificación basado en los siguientes puntos (2007: 109–110):

> "¿**Qué** se intensifica?: se intensifica la actitud; bien, indirectamente (intensificación de lo dicho), bien, directamente (intensificación del decir). Si se emplean procedimientos de intensificación pero no se intensifica la actitud, no podemos hacer uso del término *intensificación*, que se refiere exclusivamente a una categoría pragmática.
> ¿**Con qué** se intensifica?: con una serie de procedimientos de intensificación, cuya nómina no está cerrada.
> ¿**Sobre qué** inciden los intensificadores?: sobre categorías léxicas y sobre los elementos de la modalidad.

¿**Para qué** se intensifica?: la finalidad es pragmática, conseguir determinados fines conversacionales."

Tras realizar una serie de conversaciones coloquiales, Albelda reconoce tres niveles en los que actúa el proceso de intensificación: codificado, conversacional y social. Estos tres niveles van a constituir también la base para nuestro análisis de la reduplicación, por lo que merecen una descripción más detenida.

2.5.1 Tres dimensiones de la intensificación

Las últimas propuestas que describen el mecanismo de la intensificación incluyen, aparte de su valor semántico, sus diversas funciones pragmáticas. Esto significa que la intensificación no solo modifica el contenido proposicional, sino que también desempeña un papel importante a nivel pragmático. Siguiendo esta pauta, Albelda (2007) analiza la estrategia de la intensificación desde la perspectiva de tres dimensiones[51]:

1) El nivel codificado (2007: 115–144): la intensificación radica en poner un concepto en la escala. La autora describe el funcionamiento de la intensificación a nivel codificado del modo siguiente (2007: 120): "una construcción X estará intensificada si existe una construcción Y, igual en todo a X salvo en la presencia de algún elemento tal que exprese una proposición en un grado inferior". Por lo tanto, la intensificación marca la existencia de una escala cuyo punto de referencia se puede deducir del enunciado expresado. La autora argumenta la existencia del diverso grado de la intensificación mediante los ejemplos siguientes:

   (51) No te preocupes, esta vez ***tal vez*** *me animaré.*
   (52) No te preocupes, esta vez ***seguramente*** *me animaré.*
   (53) No te preocupes, esta vez me animaré.
   (54) No te preocupes, esta vez ***fijo/por supuesto/sin duda*** *me animaré.*

   Los enunciados en (51), (52), (53) y (54) presentan la realización de la escala: (51) se encuentra en el punto inferior de la escala, mientras que (54) está en el punto superior. Esto significa que las expresiones *fijo, por supuesto* o *sin duda* desempeñan el papel de intensificadores si las ponemos en relación con otras posibilidades (como *tal vez, seguramente* o ausencia de un adverbio)[52].

---

51 También Bazzanella (2004) divide la intensificación en italiano según los tres niveles en los que actúa: el contenido proposicional, la actitud del locutor y el nivel interactivo.

52 Conviene señalar que, a nivel codificado, se puede poner en una escala superior (intensificar) tanto el contenido proposicional como modal (especialmente la modalidad epistémica que mantiene estrechas relaciones con la escolaridad).

2) El nivel comunicativo (2007: 145–192): la intensificación como mecanismo de evaluación.

   Según Albelda, la intensificación a nivel comunicativo no solo presenta la posición de una unidad en la escala, sino que también funciona como estrategia de evaluación. De este modo, al intensificar se demuestra cierta crítica (positiva o negativa). Como ejemplo de las expresiones intensificadoras que sirven para evaluar, Albelda (2007: 153) menciona los enunciados siguientes:

   (55) No entiendo cómo el chaval ese aprobó el carné, no ha terminado ***ni*** *la egebé.*
   (56) No me preguntaron ***ni*** *cómo me llamaba.*
   (57) No quiero ***ni*** *que me menciones ese asunto.*

   En estos tres enunciados, el adverbio *ni* no sirve para describir la realidad, sino para intensificar una opinión, un juicio. Por tanto, se llama la atención no sobre un hecho concreto (como *terminar la egebé, llamarse o mencionar un asunto*), sino sobre la evaluación de unas personas o unas situaciones. Sobre el concepto de evaluación hablaremos más adelante (véase el capítulo 4.4.2.).
   A nivel comunicativo, Briz (1996, 2017) reconoce el valor de autorreafirmación: la intensificación del yo-hablante. De este modo, el hablante intensifica su presencia en el discurso utilizando una serie de recursos lingüísticos. La autorreafirmación contribuye al aumento de la fuerza argumentativa, esto es, respalda los argumentos que apoyan cierta conclusión.

3) El nivel social (2007: 193–214): la intensificación como mecanismo de cortesía.

   Son varios los autores que reconocen el mecanismo de la intensificación como propio de las relaciones sociales. Para Meyer-Hermann (1972: 282), la intensificación "es un proceso interactivo en el cual los interactuantes manifiestan por medio de operadores de intensificación que quieren asumir y/o establecer con respecto a una proposición *p* un grado de intensidad". Según el autor, en la interacción los hablantes están obligados a actuar de una manera determinada (por ejemplo, si un hablante hace una pregunta, el otro tiene que responderle). Esta obligación puede realizarse implicando mayor o menor intensidad manifestada mediante una serie de recursos lingüísticos. Meyer-Hermann subraya el carácter interactivo de las unidades de intensificación: desempeñan la función de intensificadores en un determinado contexto interactivo (mientras que en otros contextos pueden carecer de esta función).

Para Briz (2017: 45), la intensificación es una "constante lingüística" de la conversación coloquial. Esto significa que constituye una estrategia propia de este género discursivo: la intensificación desempeña un papel indispensable en las conversaciones cotidianas de los hispanohablantes. Briz (1996, 2017), entre las funciones pragmáticas de la intensificación, enumera la de alo-reafirmación (el hecho de reafirmar al interlocutor) y la contra-reafirmativa (para mostrar el desacuerdo). De este modo, mediante la intensificación el hablante puede mostrar su interés por el interlocutor, el acuerdo o el desacuerdo con lo que se comunica.

Según Albelda, a nivel interactivo, se puede intensificar la imagen del interlocutor y así respaldar la cortesía valorizante (sobre el concepto de cortesía verbal, véase el capítulo 1.4.1.3.). La intensificación a nivel social se puede realizar mediante varios recursos directos, como halagos, alabanzas, cumplidos, o bien, indirectos, que consisten en colaborar con el tema, manifestar el acuerdo o colaborar en la producción del enunciado del otro interlocutor (2007: 200).

Mediante su propuesta de análisis de la intensificación, Albelda insiste en que es una estrategia que actúa a diversos niveles: no solo modifica el significado semántico, sino que también desempeña un papel importante en la expresión de evaluación y en las relaciones sociales, especialmente en cuanto a la cortesía verbal. Además, mediante el análisis del corpus de las conversaciones coloquiales, la autora vincula unos mecanismos lingüísticos (morfológicos, sintácticos o léxicos) a diversas dimensiones de la intensificación. Hay que subrayar, sin embargo, que un mecanismo lingüístico puede apoyar la estrategia de intensificación a varios niveles: poniendo un concepto en la escala (nivel codificado), expresando evaluación (nivel comunicativo) o reforzando la imagen del interlocutor (nivel social).

2.5.2 Nuestra propuesta

En el presente trabajo, la intensificación incluye una noción específica, esto es la (inter)subjetividad. Nuestra propuesta no entra en conflicto con el modelo de Albelda, dado que la intensificación de la (inter)subjetividad puede realizarse a diferentes niveles:

- a nivel codificado: la reduplicación puede intensificar el grado del significado (inter)subjetivo de ciertas expresiones,
- a nivel comunicativo: la reduplicación puede constituir el mecanismo que manifiesta la noción de evaluación,
- a nivel social: la reduplicación sirve también como procedimiento de cortesía verbal.

Aunque no vamos a seguir paso a paso la propuesta de Albelda, sino que más bien nos basaremos en algunos elementos de su teoría, sus estudios sobre la intensificación y nuestro trabajo comparten una característica fundamental: demuestran que ciertas estructuras o estrategias operan a diversos niveles, tanto en el proposicional como en el interaccional. En otras palabras, al acudir a unas construcciones el hablante modifica:

- la estructuración interna de su enunciado,
- su posición en la conversación,
- su posición entre otros miembros de la sociedad.

Como, a nuestro juicio, la reduplicación constituye una construcción que intensifica la noción de (inter)subjetividad, conviene explicar qué es lo que se entiende por este concepto.

2.6 La subjetividad

El concepto de subjetividad ha sido estudiado desde la perspectiva de diferentes marcos metodológicos dando lugar a conclusiones bien distintas. En la bibliografía anglosajona, el término *subjetividad* puede ser traducido de dos maneras: *subjecthood* y *subjectivity* (Lyons, 1994: 11). *Subjecthood* se refiere al hecho de ser el sujeto del enunciado, tanto el sujeto gramatical de toda la predicación como el sujeto del verbo concordando en persona, número y otras características morfosintácticas. La *subjectivity*, por su parte, se refiere al hecho de ser sujeto consciente, esto es, presentarse como la persona que tiene su propia identidad y un punto de vista particular. La diferenciación entre estos dos términos nos parece de gran importancia. Aunque a veces el sujeto gramatical coincide con el sujeto consciente, en muchos casos constituyen dos entidades bien distintas. Analizamos los ejemplos:

(58) He viajado a Madrid.
(59) María ha viajado a Madrid.

En (58), el sujeto gramatical coincide con el sujeto consciente: es el emisor del enunciado. En (59), por otra parte, es *María* la que se muestra como el sujeto gramatical (concuerda con el verbo), pero no podemos afirmar que María sea el sujeto consciente: es otra persona la que habla sobre su viaje. Estos enunciados constituyen un claro ejemplo de que, al estudiar la subjetividad, hay que indicar cuál es la definición que se asume. Por lo tanto, en el presente estudio, bajo el término *subjetividad* entendemos la *subjectivity* inglesa. Esto es, no nos referimos a la función gramatical del sujeto, sino a una noción vinculada a la figura del hablante.

En realidad, una gran parte de los enunciados que producimos cada día se basa en la difusión de juicios u opiniones subjetivos. Creemos incluso que la subjetividad constituye una característica inherente de los seres humanos: observamos el mundo para luego describirlo desde una perspectiva subjetiva. Entonces, la lengua, el principal medio de comunicación, debe facilitar mecanismos que sirvan para difundir nociones subjetivas. Tal es la perspectiva de Scheibman (2002) que basa su investigación en la suposición de que la lengua sirve principalmente para manifestar cierto punto de vista y no para relatar una sucesión de hechos. Según la autora, al analizar el corpus, se descubre que la mayoría de las intervenciones sirve para expresar opiniones, puntos de vista, creencias, etc. A lo largo de su estudio aporta numerosos ejemplos para sostener dos tesis: que la lengua es un ente subjetivo creado para transmitir nociones subjetivas y que las expresiones más frecuentes son las que presentan valores subjetivos.

La subjetividad en la lengua puede ser examinada desde distintos puntos de vista aplicando herramientas metodológicas bien diversas. Como apunta Narrog (2012: 13–22), son dos las posturas principales acerca de la problemática de la subjetividad: la corriente pragmática y la corriente conceptualista. La primera toma como punto de partida la definición de Lyons (1994: 13) que sostiene lo siguiente: "locutionary subjectivity is, quite simply, self-expression in the usage of language". En tal sentido, la subjetividad constituye la expresión de uno mismo mediante la lengua. Además, Lyons afirma que la subjetividad se produce al utilizar la lengua: el significado subjetivo viene propiciado por el contexto pragmático. Como ejemplo, Lyons (1994: 15) presenta el siguiente enunciado: *No puedes fumar aquí.* El autor advierte que basándose únicamente en los rasgos semánticos de los componentes no podemos deducir cuál es la naturaleza del enunciado. Lo que necesitamos son los rasgos prosódicos que determinarán si es un enunciado objetivo o subjetivo. Los rasgos prosódicos, por su parte, dependerán del contexto: si es una inscripción en un restaurante, no presenta rasgos de subjetividad. Sin embargo, si lo pronuncia un anfitrión a uno de sus invitados con una actitud hostil subrayando la palabra *aquí*, el enunciado manifiesta rasgos de subjetividad.

Considerando el significado subjetivo como efecto del uso de la lengua en un contexto determinado, no debemos perder de vista que el significado semántico de las expresiones aplicadas puede favorecer una interpretación subjetiva. Varios autores han llamado la atención sobre el hecho de que la semántica de ciertas unidades puede contener nociones subjetivas. Para Benveniste (2010 [1971]: 310–320), las unidades subjetivas son aquellas cuyo significado depende de las personas que participan en el discurso. Por lo tanto, como subjetivos podemos clasificar todo tipo de elementos deícticos, como los deícticos personales (*yo, tú, él*), los deícticos temporales (*ayer, hoy, mañana*) y los deícticos espaciales (*aquí, ahí, allí*). Efectivamente, es la deíxis la que vincula el sistema lingüístico con la realidad descrita. El significado del *yo*, por ejemplo, está estrechamente relacionado con el emisor del enunciado: el reconocimiento de quién es esa persona resulta crucial para el entendimiento del enunciado.

Para Benveniste, sin embargo, no solo son los deícticos los que incorporan nociones subjetivas en su significado. El lingüista atribuye también la subjetividad a algunas expresiones que conllevan la marca de primera persona frente a las objetivas que van en la tercera. Se comparan, por ejemplo, dos expresiones con el verbo *jurar*: *yo juro* y *él jura*. La primera, según Benveniste, revela actitud subjetiva, mientras que la segunda es una mera constatación. De este modo, se atribuyen valores subjetivos a determinadas unidades lingüísticas al contrastarlas con las objetivas.

En la misma línea se presentan los estudios efectuados por Traugott y Dasher (2002). Los autores llevan a cabo una investigación diacrónica del cambio semántico argumentando que la dirección principal del cambio es: menos subjetivo > más subjetivo. Se diferencia, por lo tanto, entre las expresiones objetivas y las subjetivas cuyas características presenta la tabla siguiente (2002: 22–23):

The most objective expressions	**The most subjective expressions**
Declarative, minimally marked with regard to modality	Overt spatial, and temporal deixis
All participants in an event structure are expressed in surface structure	Explicit markers of speaker's attitude to what is said, including epistemic attitude to the proposition

The most objective expressions	The most subjective expressions
Lexical items are minimally concerned with the interlocutors' perspective (minimally deictic)	Explicit markers of speaker's attitude to the relationship between what precedes and what follows
The Q-heuristic predominates (contexts for meanings are provided so that interpretation is strongly determined, and what is not said is implied not to be the case)	The R-heuristic predominates

Por otra parte, los mismos autores afirman que (2002: 98): "most frequently an expression is neither subjective nor objective in itself; rather the whole utterance and its context determine the degree of subjectivity". De este modo, se relaciona la subjetividad con el contexto pragmático: aunque existen huellas de subjetividad en la semántica de las unidades, en la mayoría de los casos es el contexto el que posibilita su interpretación subjetiva.[53]

Otra propuesta interesante que une varios niveles del análisis lingüístico es la aportada por Kerbrat-Orecchioni (1980: 70–121). La autora introduce el término *subjectivèmes "affectif" et "évaluatif"* que abarca diferentes categorías gramaticales cuyo significado subjetivo está condicionado por varias circunstancias, tanto semántico-pragmáticas como morfosintácticas. De este modo, Kerbrat-Orecchioni describe diversas categorías del francés:

a) Los sustantivos: su significado subjetivo se fundamenta sobre:
   - la sufijación: *-ard* (*chauffeur>chauffard*), *-assse* (*vinasse, blondasse*);
   - la connotación estilística: *bagnole* como expresión perteneciente al francés estándar, *voiture* al registro coloquial y, en resultado, más subjetivo;
   - el valor axiológico: algunos sustantivos contienen significados considerados por la sociedad francesa como afectivos o evaluativos;
   - la prosodia: una cierta entonación puede dotar al sustantivo de subjetividad.

b) Los adjetivos: los subjetivos se dividen en dos grupos:
   - afectivos (como *drôle*): demuestran la reacción emocional del sujeto hablante frente a algo o alguien, el significado afectivo está vinculado a los factores prosódicos (la entonación), tipográficos (*¡!*) y sintácticos (la anteposición);
   - evaluativos: se dividen en los no axiológicos (como *grand, chaud*) y los axiológicos (como *bon, beau*). Los primeros son los que, en principio, no sirven para evaluar, pero implican el hecho de tomar postura acerca de la calidad o

53 En otro trabajo, Traugott (2003: 125) atribuye características subjetivas a algunos adverbios (como *frankly, obviously*) o a la categoría del aspecto (según dice la autora, el aspecto que utilizan los hablantes revela cuál es su percepción del evento descrito).

cantidad de algo. Los segundos, por su parte, añaden directamente la noción de evaluación (positiva o negativa).

c) Los verbos: pueden ser ocasionalmente subjetivos (su valor afectivo o evaluativo depende del contexto) o intrínsecamente subjetivos (siempre transmiten cierto valor subjetivo, como los verbos de opinión).
d) Los adverbios: se dividen en afectivos y evaluativos. Los segundos vienen representados por los del tipo *bueno/malo* o *verídico/ficticio*.

Como podemos observar, la subjetividad de determinadas unidades se expresa mediante numerosos mecanismos, tanto morfosintácticos como pragmático-semánticos o incluso prosódicos.

La corriente conceptualista presenta una visión del concepto de subjetividad bien distinta de la pragmática (Narrog, 2012: 18–19). En el ámbito de la lingüística cognitiva, es la obra de Langacker (2005) la que explica detalladamente la diferenciación entre unidades objetivas y subjetivas. Este enfoque está estrechamente vinculado a la percepción semántica de la subjetividad, pero analiza el problema utilizando su propia terminología y unas herramientas específicas. Según la perspectiva cognitiva, la subjetividad radica en la diferenciación entre el observador y el objeto observado. Si el observador no entra en la "escena" de la observación, estamos ante enunciados objetivos. Pero si el observador forma parte de la escena de observación, estamos ante enunciados subjetivos. Como ejemplo, Langacker proporciona enunciados como los siguientes:

(60) *La persona que está hablando no sabe nada de eso*: Frase objetiva, el emisor no se incluye en la escena, sino que describe lo que está observando.
(61) *No sé nada de eso*: Frase subjetiva, el emisor entra en la escena descrita.

Todo depende, entonces, de la relación entre el observador (que formula enunciados) y la escena descrita.

Además, como apunta Langacker (2002: 19), el grado de subjetividad puede radicar en la diferenciación entre la expresión explícita o implícita de ciertas unidades, como en los ejemplos:

(62) *Mulroney was sitting across the table from me.*
(63) *Mulroney was sitting across the table.*

En el primer enunciado, el hablante se refiere explícitamente a la posición de Mulroney, por eso, la frase está construida objetivamente. En (63), por otra parte, la perspectiva del hablante es más bien implícita: se omite la especificación *from me*. Por lo tanto, el enunciado (63) se forma con mayor grado de subjetividad (aunque, en realidad, ambos se refieren a la misma situación).

Como afirma Langacker (2006: 17), la postura pragmática y la cognitiva no se oponen, más bien utilizan un aparato metodológico diferente. Ambas llaman la atención sobre el hecho de que la expresión lingüística puede llevar marcas de la presencia del hablante y, por lo tanto, los enunciados pueden asumir mayor o menor grado de subjetividad. Por otra parte, conviene señalar que los diversos instrumentos metodológicos que se aplican en el análisis pragmático y en el cognitivo pueden proporcionar conclusiones opuestas acerca de un mismo comportamiento lingüístico. Narrog (2012: 20) propone el ejemplo de las expresiones *I think* y *I believe* que, siguiendo el punto de vista pragmático, presentan mayor grado de subjetividad. En contraste, para Langacker las unidades más subjetivas son las implícitas, por lo tanto, al introducir un juicio utilizando una expresión propia para esta finalidad, se la construye de modo relativamente objetivo. **En el presente trabajo asumimos la perspectiva pragmática de la subjetividad** considerándola como la expresión, mediante una serie de recursos lingüísticos, de ciertos valores relacionados con el emisor del enunciado.

2.6.1 La tipología de las unidades subjetivas

Aunque muchos autores reconocen la existencia de la noción de subjetividad, no existe unanimidad en las propuestas sobre su clasificación tipológica. Las unidades subjetivas se dividen según varios criterios, llamando la atención sobre numerosos aspectos relacionados con la subjetividad. En adelante presentamos algunas de las propuestas tipológicas que han servido como fundamento para establecer nuestra clasificación de las nociones subjetivas.

Kerbrat-Orecchioni (1980) divide las unidades subjetivas en los deícticos y *les subjectivèmes "affectif" et "évaluatif"*. La primera categoría abarca las expresiones que sirven para expresar la deíxis, esto es, la localización de los objetos o personas en el espacio o en el tiempo. La subjetividad de la deíxis radica en el hecho de que el significado de las unidades que la expresan está estrechamente vinculado a la situación comunicativa. El significado de las expresiones tipo *yo, aquí* o *ahora* depende de quién pronuncia el enunciado, dónde se encuentra y cuándo lo hace. Por eso, en función de la situación, cambia el referente de las unidades deícticas.

El segundo grupo está compuesto por diferentes clases de palabras que conllevan valor afectivo o evaluativo. Como hemos expuesto en el apartado anterior, el significado subjetivo depende de una serie de factores a diferentes niveles lingüísticos (tanto morfosintáctico como semántico-pragmático o prosódico). Lo que caracteriza a este grupo de expresiones es que muestran evaluación (cuando el hablante expresa su opinión o juicio acerca de algo) o afecto (cuando el hablante expresa sus emociones).

Sweetser (2012: 4–6) presenta diferentes aspectos de lo que denomina *linguistic viewpoint*. Es un conjunto de factores que se expresan mediante unidades lingüísticas marcando la posición subjetiva del hablante (u oyente):

- la ubicación espacial del hablante y del oyente, lo que se supone que pueden ver, alcanzar, etc. (expresada por *here, there, this, that, next door*);
- la ubicación temporal del hablante y del oyente (entre las unidades lingüísticas se encuentran *now, then, tomorrow, last year*);
- lo que se asume que saben, creen, suponen, son capaces de calcular mentalmente (este factor se expresa mediante determinativos, pronombres, vocativos,

honoríficos, conectores, marcadores discursivos o unidades léxicas de carácter presuposicional);
- la evaluación afectiva, cultural, etc. (se utiliza *framing* y los marcadores de valor afectivo).

Como podemos observar, las dos primeras categorías corresponden a unidades deícticas. La última se relaciona más bien con la expresión de opiniones o emociones. Dentro del tercer grupo podemos encontrar unidades que se inscriben en ambas clases dependiendo del contexto.

Una propuesta interesante aparece en el trabajo de Iwasaki (1993: 4–15). El autor, analizando el concepto de subjetividad en japonés, la divide en tres tipos:

1) *Speaker as the center of deictic elements*:
Se realiza cuando el hablante se considera el punto de referencia para los elementos deícticos. Como ejemplo, alude a la distinción *come/go* en inglés y *kuru/iku* en japonés: se utiliza *kuru* cuando el emisor del enunciado se encuentra en la meta del movimiento, en otros casos hay que recurrir a *iku.*
2) *Speaker as the center of evaluation and attitude*:
En este grupo encontramos todo tipo de mecanismos que sirven para expresar la evaluación y la actitud del hablante. Existe un amplio abanico de expresiones lingüísticas que cumplen esta finalidad:
   - Unidades léxicas: en inglés son muchas las unidades que pueden desempeñar esta función (como *idiot, peach, devil fool, bastard,* etc.), en japonés, así funcionan los títulos (por ejemplo, *sensee* equivale a 'profesor' e indica un alto estatus social y, en consecuencia, se utiliza para demostrar una evaluación positiva o respeto). Como subraya Iwasaki, los términos japoneses constituyen originariamente expresiones subjetivas que, con el paso del tiempo, tienden a formar parte de las convenciones sociales.
   - Unidades morfosintácticas: entre los ejemplos japoneses, Iwasaki menciona el uso de la voz pasiva que, en general, asume el significado de adversidad. La diferencia entre la misma oración en voz activa y en voz pasiva radica en que la segunda expresa la evaluación negativa del hecho, como en:

   (64) kamisan ga nigeta
   mujer NOM huir: PASADO
   ´Mi mujer huyó´

   (65) ore wa kamisan ni niegeraeta
   Yo TOP mujer DAT huir: PASIVA: PASADO
   ´Fui abandonado por mi mujer´

3) *Speaker as the center of epistemological perspective*:

   El último grupo abarca las expresiones que revelan intención, procesos mentales y sensaciones, emociones y deseos. En japonés existe una clara diferencia a la hora de expresar estas nociones como propias o de otras personas. Por eso, existen distintos mecanismos morfosintácticos que sirven para marcar que una intención, un proceso mental o unas emociones pertenecen al emisor del enunciado, o bien, a otras personas.

Como podemos observar, por lo tanto, la subjetividad es un concepto que se lleva a cabo en varias dimensiones: se realiza en diferentes planos expresando significados de distinta índole. Lo que une a todos los tipos de subjetividad es el punto de referencia: siempre reside en el hablante. Cualquiera que sea la dimensión que abarca la subjetividad, es la posición del emisor del enunciado, espacio-temporal o psicológica, la que estructura su expresión.

2.6.2 *Stance*

Al presentar la problemática de la subjetividad, conviene introducir el concepto de *stance* (que equivale a 'postura' en español). En los últimos años se han llevado a cabo numerosos estudios acerca del mecanismo de *stance*, no obstante no existe unanimidad a la hora de definirlo. Kiesling (2009: 172) introduce la siguiente definición: "I define stance as a person´s expression of their relationship to their talk (their epistemic stance – e.g., how certain they are about their assertions), and a person´s expression of their relationship to their interlocutors (their interpersonal stance – e.g., friendly or dominating)." Para Kiesling, por lo tanto, el concepto de *stance* se refiere a la relación del hablante con lo que dice y con otros interlocutores. Se llama la atención sobre dos tipos de *stance*: epistemológica e interpersonal.

Para Conrad y Biber (2000: 57), *stance* consiste en expresar sentimientos personales y evaluaciones dividiéndose en tres dimensiones:

- epistémica: el hecho de comentar la certidumbre (o su ausencia), fiabilidad o limitaciones de una proposición (incluyendo los comentarios acerca de la fuente de información);
- actitudinal: la verbalización de las actitudes, sentimientos o valoraciones;
- estilística: la descripción de la manera en la que se presenta una información.

Du Bois (2007: 142–145), por su parte, menciona tres tipos del fenómeno en cuestión:

- *evaluation*: el proceso en que se dota un objeto o una persona de un valor o una calidad específicos (se expresa, por ejemplo, al decir *That´s horrible* o *That´s ideal*);
- *positioning*: el acto de asumir una posición frente a lo que se dice teniendo en cuenta los valores socioculturales, puede ser afectivo (*I´m glad*) o epistémico (*I know*);
- *alignment*: se refiere a la relación entre dos posturas o entre dos personas que las toman (por ejemplo, mediante la expresión *I agree*).

Reconociendo estas tres dimensiones de *stance*, Du Bois (2007: 163) propone una visión unificada, llamada *stance triangle*, definiendo el fenómeno en cuestión como: "Stance is a public act by a social actor, achieved dialogically through overt communicative means, of simultaneously evaluating objects, positioning subjects (self and others), and aligning with other subjects, with respect to any salient dimension of the sociocultural field." En otras palabras, *stance* se resume en la siguiente posición: "Yo evalúo algo y así tomo una posición y así me alineo contigo".

Hunston (2011: 51–53) nota que los estudios sobre *stance* pueden poseer tanto valor cualitativo como cuantitativo. Por una parte, se puede establecer una tipología de nociones que se incluyen en el conjunto de realizaciones de *stance*. De este modo, se propone una definición del mecanismo proporcionando unos ejemplos concretos. Por otra parte, se puede llevar a cabo un estudio cuantitativo examinando la frecuencia de uso de las expresiones de *stance* en diferentes textos. En este caso el objetivo final consiste en formular conclusiones acerca de las situaciones comunicativas en las que los hablantes recurren a este fenómeno.

Como advierte Englebretson (2007: 2), los autores que se dedican a la problemática de la *stance* aportan varias definiciones de este concepto. En algunos trabajos *stance* se acerca a la subjetividad, mientras que en otros, se refiere, más bien, a la evaluación. De este modo, la falta de unanimidad terminológica complica la comparación entre los estudios y produce confusiones a la hora de interpretar sus resultados. Teniendo todo esto en cuenta, reconocemos que numerosos trabajos cuyo objetivo principal constituye el fenómeno de la *stance* nos pueden ser de gran ayuda a la hora de investigar la relación entre la subjetividad y la reduplicación. Por lo tanto, a lo largo del presente trabajo disfrutamos de diversas aportaciones de los estudios acerca del concepto de *stance* y su realización en el sistema lingüístico (evitando seguir a una postura concreta).

2.6.3 La intersubjetividad

En los últimos años, junto con los estudios sobre subjetividad, se han desarrollado diferentes propuestas acerca de la noción de intersubjetividad. Conviene señalar, sin embargo, que entre las diversas definiciones de intersubjetividad se manifiestan discrepancias incluso más fundamentales de las que conciernen a la subjetividad. Por eso, resulta muy difícil establecer una explicación concisa de este mecanismo.

Como nota Benveniste (2010 [1971]), para participar en el discurso, es necesario ponerse en contraste con otra persona o personas. En otras palabras, en el proceso de comunicación colaboran por lo menos dos entes: el emisor y el receptor del enunciado. Todas las cavilaciones acerca de la subjetividad y la subjetivización toman como punto central la figura del emisor. Las unidades subjetivas, por lo tanto, atañen a la persona que habla. No obstante, como el emisor tiene que dirigirse a algún destinatario, se han detectado en la lengua ciertas expresiones orientadas hacia la figura del receptor, esto es, las unidades intersubjetivas.

Lyons (1994: 14) observa que la sociedad se compone de personas de las cuales cada una exterioriza su propia personalidad. Entre estas personas se crean vínculos y relaciones que pueden tener influencia en la percepción y la expresión de sí mismos. El reconocimiento de la existencia de otras personas en el discurso dio lugar a la teoría de la intersubjetivización.

En general, son tres los autores que han proporcionado los modelos más divulgados que explican el tema de la intersubjetividad (Narrog, 2012: 22): Traugott, Verhagen y Nuyts. Conviene describir los puntos clave de cada una de las teorías.

Traugott aborda el tema de la intersubjetividad desde una perspectiva diacrónica (véanse 2003, 2010, 2014). Por lo tanto, examina cómo ciertas unidades lingüísticas adquieren valores intersubjetivos a lo largo del tiempo. Según la autora (2003: 128–129), la intersubjetividad presenta dos caras:

- el interés por la actitud del oyente frente a lo dicho (sentido epistémico),
- el interés por la imagen (sentido social).

En otras palabras, la intersubjetividad abarca las expresiones que reflejan la atención prestada hacia el receptor del enunciado o que muestran interés por la imagen de otros miembros de la sociedad. Lo que subraya la autora es que la intersubjetividad no radica en incluir al receptor en el enunciado, sino en incluirlo en el acto de pronunciar este enunciado (no se trata de hablar del receptor, sino de tener en cuenta su presencia en la enunciación). Como ejemplo de intersubjetividad, Traugott menciona dos enunciados:

(66) I will drive you to the dentist
(67) Actually, I will drive you to the dentist

Aunque ambos incluyen al receptor en la escena, solo el segundo puede reconocerse como caso de intersubjetividad. (66) constituye la descripción de un evento, mientras que (67) engloba la actitud del emisor del enunciado hacia el receptor.

Además, para Traugott (2010: 34–35), entre la subjetividad y la intersubjetividad se mantienen relaciones estrechas. En el proceso diacrónico de formarse los significados intersubjetivos, una unidad primero adquiere valores subjetivos y luego, a partir de esos valores, aparece la noción intersubjetiva, según el esquema:

no/menos subjetivo → subjetivo → intersubjetivo

Basándose en la definición de Traugott, Ghesquière, Brems y Van de Velde (2014) proponen una clasificación de diferentes tipos de intersubjetividad:

- *attitudinal intersubjectivity*: es el interés por la figura y la imagen del interlocutor:

*(68) 'And you didn´t feel guilty about it afterwards?' '**Well**, he might have lost his girlfriend, but at least I gave him a good time!'*

- *responsive intersubjectivity*: son todos los mecanismos que provocan cierto comportamiento conversacional del interlocutor, como la toma de turno (estos procedimientos propician el desarrollo dinámico de la conversación):

*(69) 'I´ve seen your name in the paper... that diplomat who´s been sentenced to death, **right**?' 'Yeah.'*

- *textual intersubjectivity:* consiste en propiciar cierta interpretación de determinadas expresiones por parte del interlocutor:

(70) *This sector's saving can be distributed between investing and increasing deposits or putting money in the bank. Maybe we'll call it D **shall we**? Deposit change delta an increase in D.*

La segunda propuesta constituye el fruto de la investigación de Verhagen (2005). La autora aborda la temática desde una perspectiva cognitiva. Según Verhagen, la intersubjetividad significa "humans' ability to engage in deep cognitive coordination with others" (2005: 4). Como demuestra Verhagen, el proceso de comunicarse incluye siempre a dos personas: el hablante y el oyente. Ambas figuras son imprescindibles para poder llevar a cabo la comunicación. Las estructuras puramente objetivas son muy raras y pueden incluso resultar artificiales. Se dan en situaciones en las que ni el hablante ni el oyente intervienen en la expresión del enunciado. El caso más objetivo es el hecho de llamar con su nombre a los objetos de la realidad (por ejemplo, si uno ve una mesa y dice *Esto es una mesa,* el enunciado tiene carácter objetivo). No obstante, dada la naturaleza argumentativa y no informativa de la mayoría de los enunciados, son más frecuentes los significados intersubjetivos en los que intervienen las personas del hablante y del oyente. Un caso extremo de la intersubjetividad lo constituyen, según Verhagen, las interjecciones, tipo *hi, sorry, hey.* Su significado es puramente intersubjetivo porque son los interlocutores los que desempeñan el papel fundamental al crearlo.

La tercera propuesta, que en varios aspectos difiere de las dos anteriores, es la de Nuyts (2014). Para este autor, la intersubjetividad se opone a la subjetividad de modo que la subjetividad se relaciona con la figura del hablante (su punto de vista, opinión, perspectiva, etc.), mientras que la intersubjetividad se vincula a la actitud común de una sociedad. Según Nuyts, el hablante, al formular un enunciado, se sitúa ante dos opciones:

- no sabe cuál es la postura de otras personas o sabe que la suya difiere de la de otros y por eso, acude a ciertos mecanismos lingüísticos para subrayar la subjetividad,
- sabe que comparte el punto de vista con otros miembros de la sociedad, por lo que las expresiones que utiliza tienen carácter intersubjetivo.

De este modo, se puede afirmar que lo que para Nuyts constituye la intersubjetividad, generalmente coincide con lo que se suele considerar la objetividad.

2.6.4 Subjetividad e intersubjetividad: cuestiones problemáticas

Al presentar diferentes posturas acerca de los conceptos de subjetividad e intersubjetividad, nos parece conveniente llamar la atención sobre los elementos débiles de las teorías expuestas. Primero, los investigadores utilizan metodologías y herramientas bien distintas para explicar estos fenómenos. La perspectiva pragmática difiere sustancialmente de la cognitiva por lo que una misma expresión puede ser considerada objetiva desde el punto de vista pragmático y subjetiva desde la perspectiva cognitiva. Además, dentro de una corriente pueden aparecer propuestas de definiciones muy variadas. Por eso, los términos de "subjetividad" o "intersubjetividad" no nos parecen completos: en cada trabajo necesitan una explicación. Esta falta de unanimidad en la definición de las herramientas principales en los estudios sobre subjetividad puede constituir un argumento muy significativo a la hora de cuestionar toda la teoría de la (inter)subjetividad. Si estamos ante un concepto que ni siquiera tiene una definición aceptada por, cuanto menos, la mayoría de los lingüistas, la misma existencia de este concepto puede suscitar polémica.

La falta de unanimidad descriptiva provoca que el reconocimiento de la noción de (inter)subjetividad pueda parecer un procedimiento más intuitivo que científico. En otras palabras, la aplicación del término "subjetivo" en sí mismo posee cierto grado de subjetividad. Intuitivamente reconocemos la diferencia entre los enunciados: *María es simpática* y *María es simpática, creo.* No obstante, determinar en qué consiste la mayor subjetividad en el segundo y la mayor objetividad en el primero es una tarea nada fácil de llevar a cabo. Además, uno puede cuestionar incluso la presencia de expresiones completamente objetivas. La naturaleza de los seres humanos es subjetiva: observamos el mundo desde nuestro propio punto de vista y luego lo describimos teniendo en cuenta unos criterios y nociones propios de la perspectiva que asumimos. Por eso, todo lo que decimos hasta cierto punto es siempre subjetivo. Por otra parte, como ya hemos demostrado, unas expresiones o enunciados parecen contener mayor grado de subjetividad que otros: muchas veces intuitivamente lo reconocemos, pero resulta muy difícil explicarlo de manera más científica.

Otra cuestión que necesita aclaración es la división entre la subjetividad y la intersubjetividad. En general, cualquiera que sea la definición de estos dos conceptos, se asume que son dos nociones diferentes. Se suele asociar la subjetividad a la figura del emisor, y la intersubjetividad al receptor del enunciado. No obstante, especialmente en la conversación cara a cara (que, al fin y al cabo, es el modo más prototípico de utilización de la lengua), la frontera entre el emisor y el receptor queda muy borrosa. Por eso, un mismo elemento puede desempeñar tanto un papel subjetivo como intersubjetivo. Veamos un ejemplo:

(71) *61 L: (¡mm!) /// (4) he ido a comprarme DOS LIBROS*
*62 A: (¡mm!)/¡**vaya tela!***
63 L: UNO es ASÍ de gordo
64 A: (fácil/de leer ↑)
(Val.Es.Co 2.0)

La expresión *vaya tela* desempeña la función de expresar subjetividad: demuestra la actitud del hablante frente a la situación. No obstante, su papel tiene también un carácter intersubjetivo: demuestra interés por el interlocutor y mantiene la dinámica conversacional. Por eso, resulta difícil decidir si la expresión *vaya tela* tiene carácter más subjetivo o más intersubjetivo, ya que al mismo tiempo representa las dos nociones.

Teniendo en cuenta todos los puntos débiles de la teoría de la (inter)subjetividad, sostenemos que es una noción cuya naturaleza merece una sólida indagación. Aunque la distinción entre *Este chico es muy guapo* y *Este chico es guapo guapo* sea en principio intuitiva, insistimos en que la diferencia entre estos dos enunciados no debe pasar desapercibida y, además, que se puede explicar mediante el concepto de (inter)subjetividad. La multitud de propuestas que conciernen a la (inter) subjetividad provoca que, al recurrir a este término, convenga explicar qué es lo que se entiende por este concepto. Hemos optado por tratar estos dos términos en su sentido amplio, aprovechando las diversas propuestas que han surgido en los últimos años. Nuestra perspectiva es, sin embargo, pragmática y no cognitiva (aunque reconocemos el gran valor de las aportaciones de los estudios cognitivos al formular la definición de este fenómeno). Los términos clave para el presente trabajo obtienen una simple, pero, a nuestro juicio, lógica explicación:

> **subjetividad: la noción que establece como punto de referencia la posición (física o psicológica) del emisor del enunciado**
> **intersubjetividad: la noción que establece como punto de referencia la posición (física o psicológica) del interlocutor**

De este modo, la subjetividad se relaciona con:

- la ubicación espacio-temporal (deíctica) del emisor,
- las valoraciones y opiniones del emisor frente a uno de los elementos de la comunicación (la situación, el mensaje, el interlocutor),
- las emociones y los sentimientos manifestados por el emisor del enunciado hacia uno de los elementos de la comunicación (la situación, el mensaje, el interlocutor).

La intersubjetividad, por otra parte, abarca dos aspectos:

- social: mediante la conversación se crean relaciones entre los interlocutores como miembros de una sociedad,
- conversacional: para que la conversación se desarrolle, se acude a estrategias que garantizan la dinámica conversacional.

Subrayamos, además, que las nociones de subjetividad e intersubjetividad nos parecen muy difíciles de separar. Por eso, hemos optado por recurrir al término (inter)subjetividad y en cada ejemplo explicar en qué medida la reduplicación desempeña un papel relacionado con la subjetividad y en qué consiste su función intersubjetiva.

2.7 Nuestra propuesta

Tras mostrar las diferentes nociones y conceptos que creemos pertinentes a la hora de analizar el concepto de reduplicación en español y en italiano, proponemos nuestro modelo que nos va a servir como fundamento para el presente trabajo:

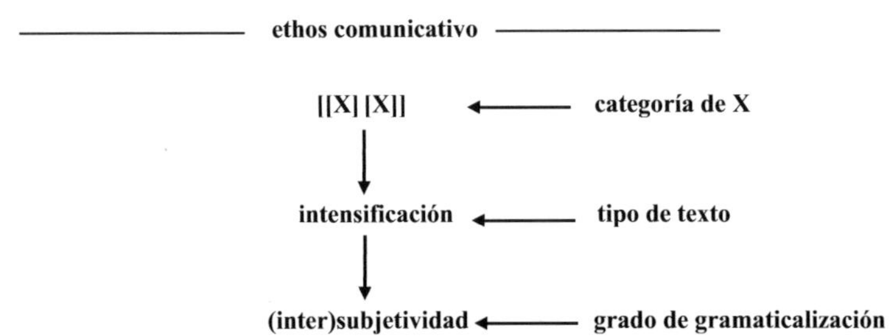

En las comunidades analizadas, esto es, la del español peninsular y la italiana, la construcción de la reduplicación forma parte del ethos comunicativo. Esto significa que, al acudir a esta construcción, los hablantes manifiestan una serie de nociones relacionadas con los ejes constitutivos del ethos comunicativo (véase el capítulo 1.4.1.). La función de la reduplicación consiste en intensificar la noción de (inter)ubjetividad. Esto es, al reduplicar algunas unidades léxicas se intensifican ciertos valores relacionados con la subjetividad, que establece como punto de referencia la posición (física o psicológica) del emisor del enunciado, o bien la intersubjetividad, que establece como punto de referencia la posición (física o psicológica) del interlocutor. Los valores que se intensifican dependen de tres factores:

- la categoría de X (si es un sustantivo, adjetivo, adverbio, demostrativo o verbo),
- el tipo de texto (si tiene carácter argumentativo o descriptivo),
- el grado de gramaticalización de la construcción en un sistema concreto.

A lo largo de los capítulos siguientes, presentamos varias funciones subjetivas que se intensifican al acudir a la construcción de la reduplicación y que forman parte del ethos comunicativo de las comunidades examinadas.

2.8 Reduplicación vs. repetición

La reduplicación en español e italiano constituye un caso específico de repetición. Desde el punto de vista formal, entre los componentes de la estructura reduplicada no hay pausa: tal es el rasgo que, según Wierzbicka (1999: 280), distingue la repetición por motivos discursivos (tipo *adagio, adagio*) y la reduplicación propia (tipo *adagio adagio*). No obstante, al analizar el corpus, hemos notado ciertas cuestiones problemáticas que se pueden encontrar al reconocer en una unidad características de la estructura reduplicada.

Primero, los hablantes suelen repetir las palabras por varios motivos, no necesariamente para formar construcciones reduplicadas. La motivación de la repetición puede ser de diversa índole: se recurre a la misma palabra porque hay ruido y el hablante quiere asegurarse de que el interlocutor lo oiga, porque el hablante ha perdido el hilo y para darse tiempo y no perder el turno repite una palabra que le viene a la mente, porque el emisor del enunciado quiere enfatizar una palabra (pero no crear una construcción que añade ciertos matices interpretativos, más bien hacer hincapié en que una palabra desempeña el papel fundamental en su discurso). Las razones por las que se repiten las unidades léxicas pueden ser muy variadas y no necesariamente indicar la formación de una construcción reduplicada.

Además, trabajando con un corpus oral transcrito, se puede incurrir en varios errores relacionados con la ortografía. Los textos escritos carecen muchas veces de marcas prosódicas que son muy importantes a la hora de reconocer las construcciones reduplicadas. Por eso, en numerosos casos, basándose simplemente en los corpus transcritos, el investigador puede dudar si el ejemplo de la repetición que tiene delante constituye una estructura reduplicada o no.

La distinción entre la reduplicación y la repetición ha llamado la atención de varios investigadores, entre los cuales Gil (2005) propone marcar el contraste entre estos dos fenómenos mediante los criterios siguientes:

Criterios	**Repetición**	**Reduplicación**
Unidad	Mayor que la palabra	Igual o menor que la palabra
Refuerzo comunicativo	Presente o ausente	Ausente
Interpretación	Icónica o ausente	Arbitraria o icónica
Entonación	Uno o más grupos entonativos	Un grupo entonativo
Continuidad de copias	Continuas o disyuntas	Continuas
Número de copias	Dos o más	Normalmente dos

Según Gil, la diferencia entre la repetición y la reduplicación radica en seis criterios: la naturaleza de la unidad, el refuerzo comunicativo, la naturaleza de la interpretación, los rasgos prosódicos, la continuidad de copias y el número de repeticiones. Como se manifiesta en el presente trabajo, no todos los criterios nos parecen justificados (por ejemplo, sostenemos que la reduplicación indica cierto refuerzo de las propiedades de la interacción). No obstante, creemos importante señalar que la reduplicación constituye un caso específico de repetición cuya motivación puede ser de índole muy variada.

Teniendo en cuenta las dos cuestiones expuestas (la variedad de motivaciones y las limitaciones del análisis del corpus), conviene especificar cuáles son las situaciones en las que la repetición de dos unidades léxicas no constituye un caso de reduplicación. De acuerdo con el marco metodológico asumido, la reduplicación es una construcción que presenta ciertas características formales y ciertas propiedades semántico-pragmáticas. En algunos casos, al repetir dos unidades no se acude a una construcción de uniformidad formal e interpretativa: el mecanismo de repetición representa así un procedimiento con otros valores estilísticos. Al observar el corpus, hemos destacado una serie de casos que, a nuestro juicio, no constituyen ejemplos de reduplicación y por eso, no los tenemos en cuenta en el presente análisis:

a) Repetición como reformulación

Se suele acudir a la repetición, cuando el hablante quiere reformular alguna parte de su discurso. De este modo, recurre otra vez a la misma unidad, pero con el objetivo de añadir matices omitidos en la expresión originaria:

(72) H1:Pierdes tiempo, claro. Pero que luego te lo compensa por ejemplo, el hecho de ir a... vamos a... por ejemplo a tal sitio. O sea que, ***todo el valle, en todo el valle*** *tienes estaciones.*
(CORLEC)

(73) H2: (...) ***el Arsán el Arsán éste****, gana tanto dinero con la gasolina, tanto dinero con el petróleo que no se ha conformado con ese dinero que entra no se ha se ha quiere ser el... el campeón el... el... el máximo mandatario de toda Arabia y ha empezado con todo el li[palabra cortada] y bueno*
(CORLEC)

En (72), el emisor añade la preposición *en* para marcar la ubicación concreta de las estaciones. En (73), por otra parte, se añade una especificación (mediante el adjetivo demostrativo *este*), probablemente para hacer hincapié en la actitud emocional que se tiene ante la persona descrita. En ambos casos, por lo tanto, la repetición forma parte de la reformulación cuyo objetivo radica en añadir informaciones o matices nuevos.

b) Repetición en construcciones elípticas

El segundo caso de repetición que no consideramos reduplicación lo constituye el hecho de sustituir mediante una repetición ciertas construcciones elípticas, como en (74):

(74) H1: ...Eh... no me acuerdo cómo se llama.
H3: ***Otilia****, Otilia. [murmullos]*
(CORLEC)

La repetición *Otilia, Otilia* equivale a *se llama Otilia.* Es un caso de elipsis, en el que la economía lingüística provoca la manifestación explícita únicamente de la parte remática. La repetición, por lo tanto, no añade ninguna información ni noción nuevas, sustituyendo al enunciado pleno.

c) Repetición para ganar tiempo

Al formular los enunciados, los hablantes necesitan a veces más tiempo para organizar su pensamiento. Una de las características de la interacción es su dinámica: en muchas culturas el silencio no forma parte del ethos de la comunidad, por lo que al hablar se evitan momentos de pausa (o bien esta pausa puede provocar numerosos significados). Por eso, si los hablantes necesitan un momento para pensar en una palabra más adecuada o en su actitud frente al asunto discutido, recurren a la repetición:

(75) *H1: Sí. Que hay que tomar [solapamiento de turnos] prevenciones, ¿no?*
H2: [interrogación] [fin de solapamiento de turnos]. Todo lo que tú quieras. Tienes que ponerte un forrito. Y el escote [duda] queda así ***muy... muy bajo****, ¿eh?*
H1: ¿Muy bajo?
H2: Se ve y se ve.
(CORLEC)

(76) *H2: Éste es [ininteligible]. Y de muy así...* ***muy... muy de verano****, ¿te gustan?*
H1: No... no... no, es para vestir. Eh...
H2: ¿Muy vestido?
H1: Sí. [silencio]
(CORLEC)

En los corpus, se suele indicar la vacilación mediante tres puntos. Se marca así que el hablante utiliza la repetición para ganar tiempo, para no perder el turno y poder explicar todo lo que le resulta conveniente.

A veces, dada la naturaleza de la transcripción, algunos casos resultan complicados de definir: no tenemos certeza de si un ejemplo contiene rasgos de reduplicación o no. En el presente trabajo descartamos estos ejemplos no incluyéndolos en los datos que nos sirven como base para las tesis expuestas. Por lo tanto, si sospechamos que un participante repite cierta palabra porque, por ejemplo, se ha despistado, aunque no tengamos pruebas claras que confirmen nuestra sospecha, no tenemos en cuenta este fragmento. De este modo, se evita incluir casos que pueden no constituir reduplicaciones y así, falsificar los resultados del análisis.

2.9 El corpus

El análisis de las reduplicaciones léxicas en español y en italiano se basa en los corpus siguientes[54]:

1) Briz Gómez, Antonio y Grupo Val.Es.Co. (2002). *Corpus de conversaciones coloquiales.* Madrid: Arco/Libros (marcado como **Val.Es.Co**).

54 Como en el capítulo 1, los ejemplos del corpus mantienen su grafía y etiquetación originales.

2) Cabedo, Adrián y Pons, Salvador (eds.): *Corpus Val.Es.Co 2.0.* Consultado online en http://www.valesco.es (marcado como **Val.Es.Co 2.0**).
3) CORLEC: *Corpus Oral de Referencia de la Lengua Española Contemporánea.* Madrid: Laboratorio de Lingüística Informática, Universidad Autónoma de Madrid. Consultado online en http://www.lllf.uam.es/ESP/InfoCorlec.html (marcado como **CORLEC**).
4) ESLORA: *Corpus para el estudio del español oral.* Consultado online en http://eslora.usc.es, versión 1.2.2 de noviembre de 2018 (marcado como **ESLORA**).
5) PEC: *Perugia corpus scritto e parlato.* Consultado online en https://www.unistrapg.it/cqpweb/pec/ (la parte oral, marcado como **PEC**).
6) Real Academia Española, CORPES 21: *Corpus del Español del Siglo XXI.* Consultado online en <http://www.rae.es> (la parte oral de España, marcado como **CORPES 21**).
7) Real Academia Española, CREA: *Corpus de referencia del español actual.* Consultado online en <http://www.rae.es> (la parte oral de España, marcado como **CREA**).
8) Voghera, Miriam, Cutugno, Francesco, Iacobini, Claudio, Savy, Renata: *VoLIP: Voce del LIP.* Consultado online en http://www.parlaritaliano.it/index.php/en/volip (marcado como **VoLIP**).

La elección de los corpus y de los datos utilizados merece una breve explicación. Primero, en todos los casos se trata de la variedad oral de español e italiano. Una gran parte de los datos provienen de conversaciones coloquiales, no obstante, dada la escasez de ejemplos, hemos optado también por utilizar entrevistas (por ejemplo, transcritas en el corpus ESLORA). Como advertimos en el capítulo 1.4.4., los conceptos de oralidad y coloquialidad comparten varios rasgos, pero no son equivalentes. Las entrevistas, aunque mantienen cierto ambiente de familiaridad, no constituyen conversaciones puramente coloquiales (muchas veces las intervenciones de los entrevistados presentan cierto nivel de formalidad causado, probablemente, por la situación de ser grabados). Por lo tanto, en general, nuestro análisis de las reduplicaciones léxicas no determina si es un mecanismo más propio de la oralidad o de la coloquialidad, ya que no poseemos datos suficientes para trazar una clara frontera entre estos dos conceptos. Lo que se somete a análisis es su función pragmática, según el modelo propuesto en el presente capítulo.

Otra cuestión que requiere un comentario es la variedad diatópica examinada. En cuanto al español, es su variedad peninsular. Los corpus Val.Es.Co, Val.Es.Co 2.0, ESLORA y CORLEC están compuestos por conversaciones entre hablantes de la Península Ibérica. En el caso del corpus CREA, se escogen solo los ejemplos españoles excluyendo los que provienen de otras áreas geográficas.

En cuanto al italiano, es una lengua de gran diversidad dialectal. En un territorio relativamente pequeño, se nos presenta una gran variedad de dialectos tan diferentes que incluso algunos ponen en duda la existencia de un italiano común. No obstante, resulta muy difícil encontrar un número de datos suficiente basándose en una región exclusivamente. Por lo tanto, el análisis abarca todas las variedades del italiano transcritas en los corpus PEC y VoLIP. Creemos que, en cuanto a la reduplicación léxica, estas variedades presentan un comportamiento parecido (aunque somos conscientes de su diversidad respecto a otras estructuras lingüísticas).

Por último, insistimos en que nuestro análisis tiene un carácter primordialmente cualitativo. Esto significa que lo que se estudia son las tendencias acerca de su comportamiento y funciones y no los datos cuantitativos. En algunas ocasiones recurrimos al análisis cuantitativo, por ejemplo, para comparar la frecuencia de uso de ciertas estructuras. No obstante, advertimos que la reduplicación léxica no es un mecanismo lo suficientemente frecuente como para poder tratarlo desde una perspectiva cuantitativa (o bien, son los corpus que no han registrado el número suficiente de reduplicaciones como para poder establecer tendencias estadísticas). Concluyendo, los datos de los corpus nos han permitido esbozar una serie de tendencias cualitativas que solamente en algunos casos vienen apoyadas por un análisis cuantitativo.

3. La reduplicación de imperativos

Entre las diversas categorías que se someten al proceso de reduplicación encontramos el verbo en imperativo en segunda persona de singular. Es un fenómeno propio tanto del español como del italiano. A nuestro juicio, la reduplicación del imperativo ha obtenido una atención relativamente escasa por parte de los lingüistas. No obstante, en algunos trabajos sobre la reduplicación o sobre las formas de imperativo se mencionan algunas interpretaciones de este tipo de construcciones.

Para Beinhauer (1973[1958]: 293), la reduplicación del imperativo tiene carácter afectivo. Como advierte el autor, "las repeticiones de palabras aisladas o de oraciones enteras pueden obedecer a diversas motivaciones psicológicas. El tipo de repetición afectiva ocurre sobre todo en el imperativo: *¡cállate, hombre, cállate!* Al ir a salir un tren: *¡Súbete, hombre, súbete!*".

El concepto de la interpretación afectiva, aunque bajo diversas formas, se repite en explicaciones de otros autores. Para Escandell (1991: 72), este procedimiento marca insistencia, esto es, sirve para aumentar la fuerza del imperativo. Rohlfs (1968: 92), en cuanto al imperativo italiano, menciona la función de intensificación (según este autor, la reduplicación de verbos en italiano es un recurso que aumenta la intensidad). Matte Bon (1995: 94) atribuye al uso reduplicado del imperativo la intención de ser amable. Según el autor, al reduplicar el imperativo "se neutraliza toda la perentoriedad concebible en un imperativo". Además, Matte Bon enumera una serie de situaciones comunicativas en las que la reduplicación viene codificada en el sistema comunicativo del español. Tal es el caso de la concesión del permiso (por ejemplo, en cuanto a la pregunta *¿Puedo fumar?*, la respuesta que cumple las reglas de la comunicación contiene la reduplicación *sí, claro, fume fume*).

Las observaciones mencionadas, aunque nos parecen muy acertadas, merecen una profundización. Observando el corpus tenemos la sensación de que la reduplicación del imperativo constituye un mecanismo de variados significados, especialmente a nivel interactivo. Por eso, dedicamos una parte de nuestro trabajo a la problemática del imperativo reduplicado proponiendo una descripción del funcionamiento de este fenómeno basada en la clasificación de los verbos en cuatro grupos. El factor que, a nuestro juicio, desempeña un papel importante a la hora de establecer los criterios de nuestra clasificación (y, en consecuencia, las funciones pragmáticas que desempaña este tipo de construcción) es el nivel de gramaticalización de la construcción. En el presente capítulo se defienden dos tesis:

Tesis 1

La función de la construcción [XX] (X es un verbo en imperativo en segunda persona de singular) depende del nivel de gramaticalización de esta construcción.

Tesis 2

Mayor grado de gramaticalización de la construcción [XX] (X es un verbo en imperativo en segunda persona de singular) supone mayor función interactiva de esta construcción.

Conviene explicar, por lo tanto, qué es lo que se entiende por "gramaticalización" y cómo se realizan las tesis propuestas.

3.1 La gramaticalización

La gramaticalización es un fenómeno estudiado desde enfoques muy diversos. Campbell y Janda (2001) enumeran distintas definiciones del proceso analizado, a veces muy dispares. Cada una se basa no solo en diferentes herramientas metodológicas, sino también en distintos fundamentos que condicionan la definición de los términos básicos relacionados con la gramaticalización. En general, el término *gramaticalización* se refiere al proceso mediante el cual una estructura entra en el sistema gramatical de una lengua. Teniendo en cuenta que las unidades en la lengua no aparecen de manera espontánea, la gramaticalización se realiza a partir de elementos ya existentes, pero que adquieren unos significados gramaticales.

Los estudios sobre gramaticalización resultan muy fructíferos, especialmente en el ámbito anglosajón (aunque en otras tradiciones lingüísticas también podemos encontrar numerosos trabajos sobre el problema en cuestión). Los investigadores que intentan describir este fenómeno lanzan las preguntas siguientes:

- ¿por qué las unidades se gramaticalizan?
- ¿qué tipo de unidades se gramaticalizan?
- ¿cuál es el resultado final del proceso?
- ¿cuál es la dinámica del proceso?
- ¿cuáles son las pautas que siguen las unidades gramaticalizándose en lenguas distintas?

Entre los trabajos más significativos sobre el proceso de gramaticalización conviene mencionar a Kuryłowicz (1968), Lehmann (2015 [1982]), Hopper (1987), Croft (1993), Hopper y Traugott (1993), Lass (1997), Gaeta (1998), Haspelmath (1998), Garancha Camarero (1999), Company Company (2003), Kuteva (2004), Heine y Kuteva (2002, 2007), Cuenca e Hilferty (2007), Eckardt (2008), Heine y Song (2011). Estos autores explican diversas cuestiones relacionadas con el proceso de gramaticalización, esto es, el mecanismo cuyo funcionamiento puede resumirse en la fórmula siguiente:

unidad no gramatical > unidad gramatical

Dependiendo de la definición del término *unidad gramatical*, el reconocimiento de los factores que propician tal proceso y las características de las unidades, la gramaticalización obtiene diversas definiciones y explicaciones.

En el presente trabajo se intenta demostrar que el grado de gramaticalización puede influir en el significado pragmático de las expresiones reduplicadas tipo XX, en las que X es el verbo en segunda persona de singular en imperativo. Son dos las suposiciones que se asumen:

- que las reduplicaciones de imperativo sufren gramaticalización,
- que el grado de gramaticalización mantiene una estrecha relación con la función pragmática de la construcción.

Por lo tanto, antes de proceder al análisis de los ejemplos concretos, se explican una serie de cuestiones vinculadas al proceso de gramaticalización que resultan pertinentes para el presente estudio, esto es, el aspecto diacrónico vs. sincrónico de la gramaticalización, el factor de frecuencia y la noción de gramaticalización frente a la noción de pragmaticalización.

3.1.1 Diacronía vs. sincronía en los estudios sobre gramaticalización

El proceso de gramaticalización puede ser estudiado desde dos perspectivas: histórica y sincrónica. El análisis diacrónico demuestra cómo, a partir de ciertas formas preexistentes, se crean nuevas unidades gramaticales. De este modo, se examina cómo un elemento no gramatical pasa a ser un elemento gramatical, o bien, como afirman Hopper y Traugott (1993: 1–2), como una unidad menos gramatical empieza a ser más gramatical (se estudia, por ejemplo, el cambio de la construcción *be going to* > *be gonna*).

A lo largo del proceso de gramaticalización los investigadores reconocen unos pasos que tienen que cumplirse para que resulte el producto final. Según Hopper y Traugott (1993: 32), son dos los procesos principales que rigen el fenómeno de la gramaticalización: el reanálisis y la analogía. El primero radica en un cambio en las unidades lingüísticas que lleva a la modificación de las reglas generales de la gramática. En cuanto a la analogía, es el mecanismo que consiste en cambiar algunas formas sin afectar al sistema de reglas gramaticales, solamente al aspecto de estas unidades. Conviene señalar, sin embargo, que no todos los autores están de acuerdo con esta división (véanse, por ejemplo, Haspelmath, 1998 o Company Company, 2003: 45–49 que demuestran que en algunos casos el reanálisis no necesariamente lleva a la gramaticalización).

Otra cuestión que levanta polémica son los cuatro mecanismos en los que Heine y Kuteva (2002: 2) dividen el proceso de gramaticalización:

- desemantización (*semantic bleaching*): pérdida de significado,
- extensión (generalización del contexto): uso de la unidad en contextos nuevos,
- decategorización: pérdida de características morfosintácticas de la unidad léxica o de una forma menos gramatical,
- erosión (reducción fonética): pérdida de sustancia fonética.

El orden en el que aparecen los mecanismos suele ser el siguiente: extensión, desemantización, decategorización, erosión (Heine, Song, 2011: 591–594). Por lo tanto, el primer paso ocurre cuando los hablantes de una lengua proponen un nuevo significado para una expresión ya existente. Después, desaparece el significado concreto de la unidad sustituido por el significado gramatical. Al incorporarse al inventario gramatical, el elemento sufre una decategorización, esto es, pierde las características morfosintácticas que tenía como unidad léxica. Las propiedades que se reducen dependen de la categoría a la que perteneció la unidad antes de gramaticalizarse. Heine y Song (2011: 593) proponen un esquema general de la decategorización que se resume en:

forma libre>clítico>afijo.

La última etapa está constituida por la erosión, esto es, la unidad pierde algunas de sus partes, bien morfológicas, o bien fonológicas.

La cuestión que suscita mayor polémica de estos cuatro mecanismos es el llamado *semantic bleaching*, esto es, la reducción del significado. No todos los autores coinciden con la opinión de que la gramaticalización provoca una pérdida de sentido. Traugott (1988) defiende la idea de que la gramaticalización supone el reforzamiento (*streghtening*) de las unidades que la experimentan. Aunque no se duda de la pérdida de significado referencial, lo que se extiende es la posibilidad de involucrar el punto de vista del emisor. También para Croft (1993: 236–239), la cuestión de la desemantización no se presenta tan clara, ya que las unidades gramaticales poseen su propio significado. Kuteva (2004: 35–42) analizando el proceso de creación de verbos auxiliares subraya la importancia de la llamada "especificación". Según la autora, al gramaticalizarse las unidades pueden adquirir significados específicos. En otras palabras, la gramaticalización puede llevar no solo a la generalización del significado, sino a su especificación. De este modo, en vez de empobrecer la semántica de una expresión, se añaden unos matices concretos.

Como afirman Cuenca e Hilferty (2007: 151), la perspectiva histórica de la gramaticalización se centra principalmente en la unidad base y la unidad final del proceso. Otras corrientes introducen una nueva perspectiva enfocada no en las unidades, sino en el proceso. Tal es la perspectiva de la lingüística cognitiva. Lo que se estudia, entonces, no es la entidad que obtenemos a partir de los mecanismos de gramaticalización, sino más bien cómo se introducen en la lengua, cuál es el camino que recorren. Además, la perspectiva cognitiva sitúa la motivación de la gramaticalización no en el sistema lingüístico, sino en la cognición humana (Garancha Camarero, 1999: 159).

La perspectiva sincrónica, a diferencia de la diacrónica, se fija en el reconocimiento del proceso de gramaticalización en un determinado momento (y no a lo largo de la historia). Como afirma Fischer (2011: 36), estamos ante un proceso de gramaticalización cuando los hablantes de una lengua empiezan a dotar una construcción de unos significados determinados. Esto es, asocian una determinada forma a unos valores nuevos. Tal procedimiento lo podemos observar en una lengua desde la perspectiva sincrónica: analizando los diversos usos de una construcción se pueden notar significados que difieren de los originarios. Como apunta Company Company (2003: 25–28), para que se active el proceso de gramaticalización, se necesitan dos unidades: una conservadora y otra innovadora. En otras palabras, se debe estudiar no una única unidad base, sino también otra expresión que en cierto momento empieza a coexistir con esta. De este modo, estamos ante la situación en la que se les brinda a los hablantes la oportunidad de utilizar dos expresiones distintas. Estas expresiones pueden ser diferentes de distintos modos: pueden distinguirse léxicamente (dativo – acusativo en *le ayudo* – *la ayudo*), pueden constituir dos construcciones distintas (*lo amaré* – *amar-lo-hé*), una pieza léxica puede cambiar su significado según el contexto (el adverbio *finalmente* en distintos contextos), o bien las formas pueden diferenciarse por la presencia o ausencia de la marca (*vio el caballo* – *vio al caballo*). Encontramos entonces dos formas que coexisten: una es la tradicionalmente utilizada y otra es la nueva, todavía no divulgada entre los hablantes. Existen tres posibles caminos que pueden emprender las formas conservadora e innovadora (Company Company, 2003: 24–25). La primera posibilidad es que una estructura se estabilice en el sistema lingüístico, mientras que otra desaparece. La segunda opción lleva a la desaparición de ambas expresiones. En virtud de la tercera, las estructuras se desarrollan cada una en un ámbito o contexto propios (ambas siguen vigentes en la lengua, pero se utilizan en situaciones diversas). Los estudios sincrónicos, por lo tanto, consisten en describir estas construcciones haciendo hincapié en sus particularidades.

3.1.2 La frecuencia

Uno de los factores que se suele tener en cuenta al clasificar una unidad como gramaticalizada es su frecuencia de uso. La frecuencia constituye una de las bases de la *Usage Based Theory*, según la cual la estructura de la lengua se crea a partir del uso (sobre esta teoría, véanse Bybee, 2009, 2011). La gramaticalización se realiza cuando aumenta el uso de una estructura y así esta construcción entra en el sistema gramatical de una lengua. Citando las palabras de Bybee (2009: 26): "Grammatical structures are also conventionalized, but they do not arise in the conscious manner in which naming takes place. They arise, instead, by the repetition of patterns or sequences of items that have proved useful within the context of conversational exchange." Por lo tanto, para que una estructura empiece a formar parte del sistema gramatical (se gramaticalice), tiene que aumentar su frecuencia de uso (junto con otros procedimientos mencionados por Bybee, 2009: 29, como la reducción fonética, automatización y el cambio semántico). En otras palabras, primero, ciertas secuencias se presentan cada vez con más frecuencia y luego empiezan a independizarse de su significado originario (en eso consiste la no composicionalidad).

Si aceptamos el punto de vista que da prioridad al uso de la lengua, la frecuencia parece un factor indispensable: cuando aumenta el uso de una expresión, esta empieza a gramaticalizarse. Para poder captar el aumento en la frecuencia de uso de una expresión, es necesario acudir a los corpus. Como subraya Mair (2011), los corpus constituyen el mejor medio para detectar no solo el contexto en el que aparece una construcción, sino también su frecuencia de uso.

El factor de la frecuencia, aunque nos parece muy convincente (y, además, lo incluimos en nuestro trabajo), puede suscitar cuestiones polémicas. Como indica Mair (2004: 125), el aumento de la frecuencia puede señalar también cambios en el mundo real (por ejemplo, con la mayor visibilidad de las mujeres en las situaciones públicas, creció el uso de los pronombres en femenino). Hoffmann (2004) añade al respecto que la baja frecuencia no siempre tiene que ser indicio de que una unidad no esté gramaticalizada (Hoffmann basa su estudio en las preposiciones de uso menos frecuente). Por eso, a veces lo que se necesita es la intuición: aunque el corpus nos proporciona muchos datos sobre la situación gramatical de una lengua, algunos mecanismos se necesitan examinar no solo cuantitativamente, sino también cualitativamente. La observación de Hoffmann nos parece muy acertada en cuanto al objetivo del presente estudio, esto es, las reduplicaciones léxicas. Los corpus no nos facilitan una lista de datos muy extensa. De hecho, si comparamos este mecanismo con otras estructuras, podemos llegar a la conclusión de que la reduplicación es un fenómeno marginal. No obstante, todos los hablantes nativos de las lenguas analizadas a los que hemos mencionado la problemática de la reduplicación afirman no solo que reconocen la existencia de este tipo de estructuras, sino que las consideran muy funcionales. Somos conscientes de que este dato no se puede interpretar como una aportación de carácter científico. Sin embargo, creemos que, intuitivamente, la reduplicación léxica forma parte del repertorio de las construcciones utilizadas por los hispano- e italoparlantes y por eso, merece un estudio completo.

3.1.3 Gramaticalización vs. pragmaticalización

La última cuestión que merece nuestra atención es la relación que mantiene el proceso de la gramaticalización con la pragmaticalización y la subjetivización. Como indican los propios términos, la gramaticalización es el proceso por el que una unidad entra en el sistema gramatical de la lengua. La pragmaticalización, por lo tanto, es el fenómeno mediante el cual una estructura empieza a formar parte del conjunto de los recursos pragmáticos. ¿En qué consiste la posible confusión al emplear estos dos términos? En general, varios lingüistas reconocen que al entrar una unidad en el repertorio gramatical, adquiere también valores pragmáticos. La gramaticalización, por lo tanto, suele tener una dimensión pragmática.

En general, la noción que se suele asociar a la dimensión pragmática de la gramaticalización es la subjetividad. En otras palabras, distintos estudios demuestran que las estructuras gramaticalizadas poseen significados subjetivos. Al concepto de subjetividad, le hemos dedicado el capítulo 2.6., en esta parte de nuestro trabajo exponemos brevemente qué es lo que se halla bajo el término subjetivización. Como señala Baran (2014: 5), se puede entender este fenómeno de dos maneras: como un proceso diacrónico, o bien como un acto realizado en los intercambios comunicativos. Presentamos, por lo tanto, los dos puntos de vista explicando a la vez cuál es la perspectiva asumida en el presente trabajo.

3.1.3.1 La subjetivización diacrónica

Entre los autores interesados por el proceso de subjetivización destacan Elisabeth Closs Traugott y Concepción Company Company. Por eso, en la parte teórica de nuestro estudio se mencionan varios resultados de su investigación. Company Company (2004b: 3) define la subjetivización como "un proceso dinámico de cambio lingüístico, casi siempre un proceso de gramaticalización – aunque muchas veces arroja lexicalizaciones -, mediante el cual las valoraciones y actitudes del hablante encuentran codificación explícita en la gramática de la lengua, llegado a construir un significado convencional en la gramática de la lengua." En otras palabras, es un proceso que consiste en incorporar a la sintaxis de una lengua la actitud subjetiva del hablante.

A la hora de analizar la subjetivización diacrónica, salen a la luz varias cuestiones que merecen, por lo menos, una breve explicación.

3.1.3.1.1 La subjetivización y los procesos sintácticos

El proceso de gramaticalización por subjetivización provoca una serie de cambios formales de la unidad subjetivizada. Esto significa que la expresión pierde algunas de sus capacidades sintácticas y, a la vez, adquiere un comportamiento nuevo. La unidad subjetivizada, por lo tanto, se caracteriza por una serie de rasgos formales que la diferencian de la unidad originaria. Entre los efectos de la subjetivización Company Company (2004a: 37–40) enumera los procesos siguientes:

a) Debilitamiento y/o vaciamiento del significado referencial etimológico originario:
   Al subjetivizarse, las unidades lingüísticas suelen perder su significado originario: empiezan a expresar otro significado. Tal es el caso, por ejemplo, de los verbos de movimiento analizados por Romero Aguilera (2006) que funcionan como marcadores discursivos. Como demuestra la autora, una serie de verbos que indican movimiento en ciertos contextos pierden su valor originario adquiriendo una serie de nuevos significados pragmáticos (es lo que sucede con *vamos, vaya, venga*, etc.). La subjetivización, por lo tanto, deja sus marcas en el significado semántico-pragmático de las expresiones.
b) Cambios metafóricos-metonímicos de naturaleza inferencial discursivo-pragmática:
   Mediante el proceso de subjetivización, se añaden a las unidades valoraciones personales del hablante que más tarde empiezan a convencionalizarse en el sistema lingüístico: son compartidos por todos los miembros de la sociedad. De una propiedad personal, la noción valorativa se convierte en una característica común para un grupo de personas, convencionalizándose en el sistema de la lengua.

Por ejemplo, en inglés se han subjetivizado varios adverbios terminados con *-fully* (Downing Rothewell, 1978). Algunos adverbios, como *hopefully, regretfully* o *thankfully,* en ciertos contextos incluyen nociones subjetivas revelando la postura del hablante.

c) Debilitamiento o pérdida del control agentivo del sujeto:
Según Company Company, en el caso de las unidades subjetivizadas, el sujeto deja de controlar la acción llevada a cabo distanciándose de esta. La autora (2004b: 4–8) propone dos ejemplos para ilustrar este fenómeno:

(1) *Todas las mañanas, Juana va al mercado de Jamaica a vender sus flores.* (oración objetiva)
(2) *Se te va a caer el café.* (oración subjetiva)

En el primer caso, el sujeto está dispuesto a controlar la actividad, mientras que en el segundo, subjetivizado, la acción se realiza sin la voluntad ni capacidad del sujeto.

d) Ampliación del alcance de la predicación:
Según Company Company (2004b: 4–8), las unidades subjetivas suelen situarse en el margen izquierdo de la oración, por lo que su alcance se extiende no solo a una parte de la oración, sino a todo el enunciado. La autora analiza la diferencia entre el adverbio *finalmente* con su sentido originario y con su sentido subjetivizado:

(3) *Primero se pelan las papas, después se remoja la cebolla en sal, luego se calienta bien el aceite y finalmente se echa todo junto a freír.* (finalmente: lectura objetiva)
(4) *Finalmente me dieron la beca, no estuvo tan difícil.* (finalmente: lectura subjetiva)

En el primer caso, *finalmente* presenta su sentido originario: indica la última acción realizada. Se refiere únicamente a una de las partes del enunciado, esto es, *se echa todo junto a freír.* En el segundo ejemplo, *finalmente* presenta su significado subjetivizado y, además, su alcance abarca toda la oración.

e) Fijación y autonomía de la predicación
Las unidades subjetivizadas suelen constituir expresiones fijas y autónomas (Company Company, 2004b: 4–8). Esto significa que se reduce su capacidad de relacionarse con otras unidades (lo que no significa que desaparezca por completo, pero se somete a ciertas condiciones) y, además, que manifiestan la autonomía prosódica (se pronuncian separadamente del resto de los constituyentes del enunciado).

f) Pérdida de capacidades sintácticas:
Company Company (2004b, 2006) demuestra que las unidades subjetivizadas pierden su sintaxis original. Lo comprueba a partir del análisis de los marcadores discursivos gramaticalizados. Su investigación conduce a la conclusión de que, junto con el enriquecimiento pragmático, las unidades se empobrecen sintácticamente: dejan de ser capaces de mantener relaciones con otras unidades y empiezan a ser expresiones aisladas propias para determinados contextos.

> Basándose en el análisis de una serie de unidades, Company Company llega a la conclusión representada por el siguiente esquema:
> más sintaxis – menos subjetividad
> menos sintaxis – más subjetividad

Como resultado del aislamiento sintáctico, la autora (2006: 100) enumera los factores siguientes:

- las formas aparecen entre pausas,
- la expresión subjetiva constituye una predicación por sí misma que no puede relacionarse con otros constituyentes,
- las expresiones subjetivas no admiten paráfrasis, no se sustituyen por sus sinónimos y no pueden someterse a modificación, complementación o subcategorización tal como lo hacen las unidades no subjetivas.

Con el objetivo de comprobar su hipótesis, Company Company examina algunos verbos sometidos al proceso de subjetivización que dan lugar a marcadores discursivos (2006: 104–115). Por ejemplo, se presenta el análisis de la forma *¡sepa!* proveniente del verbo *saber.* La expresión en su versión objetiva constituye un verbo transitivo sintácticamente flexible, esto es, que puede concordar con diferentes sujetos. Con el paso del tiempo, la forma *sepa* se subjetivizó perdiendo sus capacidades sintácticas: aparece en forma impersonal careciendo de sujeto. De un verbo conjugado pasa a ser un marcador discursivo que indica falta de interés del hablante por el asunto, como en el ejemplo:

(5) – ¿Ya llegó el paquete de Estados Unidos?
*– **¡Sepa!***

Los diferentes efectos sintácticos propuestos por Company Company se resumen en el cuadro tomado de uno de sus trabajos (2004b: 22):

Enunciado no subjetivo	*Enunciado subjetivo*
- formas sustituibles	- formas no sustituibles
- capacidad de paráfrasis	- incapacidad de ser parafraseables
- manifestación categorial flexible	- manifestación categorial rígida
- distribución normal	- distribución rígida
- posición no fija	- posición fija
- capacidad relacional sintáctica	- no capacidad relacional sintáctica: cancelación
- no aislamiento	- aislamiento>fórmulas fijas
- capacidad de complementación, modificación y predicación	- no capacidad de complementación, modificación ni predicación

- alcance predic. de constit. o frase	- alcance predicativo extraoracional
- necesidad fuerte de sintaxis	- necesidad débil>prescindibilidad de sintaxis

Desde la perspectiva de una de las lenguas germánicas, el neerlandés, Verhagen (1995: 106–114) también analiza los efectos que ejerce el proceso de subjetivización sobre la estructura sintáctica de la lengua en cuestión. La autora llega a conclusiones muy interesantes: en neerlandés, la subjetivización puede influir en el orden de palabras. El mismo verbo *belofte* ('jurar') en su uso objetivo requiere un orden de constituyentes diferente al que exige en su uso subjetivo.

Los ejemplos aportados llaman nuestra atención sobre un aspecto muy importante del proceso de subjetivización: la relación con la estructura sintáctica de una lengua. Resulta que la subjetivización no solo se manifiesta mediante la incorporación de cierto significado semántico, sino que también cambia la sintaxis de la construcción. En otras palabras, las expresiones modifican su comportamiento frente a otros elementos del enunciado. Los cambios sintácticos atraen nuestro interés por la complejidad que les atribuimos. En cuanto a los cambios del significado semántico, es un fenómeno muy frecuente en todos los sistemas lingüísticos. La inestabilidad del mundo que nos rodea provoca la aparición de nuevas situaciones, objetos o relaciones que necesitan ser nombrados. Muchas veces son las palabras ya existentes que ajustan su significado para designar nuevos conceptos. La sintaxis, esto es, la manera de ordenar los constituyentes y establecer relaciones entre ellos no parece tan propicia para aceptar modificaciones. No obstante, resulta que al cambiar el significado y la función de una expresión, emergen también alteraciones en toda la estructura sintáctica del enunciado.

3.1.3.1.2 La subjetivización: ¿gramaticalización, desgramaticalización o lexicalización?

En la definición mencionada por Company Company (2004b: 3), se considera la subjetivización "casi siempre un proceso de gramaticalización – aunque muchas veces arroja lexicalizaciones". Estamos, por lo tanto, ante dos fenómenos cuya diferenciación resulta muy problemática para los investigadores: la gramaticalización y la lexicalización. Resulta que la subjetivización puede formar parte de tres procesos: la gramaticalización, la desgramaticalización y la lexicalización en función de la definición que atribuyamos a cada uno de ellos. Las posturas que explican la gramaticalización constituyen el tema principal del apartado anterior, por lo que en esta parte de nuestras cavilaciones presentamos los diferentes puntos de vista relacionados con la lexicalización y la desgramaticalización. El análisis de las diferentes perspectivas nos servirá como fundamento para reflexionar sobre el estatus de la subjetivización, esto es, si, aparte de constituir un mecanismo de gramaticalización, la subjetivización puede formar parte del conjunto de los procesos relacionados con la lexicalización o la desgramaticalización.

La lexicalización puede ser estudiada desde tres perspectivas: la sincrónica, la diacrónica y la pragmática (Brinton, Traugott, 2006: 18–22). El estudio sincrónico de la lexicalización la considera como el proceso de codificar categorías conceptuales en el léxico de una lengua. Se indagan, por lo tanto, los vínculos entre los conceptos mentales y sus representaciones lingüísticas.

Según la perspectiva diacrónica, por otra parte, la lexicalización abarca todos los mecanismos de adaptación al lexicón o la pérdida de reglas productivas de la gramática. Brinton y Traugott, cuyo trabajo toma como objetivo principal el análisis de la lexicalización diacrónica, aportan la siguiente definición del proceso en cuestión (2006: 96): "Lexicalization is the change whereby in certain linguistic contexts speakers use a syntactic construction or word formation as a new contentful form with formal and semantic properties that are not completely derivable from the constituents of the construction or the word formation pattern. Over time there may be further loss of internal constituency and the item may become more lexical." En otras palabras, para las autoras, la lexicalización radica en el hecho de utilizar, en ciertos contextos, construcciones sintácticas o formaciones de palabras con significados que no se pueden deducir a partir de los significados de sus constituyentes. Como es un proceso diacrónico, los cambios se efectúan con el paso del tiempo. La visión diacrónica de la lexicalización parece opuesta a la definición de la gramaticalización. Mientras la gramaticalización supone el cambio unidad léxica>unidad gramatical, la lexicalización se puede resumir en unidad gramatical>unidad léxica. La lexicalización concebida de tal modo implica numerosos cambios en el sistema lingüístico a todos sus niveles (Bauer, 1991), entre los cuales encontramos:

- procesos fonológicos: la lexicalización puede incluir cambios fonológicos, en la pronunciación de la palabra;
- procesos morfológicos: se añade un afijo al núcleo y así se crean las palabras (hay que subrayar, sin embargo, que no todos los núcleos pueden formar parte del proceso de lexicalización);
- procesos semánticos: según Bauer, la lexicalización puede ser el resultado de la adición de significado semántico (como en *wheel chair*) o la reducción del significado semántico (como en el caso de *understand* en el que *under* y *stand* pierden su significado original, pero entrando en relación adquieren otro nuevo);
- procesos sintácticos: por una parte, las palabras que forman parte de la unidad lexicalizada pierden sus propiedades sintácticas originales (es lo que ocurre en el caso de *pickpocet*: *pick* originariamente es un verbo, pero al formar un lexema nuevo ha perdido su función verbal). Por otra parte, las unidades lexicalizadas adquieren nuevas particularidades sintácticas (por ejemplo, *disbelieve* funciona de manera diferente que *believe*).

Todos estos procesos suelen desatarse introduciendo a la vez cambios profundos en el sistema de una lengua.

Brinton y Traugott (2006: 18–22), como la tercera concepción, consideran la lexicalización como un proceso pragmático. Según esta perspectiva, la lexicalización constituye la inclusión de nociones pragmáticas en el léxico de una lengua. Las autoras proponen el ejemplo de expresiones inglesas, como *I see* o *I know* que en algunos contextos pierden su significado literal adquiriendo una serie de significados pragmáticos.

De todos los tipos de lexicalización es la pragmática la que puede suscitar mayor polémica. En este caso la frontera entre gramaticalización y lexicalización no se ve tan clara. La inclusión de nociones pragmáticas en ciertas estructuras a veces puede ser considerada como la creación de una nueva estructura gramatical o como la aparición de una nueva expresión léxica. Si estas nociones conciernen a la persona del hablante, llamamos a este proceso subjetivización. La subjetivización, por lo tanto, ¿forma parte de los procesos de lexicalización o de gramaticalización? Uno de los ejemplos de estos casos polémicos lo constituye la creación de los marcadores discursivos. Romero Aguilera (2006) analiza la conversión de algunos de los verbos de movimiento en formas subjetivizadas, por ejemplo, *vaya, vamos* o *venga*. Estos verbos pierden sus características originarias y empiezan a constituir expresiones que manifiestan una determinada actitud o perspectiva del emisor del enunciado. Sin embargo, como apunta Pinto de Lima (2014: 99–113), es difícil decidir con certeza si los marcadores discursivos son productos de la gramaticalización o de la lexicalización. Analizamos el ejemplo siguiente:

(6) *C: bueno/ponme un cubito↓* ***venga***
C: ***venga****/pequeña/un cubito*
*C: [****venga*** *va]*
(Val.Es.Co 2.0)

El verbo *venga*, que aparece tres veces en este fragmento, constituye un ejemplo de la subjetivización de una de las formas del verbo *venir*. Por una parte, presenta características de la unidad gramaticalizada:

- observamos el *semantic bleaching*, esto es, su significado se reduce a una determinada noción,
- la unidad pierde sus características morfosintácticas, puede aparecer solamente en una forma que no sufre modificaciones,
- se extiende el contexto en el que se utiliza (el verbo *venir* denota un determinado tipo de movimiento, no lo podemos aplicar en todas las situaciones, su forma subjetivizada *venga*, por su parte, puede aparecer en contextos muy variados, en este caso, por ejemplo, junto con *poner un cubito*).

Aunque son varios los rasgos en los que la subjetivización de *venga* coincide con la gramaticalización, ¿es realmente *venga* una unidad gramatical o más bien léxica? ¿La unidad final, el producto de toda la serie de cambios, forma parte del repertorio gramatical o del lexicón? La respuesta no es tan fácil porque los marcadores discursivos constituyen un tipo de expresiones cuya naturaleza se presenta bastante compleja. Por eso, de cómo definimos la palabra *léxico* depende si engloba los marcadores discursivos o no.

Según Wisher (2000: 364–365), son los mismos procesos que acompañan la gramaticalización y la lexicalización, como la reducción fonética, reanálisis sintáctico, desmotivación o convencionalización. En lo que difieren, sin embargo, es en el cambio semántico. En cuanto a la lexicalización, se añade un nuevo componente semántico relacionado metafóricamente con el significado originario. En el proceso de gramaticalización, en contraste, al constituirse un sentido operacional, se pierde un significado semántico específico. No obstante, creemos que a veces resulta bastante complicado decidir cuáles son los cambios que predominan y por eso, una misma transformación puede ser clasificada por unos investigadores como caso de gramaticalización y por otros como ejemplo de lexicalización.

Otro término que aparece en los trabajos sobre subjetivización es la *desgramaticalización*. Según Company Company (2004a), el proceso de adquisición del significado subjetivo presenta rasgos tanto de gramaticalización, como de un fenómeno opuesto: la desgramaticalización. La desgramaticalización es un concepto bastante polémico: no todos los lingüistas han reconocido su existencia. Para Auwera (2002: 21), la desgramaticalización implica dos procedimientos:

- la conversión de una unidad gramatical en algo no gramatical,
- la conversión de una unidad más gramatical en otra menos gramatical.

Como podemos observar, aunque no se menciona la palabra *léxico* en esta definición, la primera suposición que puede venir a la mente es que la desgramaticalización equivale a la lexicalización. Auwera, sin embargo, aporta ejemplos de desgramaticalizaciones que no suponen lexicalizaciones: según el autor, son dos procesos que, aunque a veces coinciden, constituyen fenómenos distintos.

Para Company Company (2004a), la subjetivización de los marcadores discursivos se puede considerar tanto gramaticalización como desgramaticalización. Por una parte, en el cambio verbo>marcador discursivo, las expresiones pierden su significado etimológico, originario (así se manifiesta la gramaticalización). Por otra parte, los marcadores discursivos adquieren mayor independencia de la estructura sintáctica (por lo que recuerdan a la desgramaticalización). Con el objetivo de resolver esta ambigüedad, la autora sostiene que se debe mantener el concepto de gramaticalización para denominar todos los procesos de cambio en general, pero que se pueden enumerar varias subclases de procesos con distintas particularidades. Por eso, se propone adoptar una definición más amplia, como la de Hopper (la gramaticalización como el proceso creativo de formarse las gramáticas).

3.1.3.2 La subjetivización interaccional

El segundo tipo del fenómeno de la subjetivización concierne al proceso que denominamos *subjetivización interaccional*. Su definición coincide con la propuesta de Baran (2014: 5) que la considera "un acto que se actualiza en los intercambios comunicativos y que da cuenta de la toma de posición de los hablantes, la cual podría asociarse con el nivel de involucramiento en la escena discursiva". De este modo, la subjetivización interaccional se caracteriza por los rasgos siguientes:

- no se analiza desde el punto de vista del cambio histórico, sino más bien desde la perspectiva sincrónica de la lengua actual;
- se lleva a cabo en los intercambios comunicativos, esto es, aparece en situaciones de interacción;
- es un proceso mediante el cual los participantes de la conversación marcan su posición en el discurso lo que significa que presentan su actitud frente a diferentes aspectos de la interacción, esto es, el mensaje que quieren transmitir, la situación comunicativa en la que se desarrolla la conversación u otros participantes de la interacción.

La propuesta de la subjetivización interaccional implica que el proceso de subjetivización no necesariamente tiene que ser concebido como un fenómeno histórico. Claro está que la subjetivización puede actuar modificando ciertas expresiones con el paso del tiempo lo que viene confirmado por un amplio abanico de trabajos. En este tipo de investigaciones, se analiza una misma expresión comparando su variedad pasada con su forma actual. La subjetivización tiene lugar, si observamos que la unidad histórica era objetiva, mientras que la contemporánea ha adquirido cierta noción subjetiva. Sin embargo, la subjetivización puede concebirse también como una elección, a veces muy consciente, de los hablantes de la lengua actual. En otras palabras, los participantes de una conversación añaden significado subjetivo a determinadas expresiones en función de la necesidad comunicativa o expresiva. En este caso estamos ante una subjetivización como proceso en desarrollo: todavía no fijado y con algunas excepciones, pero que deja huellas significativas en la estructura de la lengua.

3.2 Nuestra propuesta

Como hemos advertido al inicio de este apartado, nuestra hipótesis se basa en la suposición de que algunas de las construcciones formadas por el imperativo reduplicado se han gramaticalizado y que del grado de esta gramaticalización dependen los diversos significados pragmáticos que pueden presentar. Por lo tanto, conviene explicar cómo entendemos la gramaticalización de las reduplicaciones del imperativo. Primero, la unidad que se somete a la gramaticalización es una construcción y no una unidad léxica concreta. El concepto de la gramaticalización de las construcciones está presente en varios trabajos (véanse, entre otros, Fischer, 2011, Traugott, 2014b). Resulta que no solo puede gramaticalizarse una unidad (tal es el caso, por ejemplo, del verbo en imperativo *vai* en italiano que se ha gramaticalizado adquiriendo el significado de marcador discursivo), sino también una construcción. En nuestro caso, la construcción tiene forma [XX], en la que X es un verbo en imperativo en segunda persona de singular.

Segundo, nuestro estudio tiene carácter sincrónico. Se analizan corpus orales de la lengua actual. En general, el uso del imperativo está estrechamente vinculado a la interacción, por lo que son pocos los casos en los que aparece en los textos escritos (aunque existen también tales ejemplos, tienen carácter marginal). Por lo tanto, el corpus está compuesto por conversaciones coloquiales de la vida cotidiana y entrevistas (aunque difiere mucho de la conversación coloquial, al fin y al cabo, la entrevista también constituye un tipo de interacción). La gramaticalización, por lo tanto, se realiza cuando observamos usos que aportan significados nuevos a la construcción. Son dos los factores que tenemos en cuenta:

1) La frecuencia:
   Aunque somos conscientes de que la frecuencia de uso no es un factor decisivo, reconocemos que puede proporcionar datos útiles a la hora de estudiar el grado de gramaticalización. Si los hablantes recurren con frecuencia a una construcción, esto nos puede indicar que esta construcción ha entrado en proceso de gramaticalización. Examinamos, entonces, si entraña algún significado nuevo o si desempeña alguna función pragmática distinta de la presentada por otras construcciones parecidas.
2) La (inter)subjetividad:
   El significado pragmático que constituye la finalidad de la gramaticalización es la (inter)subjetividad (en el capítulo 2.6.4. explicamos la relación entre la subjetividad y la intersubjetividad y la razón por la que no trazamos una clara frontera entre estos dos fenómenos). Por lo tanto, la reduplicación del imperativo se (inter)subjetiviza, esto es, se gramaticaliza algún significado (inter)subjetivo. Este significado dependerá del grado de gramaticalización.

Tras analizar los corpus de español e italiano, hemos detectado cuatro grupos de reduplicaciones de imperativos cuyo significado pragmático está relacionado con el grado de gramaticalización que representan:

Grupo 1: la reduplicación de insistencia
[XX] → [insistir, animar]

Este grupo se caracteriza por el menor grado de gramaticalización. Son construcciones que presentan el significado originario de la reduplicación del imperativo, esto es, la insistencia. Por lo tanto, al reduplicar el imperativo, el hablante insiste en que el interlocutor realice alguna acción.

Grupo 2: la reduplicación de cortesía convencionalizada
[XX] → [cortesía]

Estas construcciones también expresan insistencia, pero, además, conllevan otro significado gramaticalizado. Su uso es bastante frecuente y el significado (inter) subjetivo que presentan es la expresión de cortesía.

Grupo 3: la reduplicación de marcadores discursivos
[XX] → [funciones interaccionales]

Estas construcciones presentan una doble gramaticalización: por una parte, las unidades que las componen han sufrido un proceso de gramaticalización y por otra, la construcción misma se ha gramaticalizado. Por lo tanto, en vez de expresar insistencia, presentan significados (inter)subjetivos de carácter interactivo.

Grupo 4: las reduplicaciones lexicalizadas

Son reduplicaciones del imperativo que se han lexicalizado, por lo tanto, constituyen nuevas formas léxicas con su propio significado. Son construcciones características del italiano (aunque reconocemos también una serie de ejemplos en la lengua española).

3.2.1 La reduplicación de insistencia

El primer grupo está compuesto por las reduplicaciones del imperativo cuya función pragmática radica en insistir, animar a una persona a realizar cierta acción. En este tipo de reduplicaciones, el hecho de repetir el imperativo sirve para intensificar ciertos valores intersubjetivos: se insiste en que una persona se comporte de una manera concreta. Hemos encontrado este tipo de casos de reduplicación del imperativo tanto en los corpus españoles como en los italianos. Veamos un par de ejemplos:

(7) *hab1 eh son cosas <alargamiento>de</alargamiento> <pausa/> <alargamiento>de</alargamiento> <pausa/> sí ahí hay <pausa/> lo malo es que aquí ahí está esto está*
hab2 no pero yo no necesito espacio eeh porque con tal de poner esto así un poquito de cerca de ti <pausa/> eeh es igual aquí mismo ¿puedo ponerlo ahí?
hab1 ah ***ponlo ponlo***
hab1 ahí o aquí tanto da
(ESLORA)

(8) *0023 Eduardo: la otra vez que quedamos/¿te acuerdas?/nos quedamos sin gasolina/precisamente en este semáforo*
0024 Edu: (()) §
0025 Eduardo: §((¿te acuerdas o no?))
0026 Edu: [(()) ((un poquito atrás))]
0027 Eduardo: [¿o en el anterior?/el anterior/el] anterior // ¿eh?
0028 Edu: mh
0029 Eduardo: y esta vez no ///(1,46) ahora ((iré a))- ahora pondré yo
0030 Edu: coge esto un segundo
0031 Eduardo: ***llévatelo llevátelo****/[((es bueno no))]*
(Val.Es.Co 2.0)

(9) *0073 Eduardo: [quién ha ganao] no/cómo- cómo (())/¿cuánto tiempo ((hici-))?*
*0074 Edu: ((venga))/****cógelo cógelo****↑*
0075 Elena: aayy
(Val.Es.Co 2.0)

En todos estos casos, el hablante, mediante la reduplicación del imperativo, intenta animar a su interlocutor a efectuar cierta acción. En (7), el hablante 2 quiere poner una cosa en un sitio, entonces, para darle permiso y animarle a hacerlo, el hablante

1 recurre a la estructura reduplicada *ponlo ponlo*. En (8), Eduardo insiste en que Edu lleve una cosa consigo, mientras que en (9), Edu anima a Elena a coger un objeto. En todos estos casos, la reduplicación del imperativo intensifica el valor de insistencia. Una situación parecida ocurre en las conversaciones italianas:

(10) *Allora le prime tre stelline che incontri ce ne stanno una grande una pi_.*
In alto o in basso?
Ah una grande una picco_ 'na una grande una media no scusa ***finisci finisci****.*
Le no son du_ due più grandi una più piccola diciamo cioè tu vieni vieni dagli occhiali no?
Sì.
(PEC)

(11) *allora che mi racconti allora che io sto perorando la tua causa no va bene stai perorando la peroro la peroro io già t' avevo telefonato ah ah sì* ***perora perora*** *non fa' come quelli della banca che perorano perorano però non ottengono un tubo perché io hai detto no no io ottengo ottengo però una cosa ci vorrei soltanto ti vorrei soltanto dire mh cerca di mantenere la calma ah ah ah che la questione di XYZ*
(PEC)

También en estos tres casos, la reduplicación del imperativo intensifica la insistencia. En (10), un hablante interrumpe a su interlocutor, pero cuando se da cuenta de eso, le anima a continuar diciendo *finisci finisci*. En (11), una persona declara que está defendiendo a su interlocutor en una situación conflictiva, mientras que el interlocutor le anima a seguir con esta actitud recurriendo a la reduplicación del imperativo *perora perora*.

En el primer grupo entran verbos de diferente significado semántico. En español hemos encontrado casos de *poner* (*pon pon*), *llevar* (*lleva lleva*), *terminar* (*termina termina*), *aguantar* (*aguanta aguanta*), *cerrar* (*cierra cierra*), *coger* (*coge coge*), *discurrir* (*discurre discurre*), *escuchar* (*escucha escucha*), etc. En cuanto al italiano, el repertorio de los verbos reduplicados también es muy amplio: *finire* (*finisci finisci*), *correre* (*corri corri*), *buttare* (*butta butta*), *prendere* (*prendi prendi*), etc. La característica común de todas estas reduplicaciones es que la función que desempeña el imperativo no radica en dar una orden, sino dar un consejo, animar, incitar a realizar cierta acción (sin obligar a nadie a hacer nada).

El imperativo, aunque prototípicamente asociado al mandato, sirve para desempeñar una serie de funciones. Matte Bon (1995: 92–97) entre las posibles funciones del imperativo en español enumera:

dar órdenes: este papel está restringido a unas condiciones muy concretas, dado que el uso del imperativo como mandato puede no cumplir con las reglas sociales de la interacción (o, simplemente, ser descortés):

(12) *oye, pásame el cenicero*

- dar consejos e instrucciones:

(13) hazme caso: llámala e invítala a cenar

- ser amable:

(14) toma, sírvete más pollo

- para expresar condiciones:

(15) abre la ventana y verás que frío.

Como podemos observar, se suelen emplear las formas del imperativo no solo para dar órdenes, sino también para llevar a cabo ciertas funciones sociales, interactivas. Creemos que la reduplicación de los imperativos del primer grupo sirve para transmitir consejos o animar a alguien y, en consecuencia, puede ser considerado un mecanismo de cortesía. Los imperativos reduplicados:

- no obligan a una persona a hacer algo, más bien le proponen un cierto tipo de comportamiento que puede o no ser aceptado por el receptor,
- no son actos de amenaza a la imagen, FTAs, sino más bien actos valorizadores de la imagen, FFAs (más sobre los conceptos de FTAs y FFAs en el capítulo 1.4.1.3.).

Estas dos premisas se realizan en los ejemplos siguientes:

(16) - Io non mangio tanto ***prendi prendi*** *sei pieno?*
(PEC)

El hablante ofrece al receptor algo para comer. El uso del imperativo no indica obligación, más bien se propone un cierto comportamiento que luego puede ser aceptado o rechazado por el interlocutor (el receptor tiene la posibilidad de actuar como quiera). Además, el imperativo reduplicado funciona como un acto valorizador de la imagen tanto del hablante (porque este se presenta como cortés, sabe cuál es el comportamiento adecuado en esta situación) como del oyente (porque se deja al oyente alguna opción: se le anima a hacer algo, pero sin obligarlo a cumplir con lo propuesto). Lo mismo ocurre en los ejemplos españoles:

(17) H1: Dificililllo, ¿eh? [silencio]
H2: A ver si discurro.
H1: Discurre, que para eso están los problemas, sí.
H3: [risas] ***Discurre, discurre.***
H2: Vamos a ver [ininteligible].
(CORLEC)

(18) hab1 era un compañero mío de facultad <pausa/> <alargamiento>y</alargamiento> la verdad es que tiró mucho por mí <pausa/> aún es hoy el día que sigue tirando mucho por mí <pausa/> <cita_inicio/>estudia ***terminala terminala****<cita_fin/> <pausa/> y gracias a él fui <alargamiento>haciendo</alargamiento> asignaturas <alargamiento>y</alargamiento> poquito a poco <pausa/> pues la fui llevando <pausa_larga/>*
(ESLORA)

En ambos casos el imperativo reduplicado expresa una sugerencia y no un mandato. Lo que propicia tal interpretación es el hecho de que la acción que se requiere del receptor no se relaciona directamente con el hablante. Esto es, tanto el hecho de *discurrir* en cuanto a (17) como el hecho de *terminar* en (18) no tienen nada que ver con la persona del emisor del enunciado: el imperativo sirve para aconsejar, para mostrar cómo se debe actuar y no para obtener un beneficio concreto.

Además, en el corpus, hemos encontrado casos del uso de la reduplicación del imperativo como recurso de ironía:

(19) *0155 C: § ya tía paso quee °(sale con ella yy)° y todo el haciéndome tonterías de ni ni NI ta ca tac tocándome por aquí y to- [y yo diciendo=]*
0156 B: [°(uy uy uy por Dios)°]
0157 C: = poh bueno ¿no? diciendo vale yo diciendo ¿de qué coño? pero eso que´l§
*0158 B: § tú **toca toca** cabrón§*
0159 C: § CLARO y yo no le quería decir ¿quién eres? ¿no? porque tía queda mal/TOTAL que pasa toda la noche↑ y me presentan a Lorenzo/un tío de Tucumán
(Val.Es.Co 2.0)

(20) *0059 J: [odisai]co↑ /// el odisaico que es cuando el-los espa ¿las risas↑ cómo se traduciríen?*
0060 R: ri[sas]
0061 C: [ri]sas
0062 R: no ja ja ja§
*0063 L: § **reiros reiros***
(Val.Es.Co 2.0)

En ambos fragmentos, el significado del imperativo no coincide con su significado literal: en el primero, el hablante B no quiere que un chico le toque, mientras que en (20), el participante L en realidad no quiere que otros interlocutores se rían de él. El empleo del imperativo reduplicado tiene carácter irónico: en vez de animar al interlocutor a realizar una acción, intenta disuadirle[55].

3.2.2 La reduplicación de cortesía convencionalizada

Tal y como hemos expuesto en el apartado anterior, en el primer grupo de nuestra clasificación, se encuentran varios verbos cuya reduplicación implica insistencia, pero a la vez, manifiesta matices de cortesía: el imperativo no desempeña un papel de mandato, sino más bien de consejo. En cuanto al segundo grupo, el valor de cortesía constituye el rasgo característico de las reduplicaciones que forman parte del conjunto de sus representantes. En otras palabras, son fórmulas que se repiten

55 Conviene subrayar, sin embargo, que el concepto de ironía está estrechamente vinculado a una serie de factores situacionales. Por lo tanto, no afirmamos que la reduplicación del imperativo sea un recurso irónico, aunque puede desempeñar tal función en un contexto determinado.

con mucha frecuencia en diversas conversaciones y que han entrado en el sistema de cortesía de las comunidades analizadas.

En español, hemos detectado dos tipos de reduplicaciones de cortesía convencionalizada. El primer grupo está compuesto por verbos de movimiento que indican la entrada en la escena discursiva. Entre los representantes de este grupo destacan las construcciones *pasa pasa* y *sube sube*:

(21) 3 D: §¿se puede?
*4 A: sí sí/**pasa pasa***
5 D: ¿qué pasa?
(Val.Es.Co, p. 73)

(22) 668: B: o debajo
*669: D: **pasa↓pasa** ¡ay! ///(3'') es que las– estas botellas – tienen pinta*
670 dee
671 A: de botellas (8'')
(Val.Es.Co, p. 67)

(23) 0053 Edu: ¿eso qué es? §
*0054 Eduardo: §**sube- su[((be-))]***
0055 Elena: [nada]/una cosa que he comprao §
(Val.Es.Co 2.0)

En todos estos casos, el imperativo reduplicado actúa como una especie de invitación a entrar en la escena discursiva: se invita al receptor a formar parte de la interacción (no solo verbalmente, sino también físicamente).

El segundo grupo de imperativos está compuesto por verbos de dinámica conversacional: es un conjunto de expresiones que sirven para motivar la reacción verbal del interlocutor. En español, esta categoría viene representada por *cuenta cuenta, sigue sigue, dime dime*:

*(24) 0108 MJ: **cuenta cuenta↓** ¿qué tal la fiesta?*
0109 M: pues na[da]
0110 MJ: [¿qué] era? ¿sábado por la noche?
(Val.Es.Co 2.0)

(25) ¿ qué quieres que te cuente?
que me cuentes un poco de <pausa/> de tu infancia de tu vida sí un poco chungo ¡ eh! <pausa/>
*a ver <pausa/> **cuenta cuenta** <pausa_larga/>*
¿ de mi infancia?
sí lo que tú recuerdas así recuerdos que te <pausa_larga/>
(ESLORA)

(26) 32 C: es verdad↓ que tú no los conoces/pues la hija mayor/Laura↑/
33 bueno
*34 D: no/**sigue sigue***
(Val.Es.Co, p. 351)

(27) *Un poco leche mejor. Bueno,* ***sigue sigue.*** *Pues no pues nada, eso, que te iba a decir que que es es mucho más de lo que dicen Estas oposiciones han salido ahora para interinos. O sea, es que están pensadas para eso, ¿no? Y, entonces, o sea, toda la gente que se presente que sea interina, casi seguro que la dan la plaza.*
(CREA, Domicilio particular, conversación entre amigas, Segovia, 27/03/91)

(28) *H1: ¿Ah! Ha pesado, perdona, [fin de solapamiento de turnos] [texto leído] doscientas ochenta y ocho quilos y se ha vendido a diez mil pesetas el quintal métrico [fin de texto leído], [interrogativo], lo primero... ¿qué es lo primero que tienes que hacer?*
H2: ¡Ah...! A ver, a ver, un momento que [solapamiento de turnos] le lea otra vez
H1: ***Dime, dime*** *[fin de solapamiento de turnos] [ininteligible] pero sin contar tonterías.*
(CORLEC)

(29) *hab1 ah no son esas <pausa/> ah oh pero antes de que me <palabra_cortada>interrum</palabra_cortada> <alargamiento>de</alargamiento> que me olvide <pausa/> lo de las mesas ¿cuándo vamos a hacer lo de los angulares esos para la mesa para fijarlas? <silencio/>*
hab1 ¡coño! <silencio/>
hab1 <alargamiento>¿sí</alargamiento>? <silencio/>
hab1 ¡vaya hombre! <silencio/>
hab1 bueno <pausa/> tú lo que sea <pausa/> vale muy bien <pausa_larga/>
hab1 ***dime dime*** *entonces lo de <alargamiento>la</alargamiento> lo de las taquillas <silencio/>*
hab1 mhm <silencio/>
hab1 toda entera sí <silencio/>
(ESLORA)

Cada una de las construcciones presentadas desempeña una función específica. *Cuenta cuenta* suele aparecer al inicio del intercambio de turnos y su papel primordial radica en animar al interlocutor a hablar de un asunto. En (24), por ejemplo, *cuenta cuenta* aparece antes de la pregunta que conduce la conversación hacia un tema concreto (la fiesta). En (25), *cuenta cuenta* también aparece al inicio de la conversación con el objetivo de provocar una reacción verbal por parte del interlocutor.

En cuanto a *sigue sigue*, se suele emplear a lo largo del intercambio con dos finalidades:

- para mostrar interés por lo dicho por otros participantes de la conversación,
- para devolver el turno al interlocutor cuando se ha interrumpido su discurso.

En ambos casos, mediante la construcción *sigue sigue* se cede el turno al interlocutor.

La construcción *dime dime* puede tener varios significados conversacionales. Como *cuenta cuenta* y *sigue sigue* presenta valores intersubjetivos: dirige la conversación hacia la persona del interlocutor. En (28), constituye una reacción a la declaración de H2: de este modo H1 demuestra su consentimiento por lo propuesto por H2. En (29), por otra parte, mediante esta construcción se anima al interlocutor a emprender un nuevo tema (previamente mencionado en la conversación).

En italiano, también hemos encontrado ejemplos de reduplicaciones de dinámica conversacional, esto es, *dimmi* y *parla*:

(30) *ho capito aspetta un attimo te dimmi qualcosa dimmi parlami dell' articolo te allora io ho letto un articolo eh che parlava insomma diceva che sta per uscire un' opera di padre Cagliari che è recentemente scomparso intitolato Trattato Di Demonologia e di demonologia sì mh e demoni che parla eh o i demoni dai* ***dimmi dimmi*** *eh cioè dei del diavolo che secondo lui si annida anche nel campo della musica e dice che va a tempo di musica insomma*
(PEC)

(31) *al professore eh chiediglielo al professore poi me lo fai sapere più tardi va bene d'accordo va bene ciao grazie ciao comunque voi avete da fare no* ***parla parla*** *sono a tavola dimmi perché eh vi volevo dire per quanto riguarda quegli quegli espositori da venduti da XYZ XYZ da XYZ sì gli sono stati regalati oppure li ha comprati il cliente probabilmente il cliente finale li ha comprati non so*
(PEC)

En ambos casos, tanto en (30) como en (31), el hablante demuestra interés por lo que dice su interlocutor y le anima a contar su historia.

El factor principal que hemos tenido en cuenta al destacar el grupo de las reduplicaciones convencionalizadas se basó en la frecuencia de uso de estas construcciones. Hemos observado que se repiten en diversos corpus y, además, en situaciones comunicativas parecidas. Creemos, no obstante, que los verbos de movimiento y los verbos de decir requieren un análisis aparte.

Los imperativos de movimiento reduplicados aparecen en la situación en la que un participante de la conversación entra en la escena discursiva. El significado literal de los imperativos se mantiene, esto es, al decir *pasa pasa* en realidad se tiene en mente la acción de *pasar*, no obstante, lo que añade la repetición al valor semántico del imperativo *pasa* es la noción de cortesía. En otras palabras, al reduplicar este tipo de verbos, se intensifica la actitud positiva frente al interlocutor. Es lo que Matte Bon (1995: 94) denomina *ser amable* y lo que forma parte del ethos comunicativo de la comunidad española: la reduplicación constituye uno de los recursos lingüísticos que apoyan la cortesía verbal. Para comprobar esta tesis, hemos consultado una serie de ejemplos del verbo *pasar* en imperativo no reduplicado. Aunque el número de ejemplos no es muy alto (ya que para utilizar esta construcción se necesita un contexto muy específico) y, además, los ejemplos provienen de textos escritos (en las conversaciones orales no hemos encontrado tal construcción), el imperativo de *pasar* sin reduplicación parece carecer de carácter cortés: se utiliza más bien como mandato o incluso con cierto matiz descortés, como en:

(32) *Doña Pilar! ¡Doña Pilar! -en todo el recinto vibró una voz conocida.*
Doña Pilar se volvió muy molesta hacia la voz que había interrumpido su detallada declaración y preguntó: "¿Quién es ese imbécil?".
-El Supermán... -murmuró Emiliano y, enseguida, dio un grito-: ***¡Pasa!***
(CORPES 21, Casavella, Francisco: Los juegos feroces. Barcelona: Mondadori, 2002)

(33) *Registró entonces Hull un movimiento brusco, tal vez una caída o una carrera, pero apenas hizo caso. Fue el taxista quien unos minutos después dijo:*
- ***¡Pasa, gilipollas!*** *Y si no, quítame el morro de encima de una vez. Pues no, no pasa.*
Hull miró hacia atrás y sólo vio un taxi que se cambiaba de carril.
(CORPES 21, Gopegui, Belén: El lado frío de la almohada. Barcelona: Anagrama, 2004)

En (32), el imperativo *pasa* está utilizado como una instrucción, una orden: se comunica que se le permite a otra persona entrar en la habitación. En (33), por otra parte, *pasa* posee incluso carácter descortés: es un mandato que indica impaciencia y cierta irritación por parte del hablante. En ninguno de los casos detectamos valores de cortesía verbal.

El segundo grupo, formado por los verbos de decir, constituye un caso muy específico en la comunicación tanto entre hispanoparlantes como entre italoparlantes. En general, estos verbos mantienen su significado literal. Esto es, al decir *cuenta cuenta* se espera del receptor la acción de *contar*, al decir *dimmi dimmi* se espera la acción de *decir*, etc. No obstante, creemos que este tipo de verbos ya no sirven solamente para favorecer un cierto comportamiento del interlocutor, sino que desempeñan un papel importante en la dinámica conversacional. Transmitiendo valores de cortesía verbal, aseguran la continuidad de la conversación demostrando a la vez la actitud positiva del hablante frente a su interlocutor.

(34) *y todo muy <pausa/> o sea yo de hecho a mí me encantaba volar porque yo ¡ jo! crucé el Atlántico me fui a París <pausa/> me fui a Londres con lo con <pausa/> viajé mucho conozco muchos sitios y no tenía ningún tipo de problema incluso me gustaba volar ¿ sabes? no <pausa/> que hay muchas personas que ya de entrada son <pausa/> le tienen miedo al margen de que les haya o no pasado algo <pausa/> bueno pues entonces no sé si contártelo*
no <pausa/> ***cuenta cuenta*** *yo quiero saber <risa/>*
bueno pues resulta que volvíamos ¿ no? y yo ya iba de hecho sin el cinturón de seguridad ni nada puesto íbamos durmiendo así contra la ventanilla y de repente <pausa/> el avión como si alguien lo hubie
(ESLORA)

Al emplear *cuenta cuenta,* se realizan varias funciones relacionadas con el ethos comunicativo:

- es un acto de cortesía: en la comunidad hispanohablante se percibe como cortés el interés por el interlocutor (se defiende así la imagen positiva del hablante, relacionada con el deseo de ser aceptado por otros miembros de la comunidad),

- se mantiene la dinámica conversacional evitando el silencio (que puede resultar incómodo para los participantes),
- se subraya la proximidad entre los hablantes manifestando el interés por la vida privada del interlocutor (también en este caso el hablante se preocupa por la imagen positiva de su interlocutor).

Lo mismo ocurre en las conversaciones italianas:

(35) *e poi eh comunque dai mi hai trattato male tanto ti rubo trenta secondi comunque* ***dimmi dimmi*** *io credo che innanzitutto manchi un coordinamento in tutte queste iniziative primo secondo un' iniziativa sono d'accordo contribuire è sempre giusto soprattutto per coloro che si sono battuti per la pace (PEC)*

La construcción *dimmi dimmi* también puede ser un indicio de diversos ejes constitutivos del ethos comunicativo italiano: es una muestra de cortesía, marca la proximidad y mantiene la fluidez conversacional.

En su trabajo sobre los imperativos desde la perspectiva de la tipología lingüística, Aikhenvald (2013: 234–255) enumera una serie de casos en los que los imperativos no representan mandatos, consejos, sugerencias (esto es, no actúan de manera prototípica), sino que desempeñan otras funciones. Entre ellas, se mencionan los imperativos que actúan como saludos, como *take care* en inglés o *yara adakw* en manambu (que significa *que te vaya bien* y se emplea cuando uno se prepara para salir). Creemos que el imperativo reduplicado también demuestra una convención parecida: el hecho de reduplicar ciertos imperativos deja de ser una marca de insistencia haciendo hincapié más bien en las relaciones interpersonales y la cortesía verbal.

La última observación que nos parece conveniente mencionar radica en el comportamiento sintáctico de los imperativos reduplicados. Algunos de ellos presentan diferencias estructurales a la hora de reduplicarse. Hemos realizado una búsqueda del imperativo *cuenta* en el corpus ESLORA. El corpus recoge una serie de entrevistas en las que podemos encontrar varios ejemplos de verbos que mantienen la dinámica conversacional (dado que los entrevistadores quieren que los entrevistados hablen lo más posible, para poder recoger el máximo volumen posible de datos lingüísticos). En este corpus hemos localizado 37 casos del imperativo *cuenta* de los que 7 presentan reduplicación. En los 30 casos de *cuenta* sin reduplicación, la mayoría (26 casos) presenta la estructura VERBO + ARGUMENTO (el argumento suele ser una oración subordinada o un sintagma nominal), como en:

(36) *bueno pues <pausa/>* ***cuéntame a qué te dedicas*** *<pausa/>*
mmm bien <pausa/> pues eeh en principio soy de la administración soy funcionaria administrativa <pausa_larga/>
(ESLORA)

(37) *a Fran lo conocí cuando ya tenía yo pensado venirme a vivir aquí eh*
aah a ver ***cuéntame esa historia*** *<risa/> porque yo pensaba yo vine*
que habías a Galicia de vacaciones una vez <pausa/> eeh con un un amigo <pausa/> que era del pueblo de mi abuela <pausa/> un pueblo de Palencia que se llama Carrión de los Condes

<pausa/> y este había hecho la mili con una gente <pausa/> de Galicia <pausa/> y <pausa/> ese verano <pausa/> pues nos vinimos para acá <pausa_larga/>
(ESLORA)

De este modo, el imperativo *cuenta* realiza su función prototípica: se emplea para ordenar a una persona que hable de algo lo que viene especificado como argumento. En cuanto a las reduplicaciones, de los 7 casos que aparecen en el corpus ninguno lleva argumento, como en:

(38) *yo estaba estudiando en Peleteiro yo estaba en Peleteiro <pausa_larga/>*
bueno pues ***cuenta cuenta*** *<risa/>*
eeh <pausa/> y estaba <pausa/> estudiando <pausa/> en la Escuela de Artes y Oficios Maestro Mateo
(ESLORA)

La función de *cuenta cuenta* empieza a asemejarse a la función que desempeñan los marcadores conversacionales: en vez de transmitir un significado semántico concreto, perfila la conversación y organiza los turnos. Como no pierde su significado literal, esto es, el hablante sigue deseando que el interlocutor le cuente algo, no podemos hablar de una gramaticalización completa, sino más bien de una convencionalización que forma parte del estilo comunicativo de la comunidad analizada.

Un caso muy específico en las conversaciones españoles lo constituye la construcción *calla calla*. En general, el significado del imperativo *calla* se asocia a valores negativos, a la descortesía verbal porque su significado semántico es de apelar a otra persona, de modo muy directo, para que deje de hablar. No obstante, en los ejemplos extraídos del corpus, hemos notado que la construcción *calla calla* puede incluirse dentro de las representaciones de la anticortesía, esto es, aunque aparentemente suena descortés, se emplea como mecanismo de cortesía. Veamos un par de ejemplos:

(39) *hab3 hasta <palabra_cortada>tu</palabra_cortada> hasta tenía el deán de la catedral <risa_inicio/> en <ficticio>La Ramallosa</ficticio> <risa_fin/>*
hab1 aah <silencio/>
hab1 pff ***calla calla*** *mira <pausa/> <risa/> no hija no no es que son cosas que mira pobriños es <palabra_cortada>e</palabra_cortada> ellos no tienen culpa ninguna pero mira <pausa_larga/>*
hab3 anécdotas
(ESLORA)

(40) *731 L: § pero eso se supone que ella yaa§*
732 G: § (es) pera ***calla calla***
733 L: está lloviendo
(Val.Es.Co, p.99)

(41) *H1: No, es que es un... un poco tonta. Bah. ¡Ay! ¡Ah!* ***¡Calla, calla!*** *Esto sí que es bueno. Un día en Inglés, pues, ya sabes, con Gallego no te enteras ni de lo que dice ni nada y ya, pues estábamos así un día pues, que él dice... le sale una palabra y... llega: "A ver quién sabe qué... qué significa esto, a ver, Raquel y Fátima, a ver" como son las*

que saben más, "pues a ver si sabéis que es no sé qué" y un día no sé qué dijo: "A ver Fraco." Y... y se pone una chica... y se pone una chica: "¿Qué? Pero ¿qué ha dicho que significa?" no sé qué, no, no, pues no sé qué y dice: "No, no, pero esa palabra no, Efco éste" y se po[palabra cortada], y bueno, todos a reírnos, es que resulta que hay un chico que se llama Francisco y le llama Efco, Efco, o no sé Efco, Ofco, Ofco, le llama Ofco. [risa] Y ella: "No, pero que ¿qué... qué significa Efco éste?" Y [vacilación]: "No, eso es Francisco y bueno, cuando se dio cuenta de que lo que nos reíamos, ¡ay! ¡Qué juerga! Es que mi clase es terrible. Con tal de no dar clase...
(CORLEC)

En estos tres fragmentos, la construcción *calla calla* constituye una estructura convencionalizada que, en realidad, no expresa valores negativos o descorteses. Es una forma de requerir silencio (en contraste con *cuenta cuenta* o *sigue sigue* que demuestran la voluntad del hablante de ceder el turno al interlocutor) y así de tomar el turno. Creemos, no obstante, que en la comunidad hispanohablante, la construcción *calla calla* constituye un modo cortés de obtener el turno y que contribuye así al desarrollo de la conversación. Hay que subrayar, sin embargo, que este procedimiento es muy característico del ethos comunicativo de los hispanohablantes y totalmente inadmisible, por ejemplo, en el ethos polaco (incluso entre los amigos, la fórmula *zamknij się* tiene carácter descortés).

Tanto como en español, también en las conversaciones italianas aparece la fórmula de anticortesía *taci taci* (el equivalente de *calla calla*):

(42) *siccome non guadagno tanto ho bisogno per comprarmi i mobili per comprarmi le cose ah hai trovato casa xyz ne ho già vista una mh adesso devo vedere se prenderla è bella è a fianco all' hotel ah che bello la casa no un po' meno di riposato mh no proprio riposato bene comunque ho dormito mh ma vabbè l' importante è quello mi sono svegliata* ***taci taci*** *quella giacca blu cosa c' era sotto le ascelle e tu hai messo ma io sono se mi viene in mente e neanche a degli straccivendoli li danno non è vero dovrebbe quello era eh da la quello è un bel fisico*
(PEC)

También en este caso, la construcción *taci taci,* que puede provocar una interpretación descortés, funciona como un mecanismo de anticortesía que sirve para obtener el turno y para mantener la dinámica conversacional.

En cuanto al corpus italiano, no hemos detectado ejemplos suficientes como para poder formular conclusiones rotundas. La reduplicación del imperativo con función interaccional de cortesía, tipo *dimmi dimmi* o *parla parla* está presente en diversas conversaciones del corpus VoLIP y PEC, sin embargo, los ejemplos son demasiado escasos como para poder reflexionar si su comportamiento sintáctico difiere del comportamiento de sus equivalentes no reduplicados. Dado el número bastante amplio de los ejemplos del siguiente grupo de reduplicaciones del imperativo, nos atrevemos a concluir que el ethos comunicativo de la comunidad hispanohablante es más propicio a admitir estas estructuras que el ethos italiano, teniendo en cuenta que en algunas situaciones no registradas por los corpus italianos, la reduplicación de cortesía convencionalizada también puede desempeñar un papel importante para la interacción.

3.2.3 La reduplicación de marcadores discursivos

El tercer grupo está compuesto por las reduplicaciones de los marcadores discursivos/conversacionales. Como ya hemos advertido, este grupo constituye un caso de doble gramaticalización: por una parte, la unidad reduplicada es fruto de un proceso de gramaticalización, por otra parte, toda la construcción presenta un alto grado de gramaticalización. Hemos observado que estas unidades manifiestan un comportamiento peculiar a la hora de reduplicarse y por eso, merecen un análisis aparte. En general, los marcadores discursivos creados a partir de los imperativos abarcan dos significados dependientes del contexto: pueden mantener su significado literal, o bien pueden desempeñar un papel a nivel conversacional o interactivo.

(43) *94 B: [unos] se dedican a [lenguaa=]*
95 A: [exacto]
96 B: = otros aa ciencias↑§
*97 A: § y entonces↑ ya es pues la gente quee- (°**mira** una lagartija°)*
98 B: ¡buah!/ahí hay de todo/siempre
(Val.Es.Co 2.0)

(44) *510 B: eso está por Alicante/Peñagolosa ¿no?*
*511 A: creo que sí→/la verdad es que no- no me acuerdo/porque↑// **mira**/yo llevaba el coche/pero era el dee-// de los principios de esos↑ que haces ya viajes laargos↑/y estaba yo supermuerta de miedo→ y diciendo ahora aquí*
(Val.Es.Co 2.0)

En (43), el imperativo *mira* mantiene su función literal: se apela al interlocutor para que mire a un animal. En (44), por otra parte, *mira* funciona como marcador discursivo, desempeña un papel interactivo (llama la atención del receptor sobre una parte del discurso) y así pierde su significado originario.

Los imperativos que tienen esta doble función pueden experimentar reduplicación, esto es, pueden ser repetidos, uno tras otro, formando una construcción. Se observa este fenómeno tanto en español como en italiano, no obstante, en cada lengua apreciamos ciertas peculiaridades. En general, son dos las tendencias que destacan:

- en italiano hay más ejemplos de imperativos que se han gramaticalizado creando marcadores discursivos,
- los imperativos en función de marcadores en italiano son más propicios a reduplicarse.

Con el objetivo de comprobar estas tendencias, presentamos nuestras observaciones basadas en los corpus de ambas lenguas.

En español, son dos los imperativos en función de marcador que tienden a reduplicarse: *mira* y *espera*. La reduplicación del primer imperativo, esto es, la construcción *mira mira* resulta bastante frecuente en las conversaciones cotidianas. Por una parte, el imperativo puede presentar su significado literal y entonces pertenece al primer grupo de nuestra clasificación, esto es, las reduplicaciones de insistencia:

(45) *H2: Que una chica de mi clase, pues me dice... Blanca, me dice: "Ay, dame alguna idea para hacer lo del Quijote que es que no lo he hecho", no sé qué. Y... la di una idea que la había dado antes a Raquel, que también me dijo que la diera alguna idea y que no quería... y no la gustó. Entonces: "Pues ahora se la doy a ésta y como la guste, vas a ver, te vas [ininteligible]". Y entonces digo: "Mira, pues te imaginas que el Quijote... ¡**Mira, mira** este vestido qué bonito! ¿A que sí? Y éste, bueno, éste es así un poco más...*
(CORLEC)

Por otro lado, y este es el caso que nos interesa en esta parte de la clasificación, se puede reduplicar el imperativo *mira* en función de marcador discursivo:

(46) *963 G: §noo pero es– eso es la gentee que*
*964 tienee un sentido de l– de libertad/pues **mira mira**§*
965 E: § yo creo
966 que eso no es libertad↓eso es [gente que/no– no tene=]
(Val.Es.Co, p. 105)

(47) *652 A: §cada vez↑/yo digo*
653 pues bueno voy a jugar lotería/pues mi marido me dijo/que siem-
654 pre compra él un numerito↓ bueno un decimito/una cosita así
655 para→ dice toma/cómpralo tú este año luegoo ¡qué!
*656 C: ¡ah! Lo contabas por lo de tu marido↓ **mira mira***
(Val.Es.Co, p. 366)

(48) *0189 C: § es que/**mira/mira**↓ vosotras las pulgas no las queréis↓ pero yo a las cucarachas↑/es que no las puedo ver↓/es algoo que se me pone toodo→ [(RISAS)]*
0190 A: [¡ay! POR FAVOR callaos]
(Val.Es.Co 2.0)

Al cambiar el significado de *mira*, se modifica también la función que desempeña su versión reduplicada. En este caso la reduplicación no expresa insistencia (no se insiste en que alguien haga algo), tampoco reconocemos en este procedimiento valores corteses (esto es, el hecho de repetir el marcador no contribuye a la cortesía). Lo que provoca la reduplicación tiene que ver con las relaciones interpersonales, esto es, la reduplicación refuerza la proximidad entre los hablantes, acorta la distancia entre ellos. En el *Diccionario de conectores y operadores* de Catalina Fuentes (2009: 217), *mira* viene clasificado como conector ordenador discursivo interactivo que constituye un "elemento apelativo que asegura la relación con el interlocutor". Creemos, por lo tanto, que la reduplicación refuerza esta función actuando a nivel interaccional.

Conviene subrayar, sin embargo, que la reduplicación de *mira* en función de marcador no es un mecanismo de muy alta frecuencia. Hemos examinado el corpus CREA, la parte oral de España, las conversaciones cotidianas, espontáneas (esto es, hemos excluido los programas televisivos o de radio o las intervenciones públicas, ya que este tipo de discursos se rige por sus propias reglas). En consecuencia, hemos obtenido los resultados siguientes:

	mira	***mira mira***
Significado literal	56	14
Significado de marcador	245	2

Los datos obtenidos nos indican que, en general, *mira* suele ser utilizado con más frecuencia como marcador discursivo que como imperativo. Además, la reduplicación de *mira* no resulta muy frecuente. Por otra parte, si *mira* está reduplicado, es más probable que mantenga su significado literal y así, la reduplicación se incluya en el primer grupo de la presente clasificación, esto es, la de reduplicaciones de insistencia.

El segundo caso, esto es, el imperativo *espera*, no suele ser incluido dentro del grupo de los marcadores (por ejemplo, Fuentes, 2009, no lo incluye en su *Diccionario de conectores y operadores del español*). Hemos notado, sin embargo, que *espera* también puede presentar dos significados: uno literal, indicando que una persona debe esperar, esto es, no continuar una acción, y otro de marcador, cuando sirve para llamar la atención sobre alguna parte del enunciado pronunciado por el interlocutor, o bien, para centrar la atención en un aspecto del enunciado.

(49) *Sí. Me he dado cuenta a tiempo. Mejor, porque No sé. O se me apunta a mi las malas. Lo tiramos. Ha sido un fallo mío. No, no, si vas a perder vas a perder, venga hombre Pero ahora vas a perder y pero ahora te has quedado con una espada y ahora había espadas ahí. Bueno, pues ahora tiraré una espada. Bueno,* ***espera*** *primero él, está bien. No Yo, lo que Qué tramposa que es. No me he dado cuenta. Qué tramposa. Bueno, pero ahí falta por echar dos personas. Ya, yo. Ahora la otras*
(CREA, Domicilio particular, conversación entre amigos, Madrid, 03/11/91)

(50) *vas a hacer el máster y qué programa de estudios tienen y todo lo demás ¿no? Sí, ¿pero sabes un sitio donde se consigue fácilmente? En el insti en el Consejo Británico, en la Plaza Santa Bárbara. En el Consejo Británico, pero eso ¿para dónde es, para Inglaterra? Para Inglaterra. No, es que Inglaterra ¿Tú para qué es? ¿Para Estados Unidos? Para Israel. . Entonces* ***espera****, a ver. Pero esto no sé porque me han comentado que en las embajadas hay posibilidad de pedir becas lo que no sé es es que Para Israel yo sé que hay del Ministerio de Asuntos Exteriores. ¿Del Ministerio de Asuntos Exteriores? ¿Y esas cómo funcionan?*
(CREA, Domicilio particular, conversación entre amigas, Segovia, 27/09/91)

En (49), *espera* funciona como imperativo que insta al interlocutor a no avanzar (porque es el turno de otra persona). En (50), por otra parte, se emplea *espera* con el objetivo de centrar la atención de la conversación en un aspecto determinado. Ya no se trata de la acción de esperar en su sentido literal, sino más bien, de no introducir nuevos temas y dirigir la atención hacia lo previamente mencionado.

Resulta que en el caso de *espera* en función de marcador, la reduplicación es más frecuente (que en el caso de *mira*), como demuestran los datos siguientes (también basados en el corpus CREA, registro oral de España, conversaciones coloquiales):

	espera	***Espera espera***
Significado literal	26	2
Significado de marcador	21	14

Espera espera con su significado literal, tal como ocurre en el caso de *mira mira*, se sitúa en el primer grupo, esto es, el de las reduplicaciones de insistencia. En cuanto al significado como marcador, su función principal radica en reforzar las funciones intersubjetivas localizando como foco de atención lo dicho por el interlocutor. De este modo, se demuestra el interés por la figura del interlocutor, como en los fragmentos:

(51) *encontrarme en en ningún en ningún boletín. y no y no y no he logrado logrado encontrarme En ningún boletín, puesto encontrarme en. En parte alguna en parte en parte alguna, lo cual, todos ellos me me me comunican que escribiese a a Salamanca. me comunican que escribiese a Salamanca que que ahí me darían contestación.* ***Espera espera****. ¿cómo? Nos ha fastidiado. No no no, que no. Así es como. Que estaba viendo de todos los compañeros, todos, también, todos los compañeros. compañeros. A mí no me han encontrado y a otros compañeros, sí. a este respecto, todos los compañeros me han indicado me dicen o me han ind Me han indicado que es*
(CREA, Domicilio particular, diálogo entre amigos, Madrid, 20/06/91)

(52) *si no la quisiera ver, no la había comprado, ¿verdad? Pues claro. Es lógico. Claro. . . ¿Cuántas veces dices que has llamado a mamá por teléfono? Dos. Eso has hablado con ella dos, pero ¿cuántas veces has llamado? Llamado tres. Tú has llamado ocho, por lo menos. No, tres. ¿Tres? Tres. No,* ***espera espera****. Tres veces, yo creo que es. ¿De hora y media cada conversación? No, la primera es que como no estaba pues no hablé con ella. Claro. La segunda es que me acuerdo sólo de una, de la otra no me acuerdo., la segunda, me parece que fue tres cuartos*
(CREA, Conversación familiar, Madrid, 30/12/91)

(53) *H1: Bueno, pues eso. O sea que esas son mis ventajas. ¿Inconvenientes? No hay temarios de Música, han salido ayer los temas...*
H2: ¡Ah, claro! ***Espera, espera.*** *Es que las academias que preparan los temas los estarán preparando ahora.*
(CORLEC)

En todos estos casos, la reduplicación de *espera* refuerza sus valores interactivos. En otras palabras, la construcción *espera espera* sirve para establecer como punto de referencia lo dicho por el interlocutor, se cumple, por lo tanto, la función intersubjetiva.

En italiano, en general existe mayor variedad de marcadores creados a partir del verbo en imperativo. Los hemos dividido en dos grupos:

1) Verbos de percepción física: *guarda, vedi, ascolta, senti*

Como ocurre con *mira,* los marcadores enumerados pueden presentar un significado literal, cuando un hablante apela a otro para que mire o escuche algo, o bien una interpretación como marcador, cuando desempeñan funciones interactivas. La reduplicación de estos imperativos en función de marcador presenta diferentes frecuencias según el verbo empleado. En el corpus, no hemos encontrado casos de reduplicación de *guarda.* Por otra parte, hemos detectado algunos ejemplos de la construcción *vedi vedi, ascolta ascolta* y *senti senti*:

(54) *Eh un pezzo che non lo guardo le società fasulle fatte a Londra ah sì sì ma quelli che guadagno verso la fine però ho visto parlavano cioè avevano iniziato a parlare dello scudo fiscale quelle cose lì poi non ho 120 sterline per fare una società fasulla sì e ti fanno una società a cazzo a Londra cioè in Inghilterra in uno sgabuzzino di Londra fanno società fasulle per anche per grandi società che lavorano e però* ***vedi vedi*** *cazzo io vedo che è un Report su Rai3 cioè bellissima come televisione però tutte le volte cazzo devono parlare male dell' Italia*
(PEC)

(55) *invece questa è una cosa che proprio tutti i giorni quanti Dio ne mette in terra è si consuma va bene ho capito riprovo va bene ciao capito ciao riprova ciao pronto pronto mi tieni la linea mi tieni il conto le ultime cinque telefonate chi sei Vania sempre ah Vania quella di di prima sì di prima vai Vania prova eh tu hai detto prima eh il latte* ***ascolta ascolta*** *Vania mh mi sbaglio o sei de Roma te no però no niente ma di dove sei sinceramente di Firenze San Frediano mio padre è sì ma però io sentivo ogni tanto una tendenza i genitori di dove sono proprio no so' fiorentini fiorentini puri allora come mai te hai questa questo strascico un po' romanesco no boh non lo so bah comunque proviamo dai non hai non hai mica il fidanzato romano no no ah allora proviamo dai eh non potresti ripetere quello che hai detto prima ah i i sì riferito a riferito era l' acqua per esempio il pasto il dentifricio*
(PEC)

(56) ***senti senti*** *però sì me debbono avvisare quando vanno a consegna' il giorno prima sì sì avvisare avvisare allora senti io te mando 800 metri quadrati sì*
(PEC)

En todos estos fragmentos, la reduplicación (como en el caso de *mira*), refuerza la función interactiva. En otras palabras, ya no se trata de insistencia ni de cortesía, sino más bien de un recurso lingüístico que sirve para mantener el contacto con el interlocutor, llamar su atención sobre lo que se dice y mantener la dinámica conversacional.

2) Verbo *vai*

El caso de *vai* es muy particular en el panorama de los marcadores discursivos en italiano. Es la forma del imperativo del verbo *and are* que en numerosos casos ha perdido completamente su significado originario relacionado con el movimiento, adquiriendo una serie de valores pragmáticos. En general, *vai* como marcador sirve para animar a alguien a hacer algo. Hemos realizado una búsqueda en el corpus PEC de los diferentes usos del imperativo *vai*, cuyos resultados presenta la tabla siguiente:

	vai	***vai vai***
Significado literal	117	0
Significado de marcador	82	11

Cuando los hablantes acuden a *vai* en su sentido literal, ordenan a una persona (de manera más o menos cordial, dependiendo de varios factores contextuales) que realice una acción (por ejemplo, *vai a casa*). No hemos encontrado ningún ejemplo de la construcción con reduplicación que conserve los valores originarios de *vai*, en todos los casos *vai vai* desempeña el papel de marcador, como en los fragmentos siguientes:

(57) *Secondo me l' ha fatto apposta.*
Intendo dire.
Cosa t' è venuto fuori dall' acqua non della tua coltivazione.
Ah sì sì che ha un ph di sei di sei punto cinque.
Della tua coltivazione.
Dai.
Vai vai.
***Vai vai** gli ospiti.*
Prego ragazzi.
Ma tu rioli?
Buon appetito
(PEC)

(58) *allora una volta che eh appunto il re dei persiani **vai vai** una volta che il re dei persiani eh sobillò insomma i greci a combattere contro i macedoni allora Alessandro non perse tempo eh così eh non perse tempo e subito siccome queste iniziative erano state prese da Tebe marciò su Tebe e la rase al schiava a al suolo e eh tutti i cittadini ma parecchi cittadini furono ridotti in schiavitù altri furono uccisi eh praticamente ora Alessandro Magno si può dire che la Grecia era sottintesa che era ormai eh cioè l' aveva sottomessa sottomessa l' aveva occupata e lui ora eh aveva un altro obiettivo cioè di conquistare*
(PEC)

(59) *senti Lanfranco mi senti sì ti ascolto* ***vai vai*** *non ti sento io a te non ti sento per niente io benissimo volevo dirti ti volevo fare i complimenti per le due canzoni che sono andate in finale e poi volevo fare un saluto a Bruno che non l' ho sentito*
(PEC)

La construcción *vai vai*, por lo tanto, suele emplearse como marcador discursivo que sirve para dar ánimo, desempeñando así una función intersubjetiva. De este modo, los italoparlantes acuden a *vai vai* con el objetivo de motivar cierta reacción por parte del interlocutor. Esta reacción, no obstante, no viene expresada por el significado del verbo, sino que más bien la podemos deducir del contexto. En otras palabras, al decir *finisci finisci*, se insiste en que el receptor termine algo, mientras que *vai vai* como marcador discursivo no se refiere a la acción de *andare*, sino a la acción que viene indicada por el contexto.

Como podemos observar, la reduplicación de los imperativos en función de marcadores discursivos tiene carácter bien distinto de la reduplicación de los imperativos perteneciente a los grupos anteriores. En el caso analizado, la reduplicación no indica insistencia ni cortesía, sino que actúa a nivel interaccional: son unas construcciones gramaticalizadas cuyo papel se realiza a nivel interactivo, esto es, sirven para trabar cierta relación con el interlocutor y así obtener una serie de objetivos interactivos, como captar su atención (como en caso de *mira mira, vedi vedi, senti senti, ascolta ascolta*), dirigir la conversación hacia un aspecto concreto (*espera espera, aspetta aspetta*) o provocar alguna emoción o reacción en él (*vai vai*).

3.2.4 La relación entre el grado de gramaticalización y la función pragmática

Tras esbozar un panorama de los diversos tipos de reduplicaciones del imperativo en español e italiano, conviene proponer un factor que, a nuestro juicio, condiciona la función pragmática de las construcciones analizadas. Este factor es el nivel de gramaticalización de la construcción XX, en la que X es el verbo en segunda persona de singular en imperativo. Hemos advertido la siguiente tendencia:

Mayor grado de gramaticalización de la construcción [XX] (en la que X es un verbo en imperativo en segunda persona de singular) supone menor grado de insistencia y mayor función interactiva.

Las construcciones del primer grupo presentan el nivel más bajo de gramaticalización: se pueden formar a partir de diversos verbos, según los objetivos comunicativos, y el significado de estas construcciones está estrechamente vinculado al significado de sus componentes. El valor que añade la reduplicación es la insistencia: se repiten los imperativos para asegurarse de que el interlocutor siga las instrucciones proporcionadas.

En cuanto al segundo grupo, estamos ante un mayor nivel de gramaticalización: aunque las unidades mantienen su significado originario (al decir *cuenta cuenta* se espera la acción de contar, al decir *pasa pasa* se espera la acción de pasar), la construcción presenta menor grado de insistencia actuando como recurso de cortesía. En otras palabras, la repetición no sirve para insistir, sino más bien para mostrar cortesía. De este modo, la construcción pierde su valor de insistencia expresando nociones relacionadas con la interacción, esto es, la cortesía.

El tercer grupo está compuesto por construcciones que muestran el mayor grado de gramaticalización. Son expresiones creadas por imperativos en función de marcadores que no implican insistencia, sino que actúan en el plano interactivo. Las construcciones pueden desempeñar varias funciones:

- *mira mira, vedi vedi, senti senti, ascolta ascolta*: mantienen el contacto con el interlocutor,
- *espera espera, aspetta aspetta*: dirigen la conversación hacia unos aspectos concretos,
- *vai vai*: provoca una reacción por parte del interlocutor.

La peculiaridad del tercer grupo de reduplicaciones radica no solo en el hecho de que las unidades repetidas se han gramaticalizado, sino en que su repetición no expresa insistencia perdiendo ese valor originario de las reduplicaciones. Por lo tanto, si la función de *senti* consiste en llamar la atención, la construcción *senti senti* no sirve para captar mayor atención que en el caso de *senti*, sino que más bien, es una fórmula gramaticalizada que indica menor distancia entre los hablantes, más proximidad, más valor interactivo.

Al analizar los diferentes ejemplos de reduplicaciones del imperativo en español e italiano, hemos notado que estas construcciones no constituyen actos de amenaza a la imagen, sino que son más bien actos valorizadores. Esto es, la forma del imperativo puede ser prototípicamente percibida como muy directa y por eso, asociada a los FTAs, por lo que su reduplicación podría intensificar estos valores (el imperativo puede constituir una imposición, por lo que parece amenazar la imagen negativa del hablante relacionada con su deseo de independencia). No obstante, el análisis indica que la reduplicación del imperativo constituye más bien un FFA intensificando no sus valores de mandato u orden, sino una interpretación intersubjetiva. Incluso las unidades que pueden ser fácilmente clasificadas como FTAs, como las construcciones *calla calla* o *taci taci*, en realidad, intensifican la intersubjetividad garantizando la dinámica de la conversación.

Conviene señalar que, entre los miembros de los tres grupos de imperativos reduplicados, algunas unidades son más propensas a formar parte de la construcción y gramaticalizarse que otras. Tal es el caso de los marcadores discursivos. Primero, se observa mayor número de marcadores creados a partir de imperativos en italiano que en español, por lo que la diversidad de estas construcciones es mayor en esta lengua. Por otra parte, unos marcadores concretos se presentan más propensos a ser reduplicado que otros. En español, por ejemplo, hemos encontrado varios casos de reduplicación de *mira* y ningún caso de reduplicación de *oye* (que también es un marcador discursivo formado a partir del verbo en imperativo).

Por último, afirmamos que la reduplicación del imperativo contribuye a la realización de los ethos comunicativos de las lenguas analizadas dado que está vinculada a los distintos ejes constitutivos:

- la cortesía verbal: la reduplicación del imperativo puede funcionar como mecanismo de cortesía (como en el caso de *pasa pasa* o *dimmi dimmi*),
- las relaciones interpersonales: la reduplicación del imperativo puede acortar la distancia entre los interlocutores constituyendo un mecanismo de proximidad (por ejemplo, *cuenta cuenta*), o bien forma parte de los recursos que apoyan la interacción entre los hablantes,
- el silencio: mediante las expresiones gramaticalizadas de las reduplicaciones del imperativo se mantiene el desarrollo de la conversación evitando situaciones de silencio.

3.2.5 Las reduplicaciones lexicalizadas

El cuarto grupo de las reduplicaciones de imperativo presenta un funcionamiento muy peculiar: son expresiones formadas a partir del imperativo reduplicado que han cambiado la categoría (ya no son verbos, sino sustantivos) y se caracterizan por presentar un significado propio. Este tipo de construcciones es más característico de la lengua italiana que de la española (aunque en español también encontramos una serie de ejemplos de tales expresiones).

Thornton (2009) realiza un estudio detallado de las reduplicaciones lexicalizadas en italiano. Tras un análisis de diversos textos, proporciona la siguiente lista de ejemplos (2009: 242):

tira tira
pigia pigia
fuggifuggi
piglia piglia
mangia mangia
ruba ruba
scappa scappa
battibatti
arraffa arraffa
copia copia
ciappa ciappa
compra compra
firma-firma
parla-parla
piangi piangi
sgozza-sgozza
spara spara
spendi spendi

spingi spingi
stringi stringi
vendi vendi

Lo que es característico para todas estas expresiones es que constituyen sustantivos de acción, esto es, nombran una acción efectuada por una colectividad. *Fuggi fuggi*, por ejemplo, se refiere a la acción de huir de un grupo de personas. Tal significado se manifiesta en los ejemplos siguientes (en este caso, no nos hemos limitado al corpus hablado porque no proporciona ejemplos suficientes):

(60) *È finita la guerra, è tutto un* ***fuggi fuggi****.*
(PEC)

(61) *È stato il* ***fuggi fuggi*** *generale, il caos completo.*
(PEC)

(62) *Il* ***fuggi fuggi*** *sotto i timori per la crisi del debito dei Paesi periferici dell' Eurozona ha fatto crollare i prezzi e schizzare i rendimenti alle stelle, anche sulle scadenze più brevi.*
(PEC)

En todos estos ejemplos, la construcción *fuggi fuggi* no desempeña el papel del imperativo: es un sustantivo que hace referencia al hecho de huir una gran cantidad de personas. Observamos así un alto grado de lexicalización que deja huellas del significado originario de la unidad repetida.

Aunque las reduplicaciones lexicalizadas constituyen un fenómeno característico para el italiano, hemos encontrado también casos de este tipo de construcciones en el corpus CREA (son casos que provienen del español de América, pero se mencionan para demostrar la presencia de este fenómeno en el sistema lingüístico del español):

(63) *En este Septimazo de los Niños, organizado por el programa Cultura Ciudadana de la Alcaldía Mayor, habrá puestos de vacunación contra la violencia, dulces, bombas,* ***brinca-brinca****, rifa de boletas para ir a ver a el espectáculo de Patinaje en el Hielo de Aladino, recorrido en carro de bomberos, maquilladores y conciertos. Además estará el alcalde Antanas Mockus quien dijo que se pondrá en el papel de sacerdote por un día.*
(CREA, El Tiempo, 31/10/1996: Septimazo para niños esta tarde, Colombia)

(64) *Todo es festón y hojeo, y por entre los claros, a la derecha, se ve el verde del limpio, a la otra margen, abrigado y espeso. Veo allí el ateje, de copa alta y menuda, de parásitas y curujeyes; el caguairán, "el palo más fuerte de Cuba", el grueso júcaro, el almácigo, de piel de seda, la jagua de hoja ancha, la preñada güira, el jigüe duro, de negro corazón para bastones, y cáscara de curtir, el jubabán, de fronda leve, cuyas hojas, capa a capa, "vuelven raso al tabaco", la caoba, de corteza brusca, la quiebrahacha de tronco estriado, y abierto en ramos recios, cerca de las raíces (el caimitillo y el cupey y* ***la picapica****) y la yamagua, que estanca la sangre. (8 de mayo)*
(CREA, Energía y tú. Revista científico popular, nº 23, 07–09/2003: Martí arbóreo, Cuba)

(65) *Algunas de estas diversiones eran consideradas pecaminosas y hasta malignas, como la simpasitha que -al decir de Bertonio- era "jugar los mozos o mozas con un cordel que revuelven en los dedos para adivinar si su enamorado le quiere o no. Es como juego de* ***pasapasa****, eso mismo hacen con unos huesecitos que sacan de la cabeza del cuy, y los echan en un vaso de chicha, y si el uno va tras el otro dicen que se quieren, es embuste del Demonio.*
(CREA, Juegos infantiles tradicionales de Bolivia. Lexicón de voces enciclopédicas, Bolivia)

(66) *La mano que sostiene* ***el chu pa-chupa*** *ha quedado elevada cerca de la boca, y separando los dientes, Waldo vuelve a sacar la lengua, despacio, y a pasarla con placer concienzudo por la superficie circular diseñada en rayas oblicuas blancas y coloradas, y Bianco tiene la impresión de que la masa rechoncha y atildada, endomingada en su chaleco bordado y en sus bombachas negras de seda, es una especie de autómata que funciona con un mecanismo interno muy complicado del que los raros gestos exteriores, lentos y repetitivos, no alcanzan a dar una idea de los engranajes múltiples y ocultos que les permiten producirse.*
(CREA, La ocasión, Saer, Juan José)

(67) *Muy pocos compradores, pero cada recinto era una feria,* ***correcorre*** *de gritos y voces, de protestas y de alegría, pues, aunque los precios son muy altos, la opinión general es que comienza un camino importante.*
(CREA, El Mundo, 03/10/1994: Cuba estrena su primer mercado libre, Cuba)

Los ejemplos del corpus, aunque escasos, demuestran que la reduplicación del imperativo puede lexicalizarse también en español formando nuevas unidades léxicas. Así, no solo cambia el significado semántico de la expresión, sino también la estructura formal de esta construcción.

3.3 A modo de conclusión

Como se advierte al principio del presente capítulo, la reduplicación del imperativo constituye un mecanismo con diversas funciones tanto en español como en italiano. Las construcciones reduplicadas en estas dos lenguas comparten muchos aspectos, no obstante, se puede encontrar también una serie de diferencias. No siempre son las mismas unidades las que se someten a la reduplicación, tampoco el grado de gramaticalización es el mismo en cuanto a estas construcciones. Lo que se pretende señalar, sin embargo, es que las reduplicaciones del imperativo tienden a gramaticalizarse, mientras que el nivel de gramaticalización ejerce influencia sobre el significado pragmático de la construcción. Por lo tanto, en el sistema lingüístico de las comunidades analizadas, se codifican ciertos valores asociados con su ethos comunicativo (en relación, especialmente, con la cortesía verbal, las relaciones interpersonales o incluso la *parole*). Por otra parte, algunas estructuras tienden a lexicalizarse, esto es, empiezan a formar parte del repertorio léxico de estas lenguas (es una tendencia propia más del italiano, aunque en español también encontramos huellas de este procedimiento). La reduplicación del imperativo, por lo tanto, es un recurso lingüístico que sirve para transmitir unos significados pragmáticos y, a la vez, un mecanismo de formación de palabras.

4. La reduplicación de sustantivos y adjetivos

El presente capítulo trata sobre la reduplicación de dos categorías: sustantivos y adjetivos. Tras examinar una serie de ejemplos de los corpus de español e italiano hemos optado por juntar estas dos clases de palabras y presentar los resultados del análisis en un mismo capítulo. Hemos advertido que las construcciones reduplicadas formadas por sustantivos y por adjetivos manifiestan los mismos significados pragmáticos. Por eso, se analizan conjuntamente las construcciones basadas en estas dos categorías examinando sus funciones interactivas y las peculiaridades de las expresiones españolas e italianas.

4.1 El significado semántico

Al hablar de funciones pragmáticas, no debemos perder de vista su estrecha relación con el significado semántico. Aunque el significado pragmático suele transcender los valores semánticos, la pragmática de una unidad parece apoyarse en su semántica. Tal es la situación en cuanto a la reduplicación de los sustantivos y adjetivos: sus funciones pragmáticas se relacionan con el significado semántico que representan.

Analizando el corpus hemos detectado dos conceptos que pueden explicar el funcionamiento de la reduplicación de los sustantivos y los adjetivos: el concepto de prototipo y el concepto de contraste. Ambos han sido mencionados en otros trabajos dedicados al fenómeno de la reduplicación, exponemos brevemente los aspectos más significativos de estos dos conceptos.

4.1.1 El significado semántico – el concepto de prototipo

La noción de prototipo aparece en algunos trabajos sobre la reduplicación léxica en español. Escandell (1991: 80) afirma lo siguiente: "Pues bien, todas estas consideraciones parecen conducir a la idea de que las reduplicaciones cuyo significado he venido caracterizando informalmente como *intensificaciones cuantitativas* y *cualitativas* son, en el fondo, casos particulares de un único fenómeno de *designación de prototipo*. Al decir que algo es *rojo-rojo*, se está haciendo referencia a un punto central y prototípico dentro de la gama de rojos; al decir que algo es *café-café*, se está designando una bebida que recibe la máxima calificación (valor 1) en el conjunto de sustancias formado por el café, sus elaboraciones industriales (café soluble) y sucedáneos más comunes (malta, achicoria,...). Queda borrada, por tanto, la diferencia entre palabras graduables y no graduables, entre nombres y predicados – tal y como venía entendiéndose -, en favor de la unidad que refleja la construcción sintáctica."

Felíu (2011), por su parte, incluye el concepto de prototipo dentro del esquema de la construcción formada por la reduplicación nominal, atribuyéndole la forma siguiente:

$$[[X_i]_N [X]_N]_{Nj} < \text{----------} > [\text{interpretación prototípica de } X_i]_j$$

La autora tiene en cuenta solamente las reduplicaciones nominales, excluyendo así de su análisis otras categorías como el adjetivo o el verbo.

En el presente trabajo se interpreta como prototípico el significado de las reduplicaciones formadas por adjetivos o sustantivos. No obstante, creemos que son dos las cuestiones que merecen una explicación:

- el significado del término "prototipo" (teniendo en cuenta el uso cada vez más frecuente de este concepto en los estudios semánticos),
- el significado prototípico provoca una serie de significados pragmáticos (el hecho de recurrir al significado prototípico mediante el mecanismo de la reduplicación tiene una finalidad pragmática: así se confirma la relación estrecha entre la semántica y la pragmática).

La noción de prototipo salió a la luz al nacer la corriente cognitiva. Resulta que el significado semántico se somete difícilmente a una diversificación estructural. En otras palabras, desde el punto de vista estructural, el significado se divide en una serie de rasgos obligatorios. Se observó, sin embargo, que la problemática del significado era mucho más compleja. Se puede dividir el mundo en una serie de categorías, pero las fronteras entre ellas no son tan tajantes. Por lo tanto, se propuso el concepto de prototipo. Según esta teoría, el mundo, efectivamente, se divide en varias categorías, no obstante, estas categorías no son conjuntos cerrados y bien delimitados: la frontera entre una categoría y otra parece resultar borrosa. En cada categoría existen representantes más prototípicos: son los que poseen rasgos más típicos desde la óptica de una sociedad. El concepto de prototipo puede ser interpretado de dos maneras (Taylor, 1995: 59): por una parte, puede ser un miembro central de una categoría. Así, por ejemplo, en varias culturas el representante prototípico de la categoría "pájaros" sería el gorrión. Por otra parte, el prototipo puede ser una unidad abstracta que posee todos los rasgos que se pueden posiblemente atribuir a un representante ideal de una categoría. En este caso estamos ante un ente abstracto, una representación esquemática. Cualquiera que sea la interpretación de la noción de prototipo, son dos las cuestiones fundamentales que diferencian esta perspectiva de la estructural (Geeraerts, 1997: 21): primero, se trata de unidades no discretas, esto es, pueden o no entrar en una categoría. Por ejemplo, el carrito para niños puede o no ser considerado un medio de transporte. No es un medio de transporte prototípico, como un coche o un autobús, sin embargo, comparte varios rasgos con otros representantes de esta categoría. Segundo, dentro de una categoría cada uno de sus miembros tiene su propio estatus. Aunque el tomate es una fruta, no tiene la misma posición dentro de la categoría de frutas como, por ejemplo, la manzana. Por lo tanto, el estatus de las unidades dentro de una categoría tiene carácter gradual: unos elementos son más prototípicos que otros, pero hay que recordar que el hecho de no poseer algún rasgo atribuido a una categoría no necesariamente excluye esta unidad de la misma.

Una de las cuestiones pendientes al hablar del concepto de prototipo radica en el reconocimiento de los rasgos de ese representante ideal. Si aceptamos que dentro de una categoría hay representantes más prototípicos que otros, surge la pregunta del porqué una unidad nos parece más característica para esta categoría. Taylor (1995: 51–54) enumera las razones siguientes:

- por la frecuencia de uso (no obstante, hay que tener cuidado con esta explicación porque no siempre tiene una fuerza decisiva: con mucha probabilidad el uso de la palabra *dátil* es mucho menos frecuente que *tomate*, lo que no significa que *tomate* sea un miembro más prototípico de la categoría de fruta);
- el orden de aprendizaje de las cosas (por ejemplo, vivimos en un clima con una fauna y una flora específicos y por eso, ciertas plantas o animales nos parecen más prototípicos que otros: este factor puede explicar el porqué en la sociedad polaca es el gorrión el que constituye un representante más prototípico de la categoría de pájaros y no el tucán);
- por la sociedad: en la cultura de una sociedad, algunos elementos son más característicos, más importantes, y por eso, más prototípicos para sus miembros.

Aunque reconocemos la importancia de los tres factores, el tercero nos parece muy interesante, especialmente si lo vinculamos al concepto del ethos comunicativo. Efectivamente, la cultura tiene una gran fuerza al establecer la escala de rasgos típicos para determinada categoría. Si pensamos, por ejemplo, en la categoría *belleza*, es el adjetivo *delgado* y no *gordo* el que parece más prototípico. Tal elección es fruto de la cultura que creamos y en la que vivimos. Hay que recordar, por lo tanto, que lo que en una cultura puede considerarse prototípico, no necesariamente es percibido del mismo modo en otro entorno cultural.

El concepto de prototipo constituye uno de los inventos más útiles en los estudios de la semántica. Proporciona una buena explicación para numerosas unidades que presentan dificultades a la hora de ser categorizadas de manera rotunda. Conviene señalar, sin embargo, que la teoría del prototipo no debe ser utilizada como remedio para todos los problemas con los que se enfrenta el lingüista. Como demuestra Wierzbicka (1990), en muchos casos se abusa del término "prototipo": es un concepto baúl al que se acude para explicar todas las cuestiones que pueden ser explicadas mediante otros recursos. Como ejemplo, Wierzbicka menciona el término *bachelor* ('hombre soltero'). A partir de esta unidad se formó el concepto de prototipo: como su definición tradicional es *an unmarried man* ('el hombre que no se ha casado'), se observó que tal explicación podía referirse también a un cura que no entraba en esta categoría. Por lo tanto, el cura sería un representante menos prototípico de la categoría de *bachelor*. Para Wierzbicka, no obstante, la definición propuesta resulta inadecuada porque es incompleta. Esto es, la autora propone una definición más precisa: *an unmarried man thought of someone who could marry* ('el hombre que no se ha casado hablando de alguien que puede casarse'). Así, no necesitamos la noción de prototipo porque es la definición que delimita con más precisión los elementos que entran en la categoría analizada. De este modo, Wierzbicka afirma que muchas veces se recurre a la noción de prototipo porque no se sabe cómo mejorar una definición incompleta.

Compartiendo las objeciones de Wierzbicka, introducimos la idea del prototipo también en nuestro trabajo. Creemos, por lo tanto, siguiendo a Escandell (1991) y Felíu (2011), que el significado semántico de la reduplicación de los sustantivos y los adjetivos consiste en la designación del prototipo. Por lo tanto, es un recurso lingüístico cuyo funcionamiento viene reflejado en el esquema siguiente:

[XX] → 'X de verdad'

De este modo, al aplicar la reduplicación, el hablante se refiere al representante más prototípico de la categoría X, como en los ejemplos:

(1) *¿Cuál es el deporte que más te gusta? Pues como* ***deporte deporte****, el fútbol. Ahora, si se considera deporte también los toros, pues prefiero los toros.*
(CREA, MA-1. Hombre de 25 años. Estudiante de Ingeniería)

(2) *lei si è sposata il due quattro no io non posso sapere vedo che qui è già cittadino* ***italiano italiano*** *dal trenta maggio dunque per me chiede la trascrizione dell' atto notorio ecco* (PEC)

En (1), la construcción *deporte deporte* se refiere al 'deporte de verdad'. Se excluye así todo tipo de actividades que presentan algunas características del deporte, pero que no se consideran prototípicas para esta categoría. En (2), la construcción *italiano italiano* describe a un verdadero ciudadano italiano: no es una persona que simplemente vive en Italia, sino un ciudadano con todos sus derechos y obligaciones.

Ahora bien, el reconocimiento del significado prototípico puede depender de varios factores:

– son universales: por ejemplo, los colores (*blanco blanco* se refiere a algo 'blanco de verdad' en cualquier momento, en cualquier parte del mundo):

(3) *H1: Y alumbra como una de cien. Imagínatelo en [ininteligible], no sé, lo que pasa es que es otro tipo de luz, es igual que entre la... la flo[palabra cortada], la mejor luz que hay es la florescente, la* ***blanca, blanca****. Es la mejor luz que hay, eso no hay... porque aquí hay ¿ves? esta es más blanca. Esta es...*
H2: Sí, florescente.
(CORLEC)

– difieren según el momento histórico: tal es el caso, por ejemplo, de las nociones de belleza (el significado de *belleza belleza* provoca connotaciones diferentes hoy y hace 200 años):

(4) – *La Piazza Rossa come sta, sta bene?*
– *Bella, sempre bella, devo dire, poi con il sole ...*
– *Eh, penso sia proprio* ***bella bella****, sì*

(PEC)

– difieren según el contexto: una amplia gama de términos presentan significados diversos en función del contexto de todo el discurso, la situación comunicativa, etc. (por ejemplo, hablando de un edificio, la expresión *alto alto* equivale a cientos de metros, hablando de una persona, corresponde a aproximadamente dos metros):

(5) *¿Tenían también algún tipo de obras sociales? Pues había la sección hispanoamericana, la sección literaria, que fueron a dar conferencias Hu hubo una conferencia histórica, porque a mí me dejó aquello una huella que es que vino a España este filósofo alemán, este* ***alto alto*** *¡Keyserling! Vino Keyserling y fue, pues entre risas y bromas y tragedias, fue aquella una tarde realmente curiosa porque se hospedaba en la Residencia de Estudiantes, que entonces era, aquí en Madrid, un lugar muy de intelectuales, ahí en al final de la calle Serrano y fuimos a buscar a Keyserling en un coche muy grande, porque nos dijeron: "Es altísimo y no sé qué".*
(CREA, MA-14. Mujer de 86 años. Estudió la carrera de piano)

– difieren según la cultura: como ya hemos subrayado, la noción del prototipo puede variar también según el entorno cultural en el que vive el hablante (por ejemplo, el *café café* en España sería diverso del *cafè cafè* italiano: en estas dos culturas un 'café de verdad' se refiere a bebidas parecidas, pero no iguales).

Creemos que la diferencia cultural merece una explicación más detallada. Todos los hablantes solemos ser conscientes de que el significado de ciertas expresiones depende de la situación y del contexto. No nos sorprende, por lo tanto, que se pueda utilizar el adjetivo *alto* refiriéndose tanto a una persona como a un edificio, aunque el valor absoluto de estas dos entidades difiere radicalmente. La diferencia cultural, sin embargo, no se percibe con tanta facilidad y por eso, puede provocar una serie de problemas interpretativos. Para ilustrarlos, presentamos algunos ejemplos del corpus:

(6) *hab1 "sí <pausa/> bien <pausa/> <palabra_cortada>tam</palabra_cortada> mmm tampoco es una <alargamiento>relación</alargamiento> <pausa/> andamos un poco cada uno a lo suyo ¿sabes? <pausa/> eh nos conocemos <pausa/> eeh <pausa/> nos conocemos pero <alargamiento>no</alargamiento> <pausa/> tampoco se hace una vida <alargamiento>de</alargamiento> <pausa/> de* ***barrio barrio*** *o sea de* ***vecinos vecinos*** *así ¿sabes? nos conocemos saludamos <pausa/> nos hablamos eh <pausa/> pues bueno <pausa/> pero bien es una <alargamiento>relación</alargamiento> <pausa/> pero como cada uno <palabra_cortada>tra</palabra_cortada> la gente trabaja ahora anda un poco cada uno a su vida <pausa/> y a lo mejor en un momento te*

ves y charlas <alargamiento>o</alargamiento> <pausa/> había hay una vecina ahí que antes no trabajaba y bueno y tiene venido a tomar un café o yo <cita_inicio/>si quieres hago un café<cita_fin/> <cita_inicio/>ah bueno<cita_fin/> <pausa/> ahora ya no porque trabaja todo el día ¿entonces cuándo la ves? pues a lo mejor <palabra_cortada>cuan</palabra_cortada> <pausa/> tendiendo la ropa o que eeh coincides o que me viene a pedir algo del hospital como vino el otro día para pedirme para su madre <pausa/> entonces charlamos un ratito <pausa/> pero bueno es una relación buena <pausa/> <alargamiento>tampoco</alargamiento> <pausa/> cada uno andamos un poco a nuestra vida <alargamiento>y</alargamiento> <pausa/> <alargamiento>y</alargamiento> hombre pues a lo mejor la noche de San Juan <alargamiento>que</alargamiento> nosotros normalmente hacemos ahí una <lengua_inicio nombre="""-gl""/>cacharelita<lengua_fin/> de estas o eso <pausa/> pues a lo mejor <pausa/> se acercan ¿sabes? <pausa/>"
(ESLORA)

(7) – *Non si lavora, perché ci sono i funerali del papa, è tutto chiuso.*
– *Uhm, uhm.*
– *Quindi domani a casa* ***tranquilli tranquilli****, meno male, così ...*
– *Bene.*
(PEC)

(8) *Todo en la vida ahora es masivo y no podemos extrañarnos de que también sea masiva la universidad. No podemos lamentarnos, claro. Yo estudié en una época en que todos los alumnos, todos los compañeros éramos eso,* ***compañeros compañeros*** *y amigos. Por supuesto éramos también amigos de los profesores.*
(CREA, SE-13. Mujer de 62 años. Profesora de escuela universitaria)

Al pertenecer a un área cultural diferente a la representada por las lenguas analizadas, se nos brinda la oportunidad de contrastar los referentes de las reduplicaciones con nuestra propia percepción de estos conceptos. Comenzando con las construcciones *barrio barrio* y *vecinos vecinos*, conviene hacer hincapié en que el significado de *barrio* y de *vecino* en la realidad española nos parece bastante alejado de las connotaciones polacas. En España, la noción de barrio todavía sigue vigente formando parte de la identidad de los españoles, mientras que en Polonia muchos de nosotros ni siquiera sabemos cómo se denomina el barrio en que vivimos, casi por completo se ha perdido el valor de pertenencia a un barrio concreto. El siguiente ejemplo, la construcción *tranquilli tranquilli* está muy relacionada con el estilo de vida de una cultura concreta. Posiblemente lo que en Italia significa pasar el día tranquilo no es lo mismo que en Polonia dadas las diferencias en los hábitos cotidianos de estas dos comunidades. La problemática del tercer ejemplo, la construcción *compañeros compañeros*, ha sido mencionada por Wierzbicka (1997). Como advierte la autora, son diversas las relaciones sociales que se mantienen en diferentes culturas entre las personas, por lo tanto, sería difícil encontrar un equivalente en polaco del compañero prototípico en el sentido español. Todos estos ejemplos a primera vista pueden parecer poco relevantes para un análisis lingüístico, no obstante, una reflexión profunda nos llevará a la conclusión de que, efectivamente, al hablar de la noción de prototipo las diferencias culturales juegan un papel de gran importancia. Si hablamos de entidades prototípicas, tenemos que tener en cuenta que cada sociedad crea su propia visión de lo más habitual, lo más normal y, en consecuencia, lo más prototípico.

El concepto de prototipo respecto a la reduplicación léxica ha aparecido en una serie de estudios. Lo que se introduce en el presente trabajo es que esta característica de la prototipicidad puede tener efectos pragmáticos. En otras palabras, subrayando que algo es prototípico, los hispano- e italoparlantes desencadenan una serie de funciones pragmáticas, muchas veces relacionadas con el ethos comunicativo. El mecanismo microestructural de repetir un adjetivo o un sustantivo dentro de un sintagma se relaciona con el ethos comunicativo de estas comunidades.

4.1.2 El significado semántico – el concepto de contraste

La segunda interpretación de la reduplicación léxica compuesta por sustantivos o adjetivos está constituida por el concepto de contraste. En el capítulo 2.1.1. se ha mencionado el fenómeno de la reduplicación contrastante introducido por Ghomeshi *et al.* (2004). Se trata de la reduplicación que sirve para contrastar el referente con otros posibles que quedan excluidos. Por ejemplo, al decir *España España* el hablante subraya que no se refiere a Francia, Inglaterra ni Italia, sino a España.

En los corpus, hemos encontrado más ejemplos de reduplicación como designación del prototipo que de marcación del contraste, no obstante, creemos que los segundos no deben pasar desapercibidos:

(9) *Yo creo que compraba to todos los tebeos que que había. Y claro, juntaba todas las semanas Como Chema. Un montón. Y luego los traía cuando venían a Bueno, pero tenía él la cuestión de tebeos y* ***periódicos periódicos****, estaba al día. Él siempre decía: "Bueno, quedamos" "como un rey como un rey".*
(CREA, Finca particular, conversación familiar, 10/08/91)

(10) *hab2 ¿y por qué recuerdas especialmente las vacaciones? <pausa/>*
hab1 <alargamiento>porque</alargamiento> bueno <alargamiento>no</alargamiento> en el colegio lo pasaba bien supongo pero <pausa/> si hablamos ***niñez niñez*** *o sea los recuerdos <alargamiento>más</alargamiento> <pausa/> pequeños que tengo <pausa_larga/>*
(ESLORA)

(11) *con Funari bah 300 mila lire al giorno* ***lorde lorde*** *o nette sì scusa un attimo solo eh ho dovuto metter su delle spine no perché dalla voce mi sembrava come se pronto pronto pronto dicevo poi le facciamo fare la missionaria di Calcutta*
(PEC)

(12) *D: la donna per carattere gravemente eh cioè su eh perchè cioè a al di là del fattore culturale in genere la donna è più ordinata # cioè come carattere in generale non quella*

<??> però c'era la ***d<onna> d<onna>*** *ma poi anche l'uomo così non si appende i calzini li butta prende li butta cioè io eh cioè io non apro quasi non apro il cassetto <?> <?> per paura che per la pressione interna mi salti tutta_ # questi cioè mi danno l'idea di persone trascurate [INCOMPRENSIBILE]*
(VoLIP)

En estos cuatro fragmentos, la reduplicación tiene carácter contrastante: se confronta el referente con otro descartado. Los elementos contrastados se presentan en la tabla siguiente:

	Referente indicado por la construcción reduplicada	**Referente de contraste**
Ejemplo (9)	Periódicos	Tebeos
Ejemplo (10)	Niñez	Tiempos del colegio
Ejemplo (11)	Lorde	Netto
Ejemplo (12)	La donna	L'uomo

La reduplicación contrastante también implica la noción de prototipo: el *periódico periódico* se refiere al 'periódico de verdad', la *niñez niñez* a la 'niñez de verdad', *lorde lorde* 'bruto de verdad' y finalmente la *donna donna* a la 'mujer de verdad'. Lo que la distingue de la designación del prototipo es que se mencionan directamente los referentes descartados. Esto es, el hablante no solo indica el prototipo, sino que también señala lo que no considera el prototipo. Obviamente, no se mencionan todos los referentes no prototípicos (sería un conjunto ilimitado), sino uno que, por razones contextuales o situacionales, puede provocar confusión.

4.2 Los rasgos formales

Presentadas las características semánticas de las reduplicaciones léxicas de sustantivos y adjetivos, conviene proporcionar una descripción de los rasgos formales de estas unidades. Algunas de las propiedades de estas construcciones se repiten en ambas lenguas, otras manifiestan ciertas peculiaridades.

Primero, no hemos encontrado ninguna restricción en cuanto a la estructura formal de los sustantivos o los adjetivos que se someten a la reduplicación. Esto significa que la reduplicación afecta a todo tipo de sustantivos y adjetivos:

- tanto en singular como en plural: *trabajo trabajo, especial especial, lavoro lavoro, fresca fresca,* pero también *amigos amigos, opuestos opuestos, camorristi camorristi, corti corti;*
- nombres comunes y nombres propios: *investigación investigación, donna donna* y *Almagro Almagro, Vespa Vespa;*

- sustantivos contables y sustantivos no contables: *periodistas periodistas, pane pane* y *agua agua, acqua acqua*;
- sustantivos abstractos y sustantivos concretos: *miseria miseria, problema problema* y *casa casa, pagina pagina*;
- adjetivos en grado positivo y superlativo: *genial genial, grande grande* y *malísima malísima, bellissimo bellissimo*;

En español, los adjetivos reduplicados pueden asumir forma de diminutivo: *poquito poquito, todita todita, calladito calladito, blanquita blanquita, igualito igualito*[56]. Es una construcción bastante peculiar porque conlleva una doble modificación: por una parte, se modifica el sustantivo dotándolo de un morfema diminutivo, por otra, se repite esta unidad atribuyéndole nuevos significados semántico-pragmáticos. Los diminutivos se caracterizan por la expresividad, por lo que su reduplicación puede aportar incluso mayor fuerza expresiva de diferente índole. En algunos casos, la reduplicación de los demostrativos tiene carácter humorístico o irónico, como en:

(13) *H1: Y aún así le insultas, ¿no?*
H2: Sí. Digo. "Es que eres igual que mi padre, ***igualito, igualito****" Y entonces, pues... Él dice... él siempre dice que no sabe si tomárselo bien o mal.*
(CORLEC)

(14) *H1: La he acabado* ***todita, todita****. [risa]*
H2: Parece que estés embarazada. [risa]
(CORLEC)

En ambos casos, la construcción reduplicada aporta un sentido irónico al enunciado: en (13), se burla de una persona que es igual que el padre del hablante (lo que puede ser interpretado como una ventaja o un defecto, en esta falta de concreción radica el valor irónico del enunciado). En (14), se burla de una situación: el participante H1 ha tenido mucha hambre y ha comido el plato entero.

En algunos ejemplos, reconocemos el valor de atenuación en la reduplicación del diminutivo (sobre el concepto de atenuación hablaremos con más detalle en las siguientes partes de este capítulo). En general, para suavizar la expresión y parecer menos rigurosos, se emplea el diminutivo reduplicado evaluando a una persona:

(15) *H1:...tan así, tan...*
H2:Que es ***calladito, calladito****.*
H1:Claro.
H2:Y él no... se atreve a decir si no lo entiende o si nada.
(CORLEC)

56 En los corpus de italiano hemos encontrado un ejemplo de reduplicación de diminutivo: *piccoletto piccoletto*. Esto puede significar que tal construcción es también aceptable, pero no tan frecuente.

Finalmente, la reduplicación del diminutivo puede constituir un rasgo idiolectal: algunas personas utilizan el diminutivo reduplicado porque tal es su modo de hablar:

(16) *hab1* *<alargamiento>sí</alargamiento><pausa/> esa playa la hicieron <pausa/> nueva <pausa/> esa playa <pausa/> dicen que trajeron la arena del Sáhara <pausa_larga/>*
hab1 *es la arena es* ***blanquita blanquita*** *tú <pausa/> por ejemplo <palabra_cortada>t</palabra_cortada> <pausa/> así el agua <pausa/> y tú ves la arena toda blanquita al <palabra_cortada>e</palabra_cortada> el agua está todo súper limpia <pausa/> y no hay oleaje <pausa/> y yo como la tonta <pausa/> decía <pausa/> <cita_inicio/>Dios mío <pausa/> pero<cita_fin/> <pausa/> pensaba yo <pausa/> <cita_inicio/>¿cómo aquí el <risa_inicio/>agua está <risa_fin/> tan calmada <pausa/> y vas por el muro <pausa/> y el agua unas olas de no sé cuántos metros?<cita_fin/> <risa/> porque hicieron como un muro <pausa_larga/>*
(ESLORA)

El ejemplo (16) proviene del corpus ESLORA recogido en la región de Galicia. El uso del diminutivo puede constituir también una influencia del gallego (es una posibilidad que no hemos investigado con más profundidad, pero creemos que no podemos descartarla).

Mientras que en español encontramos una serie de ejemplos de reduplicación del diminutivo, en italiano observamos otra tendencia: la reduplicación viene acompañada por otras unidades intensificadoras. La reduplicación en español parece representar el grado más alto de prototipicidad. Esto significa que, al calificar algo como *blanco blanco,* el hablante se refiere a un objeto lo más blanco posible. Por lo tanto, la construcción reduplicada suele constituir el único elemento intensificador: no hemos encontrado expresiones tipo *muy blanco blanco* o *blanco blanco de verdad.* Probablemente este tipo de construcciones resultarían redundantes para los hispanohablantes. En italiano, sin embargo, son muchos los casos en los que la reduplicación viene acompañada por otras expresiones de valor intensificador. Los corpus nos han proporcionado las construcciones siguientes:

- *proprio/bello/tutto* + construcción reduplicada:

(17) *B: no questi non sono i contratti questo è l'estratto nel mille novecentosettantotto*
A: ah quindi ***proprio fresca fresca*** *per* <??>
(VoLIP)

(18) *– Le spagnole non sono il mio tipo.*
– No, sono belline, non sono brutte, dai, nella media non sono granché, ma qualcuna è ***proprio carina carina****, eh, dai.*
(PEC)

(19) *– io sono arrivato alle due e alle sette mi sono rialzato.*
– Uhm, uhm, sarai ***bello fresco fresco*** *come una rosellina.*
(PEC)

(20) *– Eh, poi le ho detto di domenica e lei mi ha detto: a me mi piacerebbe proprio; ho detto: beh, convincilo, scusami, eh, che ci vuole a convincerlo?*
– Prima sei ***tutta carina carina*** *e poi quando ti dice no definitivo gli dici io ci vado, vedi che ci viene pure lui.*
(PEC)

– construcción reduplicada: adjetivo en grado positivo + adjetivo en grado superlativo:

(21) *perché ora lo stato funzionava diversamente sì c' eran le monarchie assolute diciamo assoluto* ***assolute assolutissime*** *mh ah ah difatti eh si hanno le l' introduzione appunto di nuovi eh eh riti religiosi eh si ha purtroppo i fondamenti dell' astronomia e della magia e ci sono anche e danno più importanza alla religione no come manifestazione tipo eh insomma delle feste così ma cosa pensano loro insomma di avere un rapporto diretto con gli dei attraverso la preghiera*
(PEC)

(22) *è stato fatto la televisione deve averlo non lo so ma era* ***divertente divertentissimo*** *ah ah un altro dei film che è scomparso eh almeno che non si trova facilmente è Napoli milionaria infatti io non riesco a capire perché non lo danno mai*
(PEC)

(23) *La Zx quella lunga era la Ax quella ce l' avevamo noi c' era tipo la quella prima della Saxo praticamente sì io mi ricordo una macchina una* ***lunga lunghissima*** *quella la Zx quella la Zx vrr alzava la mia l' Ax era che tipo la Ax mille e quattro a gasolio a diesel la mia era a benzina che ce tipo ci fece tipo 280 mila chilometri*
(PEC)

– construcción reduplicada: sustantivo + sustantivo diminutivo:

(24) *c' era il santista nella nuova camorra si componeva in bosco sottobosco foglie* ***ramo ramoscello*** *fusto e rifusto erano tutta un' altra è impastata sul linguaggio sempre sempre una gerarchia c' era anche se si chiamavano*
(PEC)

– construcción reduplicada + otros elementos intensificadores:

(25) *– Righine che evidenziano la profondità lu lu.*
– Una J e un' altra una O, diciamo.
– Sì bravo.
– Okay piedone ***lunghissimo*** *piede* ***lungo lungo****.*
– Lunghissimo piedone piede, sì.
(PEC)

(26) – *Poi si lamentavano …*
– *si lamentavano anche del fatto che la nazionale femminile è andata a giocare lì e quindi …*
durante una giornata, quindici giorni fa, non tre giorni fa.
– *E ha rovinato il campo.*
– *E ha rovinato il campo.*
– *Ho visto che era* ***brutto brutto****, eh.*
Bruttissimo, bruttissimo, bruttissimo.
(PEC)

(27) – *Ehm io gli da_ cioè, la mia è una forma un po' a uncino.*
– *No io ce l' ho* ***proprio dritta dritta****.*
– *Dritta?*
– ***Completamente dritta****.*
– ***Totalmente dritta****?*
– *C' ho la.*
(PEC)

Las construcciones formadas por adjetivo en grado positivo + adjetivo en grado superlativo y las compuestas por adjetivo/sustantivo + adjetivo/sustantivo en diminutivo, desde el punto de vista formal, se asemejan a las mencionadas reduplicaciones de diminutivo. No obstante, creemos estar ante dos mecanismos distintos. Las construcciones tipo *igualito igualito* o *calladito calladito* tienen como base los diminutivos: *igualito* o *calladito.* Por lo tanto, todas las funciones que se realizan mediante estas construcciones (que explicamos en el presente capítulo) se basan en formas de diminutivo. En cuanto a las construcciones tipo *lungo lunghissimo* o *ramo ramoscello,* la unidad base es la categoría original, *lungo* o *ramo,* que está intensificada mediante la misma unidad en diminutivo. A nuestro juicio, tal diferencia conduce a conclusiones nada desdeñables. Mientras que en español la reduplicación constituye un recurso lingüístico que hace referencia al grado máximo de prototipicidad de un elemento, en italiano la fuerza de la reduplicación parece considerablemente menor dado que son admisibles otros recursos que expresan mayor prototipicidad. En otras palabras, en español la construcción *guapo guapo* cuantifica a una persona guapa de verdad, de un aspecto físico que cumple con el canon prototípico de belleza, mientras que en italiano *bello bello* no indica el grado máximo de la prototipicidad porque puede ser reforzado por otros recursos formando construcciones tipo *proprio bello bello* o *bello bellissimo*[57].

57 En español, también resultan posibles algunas construcciones tipo adjetivo+adjetivo en superlativo. De hecho, en el corpus CREA podemos encontrar, por ejemplo, la construcción *blanco blanquísimo.* Sin embargo, creemos que las construcciones españolas difieren de las italianas. Primero, resultan mucho menos frecuentes (en los corpus analizados no hemos encontrado ningún caso de tal estructura). Además, parecen unas estructuras lexicalizadas creadas a partir de determinadas unidades léxicas. Por lo tanto, teniendo en cuenta también otras estructuras italianas que no se observan en español, nos atrevemos a concluir que es un procedimiento más característico para el italiano.

Una vez explicados los rasgos semánticos y formales de las construcciones reduplicadas basadas en adjetivos o sustantivos, empezamos su análisis pragmático. Conviene subrayar, sin embargo, que antes de proceder a este análisis se necesitan aclarar ciertas cuestiones. Como advertimos en el capítulo sobre la definición de la reduplicación, son tres los factores que ejercen una gran influencia sobre el significado pragmático de la reduplicación: la clase de palabra que crea la reduplicación, el nivel de gramaticalización de la construcción y la naturaleza de la secuencia en la que aparece la reduplicación. En cuanto al primer criterio, estamos ante sustantivos y adjetivos. Son dos clases de palabras distintas, pero al estudiar los corpus hemos notado que las construcciones reduplicadas formadas a partir de ellas desempeñan papeles muy parecidos. Por lo tanto, se propone un análisis conjunto de estas dos categorías en el que se señalan también las diferencias entre ellas. El segundo criterio, el nivel de gramaticalización (véase el capítulo 3.1.) tal como ocurre en el caso de la reduplicación del imperativo, resulta significativo para los adjetivos o sustantivos reduplicados, pero de modo diferente a lo que sucede en el caso de los verbos (sobre la gramaticalización de estas construcciones hablaremos en el capítulo 4.4.5.). A nuestro juicio, el factor de mayor influencia a la hora de crear significados pragmáticos lo constituye el tipo de secuencia en el que aparece la construcción. Tras analizar los corpus se reconocen dos tipos de secuencias: la descriptiva y la argumentativa. En cada una de ellas el papel de la reduplicación parece diferente. Por eso, se necesita explicar qué es lo que entendemos por los términos "secuencia descriptiva" y "secuencia argumentativa".

4.3 El tipo de secuencia

4.3.1 La secuencia descriptiva

La secuencia descriptiva constituye una parte del texto en la que se cuenta algo sobre algún elemento de la realidad o de la ficción. Puede aparecer en diversos tipos de textos, tanto en los más prototípicos (por ejemplo, la descripción científica o la descripción de hechos en los textos periódicos), como en los originariamente no asociados a la descripción (como los textos argumentativos).

(28) *El presidente de la República, Sergio Mattarella, ha convocado esta tarde a las 17.30 al profesor Giuseppe Conte para otorgarle el encargo de formar Gobierno. 80 días después de las elecciones, el docente de Derecho Privado, envuelto en una polémica en las últimas horas por haber hinchado su currículum académico, será el primer ministro de Italia y el encargado de ejecutar el contrato de Gobierno firmado por el Movimiento 5 Estrellas y La Liga, las dos fuerzas antiestablishment que decidirán el futuro de la tercera economía de la zona euro. Después de la reunión de esta tarde, el nuevo premier deberá volver*

antes del final de esta semana al Palacio del Quirinal para presentar a su equipo de Gobierno y jurar el cargo.[58]

(29) *0083* ***A: yo me acuerdo el primer año→ que Pilar→ la pobre↓/¡mecachiis!/qué histérica estaba ¿te acuerdas Maite?↑/[que lloraba→]***
0084 B: [¿¡más todavía!?]
0085 A: ¿¡CÓMO QUE MÁS TODAVÍA!?§
0086 C: §dice que lloraba→
0087 A: ¡HUYY!§
0088 C: §lloraba→ y vomitaba→§
(Val.Es.Co 2.0)

(28) es un fragmento de un artículo de la versión online del periódico *El País* en el que se describe un acontecimiento de la política italiana. En (29), por otra parte, A describe a una persona, Pilar. El carácter, la finalidad y los recursos lingüísticos utilizados en estos dos fragmentos difieren mucho, no obstante, en ambas situaciones estamos ante secuencias descriptivas.

La descripción, junto con la argumentación, es indispensable en la comunicación de nuestra vida cotidiana. Describimos los objetos, las personas o las situaciones cada día: cuando hablamos de nuestros amigos, cuando contamos dónde hemos estado de vacaciones, etc. Las secuencias descriptivas pueden aparecer también en textos con función argumentativa: la descripción puede en sí misma constituir un argumento (este concepto viene desarrollado en la parte posterior de este capítulo).

La descripción puede ser objetiva o subjetiva (Álvarez, 1993: 39). El primer tipo suele aparecer en los textos científicos: se explica un problema o se describe el funcionamiento de una entidad intentando mantener el máximo grado de objetividad. La descripción subjetiva es más propia de las conversaciones coloquiales: cuando describimos una entidad o situación desde un determinado punto de vista. En este caso en general, lo que más importa no es el hecho de aportar una descripción fiel de la realidad, sino más bien, expresar cómo percibimos el mundo que nos rodea.

Las secuencias descriptivas han sido el objetivo del trabajo de diversos representantes de la corriente del Análisis del Discurso (uno de los trabajos más emblemáticos en este ámbito es la obra de Adam, 1992). Charaudeau (1992: 659) enumera tres elementos que forman parte de la organización descriptiva del texto: la acción de nombrar (clasificar las entidades en grupos), localizar (situar en el espacio y en el tiempo) y calificar. Como podemos notar, en cada una de estas acciones reconocemos cierto matiz subjetivo: tanto el hecho de incluir algo dentro de una clasificación como el hecho de localizar y, especialmente, de calificar se basan en la perspectiva del emisor del enunciado. Resulta, por lo tanto, que la descripción frecuentemente deja huellas de la presencia del hablante y su visión del mundo, a diferencia de la argumentación, que suele asociarse a la objetividad. Además,

58 https://elpais.com/internacional/2018/05/23/actualidad/1527074688_016976.html [23/05/2018]

Charaudeau (1992: 694–699) llama la atención sobre los posibles efectos que puede tener la descripción:

1) El efecto de saber: el interlocutor tiene la impresión de que el hablante sabe algo.

(30) *0031* ***A: § si compras el- eel-/Las Provincias/hablan mal del pesoe/y si es de viceversa↑ hablan mal deel pepé§***
0032 B: § o sea↓ que quiere decir que Las Provincias es del pepé// y el Levante↑ del pesoe///
0033 A: es que esto↓
(Val.Es.Co 2.0)

El hablante A, mediante su descripción de la orientación política de los habitantes de Las Provincias, parece tener conocimientos sobre la situación política en España.

2) El efecto de realidad o de ficción.

(31) *H4: Es que esto es la... para conectar...*
H5: Mire, sabe, es que es un problema porque ya me la han arreglado pero... se ha vuelto a estropear. La he usado sólo... una vez. Resulta que los botones estaban estropeados, o sea que yo apretaba al [extranjerismo]play[fin de extranjerismo] y luego no lo podía parar el rebo[palabra cortada] y mire, es que ahora pasa igual, sigue la... Se queda el rebobinado metido y aunque le des a parar...
(CORLEC)

Los participantes H4 y H5 hablan de un objeto eléctrico que supuestamente se debe conectar. La descripción de una situación que ocurrió a H5 da efecto de realidad: resulta que no es tan fácil conectarlo (una acción abstracta de conectar un objeto adquiere valor de realidad confrontándose con un obstáculo real).

3) El efecto de confidencia: las descripciones revelan algo sobre el hablante, sus reflexiones, visión del mundo, su relación con el interlocutor, etc.

(32) *H3: ...pero estuve dos días y medio sin ser atendido, con el pulmón desplazado, ¿no? Entonces creo que... bueno, después de aquello no he tenido molestias, pero... estuve preocupado al volver, seguramente pudo ser por el cambio de tiempo porque yo notaba un dolor en la... en la espalda y el brazo en el lado del... del lado del neumotorax.*
H1: Sí.
H3: Fui al... al especialista de pulmón y corazón, me hizo unas pruebas, me dijo que no había nada y me dio este informe para que te lo trajera, y me dijo que en principio que fuera a ver al... al... al traumatólogo, porque de... de pulmón no era nada. Esto es aquello que me... [ininteligible]
(CORLEC)

La descripción del estado físico de H3 revela varios aspectos de su personalidad: que es una persona que cuida su salud (porque va al médico, porque le preocupan los síntomas alarmantes), que le gusta hablar de su salud (porque aporta una descripción bastante detallada de las citas médicas) o que es una persona persistente (porque no admite no ser atendida). Resulta que en ocasiones la descripción puede dar incluso más información sobre la persona que la realiza que sobre el asunto al que concierne.

4) El efecto de género: las descripciones pueden apuntar hacia un género concreto (por ejemplo, cuando se introduce la descripción, se puede hacer referencia al género periodístico, científico, etc. porque estos son los géneros en los que abunda la descripción).

Los efectos mencionados están dirigidos a la persona del interlocutor: es el receptor del enunciado quien puede percibir de tal manera este tipo de secuencias. La descripción, por lo tanto, puede también tener valor intersubjetivo.

4.3.2 La secuencia argumentativa

La argumentación, el componente esencial de la secuencia argumentativa, en los últimos años ha recibido un interés creciente por parte de los lingüistas. Tradicionalmente, los estudiosos consideraron la argumentación como un procedimiento retórico propio de algunos géneros textuales, como los jurídicos. No obstante, el trabajo de Anscombre y Ducrot (1994) arrojó una nueva luz a la problemática de la argumentación y sus vínculos con la lengua. Como afirman los autores, la lengua tiene naturaleza argumentativa. Esto significa que aportamos constantemente argumentos para provocar ciertas conclusiones. La argumentación no es un valor añadido que se realiza en géneros discursivos concretos, sino una propiedad del sistema de comunicación: la lengua. Además, ciertos mecanismos lingüísticos poseen en sí valores argumentativos: la argumentación está codificada en su significado saliendo a la luz en determinados contextos. Tal como ocurre en el caso de la descripción, la argumentación aparece en todos los tipos textuales:

(33) *Las democracias modernas viven en una constante crisis existencial entre identidad y pluralismo. En ellas, el voto, y en realidad cualquier acto de participación política, es al mismo tiempo individual y colectivo: queremos expresar nuestras preferencias, deseos, quejas y anhelos, pero sabemos que no tienen sentido si no lo hacemos en conjunto con otros. Y esta agregación funciona particularmente bien cuando no se basa tan solo en la expresión de intereses concretos, en qué queremos, sino que se remonta al quiénes somos.*[59]

(34) *H1: No, ahora que han ganado la Recopa estarán contentos, se les ha readmitido en el club internacional de fútbol que antes por indeseables e impresentables habían sido expulsados. Yo sigo pensando que son indeseables e impresentables. [silencio]*
H3: Hombre, de todo habrá... como en todos los sitios.
H6: Ayer te calmarías. Veinte minutos después del partido, en el campo...
H1: Eso lo que prueba...

---

59 https://elpais.com/elpais/2018/05/24/opinion/1527162165_512937.html [25/05/2018]

H6: Al que gana[palabra cortada]... al que ganara [ininteligible] se tenían que quedar después de que terminara veinte minutos o media hora. Y los otros...
H7: Y los otros se iban corriendo por la cuenta que les tenía. [risa]
H1: No, lo que pasa, que en la movida [ininteligible] del estadio [ininteligible] y el estadio ese otro de... el estadio de... Lo que prueba es una máxima que yo siempre he tenido serias dudas de que sea cierta que es la máxima que defienden los anarquistas de siempre, [extranjerismo]Bakunin [fin de extranjerismo] y... [ininteligible] el tema de que la cultura es un arma revolucionaria porque cultiva a las masas y las masas de esa manera pues elevan su nivel... en Inglaterra. Estoy convencido que en Gran Bretaña y en Francia y en Alemania el nivel cultural es superior al nuestro, sin embargo el que haya el salvajismo social que hay en estos países también es superior al nuestro.
H4: No digas que los [extranjerismo]hooligans[fin de extranjerismo] tienen mucha cultura.
H1: No, no, no, yo digo los niveles, por lo menos públicos, ¿eh? Y a nivel de inversión...
(CORLEC)

El fragmento (33) procede de la versión online del periódico *El País*. Es un artículo de la sección de opinión de Jorge Galindo. En general, la naturaleza de los artículos de opinión presenta un carácter argumentativo. Este tipo de escritos sirven para transmitir un juicio y, además, convencer a los lectores de un cierto punto de vista. En (34), sin embargo, estamos ante una conversación coloquial en la que los participantes hablan de fútbol. Resulta que, en una simple conversación entre amigos, son numerosas las secuencias que se pueden calificar como argumentativas. Los hablantes constantemente presentan su opinión acerca de todo tipo de cosas: tanto la política como la ropa, la comida u otros aspectos de la vida cotidiana. La argumentación, por lo tanto, constituye un elemento indispensable de nuestra vida y ejerce un papel muy importante en las relaciones interpersonales.

Son varios los trabajos que tratan de la estructura argumentativa de la lengua (véanse Lo Cascio, 1998, Plantin, 1998, Toulmin, 2007). En el ámbito hispánico son Catalina Fuentes y Esperanza Alcaide Lara quienes desarrollaron el modelo de la argumentación lingüística (véanse Fuentes y Alcaide, 2002, 2007, Fuentes, 2015a). Fuentes y Alcaide dividen el esquema de la argumentación en cinco elementos básicos (2007: 25):

- los argumentos: las razones que justifican la opinión,
- la conclusión,
- el topos: la regla que establece la relación entre los argumentos y la conclusión,
- la fuente: el origen de los argumentos y de la conclusión,
- el marco argumentativo: el contexto en el que se produce la argumentación.

Para mostrar el funcionamiento de los elementos mencionados, proponemos el ejemplo siguiente:

(35) *H3: Sin embargo, [fin de solapamiento de turnos] es un arquitecto capilar extraordinario, porque ¡hay que ver los montajes que hace!, ¿no? Pues, ¿tú me comprendes? En cambio, hay otros como "ingeniero textil", eh... "fisionterapeunta[sic]" y todas estas cosas, que esos sí que son títulos de recibo y que tienes que sacarlo allí donde co[palabra cortada]... ¿tú me comprendes?*

H1: [solapamiento de turnos] Sí, sí...
H3: En el [fin de solapamiento de turnos] ogranismo[sic] correspondiente; pero hay que informarse bien. Porque claro, ahora, como estamos todos con una cierta empanada mental, el que más y el que menos, Jónatan... Jo[palabra cortada]... Jon[palabra cortada]... José Jónatan, el mayor de Joselín, pues él, ¿sabes? él quería hacerlo... "businés aministrácion", en... Porque es que ahora todos queremos tener unas cosas como... [ininteligible]
(CORLEC)

Conclusión	Hoy en día mucha gente tiene títulos, pero poco conocimiento.
Argumentos	- Hay muchos títulos que en realidad no significan nada. - Toda persona puede obtener algún título (no es difícil). - Todo el mundo quiere obtener títulos (porque está de moda tener un título).
Topos	El conocimiento es un valor apreciado en la sociedad.
Fuente	El participante H3 (son sus argumentos)
Marco argumentativo	Es una conversación informal entre dos conocidos que comparten varias informaciones y conocen a las mismas personas (José Jónatan, por ejemplo).

Como podemos comprobar, para que se realice la argumentación resultan indispensables los elementos indicados por Fuentes y Alcaide. De este modo, la argumentación puede llevarse a cabo con éxito (lo que confirma la respuesta afirmativa *sí, sí...* del participante H1).

Lo que constituye el elemento clave para nuestras cavilaciones es el hecho de que las secuencias descriptivas y las argumentativas pueden aparecer en todo tipo de textos. En un texto de carácter argumentativo, se pueden encontrar secuencias descriptivas y al revés, en un texto de naturaleza descriptiva, se detectan secuencias argumentativas. La cuestión que puede suscitar polémica radica en el hecho de marcar una clara frontera entre las secuencias descriptivas y las argumentativas, especialmente al analizar las conversaciones coloquiales. Como ejemplo mostramos el fragmento siguiente:

(36) H2: Pues igual que hay gente que bebe alcohol; yo no lo comprendo, tío. Yo alcohol no he bebido nunca. Yo bebo güisqui, ron, y tal, pero alcohol...
H3: No, yo tampoco.
H1: Allí, allí hay un nivel de alcoholismo increíble. Hay... Asociaciones de Alcohólicos Anónimos... por todo... Y que se anuncian por la tele. "Alcohólicos Anónimos. Llámenos. Sin problemas", éste, tal. Digo: "Nosotros nos adherimos", anunciados por la tele, también. Es la hostia. Sí, sí, sí.
(CORLEC)

La intervención destacada en negrita constituye uno de los ejemplos problemáticos. A primera vista, es una secuencia descriptiva: el participante H1 describe el alcoholismo como uno de los problemas con los que se enfrentan los habitantes de un país. No obstante, si empezamos a analizar este fragmento, vamos a advertir varios mecanismos de argumentación. El más obvio está representado por el enunciado *es la hostia* que lleva a una conclusión muy concreta. Sin embargo, si tachásemos este enunciado y dejásemos el resto de la secuencia, ¿podríamos sospechar cuál es la actitud del hablante frente al alcoholismo? Dado que varios recursos, por ejemplo, prosódicos, marcados mediante tres puntos, nos pueden conducir a una conclusión tajante, parece que el fragmento revela la actitud del hablante frente a la cuestión comentada. Por lo tanto, la secuencia descriptiva puede desarrollar también un papel muy importante en la estructura argumentativa.

La clasificación de una secuencia como argumentativa o descriptiva puede suscitar problemas. Existen ejemplos muy claros: entre *Creo que Mario es un imbécil* y *Mario obtuvo un 1,5 en el último examen* observamos una diferencia notable. El primer enunciado es claramente argumentativo, mientras que el segundo es una descripción de un hecho. Entre casos tan transparentes existe una amplia gama de ejemplos que pueden clasificarse como argumentativos o como descriptivos. No obstante, creemos que, a pesar de algunos casos aislados (como el de (36)), las secuencias pueden ser más descriptivas o más argumentativas. Esto no significa, sin embargo, que la secuencia de un tipo carezca de características del otro, sino que prevalecen en ella los rasgos de un determinado tipo.

El presente capítulo, por lo tanto, está fundamentado sobre dos tesis:

Tesis 1

El significado pragmático de la reduplicación léxica del tipo [XX] en que X es un adjetivo o un sustantivo difiere según el carácter de la secuencia (descriptivo o argumentativo).

Tesis 2

La finalidad de la reduplicación léxica tanto en la secuencia descriptiva como en la argumentativa tiene carácter (inter)subjetivo.

La primera tesis incluye la naturaleza de la secuencia en el conjunto de factores que condicionan el significado pragmático de la reduplicación léxica. Esto indica que el funcionamiento de un mismo ejemplo de reduplicación sería diferente según la secuencia en la que se emplee. La segunda tesis es más global: vamos a demostrar que, tanto en el caso de la secuencia descriptiva como en el caso de la secuencia argumentativa, la reduplicación léxica desempeña un papel a nivel (inter)subjetivo.

4.4 El análisis

4.4.1 La reduplicación en la secuencia descriptiva

El primer tipo de secuencias que abarcamos en el presente análisis se corresponde con las secuencias de carácter descriptivo. Tanto en español como en italiano en las secuencias descriptivas podemos encontrar numerosos casos de reduplicación de adjetivos o sustantivos. Tras estudiar estos ejemplos, hemos notado que en todos los fragmentos la reduplicación tiene valor de **precisión.** Esta precisión puede tener una finalidad tanto subjetiva como intersubjetiva dependiendo de una serie de factores contextuales y situacionales.

El primer grupo está compuesto por fragmentos en los que el hablante describe un acontecimiento, un objeto o una persona. Estas descripciones suelen formar parte de una historia contada por uno de los participantes de la conversación. Las historias forman parte de los intercambios cotidianos llevados a cabo por representantes de diferentes culturas. Cada día contamos a nuestros amigos o familiares qué nos ha pasado, dónde hemos estado, etc. Las descripciones constituyen partes indispensables para estas historias porque aportan detalles y resaltan ciertos aspectos de la historia. Entre los ejemplos españoles, podemos mencionar los fragmentos siguientes:

(37) *Y efectivamente él estaba ya yo en en la Dirección General de Promoción Educativa cuando se renovaron los **cargos cargos**, y el consejero me dijo: "¿Tú quieres seguir en en en la Universidad de La Laguna de de de consejera?" Y le dije que no, que bajo ningún concepto.*
(CREA, GC-14. Mujer, de 60 años. Catedrática de instituto de bachillerato)

(38) *Pues, que me estoy acordando en este momento, ya que estáis buscando las voces de madrileños castizos, de que en un viaje que yo hice el año sesenta y dos a Italia, llevaba un chófer **joven joven** de veinticuatro años, recién casado que era de Arganda. Pero en mi vida he oído a alguien tan madrileño como él, tan castizo, sin ser forzado, ni ser en un sainete. Una persona normal.*
(CREA, MA-8. Mujer de 36 años. Auxiliar de investigación del CSIC)

(39) *H1: Y alumbra como una de cien. Imagínatelo en [ininteligible], no sé, lo que pasa es que es otro tipo de luz, es igual que entre la... la flo[palabra cortada], la mejor luz que hay es la florescente, la **blanca, blanca**. Es la mejor luz que hay, eso no hay... porque aquí hay ¿ves? esta es más blanca. Esta es...*
H2: Sí, florescente.
(CORLEC)

(40) *hab1 entonces iba a Madrid <pausa/> a Riesgos <pausa/> porque yo la hice en Banesto <pausa_larga/>*
hab1 entonces tenía que ir <alargamiento>a</alargamiento> a Riesgos y venía denegada <pausa_larga/>
*hab1 **denegada denegada** y yo <cita_inicio/>bueno <pausa/> es que os mato porque <pausa/> ya di <pausa/> la entrada para el piso <pausa/> y yo pierdo ese dinero <pausa/> pierdo el piso <pausa/> y pierdo dinero del que di la entrada<cita_fin/> <pausa/> al final pues luchando y luchando y <palabra_cortada>lucha</palabra_cortada> porque ellos me pedían aval <pausa/> yo no quería poner aval porque basta que <pausa/> llegue un problema y que <pausa/> yo no quiero que también lleven a mis padres <pausa/> el dinero de su nómina y todo <pausa/> es que es demasiado ¿entiendes? <pausa_larga/>*

hab2 imagínate
(ESLORA)

En los corpus italianos, también hemos detectado ejemplos parecidos:

(41) *e poi sotto eh sempre il titolo c' è scritto eh non la data in cui è stato fondato questo giornale ma chi l' ha fondata che è eh Gramsci e il tutto è diviso da destra nella prima pagina da una riga un po' più piccola e* ***rossa rossa*** *eh vediamo che in entrambi eh i giornali il il invece vedo che su Repubblica non c' è riga ah ah no è sottile ah ah sì è sottile*
(PEC)

(42) *due sfere sensoriali diverse due percezioni di sfere sensoriali* ***diverse diverse*** *l' urlo il rumore e il colore*
(PEC)

(43) *– Era contentissimo, ha detto che era insomma ...*
– era contento e motivato, sinceramente.
– Sì, molto, no, no, te l' ho detto, ieri sera l' ho sentito proprio ***contento contento****.*
– Eh, l' ho sentito, m' ha detto della partita, me l' ha raccontata per filo e per segno.

(PEC)

(44) *però per le superiori faccio un modello diverso con dei lavori di gruppo di pomeriggio tematici tipo* ***arte arte*** *e scienza arte e letteratura per filosofia e lo sto montando ora*
(PEC)

En todos estos ejemplos se introduce la reduplicación con el objetivo de precisar el concepto al que se refiere. El hecho de precisar los términos parece importante para toda la historia porque expresa cierto punto de vista, o bien explica determinadas cuestiones que forman parte de la descripción. La necesidad de precisar los conceptos viene descrita en la tabla siguiente:

Construcción reduplicada	**Papel que desempeña en la historia contada**
Cargos cargos	En la Universidad hay dos tipos de cargos: los más relacionados con la Universidad y otros, como el cargo de consejero. El hablante está más interesado en los primeros porque los considera verdaderos.
Joven joven	El chófer era verdaderamente joven, pero aún así un ciudadano muy característico del Madrid castizo (lo que sorprende dada su edad).
Blanca blanca	Hay varios tipos de luz, la luz de la que se habla no es amarilla ni azul, sino blanca.

Construcción reduplicada	Papel que desempeña en la historia contada
Denegada denegada	Mediante la reduplicación se enfatiza la dificultad de la situación en la que se encontraron las personas.
Rossa rossa	El hecho de incorporar el color rosa es característico para uno de los periódicos descritos.
Diverse diverse	Es importante reconocer diversos sentidos: el oído y la vista (no se deben mezclar)
Contento contento	La persona de la que se habla estaba de verdad contenta, no solo alegre o de buen humor. Esto significa que el partido que causó este sentimiento era excepcional.
Arte arte	Existen diversas materias relacionadas con el arte: arte y arte con ciencia (se deben distinguir).

En este primer grupo de descripciones, la reduplicación sirve para mostrar la **subjetividad** del hablante. Esto es, el hecho de precisar ciertos conceptos puede tener una doble finalidad:

1) Resaltar ciertos elementos de la descripción: como ya hemos advertido, la descripción, aunque parezca objetiva, suele conllevar rasgos subjetivos. Por ejemplo, dos hablantes pueden hacer hincapié en dos conceptos diferentes y así, la descripción proporciona dos visiones de un mismo acontecimiento de alguna manera diferentes. Por ejemplo, en (38), se subraya la edad del chófer. Otro hablante podría resaltar su aspecto físico, su nivel de formación, etc. De este modo, obtenemos una imagen del chófer basada en su edad y no en otras características (aunque seguramente se pudiera decir más sobre esta persona).
2) Proyectar cierta imagen del hablante: el hecho de considerar algo como verdadero, prototípico también nos revela información sobre el mismo hablante. Como ya hemos mencionado, la prototipicidad es un concepto subjetivo: lo que se considera prototípico depende de una serie de factores muy vinculados a la persona que está hablando. Por lo tanto, el mismo hecho de considerar algo como un prototipo nos proyecta cierta imagen de la persona que emite el enunciado. Por ejemplo, para el hablante del fragmento (37), el trabajo es muy importante, no le conviene tener un cargo cualquiera, sino uno que esté verdaderamente relacionado con la Universidad. En (39), el hablante es muy perspicaz: sabe diferenciar incluso distintos colores de la luz y, además, tiene una opinión tajante acerca de la calidad de cada tipo de luz.

Como intentamos demostrar, la descripción nos puede revelar informaciones no solo acerca del objeto descrito, sino también de la persona que la realiza. La reduplicación léxica constituye un mecanismo que contribuye a la subjetividad de las secuencias descriptivas haciendo hincapié en determinados elementos y proyectando cierta imagen de la figura del emisor del enunciado. La reduplicación en las secuencias descriptivas puede también asumir una finalidad intersubjetiva. Son casos en los que la precisión sirve para facilitar al interlocutor alguna información que, por ciertos motivos, le parece importante. Veamos un par de ejemplos:

(45) – *A questo punto lo lo vedi il camioncino rosso?*
– *Sì.*
– *Eh camioncino* ***rosso rosso*** *dovrebbe essere in alto sulla destra.*
(PEC)

(46) – *Qual è la tua attuale mansione e la durata del tuo contratto?*
– *La durata è* ***mese mese****, però la ditta ci ha chiesto se vogliamo rinnovarlo fino al 31 luglio.*
(PEC)

(47) – *il cambio di residenza*
– *qua residenza o domicilio?*
– *residenza signora*
– *per andar via da Napoli da una da una via all' altra*
– *allora il* ***domicilio domicilio***
– *ah la residenza è quando si deve andare a un altro luogo*
(PEC)

(48) *Yo a Alicia cuando se lo comenté dice: "No, sí, pues si" Hoy hemos co hemos cogido? tema de de los estudios. Tema de los estudios, de los niños y Te enteras de todas las cosas? Te digo el* ***pueblo pueblo*** *o Como quieras. Piedrabuena. ¿De dónde es? De Ciudad Real.*
(CREA, Conversación 6, Universidad de Alcalá de Henares)

(49) *¿Y cuántas corales cantan? Pues mira, hoy ha cantado una. Hoy, luego el domingo otra, luego el lunes, creo que es sólo de órgano en la Catedral, y luego martes, y miércoles nosotros. Cuatro corales y tengo por ahí el programa. Martes y miércoles vosotros. No, nosotros sólo el* ***jueves jueves****. O sea, sábado y domingo una coral, el lunes órgano, y el martes y miércoles y jueves eso, corales.*
(CREA, Domicilio particular, conversación familiar, Segovia, 1991)

Las construcciones reduplicadas designan a unos referentes que se presentan como importantes para el interlocutor. Por eso, la precisión adquiere función intersubjetiva: sirve para facilitar el entendimiento por parte del receptor del enunciado. En los ejemplos expuestos, la importancia de la precisión está provocada por las razones siguientes:

La construcción reduplicada	La motivación intersubjetiva
Rosso rosso	Para que el interlocutor distinga el camión mencionado de otros medios de transporte.

La construcción reduplicada	La motivación intersubjetiva
Mese mese	Para que el interlocutor obtenga la información sobre la duración del contrato.
Domicilio domicilio	Para que el interlocutor escriba datos correctos en el formulario.
Pueblo pueblo	Para que el interlocutor sepa que las preguntas van a referirse a los pueblos y no a otros datos.
Jueves jueves	Para que el interlocutor obtenga la información sobre las corales (posiblemente porque le interesa acudir a una).

La reduplicación que facilita el entendimiento del mensaje actúa como mecanismo de cortesía: al interesarse el hablante por las necesidades de su interlocutor, se comporta de acuerdo con la norma social que considera el interés por la figura del receptor como la postura apropiada. Por eso, la reduplicación puede ser considerada un FFA, ya que valoriza la imagen del oyente. La reduplicación señala, por lo tanto, que el emisor del enunciado se preocupa por otros participantes de la conversación, revela su actitud positiva frente a ellos. Además, la reduplicación propicia el desarrollo de la conversación: aporta una información concreta e irrefutable. Indica que el hablante está completamente seguro de la veracidad del concepto mencionado: así se puede proceder a otro asunto.

La tercera función de la reduplicación en las secuencias descriptivas que ha llamado nuestra atención concierne a la estructura informativa del texto, esto es, la delimitación del tema. Este papel de la reduplicación fue introducido por Valenzuela, Hilferty y Garanchana (2005) que analizan los enunciados tipo:

(50) Comer comer no come, pero bebe como un cosaco.
(51) Hijos hijos no tengo, pero sí muchos sobrinos.

Los autores dividen este tipo de enunciados en tres partes:

A: el tema: *comer comer, hijos hijos.*
B: el comentario, esto es, el estado actual, inesperado de la situación: *no come, no tengo.*
C: la explicación que vincula el tema con el comentario: *pero bebe como un cosaco, pero sí muchos sobrinos.*

En su estudio, Valenzuela, Hilferty y Garanchana analizan diferentes aspectos lingüísticos de cada una de las partes expuestas (fonológicos o morfosintácticos).

En las secuencias descriptivas que forman parte de nuestro corpus, también se han detectado casos de topicalización a través de la reduplicación léxica:

(52) *¿Cuál es el deporte que más te gusta? Pues como* ***deporte deporte****, el fútbol. Ahora, si se considera deporte también los toros, pues prefiero los toros.*
(CREA, MA-1. Hombre de 25 años. Estudiante de Ingeniería)[60]

(53) *hab2 ¿y por qué recuerdas especialmente las vacaciones? <pausa/>*
hab1 <alargamiento>porque</alargamiento> bueno <alargamiento>no</alargamiento> en el colegio lo pasaba bien supongo pero <pausa/> si hablamos ***niñez niñez*** *o sea los recuerdos <alargamiento>más</alargamiento> <pausa/> pequeños que tengo <pausa_larga/>*
hab2 ¿qué hacías?
hab1 mmm casi recuerdo el <pausa/> más estar siempre <alargamiento>en</alargamiento> <pausa/> en la aldea con mis abuelos <pausa/> con los animales que me encantaban <pausa_larga/>
hab1 y eh <pausa/> solamente estaba con mis abuelos <pausa/> en el <pausa/> era una aldeíta que no había <pausa/> otros niños salvo <alargamiento>algún</alargamiento> nieto o <alargamiento>alguna</alargamiento> visita <pausa_larga/>
(ESLORA)

La reduplicación, tal como advierten Valenzuela, Hilferty y Garanchana, introduce el tema, esto es, la información conocida que viene posteriormente desarrollada por el rema, la información nueva. El hecho de indicar el tema, sin embargo, no cancela su significado semántico de designar el prototipo o contraste. *Deporte deporte* se refiere al 'deporte de verdad' y *niñez niñez* a la 'niñez de verdad' (en contraste con otros momentos de la vida). Al mismo tiempo, la prototipicidad indica el marco temático del enunciado, modificado por la segunda parte del enunciado.

Dado que la reduplicación hace referencia al prototipo, no sorprende su capacidad para desempeñar la función de tema en el plano informativo. El hecho de precisar los conceptos constituye uno de los mecanismos para indicar el marco temático en el que se sitúa el enunciado. La reduplicación, sin embargo, puede también formar parte del rema:

(54) *¿Y cuántas corales cantan? Pues mira, hoy ha cantado una. Hoy, luego el domingo otra, luego el lunes, creo que es sólo de órgano en la Catedral, y luego martes, y miércoles nosotros. Cuatro corales y tengo por ahí el programa. Martes y miércoles vosotros. No, nosotros sólo el* ***jueves jueves****. O sea, sábado y domingo una coral, el lunes órgano, y el martes y miércoles y jueves eso, corales.*
(CREA, Domicilio particular, conversación familiar, Segovia, 1991)

60 Es el caso de una secuencia que conlleva marcas de argumentación porque transmite la opinión acerca de algo. Sin embargo, como la opinión constituye la respuesta a una pregunta (en una entrevista), parece presentar carácter descriptivo: el hablante se describe a sí mismo y no intenta convencer de nada a su interlocutor.

(55) *e a Milano era circondato da dieci* ***camorristi camorristi*** *di di quella zona si mandava un mandato a lui di mettere in atto quest' omicidio e l' eliminazione fisica di tizio e serviva anche a questo e il capo zona*
(PEC)

En estos dos ejemplos, la reduplicación constituye el rema del enunciado: representa la información desconocida, nueva para el interlocutor. Esto significa que la prototipicidad señalada mediante la construcción reduplicada tiende a desempeñar la función de tema, pero no es su papel exclusivo.

4.4.2 La reduplicación en la secuencia argumentativa

Tras analizar los corpus, hemos llegado a la conclusión de que el valor de la reduplicación léxica de sustantivos y adjetivos en el plano argumentativo radica en la noción de **evaluación**. En el ámbito lingüístico existen varios trabajos acerca de la evaluación, conviene advertir, sin embargo, que las definiciones de este concepto presentan poca uniformidad. La evaluación (ing. *evaluation*) constituye uno de los mecanismos de *stance* (véase el capítulo 2.6.2.). Como advierte Hunston (2011: 10–11), la evaluación puede ser interpretada en tres dimensiones:

- como acción realizada por una persona (mediante recursos lingüísticos o sin ser expresada verbalmente),
- como el conjunto de recursos lingüísticos que sirven para evaluar,
- como el conjunto de significados que se pueden expresar mediante determinados medios lingüísticos,
- como una función del texto.

Además, Hunston (2000: 12) hace hincapié en la doble cara de la evaluación: una subjetiva y otra intersubjetiva. Por una parte, el hablante expresa su propio juicio acerca de algo por lo que manifiesta su perspectiva subjetiva. Por otra parte, la evaluación desempeña un papel de mucha importancia en las interacciones sociales y, al mismo tiempo, suele reflejar las normas vigentes en una sociedad. Por eso, no debemos perder de vista el papel que juega en el plano intersubjetivo.

En los últimos años ha surgido la teoría llamada *Appraisal Theory* que propone un aparato metodológico para el estudio del concepto de evaluación. La teoría fue introducida por Martin y White (2005) cuyo trabajo aporta herramientas útiles para el análisis de este fenómeno. Los autores dividen el concepto de *appraisal* (esp. *evaluación, estimación, valoración*) en tres subtipos: afecto (la expresión del involucramiento emocional), juicio (la evaluación del comportamiento humano a través de las normas sociales) y valoración (referida a los objetos, textos o acontecimientos). La evaluación de cada uno de estos subtipos puede ser positiva o negativa. Además, la teoría de Martin y White formula tres conceptos clave:

- *force* (fuerza): el hecho de reforzar o atenuar la proposición,
- *focus* (foco): el hecho de aclarar o diluir las fronteras entre significados,

- *engagement* (compromiso): el hecho de expresar mayor o menor grado de compromiso personal en la evaluación.

Estas tres herramientas nos permiten describir los diferentes casos de la evaluación que aparecen en enunciados de diverso tipo. La teoría de *appraisal*, sin embargo, presenta también ciertas cuestiones problemáticas. Compartimos las vacilaciones de Jackiewicz (2016: 57–60) acerca del modelo presentado, especialmente en cuanto a la clasificación de los tres subtipos: afecto, juicio y valoración. En muchos casos, puede resultar muy difícil clasificar el enunciado como la expresión de afecto o de juicio. Al decir *María es supersimpática*, por una parte, se expresa un juicio sobre María, por otra parte, el prefijo *super-* tiene connotaciones afectivas. En resumen, dependiendo del punto de vista asumido, el mismo enunciado puede indicar afecto o juicio. Nos atrevemos a constatar incluso que pocas veces los juicios carecen de cierta dosis emocional. Los hablantes suelen presentar su opinión acerca de entidades con las que de alguna manera mantienen una relación emocional.

Lo que aporta la teoría de *Appraisal* es el hecho de introducir el concepto de evaluación y proponer una metodología concisa para describirlo. La evaluación constituye también el concepto clave para el presente capítulo. Tras analizar los corpus de español e italiano hemos llegado a la conclusión de que, en las secuencias argumentativas, la reduplicación léxica de sustantivos o adjetivos desempeña la función de evaluar constituyendo así uno de los mecanismos de la intensificación de la (inter)subjetividad:

reduplicación → evaluación → intensificación de la (inter)subjetividad

Bajo el término "evaluación" entendemos la acción de expresar opinión (positiva o negativa) acerca de una persona, un objeto o un acontecimiento. Esta opinión puede (y, de hecho, en la mayoría de los casos suele) contener cierta dosis de afectividad emocional, no obstante, no se distingue entre las opiniones emocionales y las no emocionales (lo importante para el presente análisis es la noción de opinar). La evaluación intensifica:

- la subjetividad: porque ubica como núcleo la perspectiva del hablante,
- la intersubjetividad: porque se dirige a los interlocutores intentando convencerlos de la opinión presentada (función argumentativa).

Además, el significado de la construcción reduplicada difiere según la naturaleza del constituyente repetido. Algunas unidades léxicas presentan fuertes connotaciones evaluativas (Thompson y Hunston, 2000: 14). Adjetivos tipo *genial*, *fatal*, *bonito*, *feo* fuera de contexto indican algo positivo o negativo. También algunos sustantivos tienen carácter intrínsecamente evaluativo, por ejemplo, *infierno* se relaciona con lo negativo, mientras que *orden* lo hace con lo positivo. Otras unidades suelen ser difícilmente clasificables como negativas o positivas, como *blanco, mesa* o *nariz*. Son el contexto y la experiencia particular del hablante los que ejercen la influencia sobre la evaluación de estas palabras como positivas o negativas. Por lo tanto, si la construcción reduplicada está compuesta por unidades evaluativas, su función radica en reforzar el argumento introducido por estas unidades. Si, por otra parte, los constituyentes de la reduplicación son difícilmente evaluativos fuera de un determinado contexto, la misma construcción constituye un argumento:

unidades evaluativas → refuerzo del argumento
unidades no evaluativas → argumento

La cuestión que puede suscitar polémica consiste en delimitar si una unidad contiene o no rasgos de evaluación. Channell (2000) propone al respecto llevar a cabo un análisis de corpus. Según la autora, la clasificación de las unidades en evaluativas y no evaluativas puede basarse no solo en nuestra intuición, sino también en el estudio de corpus y de los diversos usos en distintos contextos. Channell advierte, además, que una unidad puede tener diferentes connotaciones dependiendo de la cultura. Por lo tanto, una palabra que en determinada sociedad presenta valores positivos, puede tener un equivalente en otra lengua que representa el significado negativo. En el presente trabajo, sin embargo, para clasificar las unidades como intrínsecamente evaluativas, aplicamos una prueba basada en la intuición, pero que nos parece suficientemente eficaz como para poder llevar a cabo el estudio: si una palabra presenta connotaciones fuertemente positivas o subjetivas fuera de contexto, la clasificamos como evaluativa. Tal es el caso, por ejemplo, de numerosos adjetivos como *fatal* o *guapo* que, salvo contextos irónicos, siempre se asocian a lo negativo, el primero, y lo positivo, el segundo. Si, por otra parte, careciendo de contexto no podemos clasificar un término como negativo o positivo (por ejemplo, *alto* o *piedra*), lo incluimos dentro del conjunto de los lexemas de significado no evaluativo. Esta prueba, tal como advierte Channell, no nos deja sin incertidumbres: dudoso puede ser el caso del adjetivo *viejo*. Por una parte, *viejo* se refiere a una característica de las cosas que no necesariamente es positiva o negativa. La expresión *un reloj viejo* puede ser tanto positiva (si se trata de un reloj antiguo de mucho valor) como negativa (si se trata de un reloj que por su edad dejó de funcionar). Si nos referimos a las personas, la expresión *viejo* posee nociones de evaluación negativa (por eso, en vez de *viejo* se suele utilizar el adjetivo *mayor* refiriéndose a los ancianos). En relación con el sustantivo *amigo*, sin embargo, el adjetivo *viejo* adquiere valor positivo porque hace referencia a unas personas que se conocen y aprecian desde hace mucho tiempo. Con el objetivo de marcar esta incertidumbre, dividimos las unidades que forman parte de las construcciones reduplicadas en tres grupos:

- fuertemente evaluativos: tipo *miseria, ideal, brutto* o *perfetto*;
- de significado medio neutro (provocan algunas connotaciones, pero no son tan fuertes): como *vacaciones, amigos* o *tranquillo*;
- de significado neutro: como *pintura, mese* o *bianco*.

4.4.2.1 La reduplicación como refuerzo del argumento

El primer caso que se somete a nuestro estudio lo constituye la reduplicación que refuerza un argumento en secuencias argumentativas. En este caso estamos ante unidades de significado fuertemente evaluativo, esto es, que entraña una evaluación positiva o negativa. El significado de estas unidades, sustantivos o adjetivos, ya en sí constituye un argumento porque apoya la conclusión a la que se espera que llegue el receptor del enunciado. Por lo tanto, la noción de evaluación se manifiesta en la semántica de la unidad reduplicada. La función que desempeña la reduplicación consiste en reforzar este argumento, dotándolo de mayor fuerza argumentativa. Como advierten Fuentes y Alcaide (2002: 55–63), los argumentos poseen diferente fuerza que viene indicada mediante varios factores, como:

- el uso de determinados conectores (por ejemplo, *pero* introduce la información más relevante),
- la acumulatio: la acumulación de los argumentos,
- el significado léxico: unos lexemas poseen más fuerza que otros (por ejemplo, *magnífica* transmite mayor fuerza que *buena*),
- la reiteración: cuando se repite un mismo argumento parece adquirir más fuerza,
- el uso de elementos modales de reafirmación (como *claro, por supuesto, desde luego*).

En el presente trabajo añadimos otros mecanismos que refuerzan los argumentos, esto es, la reduplicación léxica. Creemos que al reduplicar los sustantivos o adjetivos indicando así su prototipicidad, se refuerzan los argumentos introducidos por las unidades que forman parte de la construcción reduplicada. Tal es el caso de las secuencias que presentamos a continuación. Son secuencias argumentativas en las que uno de los argumentos viene expresado por un sustantivo o un adjetivo de significado fuertemente evaluativo y reforzado mediante la reduplicación.

(56) *A ver. Mu muchos de los que estuvieran arrimados a A ver. Claro, yo no sé tal, pero en mi casa mi madre era una esclavita, que mi madre la pobre Pero es que pero es que eso era antes y es ahora. también. Bueno, pero* ***hambre hambre****... el hambre hay que dividirla entre Pero yo me refiero a otro hambre ya. Antes era hambre de esto Hambre. Sí. pero ahora es hambre de lo otro Sí, bueno, pues que hay unos que se llevan más que otros. Hombre, eso eso Sí, sí. Eso*
(CREA, Conversación 10, Universidad de Alcalá de Henares)

(57) *0274 A: perdona/¿qué se gana↑?/cada persona que entra→/un euro // pero es que ti- no tiene sueldo base si una pesona si esa noche está trabajando cuatro horas repartiendo flayers* cuatro horas // y solo entran quince personas↑ ¡solo gana quince euros! me parece un RROBO*
0275 C: ¡una miseria!
0276 A: ***miseria miseria*** *// ¡le falta pagar a ella por ir!*
(Val.Es.Co 2.0)

(58) *Valladolid me gustó bastante, me gustó muchísimo, y eso que pasamos de íbamos de paso en el autocar, pero me gustó mucho, lo encuentro mucho más moderno y esto, y luego nos fuimos después de León, de pasar cuatro días, nos fuimos a a Segovia, a un pueblecito que se llama Torreiglesias que está no sé si a cuarenta kilómetros de Segovia o así, donde está un tío de A., que es secretario, y es un pueblo que me encanta porque es ideal, tiene un o sea, por no tener no tiene ni agua. Para verano. No tiene ni agua en las casas, pero es* ***ideal ideal****, tiene unos paisajes preciosos, es yo lo encuentro grandioso, es es muy bonito, tiene unos unos alrededores*
(CREA, MA-3. Mujer de 25 años. Ha estudiado la carrera de piano y canto)

(59) *436 L: [yo también pienso que la– la religión] es*
437 importante↑ peroo tú te la– la puedes entender de una forma
438 o de otra/// ¿sabes?§
*439 E: § él es/***tranqui tranqui**
440 L: mm
(Val.Es. Co, p. 92)

(60) *hab1 bueno <pausa/> pero esa <pausa/> dice que no le quieren nada bien <pausa/> es una que es coja <pausa_larga/>*
hab1 y dice que es malísima <pausa/>
hab2 una borde
hab1 <alargamiento>uf</alargamiento><pausa/> dice que es ***malísima malísima*** *<pausa_larga/>*
hab1 y entonces mi hija <pausa_larga/>
(ESLORA)

(61) *– E' a Milano, mentre a Porto c' è Graham Pool, che è quello ...*
– Sì, norvegese non l' ho mai ... mai avuto io.
– No?
– No, io dicevo Pool hai avuto già quest' anno.
– Sì, Pool sì, sì.
– Molto bravo, questo è ***bravo bravo****, specialmente fuori casa è tosto, quindi sono ...*
– Eh, va bene.
(PEC)

(62) *– Le spagnole non sono il mio tipo.*
– No, sono belline, non sono brutte, dai, nella media non sono granché, ma qualcuna è proprio ***carina carina****, eh, dai*
(PEC)

(63) *dalla guerra* ***bellissimo bellissimo*** *quel film stupendo*
(PEC)

(64) *e allora andiamo mi' nonni ci hanno un giro sì che di solito così mio nonno era di Porto Cesareo mia nonna era di a Bari mio padre pure lui mio padre è nato a Bari è leccese cioè del mio paese non è che però è nato a Bari perché mio nonno era maresciallo di*

marina e stava a Bari quindi è nato a Bari non è che Bari è una bella città sì sì devo andarci mo' sì ma devo andarci ultimamente è ***bella bella*** *io sono andato una sola volta la parte l' hanno rovinato poi c' è il centro che è bello e la stazione è bella pure eh là vicino ci sono centro centro commerciale eh fa la metropolitana è di un milione e mezzo di abitanti è cazzo quella di Bari Bari è ricca pure sai?*
(PEC)

La estructura argumentativa de estas secuencias está presentada en la tabla siguiente:

	Conclusión	**Argumento reforzado mediante la reduplicación**
Ejemplo (56) ***hambre hambre***	No se pueden comparar los problemas del pasado con los problemas actuales.	Antes había hambre de verdad, hoy no se conoce un hambre verdadera.
Ejemplo (57) ***miseria miseria***	Hay muchos trabajos en los que se gana demasiado poco.	El sueldo de las personas que reparten flayers es un ejemplo de sueldo muy bajo.
Ejemplo (58) ***ideal ideal***	El pueblo Torreiglesias le gusta mucho al hablante.	Torreiglesias tiene todas las ventajas que le parecen importantes al hablante.
Ejemplo (59) ***tranqui tranqui***	La persona de la que se habla es muy religiosa, pero no impone su religión a otras personas.	Es una persona que no discute sobre religión, acepta a otra gente que no es religiosa.
Ejemplo (60) ***malísima malísima***	La persona de la que se habla es una mala persona.	Es muy mala.
Ejemplo (61) ***bravo bravo***	Se aprecia la persona de Graham Pool.	Tiene mucho talento.
Ejemplo (62) ***carina carina***	Las españolas le gustan al hablante.	Algunas de ellas son atractivas.
Ejemplo (63) ***bellissimo bellissimo***	Es una buena película.	Le parece muy buena.
Ejemplo (64) ***bella bella***	Bari es una ciudad bonita.	Es de verdad bonita.

La estructura argumentativa en los ejemplos examinados presenta ciertas peculiaridades. Primero, en el caso de *ideal ideal*, la reduplicación está precedida por los contrargumentos: se enumeran los puntos débiles del pueblo de Torreiglesias. Estos contrargumentos vienen contrastados mediante la reduplicación que se convierte en el argumento más fuerte de la argumentación y apoya la conclusión final. En cuanto al ejemplo (57), la reduplicación *miseria miseria* constituye una repetición ecoica de las palabras del interlocutor (es el participante C quien primero introduce el término *miseria*). El hablante A, por lo tanto, toma prestado el argumento de su interlocutor y lo refuerza mediante la reduplicación.

También los ejemplos (60), (63) y (64) merecen un breve comentario. En estos casos los argumentos aportados en general coinciden con la conclusión. Como argumento se introduce, por lo tanto, un juicio personal reforzado mediante la reduplicación. Este procedimiento parece bastante frecuente en las conversaciones cotidianas, en contraste con otros tipos de texto. En los discursos científicos, publicitarios, políticos, etc. se esperan del autor unos argumentos bien fundamentados que apoyen la conclusión propuesta. En las conversaciones coloquiales, no se requieren este tipo de argumentos, los hablantes pueden expresar lo que piensan sin explicarlo dando razones fiables e irrefutables. Por eso, es la misma reduplicación la que se presenta como esencial para la estructura argumentativa: al subrayar que una persona es malísima de verdad, la película buena de verdad y Bari bonita de verdad se aportan al mismo tiempo argumentos que, aunque tienen una base poco sólida, se caracterizan por una gran fuerza argumentativa.

4.4.2.2 La reduplicación como argumento

El segundo grupo está compuesto por construcciones reduplicadas cuyas bases no tienen carácter ni negativo ni positivo: son unidades de significado neutro a las que es posible atribuir un determinado juicio. En este caso el mecanismo de la reduplicación no refuerza un argumento aportado por el significado del sustantivo o adjetivo, sino que constituye en sí mismo un argumento. Esto es, la prototipicidad de algo forma parte del conjunto de los argumentos que apoyan cierta conclusión de la siguiente manera:

Argumento: 'X de verdad'= evaluación positiva o negativa
Topos: se puede evaluar la prototipicidad como algo positivo o negativo

Para que la prototipicidad constituya un argumento, se necesita reconocer la posibilidad de evaluarla positiva o negativamente. Por lo tanto, lo que dota el referente de la interpretación evaluativa es la noción 'de verdad' implicada por la reduplicación.

(65) *¿Qué significa para ti la pintura? De empezar a estudiar, me dedicaría exclusivamente a la pintura. Y ¿tienes preferencia por algún tipo de pintura concreta? Sí. Aunque sea muy antigua mi posición, pero no me gusta la pintura abstracta, me gusta la* ***pintura pintura****, o sea, en el sentido de que prefiero, o sea, de que sea figurativa, sea, exclusivamente figurativa.* (CREA, SE-14. Mujer de 60. Profesora de instituto)

(66) *hab2 sí además muchas veces estos <pausa/> columnistas <pausa/> por ejemplo de opinión*
<pausa/> no <énfasis_inicio/>siempre<énfasis_fin/> tienen una formación de periodista <pausa/>
de hecho muchísimas veces no la tienen <pausa/>
hab1 no no no eh <vacilación/> <pausa/> es <silencio/>
hab1 ejemplo casos de ***periodistas periodistas*** *que <alargamiento>son</alargamiento> <pausa_larga/>*
hab1 buenos columnistas o supuestamente buenos columnistas o <palabra_cortada>columnis</palabra_cortada> <pausa/> columnistas <palabra_cortada>es</palabra_cortada> estrellas tenemos a Manolo Rivas probablemente <pausa/>
que sí fue <pausa_larga/>
(ESLORA)

(67) *hab1 yo en eso sí que me doy cuenta eh que <alargamiento>no</alargamiento> <pausa_larga/>*
hab1 "los tienen muy no sé es eso <pausa/> muy consentidos si es que <pausa/> eh tú dices que no pero después <pausa/> siempre cedes <ruido tipo=""golpe""/> <pausa/> entonces los niños pues también se quedan así un <alargamiento>poco</alargamiento> <pausa_larga/>"
hab2 claro <pausa/> así salen después
hab1 después hay muchos problemas por culpa de eso porque si ya de ***niño niño*** *tú le consientes todo <silencio/>*
hab1 "cuando sea un adolescente ¿qué? <pausa/> <ruido tipo=""golpe""/> <pausa_larga/>"
hab2 sí
hab2 mhm <pausa/> sí
(ESLORA)

(68) *H5: Lo que estoy yo pensando que si se compra una tela así, mira, ¿ves esto? Es jaspeada pero como es suave sí que combina con flores.*
H3: También, sí. Claro, aunque no sea ***liso, liso****. Tienes razón.*
(CORLEC)

(69) *Yo voy por la Castellana y veo unos gorriones que están picoteando y viéndolos" bueno, pues, ese animalito,* ***trabajo trabajo****, lo que la gente llama trabajo puede que no tenga mucho. Nada de "ganarás el pan con el sudor de tu frente". No hay sudor, pero es una joya.*
(CREA, MA-11. Hombre de 69 años. Taxidermista)

(70) *questo concetto che è quello che gli integrativi debbono avere un costo zero anche se eh teoricamente anche se in termini in passato abbiamo determinato in termini* ***teorici teorici*** *il costo zero però lo dobbiamo fare allora*
(PEC)

(71) *io ho deciso che però che periodo avevi Alessandro che questo lavoro spetta a me mi sento già tanto i rimbrotti di fare il* ***lavoro lavoro*** *e quindi faccio la vita anch' io* (PEC)

(72) *Simonica era allucinante cioè troppo come teorica a parte il fatto che cioè che non si capiva un cazzo sicuramente che c' era scritto cioè non capi_ cioè tu leggevi ma che cazzo stai dicendo non riuscivi a capire le frasi c' era un capitolo allucinante no e poi dopo non riuscivi a capire il senso no ma il fatto è che lei ha detto eh Simonicca poi mi sa che abbastanza lungo no quel libro* **lungo lungo** *e poi era del Maricò ha fatto la tesi con Simonicca una ragazza siciliana che fa la specialistica qui a Perugia chi Maricò* (PEC)

La estructura argumentativa se presenta en la tabla siguiente:

	Conclusión	**Argumento aportado mediante la reduplicación**
Ejemplo (65) ***pintura pintura***	La pintura figurativa es mejor que la abstracta.	La pintura verdadera es la figurativa.
Ejemplo (66) ***periodistas periodistas***	Para ser un buen periodista no se necesita una formación específica.	Algunos de los verdaderos periodistas no tienen formación específica.
Ejemplo (67) ***niño niño***	No se debe consentir demasiado a los niños.	Si se les consiente demasiado cuando son muy pequeños, luego no tienen buenos modales.
Ejemplo (68) ***liso liso***	La tela combina con las flores.	Que no sea verdaderamente lisa no impide que combine con las flores.
Ejemplo (69) ***trabajo trabajo***	Los gorriones le gustan al hablante.	Que no tengan un trabajo verdadero no les impide ser preciosos.
Ejemplo (70) ***teorici teorici***	Hay que contar el coste cero.	Antes se hizo de modo verdaderamente teórico y funcionó.
Ejemplo (71) ***lavoro lavoro***	Aparte del trabajo, está también la vida.	Le reprocharon verdaderamente que trabajaba demasiado.
Ejemplo (72) ***lungo lungo***	*Simonica* es un buen libro, pero difícil.	Es verdaderamente largo.

La reduplicación se refiere a la prototipicidad evaluada positiva o negativamente y así, introduce un argumento a favor de la conclusión defendida. Reconocemos la naturaleza de esta evaluación a partir del contexto, especialmente el vínculo lógico entre el argumento y la conclusión. Por ejemplo, si en (65) el hablante presenta su opinión acerca de la pintura, la prototipicidad de la pintura constituye un aspecto positivo. Si, por otra parte, en (71), el hablante argumenta el porqué se decidió a dejar de trabajar tanto, la construcción *lavoro lavoro* que indica un 'trabajo de verdad' obtiene una evaluación negativa.

Como ya hemos advertido, existen unidades cuyo significado no se presenta como fuertemente subjetivo, pero tampoco podemos clasificarlo como neutro. De ahí surge la pregunta: ¿cuál es el significado pragmático que aportan? Creemos que este tipo de construcciones puede desempeñar tanto la función de argumento como de refuerzo del argumento, dependiendo del contexto en el que se encuentre. El valor de argumento lo encontramos en los fragmentos siguientes:

(73) *Ahora no hay señorío. Antes había señorío. Iba uno a un sitio y veía uno a los **señores señores**, vestidos bien, con sus iba siempre todo el mundo con su americana, con su corbata. ¡Nadie iba como van ahora! Y además, con chaleco, sombrero Los chalecos, y el sombrero, y y, vamos, era otra cosa completamente distinta como debía ser el señorío, eran señores. Ahora ya no hay señores. Ahora todo el mundo es igual.*
(CREA, MA-13. Mujer de 76 años. Estudios de cultura general)

(74) *Todo en la vida ahora es masivo y no podemos extrañarnos de que también sea masiva la universidad. No podemos lamentarnos, claro. Yo estudié en una época en que todos los alumnos, todos los compañeros éramos eso, **compañeros compañeros** y amigos. Por supuesto éramos también amigos de los profesores.*
(CREA, SE-13. Mujer de 62 años. Profesora de escuela universitaria)

(75) *H1:...tan así, tan...*
*H2:Que es **calladito, calladito**.*
H1:Claro.
H2:Y él no... se atreve a decir si no lo entiende o si nada.
(CORLEC)

Se consideran estas unidades como medio neutras porque aportan ciertas connotaciones, no obstante, la evaluación que suponen puede ser fácilmente modificada según el contexto. El sustantivo *señores* se relaciona con la clase alta de la sociedad (algo positivo), pero puede ser interpretado también negativamente (por la desigualdad que supone). *Compañeros* es un término en general neutro que denota un cierto tipo de relaciones interpersonales, pero se suele considerar positivo. *Calladito*, por otra parte, cuando se refiere a las personas suele ser un aspecto positivo, a pesar de las situaciones en las que alguien pueda ser demasiado callado o demasiado tímido. En estos tres ejemplos, la reduplicación refuerza el argumento que aporta el significado de las unidades, tal como ocurre en el caso de los sustantivos o adjetivos con connotaciones fuertemente evaluativas.

La reduplicación en función de argumento la observamos en los casos siguientes:

(76) *Hacía muchos años que no estaba en San Sebastián, y entonces, me ha gustado mucho, aparte de la lluvia, que me he mojado muchísimo, de de verlo, el gusto, la distinción de las de las chicas, de las mujeres de San Sebastián. Precisamente, iban a la moda pero no, no esa moda de Torremolinos, ni de Marbella, ni de la Costa del Sol. Aunque no tuvieran dinero, iban muy elegantes, muy vestidas, muy distinguidas y a la moda. Pero tenían una cosa distinta a lo que es la* ***moda moda****. ¿Me explico?*
(CREA, MA-8. Mujer de 36 años. Auxiliar de investigación del CSIC)

(77) *hab1 "<ruido tipo=""chasquido boca""/><alargamiento>y</alargamiento> y si <alargamiento>puedo</alargamiento> evitar <pausa/> no puedo evitar hacer la comida pero ya te <alargamiento>digo</alargamiento> <pausa/> cuando nos fuimos de vacaciones <pausa/> yo era feliz porque era lo de estar en la piscina o <pausa/> o por ahí paseando <alargamiento>hasta</alargamiento> las tantas <pausa/> y llegar y tener la comida hecha <pausa/> para mí eso <pausa/> parece una tontería pero era un lujo eh <pausa/>"*
hab2 sí
hab1 para mí fueron ***vacaciones vacaciones*** *<pausa_larga/>*
hab2 claro <pausa/> es que <alargamiento>no</alargamiento> <pausa/> la mayoría no le damos su mérito <ininteligible/> hacemos cualquier cosa
(ESLORA)

(78) *Sí, pero vamos, en ese sentido como lo de Alcalandia es es lo que se hace bueno eso lo hace muchísima gente ¿no? y bueno, digamos que eso son actividades dirigidas a niños ¿no? Y niños, bueno, pues sí, o sea ahora mismo, yo que sé, en verano las campañas de verano que se lleva pues a al año se mueven en el verano se mueven tres mil, cuatro mil, cinco mil niños, muchísimos ¿no? Y eso sí, eso sí funciona, ¿no? Lo lo más difícil es los* ***jóvenes jóvenes*** *ya a partir de de diec quince años, dieciséis años, ya hombre, lo de Alcalandia, y todo actividades de ese tipo hay muchísimas ¿no? y es hasta quince años. Entonces, lo lo difícil es después, ¿no?, digamos claro es que eso está muy mal entendido, ¿no?*
(CREA, Conversación 14, Universidad de Alcalá de Henares)

(79) *comunque sono stata molto contenta ieri dell' avvocato è un ragazzo* ***giovane giovanissimo*** *una persona di una serietà incredibile ha detto signora*
(PEC)

Todas las unidades que forman parte de las construcciones expuestas, esto es, *moda, vacaciones, jóvenes* o *giovane*, denominan un elemento o una característica que, aunque en principio sirven para describir y no evaluar el mundo, conllevan ciertas connotaciones positivas. En estos casos tal como ocurre con las unidades de significado neutro, el hecho de presentarlas como prototípicas mediante la construcción reduplicada, en sí constituye un argumento a favor de la conclusión defendida.

Hemos observado que, entre los ejemplos italianos, la mayoría de las unidades reduplicadas conlleva un significado fuertemente evaluativo. Se pueden encontrar sustantivos o adjetivos completamente neutros o medio neutros, no obstante, constituyen casos aislados. Esto nos lleva a la conclusión de que en italiano existe la tendencia a reduplicar unidades de significado evaluativo y reforzar así su significado subjetivo.

4.4.2.3 Las secuencias argumentativas – la atenuación

A lo largo del presente estudio defendemos la tesis según la cual la reduplicación supone la intensificación de la (inter)subjetividad. Al analizar los corpus de reduplicaciones de sustantivos y adjetivos, hemos notado que la reduplicación en las secuencias argumentativas puede desempeñar un papel importante en el proceso de atenuar el enunciado. El concepto de la atenuación está estrechamente vinculado a la intensificación y, aunque se consideran dos estrategias opuestas, comparten algunas propiedades (sobre las diferentes propuestas interpretativas del concepto de atenuación, véase Schneider, 2013, 2017). En nuestro trabajo, a partir de los ejemplos de reduplicación léxica, vamos a demostrar que la atenuación no solo puede coexistir con la intensificación, sino también favorecer cierto tipo de intensificación. Antes de explicar nuestra propuesta, conviene presentar en qué consiste el mecanismo de la atenuación.

En el ámbito español, el concepto de atenuación constituye uno de los objetos de estudio del grupo de investigación Val.Es.Co de la Universidad de Valencia. Briz (1995: 106) propone la siguiente definición: "La atenuación, como también la intensificación, supone, desde el punto de vista formal, un incremento gramatical y léxico de una base neutra y, en sentido retórico, una perífrasis o circunloquio, un rodeo expresivo, en el caso de los atenuadores, hábil y, en el caso de los intensificadores, enérgico de la expresión ante un interlocutor." Para Briz, la atenuación es una estrategia pragmática que se puede realizar mediante diversos recursos lingüísticos. El mismo autor distingue dos tipos de atenuación (1995: 108–110):

- del decir: se atenúan bien la fuerza ilocutiva de un acto, o bien los participantes de la enunciación (nivel de la enunciación),
- de lo dicho: se atenúa el contenido proposicional y conceptual (nivel del enunciado).

Lo que se puede atenuar, por lo tanto, son tanto los elementos contextuales como el significado de las unidades empleadas. Al decir, por ejemplo, *¿Me podrías prestar este libro?* la expresión *me podrías* atenúa la fuerza ilocutiva. De este modo, se suaviza la intención del hablante, el acto de habla parece menos invasivo. Sin embargo, al decir *es un poco aburrido,* lo que se atenúa es el significado del adverbio *aburrido* (se intenta suavizar su connotación negativa). Hay que recordar, no obstante, que detrás de la atenuación semántica se suele hallar una motivación pragmática. Esto es, se atenúa el contenido proposicional con alguna intención comunicativa o interactiva. De este modo, la atenuación semántica tiene también sus repercusiones pragmáticas.

La atenuación puede ser de diferente índole. Albelda y Cestero (2011: 16) enumeran las siguientes motivaciones por las que los hablantes recurren a la atenuación:

- minimizar o difuminar la cantidad o cualidad de lo dicho,
- rebajar la aserción expresándola en forma de duda o de incertidumbre,
- desfocalizar los elementos de la enunciación personal o temporal,
- acotar o restringir lo dicho (la opinión, la aserción, la petición),
- justificar,
- corregir o reparar,
- realizar concesiones,
- implicar al tú en lo dicho por el hablante,
- formular actos directivos de forma indirecta.

Todas estas razones suelen ser atribuidas a la noción de cortesía verbal. En otras palabras, el hecho de suavizar algún elemento de la enunciación se percibe como muestra de cortesía verbal. De hecho, en numerosas ocasiones la atenuación apoya los efectos de la cortesía. Por ejemplo, el uso del condicional en vez del imperativo (*me ayudarías* en vez de *ayúdame*) se puede considerar una estrategia de atenuación que realiza la función pragmática de cortesía. No obstante, no podemos afirmar que la atenuación equivale a la cortesía y la intensificación a la descortesía. Como sostenemos en el presente trabajo, aunque, efectivamente, la atenuación puede ser asociada a la cortesía, esto no significa que el mecanismo opuesto, la intensificación, sea necesariamente descortés. Esto depende de numerosos factores situacionales que no siempre confirman la correspondencia mencionada.

Hay que recordar, además, que los mismos recursos lingüísticos pueden funcionar como elementos de atenuación o de intensificación, dependiendo del contexto. El morfema diminutivo *-ito*, por ejemplo, puede desempeñar ambas funciones:

- de atenuación, cuando se suavizan las connotaciones negativas, por ejemplo en *me molestas un poquito*,
- de intensificación, cuando se refuerza la relación de proximidad entre los hablante, utilizando este morfema como muestra de afecto o de familiaridad, por ejemplo en *echamos una siestecita*.

Por lo tanto, existen casos en los que un mismo recurso lingüístico puede desempeñar el papel de atenuador o de intensificador. De hecho, el objeto del presente trabajo, la reduplicación léxica, aunque, en general, considerado un mecanismo de intensificación, en algunos contextos posee fuerza atenuadora, lo que demostramos en el presente capítulo.

El hecho de reconocer la atenuación puede causar varios problemas. Por eso, diferentes autores proporcionan un esquema metodológico que se debe seguir para poder detectar las estructuras de atenuación. Briz y Albelda proponen un modelo de reconocimiento de la atenuación basado en la siguiente definición del concepto (2013: 292): "La atenuación es una *categoría pragmática* en tanto mecanismo estratégico y táctico (por tanto, intencional), que tiene que ver con la efectividad y la eficacia del discurso, con el logro de los fines en la interacción, además de tratarse de una función solo determinable contextualmente."

Los autores proponen dividir la estrategia de la atenuación en tres elementos (2013: 301):

- elemento causante o desencadenante: el contexto que propicia la atenuación,
- elemento o segmento atenuante: el recurso de atenuación,
- elemento o segmento atenuado: afectado por la atenuación.

En ocasiones, el segmento atenuado y el causante son los mismos (pero no siempre es así). Briz y Albelda, entre otros, analizan el ejemplo siguiente:

(80) A: vendrán Luis y Ana a la fiesta.

B: Con ellos te lo pases bueno te lo puedes pasar muy bien.

En este fragmento, el elemento que desencadena la atenuación es el segmento *con ellos te lo pasas*. Esta parte del enunciado provoca la necesidad de introducir la estrategia de atenuación y, además, viene atenuada por *bueno te lo puedes pasar muy bien* que desempeña el papel del atenuante. Este es el modelo que aplicamos en el presente análisis para explicar el funcionamiento de la reduplicación léxica como mecanismo de la estrategia atenuadora.

Al analizar los corpus, hemos notado que la reduplicación léxica del tipo [XX] en que X es un adjetivo o un sustantivo puede funcionar como elemento de la estrategia atenuadora. La reduplicación tiene que formar parte de una construcción específica, esto es, localizarse en un entorno concreto. Creemos, sin embargo, que el hecho de poseer rasgos de atenuación no contradice nuestra teoría principal, según la cual la reduplicación de una unidad dentro de un sintagma provoca la intensificación de la (inter)subjetividad. A nuestro juicio, al atenuar ciertos elementos mediante la reduplicación léxica, se intensifica el punto de vista subjetivo del hablante y su relación con el interlocutor (en el plano intersubjetivo), según el esquema:

Negación de [XX] → Atenuación de INFO 1 → Intensificación de la (inter)subjetividad

Por lo tanto, al negar la construcción reduplicada se atenúa cierta información (posiblemente desagradable) que se quiere transmitir y así se intensifica la (inter)subjetividad. Con el objetivo de comprobar este esquema, proponemos una serie de ejemplos italianos y españoles (hemos encontrado más ejemplos italianos que españoles de este fenómeno, lo que se puede deber a la especificidad de los corpus, o bien a la tendencia italiana de marcar mediante la reduplicación la atenuación con mayor frecuencia que en español):

(81) *E: ma no veramenle Vespa*
B: ***Vespa Vespa non è*** *penso che è un omone ahah Vespa*
A: no Vespa era era terrificante quando ha fatto la_ l'intervista era pallido pallido non si era messo il cerone per cui aveva tutti i nei tutti i nei qua
(VoLIP)

(82) *sfruttare la sua bellezza che poi non è in realtà bell' uomo non è poi tanto bellezza beh insomma affascinante affascinante però* **bello bello** *non lo è e allora lo adorano a me*
(PEC)

(83) *A: ma guarda io penso che io quest'anno sò stato a Ischia no? e pure là pure* ***non è che era pulita pulita*** *o era quella giornata <??*
(VoLIP)

(84) *aspetta sono soltanto queste le differenze tra novella e fiaba sentiamo eh Barbara eh eh nella novella il protagonista* ***non è forte forte*** *allora nella novella il protagonista è l' uomo con con tutte le sue le sue esperienze tutte le sue i suoi sentimenti i suoi comportamenti*
(PEC)

(85) *Yo voy por la Castellana y veo unos gorriones que están picoteando y viéndolos" bueno, pues, ese animalito,* ***trabajo trabajo,*** *lo que la gente llama trabajo puede que no tenga mucho. Nada de "ganarás el pan con el sudor de tu frente". No hay sudor, pero es una joya.*
(CREA, MA-11. Hombre de 69 años. Taxidermista)

(86) *Bueno, la verdad es que las vacaciones de Navidad a mí se me han hecho cortísimas, porque, bueno, la gente siempre dice: bueno, vosotros tenéis quince días ahí de vacaciones y tal, pero realmente no llegan a nada. Y es que tienes tantas fiestas y tantas cosas que hacer y ves a tanta gente, a tu familia, que vive lejos y tal, y te pasan tantas cosas que se te pasa el tiempo volando y no sé, sí, no me llegan a nada realmente. Sí, a mí me pasa lo mismo. Además, que ves a tu familia y eso, siempre es agradable. Son unas fiestas que realmente son a mí me gustan. Hombre, yo qué sé, las vacaciones del verano, pues, también están bien, pero las navidades no son unas* ***vacaciones, vacaciones****. No, es más bien un tiempo para estar con la familia y ver a los amigos y todo eso, ¿no? Sí, las navidades son más cortas que el verano, pero hay tantos acontecimientos importantes que se hacen cortas. Sí, son realmente son intensas.*
(CREA, Entrevista CSC007, mujer, 24 años)

(87) *H5:Lo que estoy yo pensando que si se compra una tela así, mira, ¿ves esto? Es jaspeada pero como es suave sí que combina con flores.*
H3: También, sí. Claro, aunque no sea ***liso, liso****. Tienes razón.*
(CORLEC)

El funcionamiento de la reduplicación léxica como mecanismo de atenuación lo explica la tabla siguiente:

	Conclusión	**Argumento atenuado**	**Objetivo (inter)subjetivo**
Ejemplo (81) ***Vespa Vespa***	La moto de la que hablan no es una Vespa.	Es una moto diferente de la Vespa.	No imponer su juicio al otro interlocutor.
Ejemplo (82) ***bello bello***	El hombre del que se habla no es guapo (pero tiene otras cualidades positivas).	El hombre es feo.	Resaltar su punto de vista.
Ejemplo (83) ***pulita pulita***	En Ischia hay mucha suciedad.	Cuando el hablante la visitó, no era sucia.	Resaltar su punto de vista.
Ejemplo (84) ***forte forte***	Hay diferencia entre la novela y el cuento.	En la novela el protagonista es débil.	Resaltar su punto de vista.
Ejemplo (85) ***trabajo trabajo***	Los gorriones son unos pájaros preciosos.	No trabajan, pero esto no les impide ser preciosos.	Resaltar su punto de vista.
Ejemplo (86) ***vacaciones vacaciones***	Le gustan las Navidades.	No son vacaciones.	No imponer su punto de vista al otro interlocutor.
Ejemplo (87) ***liso liso***	La tela jaspeada combina con otros tipos de tela.	Tiene estampados.	Mostrar acuerdo con el interlocutor.

La reduplicación léxica en función atenuadora actúa de la manera siguiente: primero, no transmite una información directa, sino de modo más suave, porque consiste en negar la prototipicidad de algo sin acudir al término concreto. Por eso, en vez de decir *sporca* se utiliza la construcción *non pulita pulita*, en vez de *feo*, *non bello bello*, o bien en vez de *estampado*, *no liso liso*. En los contextos presentados, la connotación de los conceptos atenuados tiene carácter negativo. Esto es, la calidad de ser sucio, feo o estampado se presenta como un rasgo negativo. Por lo tanto, se atenúa dicha calidad negando la construcción reduplicada lo que puede tener una interpretación menos tajante. El hecho de ser de una belleza verdadera desde el punto de vista de la lógica no equivale a ser feo: entre bonito y feo hay infinitos niveles intermedios. Sin embargo, desde la perspectiva de la estructura argumentativa, parece que los argumentos que se transmiten mediante la reduplicación conllevan una fuerte carga evaluativa. Esto significa, por lo tanto, que la reduplicación sirve para atenuar ciertas informaciones que en su versión original resultan demasiado directas.

Desde el punto de vista de la pragmática, conviene explicar la razón por la que los hablantes recurren a la atenuación mediante reduplicación. A nuestro juicio, de este modo, se intensifican dos funciones pragmáticas: la subjetividad y la intersubjetividad. La primera radica en resaltar su propio punto de vista: tal es el caso, por ejemplo, en (83). El hablante quiere transmitir su opinión acerca de la suciedad en Ischia, por eso, recurre a la reduplicación *non pulita pulita*. De este modo, hace hincapié en el concepto clave de dos maneras:

- la construcción basada en la repetición suele llamar la atención de los interlocutores,
- parece que los argumentos atenuados se perciben mejor que los directos. Al decir *Ischia es sucia* el hablante se presentaría como partidario de una evaluación concreta. Mediante la atenuación manifiesta que tiene en cuenta también otras opciones, que se presenta como capaz de observar una cosa desde distintos puntos de vista (aunque, en general, toma una posición concreta).

La segunda función tiene carácter intersubjetivo y está vinculada primordialmente a la cortesía verbal. En muchas sociedades, esto incluye tanto las hispano- e italoparlantes como otras comunidades europeas, el hecho de manifestar opiniones demasiado tajantes se percibe como una actitud descortés. Aunque se señala que distintas comunidades presentan diferente nivel de aceptación del comportamiento verbal más directo, las normas de cortesía suelen favorecer el uso de expresiones indirectas. Tal es el funcionamiento de las reduplicaciones negadas: sirven para transmitir ciertos argumentos, pero de modo más suave. Así, el hablante se comporta de manera cortés y puede mantener una buena relación con su interlocutor. Al no expresar una opinión tajante, evita el riesgo de ofender al interlocutor, de decir cosas que le puedan afectar de modo negativo.

Como demuestra el ejemplo de la reduplicación léxica, existe una frontera poco clara entre dos fenómenos tradicionalmente considerados como opuestos: la atenuación y la intensificación. Lo que intentamos aclarar es que al atenuar ciertos conceptos a nivel semántico, se intensifican unos valores a nivel pragmático. La atenuación, por lo tanto, puede intensificar la subjetividad (el hecho de tomar como punto de referencia la posición del emisor del enunciado), o bien la intersubjetividad (el hecho de tomar como punto de referencia la posición del interlocutor, sus necesidades o sus sentimientos). Como hemos mostrado en el capítulo 2.5., la intensificación puede ser descrita a distintos niveles de análisis, también al nivel interactivo vinculado a la relación entre el hablante y el oyente. En este caso la atenuación mediante la reduplicación léxica desempeña el papel de una de las estrategias de intensificación de los valores (inter)subjetivos.

4.4.3 Las secuencias descriptivo-argumentativas

Como hemos advertido al inicio de este capítulo, la frontera entre las secuencias de carácter descriptivo y las de carácter argumentativo puede resultar bastante borrosa. En la conversación, los hablantes utilizan la descripción para apoyar unas conclusiones o introducen la argumentación para describir unas entidades. En cuanto a las secuencias en las que aparecen las construcciones reduplicadas, también hemos detectado la tendencia a mezclar la descripción con la argumentación lo que parece tener sus propias consecuencias a nivel pragmático. Se trata especialmente de las secuencias descriptivas en las que la reduplicación tiene la finalidad intersubjetiva de **impresionar al interlocutor**. El hecho de impresionar al receptor forma parte de la estructura argumentativa del texto porque su finalidad consiste en convencer al receptor de algo (en este caso, son más bien ciertos sentimiento que argumentos de naturaleza lógica, lo que no reduce su valor argumentativo). Tal es el caso en los fragmentos siguientes:

(88) *hab1 y me dolía todo por la pierna bueno <pausa/> como si te tiraran <pausa_larga/>*
hab1 y un dolor que a veces incluso estaba haciendo las comunidades y me empezaba ***dolor dolor*** *que no podía <pausa/> y me tenía que ir a acostar un poco al coche <pausa/>*
hab2 ¡caray! <pausa_larga/>
(ESLORA)

(89) *O sea, que no las han quitado. Y además, hay iglesias con culto. Desde luego yo asistí pues a una iglesia, además, en un barrio donde estaba la universidad, que es un barrio un poco no, no en el centro, y una iglesia ortodoxa y y un domingo y estaba* ***llena llena*** *de gente, por completo, ¿no?*
(CREA, MA-5. Hombre de 42 años. Biólogo)

(90) *hab1 y eso me gusta mucho <pausa/> la montaña me flipa me encanta andar por la montaña <pausa/> y subir <pausa/> <alargamiento>subir</alargamiento> <pausa/> nunca me he subido más <palabra_cortada>al</palabra_cortada> <palabra_cortada>mo</palabra_cortada> he subido un poco más de tres mil pero bueno siempre he estado ahí <pausa/> me gusta subir ahí montañas <pausa/> está guay <pausa/> no lo hago todo lo que me gustaría <pausa/> este verano sí estuve en los Alpes y en los Pirineos <pausa/> y es porque este verano me cogí <énfasis_inicio/>vacaciones<énfasis_fin/> que llevaba cuatro años sin* ***vacaciones vacaciones*** *<risa/> <pausa/> y me fui a Bosnia <risa/>*
(ESLORA)

(91) *so' stato abbastanza ah certo bene no se se il tempo non è stato brutto però t' ho detto* ***freddissimo freddissimo*** *insomma mamma mia poi là è un pò una mezza collina montagna*
(PEC)

En estos fragmentos de naturaleza en principio descriptiva, la reduplicación introduce el elemento argumentativo, esto es, la finalidad de impresionar al interlocutor. Las funciones descriptivas y las argumentativas las describe la tabla siguiente:

	Función descriptiva	Función argumentativa
Ejemplo (88) ***dolor dolor***	La descripción de una enfermedad.	Impresionar sobre la fuerza del dolor. Conclusión: el hablante es capaz de resistir mucho dolor
Ejemplo (89) ***llena llena***	La descripción de una iglesia.	Impresionar sobre la cantidad de gente en la iglesia. Conclusión: Hay iglesias a las que acude mucha gente.
Ejemplo (90) ***vacaciones vacaciones***	La descripción de las vacaciones.	Impresionar sobre el largo tiempo que ha pasado desde las últimas vacaciones. Conclusión: el hablante tiene poco tiempo para vacaciones
Ejemplo (91) ***freddissimo freddissimo***	La descripción del tiempo.	Impresionar sobre las temperaturas. Conclusión: la excursión en la que tomó parte el interlocutor era muy difícil.

En estos casos resulta complicado determinar si la secuencia tiene carácter más descriptivo o más argumentativo. La descripción apoya la argumentación y al revés, la argumentación forma parte de la descripción. La función de la reduplicación parece ser intentar impresionar al interlocutor de modo que se revela su carácter fuertemente intersubjetivo.

4.4.4 La reduplicación en preguntas

El caso que requiere un análisis aparte es el hecho de introducir la reduplicación de adjetivos o sustantivos en preguntas. Aunque sea brevemente, conviene explicar qué es lo que se entiende por el término "pregunta".

Como subraya Stenström (1988: 304), "the question-response pair reflects the inner nature of conversation, that of (generally) cooperative verbal interaction, and constitutes perhaps the most closely tied interactive unit". La acción de preguntar, por lo tanto, es esencial para la interacción: a partir de las preguntas el hablante demuestra su interés por ciertos aspectos, mientras que, mediante las respuestas, el interlocutor le proporciona la información requerida. Stenström (1988) en su trabajo analiza la acción de preguntar desde el punto de vista de su papel en la conversación dividiéndola en tres dimensiones:

- *routine settings*: cuando la intención del hablante no radica en obtener una respuesta, sino información sobre el conocimiento del interlocutor acerca de algo (por ejemplo, en la escuela cuando el profesor pregunta *Can anyone tell me what this means?* esto no significa que no sepa el significado de una palabra, sino que quiere saber si lo saben sus alumnos);
- *routine events*: son rutinas que se realizan en las conversaciones con distintas finalidades en situaciones muy variadas. Un ejemplo de este tipo de preguntas son las rutinas al iniciar una conversación telefónica (por ejemplo, la pregunta *¿Puedo hablar con María?*);
- *non-routine settings*: son pares institucionalizados de preguntas y respuestas, como *oferta-(des)acuerdo*.

Como podemos observar, el hecho de preguntar puede tener distintas representaciones y finalidades. No obstante, la noción de "pregunta" puede parecer confusa dada su relación con otra noción muy relacionada: la interrogación. En el presente estudio nos apoyamos en el trabajo de Escandell (1998) sobre la interrogación en español en el que se explica de modo muy claro y preciso la distinción entre estas dos nociones. Como subraya la autora (1988: 10), la interrogación es un tipo de oración que puede servir como medio para expresar una pregunta. Esto es, la oración interrogativa puede manifestar una pregunta (como en *¿Cómo te llamas?*), pero también otras nociones (en la interrogación *¿puedes pasarme la sal?* en general, no se trata de preguntar, más bien de formular una petición). La autora llama la atención sobre la distinción de tres elementos que se vinculan y por eso, se suelen confundir: la actitud, el objetivo y el medio de las preguntas (1988: 436–437). Los explica mediante el ejemplo siguiente:

(92) ¿Quién es el novio de María?

La actitud: deseo de saber quién es el novio de María.
El objetivo: obtener la información deseada, en este caso, saber quién es el novio de María.
El medio: preguntar: "¿Quién es el novio de María?"

Según Escandell (1988: 437–445), para que una interrogación se convierta en una pregunta, tiene que cumplir las condiciones siguientes:

- el objetivo de la pregunta tiene que ser la obtención de información (desde esta perspectiva, lo que Stenström llama *routine events* no serían preguntas porque su objetivo es ser cortés o seguir unas reglas de interacción y no obtener información);
- el estado cognoscitivo del emisor tiene que caracterizarse por la carencia del dato requerido: si el emisor ya sabe la respuesta a la pregunta, pero la introduce con otro objetivo (por ejemplo, para asegurarse de la veracidad de algo), no estamos ante una pregunta;

- la pregunta tiene que seguir un patrón entonativo concreto, esto es: 1212↑;
- las preguntas no pueden contener ningún tipo de negación (porque de ser así, conllevan ciertas presuposiciones que contradicen el factor de la carencia del dato).

Escandell proporciona una lista de condiciones bastante rígida: muchos enunciados que pueden considerarse preguntas se excluyen de este grupo. No obstante, hemos observado que las reduplicaciones de adjetivos y sustantivos en los corpus analizados aparecen, efectivamente, en oraciones que cumplen los criterios para ser consideradas preguntas. Hemos decidido presentar esta cuestión en un capítulo aparte porque creemos que la reduplicación en preguntas se caracteriza por dos aspectos:

1) Sirve para especificar: esto es, la información que se espera obtener no concierne a la naturaleza general de un concepto, sino más bien a la **percepción específica de este concepto por parte del interlocutor**.
2) Tiene carácter fuertemente **intersubjetivo**, esto es, sirve para **establecer como punto de referencia la posición del interlocutor**.

Empezamos con el análisis de los ejemplos italianos. En cada caso, se realizan las tendencias propuestas, pero de modo diferente.

(93) *– che vuol dire **legge legge**?*
– ah ah è sempre a quelle parole
(PEC)

En este primer ejemplo, un hablante pregunta a su interlocutor sobre el significado de *legge* ('ley'). Esto no significa que no sepa qué significa *legge*, más bien le interesa qué es lo que el receptor entiende por esta palabra. Por eso, no pregunta sobre la naturaleza general del concepto de ley, sino más bien por su interpretación por parte del interlocutor. El significado semántico de esta reduplicación sería, por lo tanto, la especificación.

Desde la perspectiva de la interacción, el hecho de preguntar por la interpretación del interlocutor sitúa el punto de referencia en el receptor y no en el emisor del enunciado. Es una situación bastante peculiar, ya que solemos observar el mundo desde nuestra propia perspectiva y no desde el punto de vista de otros. No obstante, la reduplicación propicia la interpretación intersubjetiva del enunciado: el hablante recurre a la percepción del concepto en cuestión de su interlocutor. Tal procedimiento puede tener dos finalidades:

- ser cortés: se demuestra el interés por la perspectiva del receptor (por una parte, se defiende la imagen positiva del oyente, por otra, se realiza un FFA),
- entender lo que dice el interlocutor para poder seguir con éxito la interacción (proporcionar nuevos argumentos, demostrar su posición frente al asunto, etc.).

En ambos casos, la reduplicación dirige el hilo de la conversación hacia el receptor lo que es muy importante para el desarrollo de la interacción.

(94) – *io sono a Roma poi domani sono qua domani sera c' ho la festa di XYZ non so cosa regalargli*
– *che* ***festa festa****?*
– *c' è compie cinquant' anni giusti*
(PEC)

En (94), un hablante habla sobre sus planes entre los cuales se encuentra ir de fiesta. Su interlocutor quiere saber más sobre esta fiesta, por lo que le plantea una pregunta en la que utiliza una reduplicación. También en este caso, estamos ante un mecanismo de especificación: el hablante sabe el significado de *festa*, sin embargo, le interesa saber los detalles sobre esa fiesta en concreto (quién la organiza, dónde tiene lugar, etc.). Las funciones que desempeña esta reduplicación son de diversa índole:

- Se demuestra el interés por lo que cuenta el interlocutor (es una manera cortés de invitar al interlocutor a que siga con su historia).
- Se centra la conversación en un tema concreto: de este modo, se dirige la interacción hacia la cuestión de la fiesta (dejando sin comentario, por ejemplo, la cuestión del regalo). Esta función resulta indispensable en la interacción, puesto que demasiados temas sin desarrollar se parecen a un intercambio de datos de carácter formal y no a una conversación familiar.
- Se cede el turno al interlocutor: en vez de introducir su propia historia (o, por ejemplo, una opinión sobre el regalo), se anima al interlocutor a seguir con el tema (lo que también se considera un comportamiento cortés).

(95) – *con Funari bah 300 mila lire al giorno*
– ***lorde lorde*** *o nette?*
– *sì scusa un attimo solo eh ho dovuto metter su delle spine*
(PEC)

El tema del fragmento (95), lo constituye el precio de un objeto. Aunque el hablante obtiene ese dato (son 300 mil liras), no sabe si el precio es bruto o neto. Por eso, quiere especificar la información preguntando si se trata del precio *lorde* ('bruto') o *netto* ('neto'). La percepción de estos conceptos es muy limitada: son términos matemáticos (o bien, económicos) de unas interpretaciones muy estrictas. Creemos que en este caso la reduplicación de *lorde* ejerce la función de contrastar los términos mencionados. De este modo, se hace hincapié en la diferencia entre el precio bruto y el precio neto con el objetivo de obtener una información concreta.

En los corpus españoles, también se encuentran ejemplos similares:

(96) *Pues Yoli siempre nosotros la conocimos por Yoli. ¿Yoli? Sí. Pero si es Marisol. Que se llamaba de* ***nombre nombre*** *¿cómo se llamaba? Sofia. Sofia, claro es mi prima, mi prima hermana.*
(CREA, Conversación 4, Universidad de Alcalá de Henares)

En este fragmento, uno de los participantes quiere saber cuál era el nombre verdadero de una conocida. Al parecer, dicha persona se identificaba con dos nombres: uno ficticio, Marisol, y otro verdadero, Sofía. La reduplicación *nombre nombre* desempeña, por lo tanto, el papel de contrastar el nombre verdadero con el ficticio. Además, el emisor, mediante la construcción reduplicada, facilita el entendimiento de la pregunta por el interlocutor (enfatizando que se refiere al nombre verdadero) y así, realiza una función intersubjetiva relacionada con la cortesía verbal.

(97) *hab2 ¿no tienes un rinconcito* ***especial especial****? <pausa_larga/>*
hab2 " <ininteligible/> "
hab1 me encanta Allariz <pausa/> <pausa/> me gusta mucho mucho Allariz <pausa/> me encanta Bayona <pausa_larga/>
(ESLORA)

En (97), estamos ante una entrevista: el hablante 2 es el entrevistador que hace preguntas a la persona entrevistada, esto es, el hablante 1. Para desarrollar la conversación, le pregunta sobre un sitio especial para el hablante 2. Con el objetivo de especificar ese lugar, recurre a la construcción reduplicada *especial especial* enfatizando que no se refiere a un sitio cualquiera, sino a un lugar significativo para el interlocutor. Se pone en práctica así la función de especificación y, al mismo tiempo, se establece como punto de referencia la posición del interlocutor.

(98) *Yo a Alicia cuando se lo comenté dice: "No, sí, pues si" Hoy hemos co hemos cogido? tema de de los estudios. Tema de los estudios, de los niños y Te enteras de todas las cosas? Te digo el* ***pueblo pueblo*** *o Como quieras. Piedrabuena. ¿De dónde es? De Ciudad Real.*
(CREA, Conversación 6, Universidad de Alcalá de Henares)

En el ejemplo (98), uno de los hablantes explica cómo va a desarrollarse el diálogo (va a mencionar unos pueblos y el otro tiene que decir dónde se encuentran). Para ser más explícito, subraya que el objetivo de las preguntas lo van a constituir los pueblos: la construcción reduplicada sirve para especificar esta información y facilitar el entendimiento al interlocutor.

(99) *Claro claro que hay algo escondido, pues no sé, el gran misterio de de la vida y de la existencia y de de eso eso o el gran misterio de Dios, si es que... ¿Y vosotros creéis que eso... ... porque... ... se lo puede callar la gente, sa** sabiéndolo? Una cosa tan importante importante... Joder, pues sí, pero... ... que se lo pueda callar... ¿Cosas de éstas* ***gordas gordas****?*
(CREA, Conversación 14, Universidad de Alcalá de Henares)

El último ejemplo español tiene carácter distinto del resto de los casos. En este fragmento, la reduplicación forma parte de una pregunta retórica: el hablante no entiende por qué la gente calla ciertos aspectos relacionado con la religión y el misterio de la vida. A nuestro juicio, esta pregunta retórica forma parte de lo que Escandell llama *preguntas* porque, al fin y al cabo, el emisor exige una información que le falta para entender cierto aspecto de la realidad. La función primordial de la construcción reduplicada radica en enfatizar la importancia del asunto tratado (la expresión *gordas gordas* hace referencia a asuntos de gran importancia). Se intenta, además, tal como ocurre en el caso de las secuencias descriptivo-argumentativas, impresionar al interlocutor, causar alguna reacción por su parte. En este caso no se trata de especificar el concepto, sino más bien de llamar la atención del interlocutor sobre una cuestión problemática y provocar una reacción.

Como hemos demostrado a lo largo de este apartado, la reduplicación léxica de sustantivos y de adjetivos en las preguntas desempeña un papel distinto al de las secuencias descriptivas o argumentativas. Los dos conceptos clave, la especificación y la intersubjetividad, constituyen el núcleo de nuestro análisis. Dado que las preguntas son indispensables para la interacción, resulta que la reduplicación puede desempeñar un papel fundamental en las relaciones entre los interlocutores.

4.4.5 La gramaticalización

Las construcciones reduplicadas formadas por sustantivos y adjetivos pueden gramaticalizarse. Este fenómeno resulta especialmente fructífero en el caso del italiano. En español, hemos observado que algunas construcciones tienden a gramaticalizarse, no obstante, esta tendencia no es tan fuerte como en el caso de la lengua italiana.

El proceso de gramaticalización y sus diferentes caras lo introdujimos en el capítulo 3.1. al analizar la problemática de la reduplicación del imperativo. Basándonos en la clasificación presentada en ese capítulo, proponemos diferenciar dos tipos de gramaticalización en cuanto a las reduplicaciones de sustantivos o adjetivos: las reduplicaciones lexicalizadas (equivalentes a *fuggi fuggi* en las construcciones de imperativo) y las reduplicaciones de cortesía convencionalizada (que corresponden a construcciones tipo *cuenta cuenta*). Cada uno de estos dos tipos desempeña funciones diferentes en las lenguas analizadas.

Las reduplicaciones lexicalizadas constituyen un tipo de construcciones que han alcanzado el grado más alto de gramaticalización: son construcciones cuyo significado se aleja mucho del significado original de sus componentes. Un claro ejemplo de tal construcción es la reduplicación *man mano* en italiano. Lo que resalta en esta reduplicación es la modificación formal del primer componente: el acortamiento de *mano* en la forma *man*. Esto nos indica que, a pesar de los cambios a nivel semántico, la construcción ha adquirido sus propias características formales. La expresión *man mano* tiene dos significados:

1) *Man mano che*: 'al mismo tiempo que', introduce la subordinada que indica la simultaneidad de una acción:

(100) *E: li m ettiamo dopo* ***man mano che*** *vengono consumati*
C: sti biscottini
D: dentro c'era_ <?>
(VoLIP)

(101) *– Ho iniziato dunque trascrivendo le interviste parola per parola, riportando fedelmente e scrupolosamente ciò che era stato detto a voce.*
– Man mano *che scrivevo, però, l' illusione di poter mantenere intatta la forza e la genuinità dei dialoghi originali in questo modo, svaniva inesorabilmente: non c' era nulla da fare, la pagina scritta non resisteva agli idiomi del parlato.*
(PEC)

(102) *– In particolare, glielo dico subito, a me interessa il contatto con il camioncino dei Carabinieri.*
– Sì, è indicato, allora in pratica da questi progressivi siamo riusciti a risalire a un percorso che quindi ha indicato il C. F. ***man mano che*** *si spostava, lui ha indicato di essere partito da piazza Da Novi, quindi dopo un sopralluogo anche su Genova abbiamo visto i vari spostamenti coincidevano.*
(PEC)

(103) *– Lì occorre fare i conti con nuove emozioni sorgive.*
– E – dicevo – vedo in analisi che ***man mano che*** *il processo di autoconoscenza cresce e quindi anche la capacità di progettare avanza, si presentano nuovi traguardi, da cui possono prodursi anche regressioni.*
– E non è mai finita.
(PEC)

(104) *Con la rubric essi possono autovalutare il loro prodotto* ***man mano che*** *cresce ed acquisire così capacità di autoriflessione ed autoregolazione delle proprie azioni.*
(PEC)

En todos estos casos, estamos ante dos acciones que se realizan al mismo tiempo lo que está indicado por la construcción *man mano che.*

	Acción 1	**Acción 2**
Ejemplo (100)	Se consumen las galletas.	Se ponen las galletas dentro de algún recipiente.
Ejemplo (101)	El hablante escribe.	La ilusión desaparece.
Ejemplo (102)	Una persona se mueve	Otra persona comunica que ha salido de la Plaza Da Novi.
Ejemplo (103)	Aumenta el autorreconocimiento.	Aumenta la capacidad de planificar.
Ejemplo (104)	Se evalúa el producto.	El producto crece.

El significado de la construcción analizada se aleja completamente del significado original del sustantivo *mano*. Conviene señalar que desempeña un papel de gran entidad en la estructuración sintáctica de las oraciones (indicando simultaneidad), pero también a nivel conversacional organizando todo el discurso de modo claro y conciso.

2) *Man mano*: 'poco a poco', puede funcionar como marcador discursivo.

(105) *lui è stato uno di quelli che è rimasto in classe comunque l' altro giorno io avevo dodici ragazzi in classe perché mancava l' insegnante di matematica io avevo detto che avrei interrogato avevo ah ah lo so tre ore di seguito due ore di seguito più un' ora di supplenza e non è entrato nessuno non solo ma poi* ***man mano*** *sono usciti poi ho incontrato due mamme*
(PEC)

(106) *è finita allora cari compagni poi ora* ***man mano*** *arriviamo al dunque c' è chi vuole continuare nel senso di mungere le macchine fino alla fine e di trovare la strada per cui fino all' ultimo minuto si salva il culo perché ci ha interessi personali e chi come la nostra organizzazione non ha interessi da salvaguardare*
(PEC)

(107) *Mi sembra che l' educazione nella fede sia l' umanizzazione più sicura anche per risolvere poi,* ***man mano****, questi problemi molto concreti.*
(PEC)

(108) *oggi l' ho consegnato lo stesso l' ISEE cioè mi hanno detto di sbrigarmi che se non ce la fai anche io l' ho consegnato eh perché praticamente se non ce la fai loro ti fanno pagare l' ultima in decima fascia cioè la fascia dei megamiliardari sì in poche parole anche se è un ISEE assurdo cioè mamma mia era più basso l' ultima fascia adesso invece cioè hanno fatto più fasce no ah ci sono tre fasce uguali zero tremila però fino a novemila è uguale fino a diecimila da diecimila ai dodicimila poi ci si cambia poi* ***man mano*** *insomma poi quindicimila non so ma tu quando ci sei andato a consegnare?*
(PEC)

En estos fragmentos la construcción *man mano* constituye una locución adverbial que indica que la acción se desarrolla lentamente, pero al mismo tiempo sistemáticamente. Por ejemplo, en (105), los alumnos salen del aula no todos a la vez, sino que el proceso está extendido en el tiempo.

En este sentido de la construcción reconocemos, además, el valor de marcador discursivo, especialmente en los ejemplos (107) o (108). En (107), *man mano* está situado entre comas y, por una parte, significa 'resolver los problemas poco a poco', y por otra, indica una conclusión (introducida en la segunda parte del enunciado) organizando a la vez el enunciado y enfatizando su última parte. Se asemeja así a otros marcadores como *insomma*. Lo mismo ocurre en el ejemplo (108), en el que *man mano* viene acompañado por otros marcadores, esto es, *poi* e *insomma* formando una cadena de marcadores muy específica para el italiano hablado. Esta cadena de marcadores señala la parte final del enunciado, el término de la intervención de un hablante.

En ambos casos, la construcción *man mano* ha perdido su significado original que está expresado en el componente *mano* empezando a desempeñar diferentes funciones dentro del enunciado. Como ya se ha advertido en el capítulo sobre gramaticalización, con la pérdida del significado original se adquieren nuevos significados pragmáticos. En cuanto a *man mano* en su primer significado ('al mismo tiempo'), su función tiene carácter más bien sintáctico porque sirve para organizar dos oraciones. No obstante, no debemos perder de vista que ejerce cierta influencia sobre la estructura informativa del enunciado: la oración que viene precedida por *man mano che* se presenta más bien como la parte temática que luego se completa con la parte remática, una información nueva, a veces inesperada. Por lo tanto, las acciones que se denominan en la tabla *acción 1* desempeñan el papel de tema, mientras que las actividades de *acción 2* constituyen remas.

En cuanto a *man mano* en su segundo significado ('poco a poco') observamos una fuerte tendencia a la subjetivización. Hemos notado que, aparte de indicar el modo en el que se realiza una acción, suele expresar valores de carácter subjetivo: marca la posición del hablante introduciendo la conclusión. Además, a nivel intersubjetivo, marca el término de la intervención requiriendo alguna reacción por parte del interlocutor. Aunque estas funciones (inter)subjetivas no han alcanzado una gramaticalización plena (se pueden encontrar ejemplos que contradicen esta teoría), constituyen una tendencia bastante frecuente en el corpus oral del italiano.

El segundo tipo de gramaticalización representa lo que en las reduplicaciones del imperativo denominamos "la reduplicación de cortesía convencionalizada". Son casos en los que la reduplicación forma parte de las costumbres lingüísticas de los hablantes vinculadas a las normas de conducta social. El uso de la reduplicación de ciertos elementos refleja el conocimiento de las reglas de cortesía formando parte de los FFA (actos que valorizan la imagen). En los corpus se ha observado que este tipo de reduplicación de cortesía convencionalizada suele aparecer al inicio o al término de la conversación, especialmente con la expresión *pronto* (que se utiliza al iniciar la conversación telefónica) y *baccio grosso grosso* (que termina una conversación entre amigos o familiares).

*(109) – **pronto pronto** Michela*
– sì ciao Daniele
– ciao come stai
– bene grazie
(PEC)

(110) *ah aspetta un attimo va' devo rispondere un attimo eh sì* ***pronti pronti*** *ti posso chiamare mi dai il numero sì sì sì che così vado su che parliam con più tranquillità beh chiamami su sul telefonino*
(PEC)

(111) *Un bacio* ***grosso grosso****.*
Un bacione
(PEC)

(112) *Va bene, un baciotto* ***grosso grosso****.*
(PEC)

En los ejemplos (109), (110), (111) y (112), estamos ante casos de gramaticalización de la reduplicación de carácter cortés. La falta de la construcción reduplicada no constituiría una incorrección gramatical, pero, desde el punto de vista pragmático, su presencia parece más que deseable. Es un recurso convencionalizado para marcar cortesía verbal, mostrarse amable con el interlocutor y así, mantener una buena relación con este salvando a la vez su propia imagen.

4.5 A modo de conclusión

En el presente capítulo hemos examinado las reduplicaciones léxicas del tipo [XX] en las que X es un sustantivo o un adjetivo. El análisis de estas construcciones tiene carácter sobre todo pragmático, de modo que se ha intentado demostrar cuáles son sus valores a nivel del uso de la lengua. Tras analizar los corpus, hemos detectado varios factores que influyen sobre el funcionamiento de las construcciones reduplicadas. La siguiente tabla recoge distintos aspectos relacionados con la problemática de las reduplicaciones de sustantivos y adjetivos resumiendo los puntos clave de nuestro análisis:

Significado semántico	- prototipo ('X de verdad') o contraste ('X de verdad en contraste con Y'), - en español: el grado máximo de prototipicidad, en italiano: un grado muy alto de prototipicidad (pero no siempre máximo)
Secuencias descriptivas	- intensificación de la subjetividad: mediante la noción de precisión (se precisa el punto de vista subjetivo), intensificación de la intersubjetividad: para facilitar el entendimiento del mensaje descrito, - topicalización

Secuencias argumentativas	- la evaluación mediante la reduplicación (la intensificación de la subjetividad: se presenta un punto de vista subjetivo, la intensificación de la intersubjetividad: se intenta convencer al interlocutor de algo), - en italiano: la mayoría de las unidades reduplicadas tienen un significado fuertemente evaluativo, - la atenuación mediante la reduplicación (que intensifica la noción de (inter)subjetividad)
Secuencias descriptivo-argumentativas	La función de impresionar al interlocutor.
Preguntas	La intensificación de la intersubjetividad: la especificación de la percepción del concepto por parte del interlocutor.
Gramaticalización	- fenómeno más frecuente en italiano - dos tipos: las reduplicaciones lexicalizadas y las reduplicaciones de cortesía convencionalizada

La tabla presenta los aspectos clave que hemos detectado en los ejemplos de los corpus. En cuanto a las divergencias entre el español y el italiano, hemos advertido dos cuestiones fundamentales:

1) El grado de prototipicidad que supone la reduplicación: en español, la reduplicación introduce el grado máximo de prototipicidad. En italiano, por otra parte, las reduplicaciones suelen ser acompañadas por otros elementos de especificación o intensificación (como en *proprio dritta dritta* o *lunga lunghissima*) lo que indica que la reduplicación debe ser reforzada para indicar el mayor grado de prototipicidad.
2) La gramaticalización: en italiano observamos una mayor tendencia a la gramaticalización de determinadas construcciones reduplicadas con respecto al español (aunque insistimos en la palabra *tendencia,* ya que el mecanismo de la gramaticalización no se presenta como imposible en español, solamente es menos frecuente).

Las reduplicaciones léxicas de sustantivos y adjetivos desempeñan también un papel importante en relación con los ethos comunicativos de las comunidades hispano- e italoparlantes. La reduplicación sirve como índice de varios ejes del ethos, especialmente de la cortesía verbal y de las relaciones interpersonales. Los ethos comunicativos de las sociedades analizadas se manifiestan en las dimensiones siguientes:

1) El significado de la prototipicidad: como hemos advertido, la interpretación de la prototipicidad depende de numerosos factores, entre los cuales se encuentran los culturales. El significado de un *café café,* un *trabajo trabajo* o un *pueblo pueblo* depende de la percepción de estos conceptos por una determinada sociedad.

Por eso, el mismo significado de la reduplicación está fuertemente vinculado a una comunidad determinada y a los valores que esta cultiva.

2) La cortesía verbal: en numerosos casos, la reduplicación léxica de sustantivos o adjetivos sirve como apoyo para la cortesía verbal:
   - en las secuencias descriptivas, facilita el entendimiento del mensaje;
   - en algunas secuencias argumentativas, atenúa una información presentándola como menos directa y así, el hablante no impone su punto de vista al interlocutor;
   - en preguntas, llama la atención sobre la perspectiva del interlocutor resaltando de este modo su importancia en la conversación;
   - algunas construcciones se han gramaticalizado constituyendo las reduplicaciones de cortesía convencionalizada (como *baccio grosso grosso*).
3) Las relaciones interpersonales: en algunos casos la reduplicación contribuye al establecimiento del consenso entre los interlocutores. Un ejemplo más claro de este procedimiento lo observamos en las preguntas. Un hablante especifica ciertos conceptos mediante la reduplicación para incorporar el punto de vista del interlocutor y así, llegar a un consenso. Es una estrategia que intenta disminuir el posible conflicto entre los hablantes. Lo mismo ocurre en cuanto a las secuencias argumentativas: son fragmentos de discurso con un alto grado de probabilidad de conflicto (ya que el receptor puede presentar un punto de vista diferente). Mediante la reduplicación se presenta una evaluación, a veces muy tajante, pero de modo menos directo, más cortés y, en consecuencia, atenuando la fuerza argumentativa o un juicio negativo.
4) La *parole:* la reduplicación puede servir también como mecanismo característico para las comunidades mediterráneas, esto es, el hecho de evitar el silencio introduciendo una serie de recursos lingüísticos que, desde el punto de vista informativo, no son necesarios, pero que se presentan como indispensables para la interacción. Tal es el caso de las reduplicaciones con un alto grado de gramaticalización, como *man mano* en italiano, que puede desempeñar la función de marcador discursivo y formar parte de las cadenas de marcadores características del italiano.

Como hemos intentado demostrar, las reduplicaciones de sustantivos y adjetivos no solo introducen unos significados semánticos específicos, sino que también desempeñan un papel importante a nivel pragmático. En numerosos casos, estructuran la interacción manifestando contenidos de mayor entidad para la conversación y para la relación entre los interlocutores. Además, conviene señalar que el significado de las reduplicaciones varía según distintos factores. Por lo tanto, al llevar a cabo el análisis, hay que tener en cuenta que su papel en la interacción no siempre es el mismo. Por eso, nuestro estudio se apoya en diferentes nociones pertenecientes a distintos campos metodológicos que, a nuestro juicio, deben ser considerados conjuntamente para poder explicar con mayor detenimiento el funcionamiento de las reduplicaciones en español y en italiano.

5. La reduplicación de demostrativos

Los demostrativos constituyen una categoría muy peculiar en el repertorio de los diversos recursos lingüísticos. Son unidades cuya función principal radica en ubicar en el espacio o en el tiempo determinados objetos, personas o situaciones. Los demostrativos constituyen una categoría deíctica, esto es, el posicionamiento se realiza a partir de la ubicación del emisor del enunciado. Estamos, por lo tanto, ante una categoría fuertemente subjetiva: el significado semántico de los demostrativos depende del punto de vista del hablante. El referente real de los demostrativos cambia según la situación y la persona que acude a este tipo de unidad.

En las lenguas analizadas, tanto en español como en italiano, existen dos grupos de demostrativos: los adverbios demostrativos y los adjetivos/pronombres demostrativos[61]. La distribución de los demostrativos en estas lenguas la presentan las tablas siguientes:

Español

	Forma	**Significado**
Adverbios	Aquí	El lugar donde está el hablante
	Ahí	El lugar donde está el oyente
	Allí	Un lugar alejado tanto del hablante como del oyente
	Acá	El lugar hacia el que se realiza el movimiento que coincide con la posición del hablante
	Allá	Un lugar hacia el que se realiza el movimiento que no coincide con la posición del hablante
Adjetivos/pronombres	Este	Que está cerca del hablante
	Ese	Que está cerca del oyente
	Aquel	Que está lejos tanto del hablante como del oyente

61 En los trabajos sobre los demostrativos, se plantea una cuestión polémica acerca de su naturaleza: se debate, así, si son pronombres o adjetivos. En el presente estudio no tomamos ninguna de las posturas, ya que nos centramos en las funciones de las construcciones reduplicadas, no obstante, tenemos en cuenta la dificultad a la hora de clasificar y denominar estas unidades.

Italiano

	Forma	**Significado**
Adverbios	Qui/qua	El lugar donde está el hablante
	(Costì/costà)	(El lugar donde está el oyente)
	Lì/là	Un lugar alejado tanto del hablante como del oyente
Adjetivos/pronombres	Questo	Que está cerca del hablante
	(Codesto)	(Que está cerca del oyente)
	Quello	Que está alejado del hablante y del oyente

Los datos presentados requieren ciertas explicaciones. Primero, en ambas lenguas encontramos el rasgo de movimiento que puede propiciar la aparición de un adverbio demostrativo concreto. En español, tal es la distinción entre el sistema tripartito (*aquí, ahí* y *allí*) y el bipartito (*acá* y *allá*). En italiano, es la distinción entre las formas terminadas en *-ì* y las terminadas en *-à*. Además, en el sistema italiano, hemos puesto entre paréntesis las formas que, aunque existentes en la versión estándar, son poco frecuentes en el uso (nos referimos a las formas *costì/costà* y *codesto* que se relacionan con la localización del oyente).

Como podemos observar, el sistema de los demostrativos está determinado por una serie de factores de carácter muy subjetivo. Primero, la misma ubicación en el espacio o en el tiempo conlleva nociones de subjetividad: el hecho de localizar un objeto o un acontecimiento en un lugar concreto se basa en su relación con algún punto de referencia subjetivo. El significado de los demostrativos varía según la figura del hablante: por ejemplo, el significado de *aquí* va a ser diferente para una persona que vive en París y para otra que vive en Madrid. Además, lo que también depende de un juicio personal son las fronteras entre las diversas dimensiones. En la conversación cara a cara, puede resultar muy difícil delimitar el espacio propio de cada uno de los participantes. Por eso, la diferencia entre *este* y *ese* en numerosos casos se basa en criterios de índole altamente subjetiva[62].

Al hablar de la reduplicación de los sustantivos o adjetivos, se menciona el concepto de prototipo como la interpretación semántica de estas construcciones. En cuanto a los demostrativos, el concepto de prototipo nos parece poco provechoso.

62 Los demostrativos pueden indicar también distancia psicológica, aún más subjetiva. Por eso, hablando de una persona que está al lado, es posible utilizar el demostrativo *aquel* con valor fuertemente peyorativo (por ejemplo, *Aquel es un imbécil*). De este modo, se rompe con una interpretación prototípica de los demostrativos.

Aunque sí que existe una interpretación prototípica de los demostrativos (por ejemplo, *aquí* equivale a 'el lugar donde se encuentra el hablante'), su carácter nos parece demasiado abstracto y volátil. El significado de *aquí* va a modificarse no solo en función de la figura del emisor del enunciado, sino también de la situación, el momento de habla, etc. Por eso, como vamos a presentar en este capítulo, creemos que la posible explicación de la construcción [XX] en la que X es un demostrativo puede ser de doble naturaleza:

1) Por oposición: el significado de *aquí* se define a partir de su oposición con *ahí* o *allí*.
2) Por especificación contextual: el significado de *aquí* viene explicado mediante otras expresiones como *en Francia, en casa, en el restaurante*, etc.

En el presente trabajo defendemos la tesis de que la reduplicación léxica intensifica la noción de (inter)subjetividad. Los demostrativos constituyen un caso muy específico: son unidades ya en sí de carácter subjetivo. Por lo tanto, la cuestión radica en averiguar cuál es la función de las construcciones compuestas por dos demostrativos iguales. En adelante presentamos los diversos papeles pragmáticos de las reduplicaciones basadas en demostrativos y su contribución en la creación de los ethos comunicativos de las comunidades analizadas.

5.1 La reduplicación de los adverbios demostrativos en español

El análisis de los corpus del español oral nos ha llevado a la siguiente tesis acerca del significado pragmático de la reduplicación de los adverbios demostrativos:

Descripción → intensificación de la subjetividad
Argumentación/interacción → intensificación de la intersubjetividad

Aunque, en general, intentamos evitar trazar una clara frontera entre la subjetividad y la intersubjetividad, creemos que, en el caso de los demostrativos, estas dos nociones se presentan como muy características de uno u otro tipo de secuencia. Obviamente, esto no significa que en la descripción los demostrativos reduplicados no puedan ejercer ninguna función intersubjetiva. Lo que se observa es una tendencia que, a pesar de que probablemente se pueda contradecir mediante algunos ejemplos, aun así sigue siendo una tendencia general.

5.1.1 La descripción

En las secuencias de tipo descriptivo, el objetivo primordial de la reduplicación de los adverbios deícticos lo constituye el hecho de precisar un entorno espacial y así, forzar una visión de los hechos más subjetiva. En otras palabras, la reduplicación constituye un mecanismo de intensificación de la subjetividad porque resalta el punto de vista del emisor al describir ciertas personas o acontecimientos. En general, la naturaleza de los adverbios demostrativos tiene carácter subjetivo. La distinción entre *aquí, ahí* y *allí* se basa en criterios puramente subjetivos dependientes del emisor del enunciado. Lo que añade la reduplicación es el valor de **precisión**. Por lo tanto, la diferencia entre *aquí* y *aquí aquí* radica en que la segunda expresión se refiere a un *aquí* muy preciso, muy bien definido por el hablante y además, dotado de ciertas características subjetivas.

La presente interpretación del significado del adverbio demostrativo reduplicado está basada en las observaciones provenientes de los ejemplos del corpus. Primero, hemos notado que en las secuencias de carácter primordialmente descriptivo, las construcciones reduplicadas están acompañadas por otras expresiones con el mismo referente. Esto significa que la reduplicación suele referirse a una entidad previamente mencionada por un adverbio demostrativo no reduplicado u otro elemento especificador. Veamos un par de ejemplos:

(1) *Que era una fuente Que ha hace así que es como una media luna. una media luna y y estaba hecha sobre un bloque de piedra, o sea, era todo ¿¿¿de granito??? Sí, era de eso, de piedra de granito. Bueno, pues esa estaba no, ése mismo ha estado en el otro rincón, pegado a una puerta verde que hay* ***ahí****, que* ***ahí ahí*** *estaba ésa, entre la en lo que hacía el rincón, ahí estaba puesta esa fuente. Ésa estaba puesta ahí esa fuente. Sí, sí, pues efectiva*
(CREA, Conversación 10, Universidad de Alcalá de Henares)

(2) ***Ahí****... hicieron ahí un sótano para cuando la guerra. Sí, se??? un refugio un refugio. Un refugio, exactamente eso, un refugio. Yo había oído algo... Y de... ... pero no, nunca... sí* ***ahí ahí*** *hubo un...??? nada. ... hicieron un refugio ahí, luego pusieron tierra encima, mucha tierra, así hecho un... una... bueno, mu** mucha tierra así puesta, ¿no?, hecha una... no sé cómo la llaman, así, a lo largo... ¿¿¿A lo mejor??? como una... Sí. ... como un montón. Sí. .*
(CREA, Conversación 10, Universidad de Alcalá de Henares)

(3) *Yo como vivía Pues ése vivía, ¿ves tú la fuente que estaba en la en la calle del Empecinado, donde está ahora lo de la Seguridad Social?, ¿en la calle Empecinado?, ¿lo conocéis?. Bueno, pues a continuación* ***una casa vieja*** *que ya estaba ahí que está ahí, que no vive nadie ni nada, pues ahí vivía. Y tenía, por el callejón de lo de Capote, tenía la entrada. Tenía una puerta grande que por ahí metían los carros y metían eso ahí.* ***ahí ahí*** *estaba eso, ahí estaba. Yo de una fuente en la calle Empecinado no me acuerdo. Metido en la misma esquina de lo que cruza En la calle de la Marcha, ¿no? Sí, eso, sí, en la calle de la Marcha que la llaman, que es la calle del Empecinado. Y pasas la calle de las Claras Sí, la calle, fíjate, si yo allí Pues ahí en la misma esquina, mira, la calle de las Claras y la calle Empecinado, que viene así desde la cárcel*
(CREA, Conversación 10, Universidad de Alcalá de Henares)

(4) *437 A: °****(ahí en Ada)****°*
438 V: ***ahí ahí****/en Ada// lo he dejao/pero enfrente mismo ¿eh?/en*
439 laa– en l´acerca esa/// (2.5") en fin de veramos
440 ((...))
441 V: ((ya veremos))/porquee ellos se unieron también a laa– al

442 recurso↑// y claro/ellos en dos líneas↑/decían que se les tenía
443 que [haber consultao]
444 S: [((¡che qué rollo)) me ha] armao con la calle esta↓ tú!
(Val.Es.Co, p. 178)

En (1) y en (2), *ahí ahí* se refiere a los mismos sitios que designan los adverbios no reduplicados también marcados en negrita. En (3), por otra parte, *ahí ahí* se refiere a *una casa vieja* cuya localización viene bien especificada. En (4), la construcción reduplicada señala un sitio introducido por otro hablante (*Ada*). Por lo tanto, como podemos observar, las reduplicaciones expuestas tienen que añadir otro valor además de señalar un lugar concreto, ya que este lugar viene identificado mediante otros recursos. A nuestro juicio, lo que indica la reduplicación del adverbio es precisión según el esquema siguiente:

aquí aquí = 'exactamente aquí'
ahí ahí = 'exactamente ahí'
allí allí = 'exactamente allí'

Como ya hemos mencionado, el significado de estos adverbios es subjetivo porque depende de la posición del emisor del enunciado. Al reduplicarlo, se resalta esta subjetividad, estructurando la escena discursiva desde la perspectiva del hablante.

(5) *No, ahí no. ...???... Es que eso es que eso lo cambiaron. ... es muy parecido al de la Puerta del Vado. Lo que es... O sea, bueno, yo te puedo decir que es que es que luego ampliaron, los arcos de ése están ampliados, porque porque ahí, a... según vienes de Madrid, a la izquierda,* ***ahí ahí*** *vivía un veterinario, y herraban a las mulas y eso y una casa ahí, que era don don José Oliva, ése era el veterinario del Ayuntamiento, y era el que iba al matadero. Siempre iba el hombre, así muy gordo y tal, que iba siempre con su bastoncito atrás, ése si???. Sí, seguramente que... Y ahí había otro eso, pero, ¿ves tú dónde está eso de... ... seguramen**... ...*
(CREA, Conversación 10, Universidad de Alcalá de Henares)

En (5), encontramos la descripción de un pueblo. Esta descripción aparece en la conversación entre dos hablantes que intentan reconstruir el aspecto de ese pueblo. Cada uno recuerda el mismo pueblo de manera un poco diferente. Por eso, la descripción está dotada de subjetividad, que se realiza mediante expresiones específicas, como *yo te puedo decir*. Además, es la propia reduplicación la que contribuye a la interpretación subjetiva del fragmento: al decir *ahí ahí*, esto es, 'exactamente ahí' el hablante rechaza otras posibilidades, presenta un punto de vista muy concreto y que no admite modificaciones (que posiblemente pueden ser introducidas por el interlocutor).

(6) *El alcalaíno... tú ahora mismo, chicos de tu edad, por ejemplo hablo yo de mí, bueno ya chicos que no son tan y que has ido con ellos al colegio, porque antes no había más colegios que el que ahí en la calle de las Escuelas, ahí el el el callejón ese de las Escuelas, el de encima del Ayuntamiento, porque, claro, que va a dar al mercado, eso ahí era todo colegios, y esa obra que están haciendo antes de llegar al mercado Sí. ahí, yo iba a ésa*

ésa era una clase, que era el tejado bajo, era una planta sola, y luego había un pasillo por allí. Bueno, ahí estaban los colegios. Sí, es una biblioteca o una eso. Ahora todo eso ***ahí ahí*** *veníamos al colegio, entonces por aquel lado teníamos que ir al colegio, los chicos y tal. Y ahora, sin embargo, te ves por ahí, y somos, yo no sé, yo me meto el primero, ¿me entiendes?*
(CREA, Conversación 10, Universidad de Alcalá de Henares)

En (6), estamos ante una conversación entre dos personas de diferente edad. El hablante explica a su compañero más joven la localización de los colegios. Esta descripción, aunque en muchos aspectos objetiva (porque se refiere a unos hechos muy objetivos como la ubicación de ciertos edificios), presenta también una cara subjetiva porque contrasta la situación contemporánea con la situación antigua. El hablante recurre a la reduplicación *ahí ahí* para subrayar que lo que está contando está basado en su propia perspectiva de los tiempos antiguos y no en la contemporánea de su compañero.

Un valor específico de subjetividad lo presenta la reduplicación del adverbio *allí*. Este demostrativo sirve para indicar la lejanía de una persona u objeto respecto tanto al emisor como al receptor del enunciado. La lejanía, sin embargo, puede tener dimensión física o psicológica. En otras palabras, los hablantes utilizan el demostrativo *allí* no solo para indicar que algo se encuentra a muchos kilómetros de distancia, sino para manifestar una actitud negativa frente a esa entidad. La reduplicación resalta su actitud (y no la localización concreta del hecho). Tal es el caso en los ejemplos siguientes:

(7) *Digo,* ***allí allí*** *pasaba algo, ¿verdad? ¡Un hombre que se confesaba cinco y seis veces al día! Pero, porque claro. ¡Era un enfermo mental! Un enfermo mental que le habían hecho un enfermo mental. Eso no es exactamente así. No, es que claro, si lo fuera*
(CREA, Desayuno, conversación entre amigos, Madrid, 03/91)

(8) *H2: Pues igual que hay gente que bebe alcohol; yo no lo comprendo, tío. Yo alcohol no he bebido nunca. Yo bebo güisqui, ron, y tal, pero alcohol...*
H3: No, yo tampoco.
H1: ***Allí, allí*** *hay un nivel de alcoholismo increíble. Hay... Asociaciones de Alcohólicos Anónimos... por todo... Y que se anuncian por la tele. "Alcohólicos Anónimos. Llámenos. Sin problemas", éste, tal. Digo: "Nosotros nos adherimos", anunciados por la tele, también. Es la hostia. Sí, sí, sí.*
(CORLEC)

(9) *Y nada, y luego ya me fui por ahí, un sueño de imanes así. y que nos que tenía que esconder a alguien porque venían los de Irak o algo así con unos tanques y ahí unos levantaba lo de lo delos La guerra es traumatizante para los niños. los los cojines del sofá, los levantaba: "¡Venga venga, todos adentro!". Y* ***allí allí*** *metía Metías todos los iraquíes. No, a los buenos.*
(CREA, Domicilio particular, conversación familiar, Segovia, 19/04/91)

En los tres casos, la descripción contiene una valoración negativa de los hechos descritos. En (7), *allí allí* se refiere a la situación de un hombre que, según el hablante, tenía algún problema mental. En (8), *allí allí* describe un sitio donde, según el participante H1, se abusa del alcohol. En (9), por otra parte, estamos ante una descripción muy emocional de una situación de guerra. Parece que lo que resalta la reduplicación de *allí* es el distanciamiento mental entre el hablante y la entidad que está describiendo haciendo hincapié en la subjetividad de esta unidad.

La observación de los ejemplos nos lleva a la conclusión de que la reduplicación de demostrativos contribuye a la interpretación subjetiva de las secuencias descriptivas. Como ya hemos mencionado, al analizar la reduplicación de los sustantivos y adjetivos, muy a menudo las secuencias descriptivas contienen ciertos matices argumentativos, esto es, resulta muy difícil encontrar una descripción totalmente objetiva. Por eso, no sorprende que un recurso lingüístico, como la reduplicación, desempeñe la función de indicar subjetividad. El hecho de describir una situación siempre va a realizarse desde un punto de vista concreto que se puede reflejar mediante el mecanismo de la reduplicación.

5.1.2 La argumentación/interacción

El segundo significado pragmático de la reduplicación de los adverbios demostrativos está vinculado a las secuencias de carácter argumentativo o puramente interaccional. En cuanto a las primeras, nos referimos a las partes del texto que aportan una serie de argumentos a favor de una conclusión concreta (como en el ejemplo (10)). Las secuencias interaccionales son las que operan primordialmente al nivel de la interacción: aparecen en situaciones en las que el fin último de la secuencia es cumplir con las necesidades comunicativas del interlocutor (véase el ejemplo (11)).

(10) *Cuando dan un beso en Francia, es que tú ves como bueno, casi son amantes, no sé cómo decirte, o sea Bueno, ahora hay algo hay algo que no sé si es cierto, pero pero me lo han contado porque yo no he estado en Grecia nunca, ¿no? pero hombres dándose la mano. Y los árabes los árabes van agarrados de la mano por Marruecos. Y* ***aquí aquí*** *te dirían maricón inmediatamente. Tú en Marruecos ves Pero en América en América ya sería insoportable., por favor, en América te ven así con lo que son ese día es que te mueres.*
(CREA, Domicilio particular, conversación entre amigos, pueblo del Pirineo, 27/03/91)

(11) *0217 B: ¿quieres tirar el gapo que llevas en la boca? [me está entrando un asco↑ aapuu (RISAS)]*
0218 C: [(TOS)] ya tía/y nana no si es que no era un gapo lo tengo aquí dentro
0219 B: y ***aquí aquí****§*
(Val.Es.Co 2.0)

En ambos casos, tanto (10) como (11), creemos que la reduplicación expresa el mismo significado semántico: **el contraste**. La función de contrastar mediante la reduplicación ha sido mencionada en el capítulo 4.1.2. del presente trabajo. De hecho, en español mediante la reduplicación se puede marcar el contraste entre el referente y otros referentes posibles. Por lo tanto, creemos que en las secuencias argumentativas/interactivas, la reduplicación de los adverbios demostrativos puede ser interpretada del modo siguiente:

aquí aquí: 'aquí y no ahí ni allí'
ahí ahí: 'ahí y no aquí ni allí'
allí allí: 'allí y no aquí ni ahí'

Estos significados pueden ser vinculados a la noción de precisión introducida en la parte sobre la reduplicación en las secuencias descriptivas. Lo específico de las secuencias argumentativas o interactivas es que no solo se precisa un lugar, sino que también se contrasta con otros sitios frecuentemente bien delimitados. Veamos un par de ejemplos encontrados en los corpus:

(12) *Vamos a ponernos en un sitio más Claro. accesible . ¿Nos cambiamos ahí? Venga. Venga. A mí yo estoy bien aquí,. Llévame llévame tú el vaso, Javi. vamos a otra mesa que se vea mejor la puesta de sol.* ***aquí aquí*** *mola,. Es igual, a Simón le toca., es que es increíble. A Simón le toca sitio. No, está bien., está chulísimo. ¿Quién? ¿La churri, dices? Dentro de un momentín, cuando esté ac alto por el horizonte,. Oye, ¿cuál es mi cerveza? ¿Cuál es la cuál es la tuya?*
(CREA, Vía pública, conversación entre amigos, Madrid, 23/05/91)

(13) *Pues mira, yo soy un currante de de como quien dice, de la construcción porque trabajo con la maquinaria pero bueno, estoy en en una empresa de construcción y estoy viniendo aquí a ver si consigo sacarme el graduado pero no sé si lo voy a conseguir. Y entonces, pues, a mí me ha elegido para hacer la ronda esta. no sé si es que habré sido el único voluntario o o porque habrá encontrado en mí la persona idónea. Pero yo, desde luego, en plan parlanchín, en plan de de diálogo creo que tengo muy poco y y Pero* ***aquí aquí,*** *¿cuántos años tardáis? ¿Aquí? Se tarda en Bueno, eso depende. A lo mejor al ritmo al ritmo que voy yo a lo mejor puedo tardar.? en en lo que me queda de vida, ¿no? Se saca el graduado. Sí, se saca eso el El objetivo es el graduado.*
(CREA, Conversación 13, Universidad de Alcalá de Henares)

(14) *Poquito poquito., espera, ¿lo quieres más pasado? No, está bien está bien. ¿Quién quiere más? Fernando ¿Cubiertos tenéis? Entre dos cachos de pan. Dame Fal faltan algún tenedor. No están* ***ahí ahí****. Tú come y calla, cago en Ros. Toma. más.*
(CREA, Domicilio particular, conversación familiar, Madrid, 28/10/91)

(15) *Claro, mucho más. que has has alucinado de gente que se ha partido el pecho por el prójimo Por por el prójimo. y los demás hemos estado* ***ahí ahí*** *dándose golpes de pecho, y no han movido un un un una Y dar mano por y dar todo por todo ¡Hombre, por favor! porque mi casa es la casa de de bueno, de según, mis padres en la casa de ellos era una casa de mucho haber.*
(CREA, Conversación 1, Universidad de Alcalá de Henares)

(16) *Y pasas la calle de las Claras Sí, la calle, fíjate, si yo allí Pues ahí en la misma esquina, mira, la calle de las Claras y la calle Empecinado, que viene así desde la cárcel vieja Que hay una fuente ahí. la cárcel vieja, que viene de la de Dorado, la calle del Empecinado y luego la la calle de las Catalinas, digo yo la calle ésa, la calle de las Catalinas, pues ahí, que hay... **ahí ahí** había una fuentecita, enfrentito de De esa de de la Seguridad Social. Esa esa sí, en donde está eso de la Seguridad Social., sí, hombre, sí.*
(CREA, Conversación 10, Universidad de Alcalá de Henares)

En todos estos casos (y también en (10) y (11)) la reduplicación sirve para indicar el contraste entre el lugar al que se refiere el hablante y algún otro sitio que posiblemente pueda ser tomado en cuenta. La función de contraste en los ejemplos expuestos viene descrita en la tabla siguiente:

	Lugar indicado por el adverbio demostrativo reduplicado	**Lugar con el que se contrasta el sitio mencionado**
Ejemplo (10)	Francia	Otros países, como Marruecos o Grecia
Ejemplo (11)	En la boca	Algún otro sitio en la cara (que no sea la boca)
Ejemplo (12)	Una mesa desde la que se ve bien la puesta de sol	Otra mesa (en la que se sentaban los hablantes) y desde la que se ve mal la puesta de sol
Ejemplo (13)	El lugar donde el hablante está estudiando (posiblemente Alcalá de Henares)	Empresa de construcción (en la que está trabajando el hablante)
Ejemplo (14)	Donde está el tenedor	Ningún sitio (el interlocutor pensaba que no había tenedores)
Ejemplo (15)	La casa del hablante	El lugar en el que había gente buena
Ejemplo (16)	Donde está la fuentecita de la Seguridad Social (en la calle de las Catalinas)	Calle de las Claras, calle Empecinado

Lo que diferencia, por lo tanto, la reduplicación de los adverbios demostrativos en las secuencias argumentativas/interactivas de las descriptivas es que no solo sirven para precisar un lugar, sino también para contrastarlo con otros lugares. Por lo tanto, ¿en qué radica el significado pragmático de la reduplicación en este tipo de secuencias? Creemos que el valor de la construcción analizada tiene carácter intersubjetivo: se contrasta un lugar para que el interlocutor tenga una idea clara sobre el sitio que se menciona. En el caso de los fragmentos de naturaleza primordialmente argumentativa, el contraste sirve para llevar al receptor hacia una conclusión concreta. En cuanto a las secuencias interactivas, en general se trata de explicar la localización de algo de manera lo más concreta posible. Para no provocar confusión al interlocutor, se reduplica el adverbio demostrativo, contrastando el lugar mencionado con otros que pueden producir confusión por parte del interlocutor (por eso, hablamos de la función intersubjetiva relacionada con la persona del interlocutor). En las secuencias descriptivas, la reduplicación de los adverbios demostrativos sirve para presentar una perspectiva subjetiva. En cuanto a las secuencias argumentativas/interactivas, es el receptor el que hace uso de la reduplicación: el reconocimiento de un sitio concreto le sirve para realizar ciertas acciones o formular determinadas conclusiones.

5.2 La reduplicación de los adjetivos/pronombres demostrativos en español

El segundo grupo, los adjetivos/pronombres demostrativos, se muestra mucho menos propicio a reduplicarse. El número de ejemplos que hemos encontrado es más escaso que el número de los adverbios demostrativos, no obstante, creemos que los casos detectados también pueden aportar observaciones interesantes acerca del funcionamiento del mecanismo de la reduplicación.

En general, los elementos que experimentan la reduplicación tienen carácter pronominal. Esto es, los demostrativos que forman parte de la construcción [XX] no modifican a los sustantivos, sino que los sustituyen. Conviene subrayar que, a partir de los corpus transcritos, puede resultar muy difícil llegar a tal conclusión, ya que los demostrativos suelen repetirse varias veces a lo largo del discurso, no necesariamente formando construcciones nuevas. Por eso, hemos consultado el corpus ESLORA que contiene también las grabaciones de audio. Escuchándolas hemos detectado que los demostrativos en función adjetival no forman construcciones de reduplicación léxica: la entonación nos indica que los hablantes los repiten porque necesitan tiempo para repensar lo que cuentan, porque se les ha olvidado alguna palabra, etc. En estos casos no estamos ante una construcción, sino más bien ante la repetición de una unidad por diversos motivos extralingüísticos, como en:

(17) *las voy pidiendo más o menos las voy ajustando a sus vacaciones <pausa_larga/> y después el resto pues <pausa/> van con las abuelas <pausa/> con una tía <pausa/> bueno <pausa/> la vas dejando <pausa/> sobre todo en* ***este este año*** *<pausa/> para el año pues ya empezará a hacer campamentos y cosas <pausa/> las que dará en el colegio en verano <pausa/> <ininteligible/>*
(ESLORA)

Las construcciones reduplicadas están formadas por demostrativos en función pronominal. En este caso los demostrativos señalan hacia un referente que puede también ser designado por un sustantivo, como en:

(18) *– y me tiraron mi casa <pausa_larga/> claro para hacer la feria <pausa_larga/> después compré en otro sitio pero ya no era igual porque eso fue hace mucho sacrificio*
– la hiciste tú con mucho sacrificio <pausa/>
– claro y con mucha cosa porque ibas a trabajar y <pausa/> y hoy ganabas esto y después mira para los azulejos pues mira para esto <pausa/> y era <pausa/> yo ***esta esta*** *que tengo ahora no tengo ni cariño por ella <silencio/> e ilusión*
(ESLORA)

A veces, los demostrativos reduplicados vienen reforzados por los adverbios demostrativos, como en:

(19) *745 P: §no/ella es que*
746 me– [me haa]
*747 C: esta/****[esta esta] de aquí*** *tiene historia/[esto era cuando=]*
748 [la chiquita me lo
749 dijo (())]
(Val.Es.Co, p. 209)

(20) *Claro, como quemarme yo mis pantalones. ¿Cuándo? Y rompértelos. ¿Cuándo se ha quemado los pantalones esta moni? Sí, maja y calla Los pantalones azules. Rotos rotos de que ha caído que te caíste ¿o quemados? No, que me quemé, con la plancha, que me dejé y se pegó a la plancha. Empecé a restregar y por eso ahora está esto más blanco. Los pantalones de. Pues mirad,* ***esto esto de aquí*** *No, yo pensaba que es que te habías caído.*
(CREA, Domicilio particular, conversación familiar, Segovia, 23/03/91)

Estas expresiones nos parecen muy interesantes porque implican no dos, sino tres elementos con el mismo significado deíctico. No solo se reduplica *este* o *esta* que indican proximidad al hablante, sino que también se especifican mediante el sintagma adverbial *de aquí* que contiene la misma noción deíctica. Tal redundancia, sin embargo, conlleva ciertos significados expresivos nada desdeñables para el presente análisis.

Se advierte, además, que el significado de este tipo de reduplicaciones radica en el hecho de señalar la ubicación en el espacio. Como ya hemos mencionado, los demostrativos pueden localizar los objetos o personas tanto en el espacio como en el tiempo. Las construcciones que forman parte de los corpus analizados pertenecen a la deíxis espacial. Conviene subrayar, sin embargo, que esta es una tendencia detectada a partir de los ejemplos, pero no se puede constatar con completa seguridad que la reduplicación de los demostrativos concierna únicamente a los deícticos espaciales (no hemos encontrado tales ejemplos, pero no nos atrevemos a descartar esta posibilidad).

En cuanto a su significado pragmático, se aprecia una tendencia opuesta a la presentada por los adverbios. En general, existen dos tipos de situaciones en las que encontramos reduplicación de pronombres demostrativos. En cuanto a la primera, estamos ante un intercambio en el que una persona da instrucciones a otra para que haga algo. Es un ejemplo muy claro de la estructura argumentativa del texto, ya que el emisor del enunciado dirige al receptor hacia una acción o conclusión concretas. En este caso observamos la siguiente tendencia:

secuencia interactiva/argumentativa (de instrucción) → intensificación de la intersubjetividad (de cortesía)

En otras palabras, la reduplicación apoya la función intersubjetiva mostrando rasgos de cortesía verbal, como en los ejemplos:

(21) *"Quiero esto", porque, si me lo puede comprar si el vui llega tu cumpleaños: "Te voy a comprar estos". ", a mí no me compres nada". Si voy a comprar un vestido, me gusta ir con él, porque yo voy a lo más barato, pero él Pues sí, es que "te ha gustado* ***ese ese****" Porque es atento Si me tengo que comprar unos zapatos: "Te gustan* ***esos esos****". O sea, que es un hombre que luego es muy serio, eso sí, yo muchas veces le digo Bueno, ¿y qué tiene que ver? digo: " me voy a descasar de contigo",, qué lástima. y digo: "A ver, ¿si nos separamos, tú qué niños te llevas?, qué pena. Dice: " yo qué sé*
(CREA, Conversación 8, Universidad de Alcalá de Henares)

(22) *H7:Tiene que pasar la curva y todo.*
H1:Quítale eso... quítale eso, anda.
H4:Tienes que romperlo. Mercedes, ***eso, eso*** *lo tienes que tirar.*
H1:Claro.
(CORLEC)

(23) *Claro, como quemarme yo mis pantalones. ¿Cuándo? Y rompértelos. ¿Cuándo se ha quemado los pantalones esta moni? Sí, maja y calla Los pantalones azules. Rotos rotos de que ha caído que te caíste ¿o quemados? No, que me quemé, con la plancha, que me dejé y se pegó a la plancha. Empecé a restregar y por eso ahora está esto más blanco. Los pantalones de. Pues mirad,* ***esto esto de aquí*** *No, yo pensaba que es que te habías caído.*
(CREA, Domicilio particular, conversación familiar, Segovia, 23/03/91)

En todos estos casos, estamos ante instrucciones que no amenazan la imagen del hablante, más bien constituyen FFAs, esto es, son consejos de carácter cortés que sirven para ayudar al interlocutor. En (21), el marido de la interlocutora le aconseja comprar unos productos concretos (demostrando que es generoso y que quiere que su mujer sea feliz). En (22), los participantes dan instrucciones a Mercedes en cuanto al uso de un objeto. En (23), se ordena a otros interlocutores que miren unos pantalones rotos. En todos estos casos, el mecanismo de la reduplicación viene acompañado por otros recursos lingüísticos, como el imperativo, indicando que estamos ante un tipo de mandato (de carácter cortés).

El segundo tipo de casos se localiza en secuencias descriptivas, cuando una persona habla de algún objeto, hecho o persona. En este tipo de situaciones, el referente de la construcción reduplicada se define a partir del contraste (tal como ocurre en las secuencias argumentativas en el caso de los adverbios demostrativos) facilitando el entendimiento de la historia contada. Este tipo de reduplicación tiene también un carácter más bien subjetivo porque revela un determinado punto de vista del hablante:

secuencia descriptiva → intensificación de la subjetividad (precisión por contraste)

Veamos algunos ejemplos:

(24) *Pues de julio a a Navidad, desde julio a Navidades, al año Nuevo. y espera y luego llega Navidad, espera, estamos en San en Zarauz y viniste de Madrid y ya definitivo, que aprobó en cinco meses porque había otros que estaban repitiendo Sí. Un vecino allí la la mujer, que era maña, que las mañas para convivir con ellas, decía Sí,* ***aquel aquel*** *se fue antes que yo pero y yo digo cuando digo: "Si aprueba en seis meses y tal y cual". ", vas a ser tú va a ser él más que los demás". Porque su marido repetía ¿sabes? y y por eso te digo que que tuvo que aprobó en cin en los seis meses, cinco o seis meses. Bueno, pues vino a Zarauz y estuvimos dos días juntos y los cogieron y los llevaron a Orio, el batallón le cogieron no a Orio, a Elizondo.*
(CREA, Domicilio particular, conversación familiar, Segovia, 17/11/91)

(25) *– y me tiraron mi casa <pausa_larga/> claro para hacer la feria <pausa_larga/> después compré en otro sitio pero ya no era igual porque eso fue hace mucho sacrificio*
– la hiciste tú con mucho sacrificio <pausa/>
– claro y con mucha cosa porque ibas a trabajar y <pausa/> y hoy ganabas esto y después mira para los azulejos pues mira para esto <pausa/> y era <pausa/> yo ***esta esta*** *que tengo ahora no tengo ni cariño por ella <silencio/> e ilusión*
(ESLORA)

(26) *– ¿ y ya conocías a tu novia la con la que luego te casaste o tuviste otras ant?*
– no esa <pausa/> ***esa esa*** *a los dieciocho años <pausa/> dieciocho y pico tampoco mmm esperamos mucho joder si ya tenemos una hija con <pausa/> treinta años y un hijo con veintinueve así que ya me contarás <silencio/>*
(ESLORA)

La definición por contraste se realiza de la manera siguiente:

	El lugar indicado por el pronombre demostrativo reduplicado	**La entidad con la que se la contrasta**
Ejemplo (24)	Un vecino	Yo
Ejemplo (25)	La casa actual	La casa antigua
Ejemplo (26)	La novia con la que se casó	Otras novias

En todos estos casos, mediante la reduplicación se contrasta el referente con otros posibles y así, el enunciado adquiere precisión. El emisor del enunciado presenta su punto de vista subjetivo al describir una situación. Para resaltar unos referentes, los contrasta con otros: esta vez, sin embargo, no creemos que tengan intención argumentativa, ya que el emisor no quiere convencer al interlocutor de algo, más bien, aportar su visión de los hechos. De este modo, la reduplicación contribuye a la intensificación de la subjetividad.

5.3 La reduplicación de los demostrativos en italiano

En italiano, el sistema de los demostrativos presenta sus peculiaridades por las que las construcciones formadas a partir de su reduplicación tienen otro estatus y desempeñan diferentes funciones. Primero, conviene señalar que en italiano son muy frecuentes las construcciones en las que aparece tanto el adverbio como el adjetivo/pronombre demostrativo tipo *questo qui* o *quello là*:

(27) *– Sa chi mi sta preoccupando?*
– Per me, eh, per me, scusi.
– Eh, Paparesta.
– Per me è il più bravo di tutti, è un figlio di puttana, perché è intelligente più di tutti, però come qualità ***questo qui*** *…*
– Sì, sì.
– Non ce ne sono bravi come lui.
(PEC)

(28) *– senti, un pò, poi invece, e, e, e, un' altra cosa, e, e, e, ieri sera avevo un ragazzino di Roma, dell' Atal …*
– di Atlanta, no …
– Sì, sì, ***quello là****, sì.*
– Porca puttana, ragazzi, l' Atal è un gran figlio di puttana …
(PEC)

En el caso de estas construcciones, estamos ante la repetición de dos unidades de diferente forma, pero con el mismo significado. *Questo* y *qui* son unidades deícticas orientadas hacia el emisor del enunciado, mientras que *quello* y *là* se refieren a lugares alejados del hablante. Por lo tanto, constituyen construcciones compuestas por dos unidades diferentes en cuanto a la categoría, pero que expresan el mismo significado deíctico. Es un tipo de duplicación de sentidos, pero dada la diferencia formal entre los elementos, no forma parte del objetivo del presente trabajo, esto es, las reduplicaciones léxicas. No obstante, nos parece de gran provecho para el presente estudio la explicación del porqué en una construcción se repiten los mismos significados semánticos. Una propuesta muy interesante es la aportada por Ledgeway (2015: 63–80). El autor afirma que, en diferentes partes de Italia, prevalecen diversos sistemas de demostrativos. En algunas regiones, el sistema tripartito se basa en el sistema bipartito (*questo/quello*) acompañado por los adverbios deícticos. Por lo tanto, la función del adverbio/pronombre demostrativo se asemeja más bien al papel que desempeñan los artículos definidos, esto es, indica la definitud de los conceptos. Son los adverbios deícticos los que parecen presentar mayor fuerza deíctica que los adjetivos/pronombres. Ledgeway proporciona incluso ejemplos en los que la orientación deíctica del adjetivo/pronombre contradice la orientación del adverbio, como en:

(29) Sta donna là (Ledgeway, 2015:66)

En (29), *sta* indica localización cerca del hablante, mientras que el adverbio *là*, sitúa la localización lejos del emisor del enunciado. Según Ledgeway, es el adverbio el que indica la ubicación en el espacio (esto es, posee la fuerza deíctica), mientras que el adjetivo señala la definitud, como el artículo definido *la*.

Esta explicación parece razonable, dado que el origen de los demostrativos y de los artículos tiene sus raíces en los demostrativos latinos. Aunque, en su evolución, estas dos categorías emprendieron caminos diferentes, se crearon a partir de los mismos elementos y, por lo tanto, pueden compartir ciertas características.

La reduplicación de los demostrativos en italiano es frecuente, pero muchos de los casos no cumplen con nuestra definición de reduplicación: constituyen la repetición de sentidos y no de formas. Esto no significa que no existan casos de reduplicación léxica, sin embargo, son bastante escasos y no desempeñan funciones pragmáticas muy variadas.

En cuanto a los adverbios demostrativos, hemos observado que las construcciones reduplicadas aparecen en secuencias de tipo interactivo y sirven para señalar hacia un lugar concreto matizando la precisión. Esta precisión se basa en la necesidad del hablante de localizar un lugar con mucha exactitud con el objetivo de ayudar al interlocutor.

(30) C: comunque ***qui qui*** *vede poco ah perché quando c'è stranieri ci vuole più ah quando c'è tutti permessi di soggiorno passaporti*
A: qui non si può vedè quanti ci vuole_ a ogni persona
(VoLIP)

En varios casos, la precisión está delimitada a partir del contraste (como en el caso de los adverbios demostrativos en las secuencias argumentativas/interactivas en español). Como el repertorio de los ejemplos de reduplicación de los demostrativos no es muy amplio, no nos atrevemos a constatar que estas construcciones siempre sirvan para marcar contraste, no obstante observamos tal tendencia, como en los ejemplos:

(31) vabbè però ***qua qua*** *ho scritto qualche non ho il curriculum però ho la scheda questa è la brutta copia della scheda quindi*
(PEC)

(32) qui è stato è stato saltato semplicemente il titolo mh ma il testo mi sembra che che non cambi molto pare che ***qui qui*** *poi ce ne mancano due righe prima colonna pagina 204 io non la capisco questa cosa qua*
(PEC)

(33) *Ma in Lombardia sì ma Sondrio no cioè perché comunque Lombardia è una cosa Sondrio è un' altra perché Sondrio devi considerare che è in una valle è inculato è inculato e non solo per il turismo d' estate c' è qualcosa sì no per il turismo sì però in una zona perché in alta valle tu considera che c' è sta valle la valle è fatta così no cioè tu* ***qui qui*** *c' è il lago di Como*
(PEC)

El significado de contraste viene explicado por la tabla siguiente:

	Lugar indicado por el adverbio reduplicado	**Lugar con el que se contrasta**
Ejemplo (31)	Il curriculum	La scheda
Ejemplo (32)	Il testo incompleto	Il testo completo
Ejemplo (33)	Lombardia	Il lago di Como

Tal como hemos observado al inicio de este capítulo, la peculiaridad de los demostrativos radica en la dificultad de proporcionar una definición clara y concisa que no sea demasiado abstracta. Una de las maneras de definir los referentes de los demostrativos es contrastarlos con otros sitios, lo que ocurre en los ejemplos mencionados.

Los casos de adjetivos/pronombres demostrativos son incluso más escasos. Tal como ocurre en el español, su función sintáctica tiene carácter pronominal. En algunos de los ejemplos, la reduplicación presenta la función intersubjetiva de mostrar acuerdo con el interlocutor, como en:

(34) *A: no ma non è stata una lamentela diciamo era per dire insomma che quindi*
B: sì sì certo ***questo questo*** *purtroppo_ capita*
(VoLIP)

(35) *C: vogliamo fare in un altro modo?*
B: no tu non c'entri se vuoi parlare parli con me
C: ***questo questo*** *può essere ma fare <??>per me non è male # no?*
B: non ti permettere di parlare con i miei due bassotti non puoi parlare con i miei due bassotti
(VoLIP)

En estos casos la reduplicación sirve para confirmar las palabras del interlocutor demostrando el acuerdo con lo que dice. Hemos encontrado, además, un ejemplo en el que la construcción *quello quello* sirve para marcar contraste:

(36) *G: hai registrato pure il tasso di dipende*
B: sì no no ***quello quello*** *no [incomprensibile]*
(VoLIP)

Bajo la construcción *quello quello* se halla *il tasso di dipende* que es lo que no ha registrado el participante B. Lo que quiere señalar, por lo tanto, es que ha registrado otras cosas pero no esta. El significado semántico de *quello*, esto es, la noción de alejamiento indica que el hablante se distancia de esta actividad subrayando al mismo tiempo que ha realizado otra.

En general, la reduplicación de los demostrativos en italiano nos parece menos frecuente que en español. A nuestro juicio, la razón puede radicar en lo ya advertido, esto es, en la pérdida de valores deícticos por parte de los adjetivos/pronombres demostrativos y el aumento de la fuerza deíctica de los adverbios deícticos. Al ser muy frecuentes las construcciones tipo *questo qui* o *quella là*, la reduplicación de uno de sus constituyentes sonaría muy redundante. No obstante, hemos encontrado un ejemplo de tal reduplicación:

(37) *eh là fuori s' ha da fa' 'na 'na rinfrescatina eh fuori al all' androne quella è la cosa che facciamo all' ultimo momento no sì adesso ne parlo anche col pittore ah ah in modo che c' 'o spiegate 'na rinfrescatella giusto così eventualmente ci dite a a* ***quella quella là là*** *eh ce lo dico pur' io stasera di sposta ' nu poco quei quei due cosi di vetro in modo che la roba che sta qua fuori ah ah ah ah ce lo dite un attimo vabbuò che ce lo dico pur' io stasera ah va bene vabbè ingegnere io chiamo fra una mezzoretta perché c' è quel mio amico che vuole parlare con il falegname ho capito comunque io vi chiamo appena ho delle notizie sulla sul discorso delle bocchette va bene tanto*
(PEC)

Como es un solo ejemplo, no formulamos una conclusión tajante acerca de su función pragmática, no obstante, este caso nos parece muy interesante porque contiene cuatro elementos con el mismo significado deíctico lo que contradice los principios de la economía lingüística.

5.4 El caso de *eso* y *ecco*

Tanto en español como en italiano encontramos un demostrativo que, mediante un proceso de gramaticalización, ha perdido su valor deíctico convirtiéndose en un marcador discursivo: nos referimos a *eso* en español y *ecco* en italiano. Estos demostrativos tienden a reduplicarse, intensificando así sus funciones pragmáticas.

Las construcciones *eso eso* y *ecco ecco* son propias de la interacción: aparecen cuando hay, por lo menos, dos hablantes. Su carácter es fuertemente intersubjetivo porque se dirigen hacia el interlocutor teniendo en cuenta su posición en el discurso. En general, la función tanto de *eso eso* como de *ecco ecco* radica en demostrar el acuerdo con lo dicho por otro participante de la conversación, como en:

(38) *Supongo que a ti te pasará lo mismo con tus vecinos a lo mejor o a lo mejor no. Has conocido a gente nueva, vecinos nuevos o gente del entorno o o con gente que te llevas bien, por equis circunstancias, no has no es que hayas discutido, ¿no?, pero a lo mejor*

has dejado de entablar esa relación que tenías. Sí, bueno, pero eso es claro, ***eso eso*** *Eso es, claro. es lo normal.*
(CREA Conversación 13, Universidad de Alcalá de Henares)

(39) *H2: Ah, o sea [fin de solapamiento de turnos] que era como banquero pero de cebada.*
H1: E[palabra cortada]... ***eso, eso.*** *[risa] Así. Así hacía mi abuelo.*
H3: [solapamiento de turnos] Fíjate, oye.
(CORLEC)

(40) *A: vedere <?> che insomma nel quale io l'aiuto un po' poco anche con*
C: comunque anche cercargli le parole nel vocabolario e fargli vedere
A: ***ecco ecco***
(VoLIP)

(41) *A: alla fiera m'è venuto in mente ora ecco per quanto riguarda poi*
B: sì sì si fa in questa settimana perchè poi io la prossima settimana non ci sono
A: i telefoni dell'agenzia ***ecco ecco*** *allora per quanto riguarda i telefoni dell'agenzia lì_ ora si aspetta che arrivi la lettera della*
B: lunedì sette che ci dicono?
(VoLIP)

En todos estos casos, las construcciones reduplicadas funcionan como una reacción positiva a las palabras del interlocutor. A veces, la reduplicación *eso eso* o *ecco ecco* viene acompañada por otros elementos de afirmación, como *eso es, claro* en (38) o *así* en (39), en otras ocasiones, es el único indicio de que el hablante está de acuerdo con su interlocutor.

5.5 La reduplicación de los demostrativos y su relación con el ethos comunicativo

La reduplicación de los demostrativos aporta indicios acerca del ethos comunicativo de las comunidades analizadas. Primero, la reduplicación de los demostrativos puede constituir un mecanismo de cortesía verbal. La cortesía se realiza en diversos planos:

1) Al precisar los conceptos, el emisor del enunciado intenta facilitar el entendimiento por parte del interlocutor: así se muestra interés por otros participantes de la conversación. Muchas veces la información presentada por el hablante resulta de alguna manera importante para el oyente (por ejemplo, cuando se describe dónde se encuentra algún lugar o quién es la persona de quien se habla), en estos casos la precisión es muy deseable porque garantiza un buen entendimiento del mensaje.
2) En el caso de algunos demostrativos, especialmente *eso* y *ecco*, la reduplicación manifiesta el acuerdo con lo dicho por otra persona. De este modo, se realiza el FFA, esto es, se salvaguarda la imagen positiva del receptor demostrando la solidaridad con este.

Por otra parte, creemos que los ejemplos analizados desempeñan una función importante al nivel de las relaciones interpersonales en las comunidades hispano- e italoparlantes. Especialmente en cuanto a *eso* y *ecco*, son construcciones que sirven para reaccionar a las palabras del interlocutor lo que parece formar parte de su ethos comunicativo. Las comunidades mediterráneas no se consideran comunidades de silencio, esto es, el silencio puede ser interpretado como marca de descortesía. Por lo tanto, tras cada intervención se espera alguna reacción. Las construcciones reduplicadas, especialmente *eso eso* y *ecco ecco*, cumplen con este requisito comunicativo: se ajustan a las normas de interacción en las comunidades analizadas. Por ejemplo, en el fragmento (42), la reduplicación *ecco ecco* desempeña primordialmente una función interactiva no aportando ninguna información nueva a nivel semántico:

(42) *qui naturalmente ho tanti ospiti e ve ne vorrei presentare uno in particolare* ***ecco ecco*** *bravo uno in particolare eh naturalmente qui siamo alla casa direi di Adriano eh ohe sì e tutto vero ohe sei proprio forte ecco bravo bravo complimenti*
(PEC)

Conviene subrayar, no obstante, que *ecco ecco* juega un papel de mayor importancia a nivel interactivo: garantiza el desarrollo de la conversación de acuerdo con las normas sociales establecidas (lo que en muchos casos resulta más significativo que la transmisión de un mensaje concreto).

6. La reduplicación de verbos

El presente capítulo está dedicado a la reduplicación de formas verbales en formas diferentes al imperativo. Teniendo en cuenta la especificidad de los imperativos y las funciones que representa su reduplicación, hemos decidido examinar esta categoría en un capítulo aparte (véase el capítulo 4). En esta parte de nuestro estudio, se reflexiona acerca de las posibles funciones de otras formas de los verbos.

Antes de comenzar el análisis, conviene señalar algunas de las peculiaridades de las construcciones reduplicadas basadas en verbos. Primero, la reduplicación concierne, específicamente, a los verbos en formas no personales, esto es, infinitivos y gerundios (más raramente participios). La cuestión perece curiosa porque en otras categorías, la reduplicación abarca todo tipo de formas conjugadas (según el número, el género, etc.). La reduplicación de los verbos personales no es imposible, pero, a nuestro juicio, resulta mucho más difícil de detectar en las transcripciones. Por ejemplo, podemos imaginar la construcción reduplicada del verbo *oler* en tercera persona de singular del presente, como en el enunciado *Es un gazpacho, pero huele huele a tortilla.* En este enunciado bastante absurdo, pero no imposible desde el punto de vista formal, el hablante llama la atención sobre uno de los aspectos del gazpacho: su olor. Se subraya primero, que este gazpacho 'huele de verdad' a tortilla y segundo, que se parece a la tortilla solo por el olor (pero en otros aspectos, como el color, es un gazpacho). Aunque no podemos descartar tal motivación, resulta muy complicado asignarla a los ejemplos extraídos de los corpus, como el fragmento siguiente:

(1) *0151 B: y y Raquel Cerveraa↑* ***huele huele*** *a aa*
0152 D: (RISAS) entre los puros que se fuma→ bueno no son puros↓ pero como si lo fueran [pero bueno
(Val.Es.Co 2.0)

Como se advierte en la parte introductoria de nuestro trabajo, se intenta evitar la confusión entre el mecanismo de la repetición y el de la reduplicación que constituyen dos procedimientos muy relacionados, pero con motivaciones diferentes (véase el capítulo 2.8.). Sostenemos que la repetición puede manifestar finalidades distintas de las atribuidas a la reduplicación, por ejemplo, la de introducir una reformulación, una elipsis, o simplemente ganar tiempo cuando se le escapan las palabras al hablante. Al analizar los corpus, hemos llegado a la conclusión de que, a partir de los datos propuestos, resulta difícil decidir si los verbos en formas personales constituyen una reduplicación o una repetición. Tal es el caso de (1), en el que *huele huele* puede constituir una reduplicación que hace referencia a la prototipicidad de la acción, o bien una repetición motivada por el hecho de olvidar a qué huele Raquel y necesitar más tiempo para poder recordar esa información. Tras encontrarnos con un amplio abanico de casos de este tipo, hemos decidido excluir los verbos en formas personales del presente análisis, salvo algunos casos que, a nuestro juicio, constituyen ejemplos de gramaticalización.

En cuanto a las formas no personales de los verbos, se comentan con mayor detenimiento la reduplicación de los infinitivos y la reduplicación de los gerundios, ya que parecen presentar cierta peculiaridad: tienden a aparecer en un determinado tipo de secuencias aportando un significado concreto, entrando a la vez en oposición, según el esquema:

Gerundios: secuencia descriptiva → subjetividad
Infinitivos: secuencia argumentativa → intersubjetividad

Otra vez insistimos en la palabra **tendencia,** ya que, como vamos a demostrar, a veces las reduplicaciones de infinitivos sirven para describir, mientras que las reduplicaciones de gerundios se emplean para argumentar. No obstante, en numerosos ejemplos se confirma esta oposición dando lugar a un fenómeno bastante peculiar.

En cuanto a los participios, su reduplicación no nos parece imposible: tal como se reduplican los adjetivos tipo *limpio limpio* o *descalzo descalzo,* nos podemos imaginar la reduplicación de los participios *limpiado limpiado* o *descalzado descalzado.* No obstante, en los corpus hemos encontrado un número muy limitado de ejemplos de reduplicación del participio. Dado lo reducido de la muestra, no nos atrevemos a formular conclusiones tajantes acerca del funcionamiento de este tipo de construcciones, salvo la expresión *capito capito* que nos parece muy interesante desde el punto de vista de su papel en la interacción.

Antes de presentar los resultados de nuestro estudio acerca de la reduplicación de los verbos, conviene señalar que hemos encontrado mayor número de ejemplos en los corpus españoles que en los italianos. Teniendo en cuenta que el corpus se limita a la lengua hablada (lo que elimina una gran cantidad de ejemplos), el número de construcciones analizadas puede constituir una pura casualidad. Por otra parte, es posible también que los hispanohablantes sean más propensos a reduplicar los verbos que los italoparlantes. Cualquiera que sea la explicación, advertimos que, en general, los ejemplos españoles que apoyan nuestro razonamiento son más numerosos que sus equivalentes italianos.

6.1 La reduplicación de gerundios

La primera forma verbal que se somete a nuestro análisis la constituye el gerundio. Tal como se advierte en la parte introductoria, la construcción reduplicada basada en el gerundio aparece primordialmente en las secuencias descriptivas intensificando la subjetividad. Conviene explicar con más detenimiento el funcionamiento de este mecanismo.

En uno de los trabajos más reconocidos sobre reduplicación, el ya mencionado artículo de Moravcsik (1978: 319–321), se divide el significado de los verbos reduplicados en dos grupos:

- la secuencia de acontecimientos continuos o repetidos realizados en diferentes lugares o tiempos por los mismos participantes:

(2) *Ewe: zɔ: 'andar' > zɔ zɔ: 'estar andando' (Ansre, 1963, citado por Moravcsik, 1978: 319)*
(3) *Twi: tẽem: 'llorar una vez' > tẽetẽem: 'llorar varias veces' (Christaller, 1875, citado por Moravcsik, 1978: 319)*

- la secuencia de acontecimientos continuos o repetidos realizados en diferentes lugares o tiempos por participantes diversos:

(4) *Samoano: mate: 'él muere' > mamate: 'ellos mueren' (Pratt, 1862, citado por Moravcsik, 1978: 320)*
(5) *Twi: wu: 'morir una o más personas' > wuwu: 'morir una gran cantidad de personas' (Christaller, 1875: 64, citado por Moravcsik, 1978: 320).*

En el ámbito español, Escandell (1991: 81–93) divide los verbos en tres tipos:

- los predicados que indican *realizaciones*: su reduplicación implica iteración (la acción se realiza *varias veces*),
- los predicados que indican *procesos*: su reduplicación manifiesta significado extensivo (la acción se realiza *durante mucho tiempo*),
- los predicados que indican *estados*: su reduplicación añade el valor de *profundamente*.

En cuanto a la función pragmática de los gerundios reduplicados, sostenemos que el tipo de predicado no ejerce una influencia significativa. Esto es, cualquiera que sea el tipo de acción que representa el verbo, una realización, un proceso o un estado, su función a nivel pragmático parece vincularse a la intensificación de la subjetividad. Basándonos en los corpus, proponemos el siguiente esquema que explica el funcionamiento de las construcciones reduplicadas de los gerundios:

[XX] → [intensificación de la subjetividad]
X: verbo en forma no personal de gerundio

construcción reduplicada → se marca la continuidad o la iteración de la acción → se intensifica la perspectiva subjetiva del emisor

El esquema general señala hacia la función subjetiva de la reduplicación de los gerundios cuyo papel viene detallado en el segundo esquema. Al repetir dentro de un sintagma un mismo gerundio, se marca la continuidad o la iteración de la acción. Bajo el término *continuidad* entendemos el hecho de extenderse una acción en el tiempo (lo que Escandell especifica como *durante mucho tiempo*). La iteración, por su parte, indica la repetición de una acción varias veces. En el primer caso, no se interrumpe la acción, sino que esta se realiza en un tiempo extenso, mientras que en cuanto al segundo significado, la acción se interrumpe y luego se vuelve a realizar. La finalidad pragmática de este tipo de reduplicaciones consiste en marcar la perspectiva subjetiva del emisor: es una aportación de subjetividad a la secuencia descriptiva. Con el objetivo de demostrar nuestra propuesta, se presenta una serie de ejemplos españoles e italianos:

(6) *Mira, lo que ha pasado lo que ha pasado este este trimestre este primer trimestre, porque en general, en el colegio no se puede decir que se haya pasado generalmente, salvo aquel año famoso que estuvimos sin calefacción, que se haya pasado frío, lo que ha pasado es que este año a nosotros compramos gasóleo a finales de curso, con el dinero que quedaba rellenamos el tanque y luego a la vuelta fuimos a comprar otra vez el el fueloil y y bueno, a ver, y que han tardado un montón de días en en traernos el fuel, doce días y entonces hemos estado controlando la calefacción,* ***controlando controlando*** *esto, poniéndola menos horas, porque no queríamos arriesgarnos.*
(CREA, Colegio Mayor, conversación entre representantes de los colegiales, Madrid, 31/01/91)

(7) *que subiéramos al del recreo tío↓ y luego te echaba el aliento e iba (()) echando el aliento↓*
0181 B: ¡Gimeno! Gimeno a mi el año pasao↓ no/hace dos años/en tercero // °(eso es)°/en medio de ese ((PUERCO)) //
0182 D: ay síi↓ [¿por dónde?
0183 B: me dice]/estaba el-el hombre inspirado contando ***hablando [hablando→***
(Val.Es.Co 2.0)

(8) *0048 MJ: es muy peseao// además de verdad§*
0049 M: § es un plasta
0050 MJ: es MUY↑/muy muy pesao/a(d)emás/¡es que no te deja hablar!/// te tiene que contar todas sus historietas amorosas→ cuando es que se las inventa↓/el otro día/estaba en la cafetería↓/estábamos// yy me parece que eraa/cuando acabábamos un examen↓ o no sé que/y él estaba en la cafetería↓/total quee/nada↓// nos sentamos con él y tal↑// y estábamos allí y se acerca una chica ¿no?/// y ***hablando hablando↑*** *oigo como dice laa- laa- la chica esta a él↑/eres/don FANTASIman [(RISAS=]*
(Val.Es.Co 2.0)

(9) *hab1 mira <pausa/> ella a este chico lo conoció <silencio/>*
hab1 en el colegio <pausa/> lo conoció en el colegio <pausa_larga/>
hab1 y mmm <pausa/> y fueron ***creciendo creciendo*** *<silencio/>*
hab1 total que se hicieron a él <palabra_cortada>p</palabra_cortada> <pausa/> él pasa de la gordura de ella <pausa_larga/>
(ESLORA)

(10) *hab1 sí <palabra_cortada>t</palabra_cortada> hombre yo <pausa/> yo sabía <pausa/> ¡joder! yo eeeh yo sabía que la lubina se iba a pescar a la roca <pausa/> a la zona <alargamiento>de</alargamiento> la zona del batiente donde donde donde rompe <pausa_larga/>*
*hab1 que iban <pausa/> que que iban allí a pescar la gente desde los acantilados o desde lanchas <pausa/> <alargamiento>****metiéndose****</alargamiento>* ***metiéndose*** *allí <pausa_larga/>*

hab2 pero ya no es lo mismo
(ESLORA)

(11) *Banca Commerciale Italiana succursale Tiburtina Banca Commerciale Italiana succursale Tiburtina Tiburtina come vanno e cose ah se comincia a core de brutto sì me sembra che se sta smuovendo se sta* ***muovendo muovendo*** *sì sì allora io ti ringrazio*
(PEC)

(12) *allora vi posso raccontare di dai raccontaci allora son partita così la mattina è sempre tragico arrivare a scuola un' altra volta gente come un' altra volta è come hai incominciato l' altro un altro tema è quella lo stesso tema è ripetitiva sì ma fino a un certo a punto questo era anche l' altro giorno no ah ah ce l' ha raccontato sì ce l' ha raccontato eh insomma eh chiedi a lui ho sempre parlato la scuola tu vai prendo questo va bene con gente che arriva sempre* ***barcollando barcollando*** *col sonno ah che sembrano zombi che salgono le scale sembrano zombi no aspetta io mi diverto a io dico che la mattina arrivo sempre presto mi diverto a veder gli amici che salgono le scale come degli zombi e hanno una faccia che non dico eh sembra che a colazione a posto del latte abbiano bevuto vino bianco bye bye ciao ciao ciao abbiano bevuto vino bianco*
(PEC)

(13) *è l' effetto sostituzione si chiama così perché quando idealmente il nostro consumatore cammina da c a b quello che sta facendo è questo che fermo restando la sua utilità sta sostituendo unità del bene x con unità del bene y cioè sta diminuendo la quantità consumata del bene y vedete man mano che da qui passa sta qui deve per forza diminuire la quantità del bene y e aumentare la quantità del bene x la cambia* ***diminuendo diminuendo*** *x e se voi vedete voi sapete benissimo che deve essere proprio x*
(PEC)

En los fragmentos expuestos, la reduplicación del gerundio presenta un significado de continuidad o de iteración apoyando la interpretación subjetiva en la que se revela el punto de vista del hablante, tal como lo explica la tabla siguiente:

Ejemplo	**Significado semántico de la reduplicación**	**Noción subjetiva que se intensifica**
Ejemplo (6) ***controlando controlando***	La continuidad de la acción de controlar la calefacción.	Lo difícil que fue ese procedimiento.
Ejemplo (7) ***hablando hablando***	La continuidad de la acción de contar una historia.	La actitud negativa frente a la persona descrita (porque fue pesada o aburrida con su historia).
Ejemplo (8) ***hablando hablando***	La continuidad de la acción de hablar.	Lo pesado que resulta el hábito de la persona descrita de hablar sin cesar.

Ejemplo	Significado semántico de la reduplicación	Noción subjetiva que se intensifica
Ejemplo (9) ***creciendo creciendo***	La continuidad de la acción de crecer.	Lo impresionante que es la longitud de su relación.
Ejemplo (10) ***metiéndose metiéndose***	La iteración de la acción de meterse en un lugar.	La actitud negativa frente a la cantidad de gente que pesca en esa zona.
Ejemplo (11) ***muovendo muovendo***	La continuidad de la acción de moverse.	La impresión de que la *Banca Commerciale Italiana* se desarrolla y su situación mejora poco a poco.
Ejemplo (12) ***barcollando barcollando***	La iteración de la acción de tambalear.	La impresión negativa al llegar a la escuela.
Ejemplo (13) ***diminuendo diminuendo***	La continuidad de la acción de disminuir.	La impresión de que el proceso de disminuir resulta inevitable.

Como se subraya a lo largo del presente trabajo, la noción de subjetividad está estrechamente vinculada a la intersubjetividad. Esto es, al revelar su punto de vista, el hablante influye de alguna manera sobre la percepción de los hechos por parte del interlocutor: este procedimiento contiene matices de argumentación. Creemos, sin embargo, que a veces es una de las nociones (la subjetividad o la intersubjetividad) la que prevalece. En este caso parece que es la subjetividad la que representa el papel principal, dado que el hablante no necesariamente desea influir sobre el receptor, sino que más bien necesita compartir su propia visión de los hechos. Por lo tanto, aunque reconocemos cierto carácter intersubjetivo de las reduplicaciones de gerundio, creemos que la función primordial de las construcciones analizadas radica en exponer la subjetividad (que, según dice la tabla, puede asumir caras muy variadas).

La tendencia defendida tiene sus excepciones. Tal es el caso de (14), en el que estamos ante una secuencia descriptiva, pero la reduplicación no parece indicar continuidad o iteración, sino más bien precisar la acción efectuada:

(14) *H2: Sí... sí... sí... sí... sí... sí.*
H1: Y entonces yo me fui a la caza en Alicante porque me había enterado que estaba en Alicante... ¡hombre!, también tendría gracia que después de ser tan protagonista, nos fueran a quitar el protagonismo otra televisión, otras radios, otras historias,
H2: Ya.
H1: ...y me fui ***corriendo, corriendo*** *a la caza de Diego al... allí en Alicante. Y ya le he dicho*
(CORLEC)

El hablante H1 describe una situación en la que tuvo que trasladarse con prisa a Alicante. Se utiliza la construcción reduplicada *corriendo corriendo* no para indicar la extensión de la acción ni su iteración, sino más bien para resaltar la velocidad con la que se efectuó. La reduplicación nos presenta una perspectiva subjetiva, pero por un motivo distinto al de los ejemplos anteriores. Hay dos posibles explicaciones de tal uso de esta construcción. Primero, puede constituir una excepción a la tendencia presentada (como subrayamos, todas las tendencias pueden tener sus excepciones). Por otra parte, no estamos totalmente seguros de si la expresión analizada constituye una reduplicación. En la transcripción, entre los posibles componentes de la construcción reduplicada se encuentra una coma lo que puede constituir un indicio de pausa entre el primer y el segundo elemento. Si efectivamente hay pausa entre *corriendo* y *corriendo* estamos ante una repetición. No obstante, conviene tener en cuenta que la ortografía asumida en el corpus no necesariamente tiene que descartar la posibilidad de que estemos ante una reduplicación. Las construcciones reduplicadas no poseen unas reglas de escritura bien definidas ni en la tradición hispánica ni en la italiana. A veces, se escriben como dos palabras sin ninguna marca ortográfica intermedia (tipo *café café*). Escandell (1991) en su artículo pone un guión entre los componentes de la reduplicación para marcar que constituyen una sola construcción (tipo *café-café*). Tal modo de transcribir las reduplicaciones aparece también, aunque con menos frecuencia, en algunos corpus. Además, no debemos perder de vista que algunas reduplicaciones se pueden escribir juntas (tipo *fuggifuggi* en italiano). Por lo tanto, al examinar estas construcciones no nos debemos fijar demasiado en su transcripción, dado que carecen de una norma de escritura establecida. Dicho todo esto, concluimos que nuestro ejemplo *corriendo corriendo* puede constituir una excepción a la tendencia defendida o bien, una repetición (y no reduplicación).

6.2 La reduplicación de infinitivos

La reduplicación de infinitivos parece mostrar una tendencia bien distinta. Primero, la mayoría de los ejemplos aparece en secuencias argumentativas (aunque, como se demuestra más adelante, existen también casos de su uso en secuencias descriptivas). Al hablar de la reduplicación de los sustantivos y los adjetivos, se aprecia que, en las secuencias argumentativas, la construcción reduplicada apunta hacia el prototipo, esto es, una entidad 'de verdad' que puede ser interpretada como algo positivo o negativo: de ahí surge el componente evaluativo. Lo mismo parece ocurrir en cuanto a los infinitivos reduplicados: denominan al prototipo que, dependiendo del contexto, puede ser interpretado positiva o negativamente. Por lo tanto, el esquema general del funcionamiento de las reduplicaciones de infinitivo obtiene la siguiente forma:

[XX] → [intensificación de la intersubjetividad]
X: verbo en forma no personal de infinitivo

construcción reduplicada → indica la prototipicidad de la acción → se intensifican los argumentos influyendo sobre el receptor

La prototipicidad viene evaluada positiva o negativamente y así se contribuye a la estructura argumentativa del texto cuya finalidad radica en influir de algún modo en el pensamiento del interlocutor. Veamos algunos ejemplos:

(15) *Sobre todo las matemáticas que es lo que me gusta a mí,, porque el inglés, ¡madre mía!, el inglés lo llevo yo fatal... ¿¿¿Pobre??? inglés??? si no sabemos el español., ¡madre mía! no sabemos el español o el castellano, ya no sabemos castellano. Yo creo que, sinceramente, nos ha aprobado, pues eso, de chiripa, porque ¿¿¿somos??? adultos y ¿¿¿vamos para delante???, porque* ***saber saber*** *no ...???. Y es que además es una asignatura que yo llevo fatal fatal. Según... ¿Inglés?. ... están explicando en clase, bueno, de momento pues se queda pero cuando salgo ya, luego lo olvido todo, sobre todo el inglés, el idioma???. Es que yo no sé qué qué qué nos pueden enseñar a nosotros de inglés, ¿a decir palabras sueltas????*
(CREA, Conversación 11, Universidad de Alcalá de Henares)

(16) *Yo creo que ganas de trabajar el día que esté enfermo, pero de resto no, porque además, yo creo que el hombre necesita, claro, con con las limitaciones propias ya de de los años que va teniendo uno, pero el hombre necesita* ***trabajar, trabajar****, porque, si te dedicas solamente a leer, terminas hastiándote, terminas aburriéndote, terminas cansándote.*
(CREA, GC-11. Hombre, de 68 años. Farmacéutico)

(17) *¿Qué problemas habría de que fuera un día o que fuera otro día? Bueno, el problema es disponer de un recurso que esté atento a eso porque, claro, yo tengo la remota puesta y se prueba y se puede probar perfectamente. Ahora bien, si la prueba, como puede ocurrir y Sí. de hecho ha ocurrido, pues, a lo mejor, una prueba hay una cosa que que parece que falla o y ahí alguien tiene que discernir realmente* ***poder poder*** *mirar qué es lo que estamos haciendo, si lo estamos enviando bien o mal, si falla algo, si no falla nada.*
(CREA, Empresa, conversación entre trabajadores, Madrid, 07/05/91)

(18) *hab1 "la cosa que más pone de todas es la adrenalina neno <ruido tipo="""golpe"""/> <pausa/> y si estás puesto de adrenalina tío llegas a casa y duermes como un bebé tío yo por ejemplo los días*
que <pausa/> voy a andar <alargamiento>en</alargamiento> moto <pausa/> llegas a casa tío que no puedes con nada ¿sabes? <pausa/> y ***bucear bucear*** *también descargas un montón de adrenalina ¿sabes? <pausa/> porque hay que estar mucho tiempo así atento ¿sabes? y a lo mejor estás una hora y media <pausa/> así todo el rato <pausa/> en tensión ¿sabes? <pausa/> <alargamiento>y</alargamiento> flipas tío aparte que estás el <palabra_cortada>je</palabra_cortada> ¿sabes? <pausa/> sin respirar <pausa/> que ya es otro incidente más ¿sabes? <pausa/> y a lo <alargamiento>mejor</alargamiento> <pausa/>*

<ruidotipo=""golpe""/> pasar así por debajo de una cueva y decir <cita_inicio/>uy uy que no salgo uy que no salgo<cita_fin/> <alargamiento>eso</alargamiento> <pausa/> fff <pausa_larga/>"
hab2 claro
(ESLORA)

(19) *B: sicura di sè perchè è una bambina timida*
A: sì
B: perchè io vedo che si mette anche a studiare a ***studiare studiare*** *e poi_ eh dimentica le cose*
(VoLIP)

(20) *ciò che emerge nel processo tramite la ritrattazione di Chiacchio e Dell' Omo è la verità oppure se invece è la negazione della verità stessa questo sarà necessario effettuarlo non soltanto sulla base queste valutazioni sarà necessario* ***effettuarle effettuarle*** *non soltanto sulla base della valutazione dell' attendibilità della ritrattazione che è pure un momento fondamentale per chiarire qual è il materiale processuale meritevole di attenzione ma anche sulla base della valutazione dell' eventuale sussistenza di un interesse*
(PEC)

El funcionamiento de las reduplicaciones en la estructura argumentativa lo expone la tabla siguiente:

Ejemplo	**Conclusión**	**Argumento que se refuerza mediante la reduplicación**
Ejemplo (15) ***saber saber***	El hablante no sabe hablar inglés.	*Saber saber*: evaluado positivamente como el hecho de tener un conocimiento verdadero. Al negar la capacidad de *saber saber* el hablante sostiene que no tiene la capacidad de hablar inglés.
Ejemplo (16) ***trabajar trabajar***	La gente necesita trabajar (el ocio no es suficiente).	*Trabajar trabajar:* evaluado positivamente como el hecho de desempeñar un trabajo tal como lo entiende la sociedad. En este contexto, limpiar la casa, cocinar o leer no es un trabajo, sino una acción que se realiza en el tiempo libre (salvo las personas que se dedican profesionalmente a estas actividades). El hablante sostiene mediante la reduplicación que el trabajo verdadero es imprescindible también para las personas mayores.

Ejemplo (17) ***poder poder***	Hay que elegir cuidadosamente el día para realizar la prueba.	*Poder poder*: evaluado positivamente como el hecho de tener tiempo y capacidades para hacer algo. El emisor del enunciado argumenta que un día parece mejor que otro para realizar la prueba porque está la persona que de verdad puede controlarla (para evitar los posibles errores).
Ejemplo (18) ***bucear bucear***	La acción de bucear te permite descargar adrenalina.	*Bucear bucear*: evaluado positivamente como un tipo de deporte verdadero. Para poder descargar adrenalina se necesita bucear de verdad (otros intentos de hacerlo pueden no desempeñar la misma función).
Ejemplo (19) ***sudiare studiare***	La alumna es trabajadora, pero tímida.	*Studiare studiare*: evaluado positivamente como el hecho de dedicar muchas horas a aprender. El hablante apoya mediante la reduplicación el argumento según el cual la alumna estudia mucho (aunque luego no se vean los resultados). Por lo tanto, no es una persona perezosa, aunque no sabe cómo demostrar sus conocimientos.
Ejemplo (20) ***effettuarle effettuarle***	Para poder llegar a la conclusión es necesario tener en cuenta varios factores.	*Effettuarle effettuarle*: evaluado positivamente como el hecho de realizar una acción con mucho detenimiento. La reduplicación sostiene el argumento de que al formular una conclusión se necesitan evaluar profundamente varios factores.

En todos estos ejemplos, la reduplicación indica la prototipicidad de la acción efectuada. Esta prototipicidad se somete a evaluación: el hecho de hacer algo 'de verdad' puede considerarse como positivo o negativo. De este modo, la construcción reduplicada apoya la estructura argumentativa de la secuencia.

Tal como ocurre en el caso de las reduplicaciones de los gerundios, a veces la construcción reduplicada de infinitivo no se ajusta al esquema propuesto. En algunos casos, apoya la estructura argumentativa, pero no indica prototipicidad, sino más bien continuidad o iteración, como en (21):

(21) *hab2 "claro <pausa/> <alargamiento>y</alargamiento> no te gustaría por ejemplo <ruido tipo=""chasquido boca""/> es que yo creo que somos un poco ambiciosos* ***comprar comprar invertir invertir*** *está bien ¿pero no te gustaría por ejemplo <pausa/> donar <pausa/> a una organización? <pausa_larga/>"*
hab1 hm <pausa/> sí sí
(ESLORA)

En este ejemplo, *comprar comprar* e *invertir invertir,* en vez de apuntar a los prototipos, señalan más bien unas acciones que se extienden en el tiempo o que se repiten (según la interpretación). No obstante, la reduplicación contribuye a la estructura argumentativa de la secuencia: se evalúa negativamente la continuidad de estas acciones argumentando la necesidad de llevar a cabo también otros procedimientos.

Aunque asociamos la reduplicación de infinitivo a la secuencia argumentativa, este tipo de construcciones está presente también en las secuencias descriptivas:

(22) *hab1 yo a* ***pescar pescar*** *<pausa/> sí fuera el año pasado en verano <palabra_cortada>fu</palabra_cortada> fuera este verano*
hab2 bueno
(ESLORA)

(23) *H2: Pues [fin de solapamiento de turnos] lo podían haber grabado, quedaría gracioso.*
H3: Quedaría muy gracioso. Bueno, yo lo que he hecho... de ***grabar, grabar,*** *lo que se dice grabar, es grabar unas palabras de don Jaime porque como el día dieciocho da su fiesta de cumpleaños, la del oro y el... y... y el negro, color negro y oro.*
(CORLEC)

En (22) y (23), la reduplicación de infinitivos forma parte de la descripción. En ambos casos, las construcciones hacen referencia a la prototipicidad de la acción: en (22), *pescar pescar* equivale a 'pescar de verdad', mientras que en (23), *grabar grabar* se refiere al hecho de 'grabar de verdad' (tal como lo entiende la sociedad, lo que revela la expresión *lo que se dice grabar*). En ambos casos, la reduplicación forma parte del tema del enunciado (la información conocida) que luego viene desarrollada por la parte remática. Aunque estos ejemplos no se ajustan al esquema propuesto, creemos que no invalidan nuestra tesis de que las reduplicaciones de infinitivos se presentan más propicias para sostener la estructura argumentativa del texto.

Al hablar de la reduplicación de los infinitivos en italiano, conviene mencionar la construcción *far fare.* Esta expresión es la más frecuente entre las construcciones reduplicadas de infinitivo en los corpus italianos analizados. La encontramos, por ejemplo, en los fragmentos siguientes:

(24) *c' è anche un' altra proposta di fare un blocco davanti alla RAI ma in questo caso sinceramente diciamo obbligare eh a* ***far fare*** *passare in assemblea domani e eh dire che comunicato viene a ventidue giorni in tre in ore*
(PEC)

(25) *– Secondo Te che sei molto vicino ai giovani, cosa bisogna fare, per rinvigorire quei settori dello Sport di cui ci si ricorda solo quando si vincono medaglie olimpiche?*
– Credo che ci sia un mea culpa da ***far fare*** *a tutti i media ed a tutte le Federazioni che non riescono ad attrarre i mezzi di comunicazione*
(PEC)

(26) *– Cosa ne pensa di Internet?*
– Io come imprenditore, credo molto in Internet ed infatti sto facendo realizzare un programma per ***far fare*** *la spesa da casa.*
(PEC)

(27) *– Sai che ...*
– L' ultimo anno lui ci lavora.
– Ma un altro anno lo fa, sicuro.
– E allora glielo devi ***far fare****.*
– Guarda.
(PEC)

Desde el punto de vista formal, la construcción *far fare* parece una reduplicación (incluso, de mayor grado de gramaticalización teniendo en cuenta la forma del primer elemento de la construcción). No obstante, argumentamos que *far fare* no constituye una reduplicación, sino la realización de una construcción bien distinta. En el diccionario Treccani,[63] la construcción *far fare* viene definida como "ordinare (provocare) che si faccia". Esta expresión puede tener varias realizaciones en las que el segundo elemento se sustituye por diferentes verbos, como *far ridere* ('provocar que alguien se ría'), *far lavorare* ('provocar que alguien trabaje'), etc. Por lo tanto, la construcción no encaja en la fórmula [XX] en la que X es el verbo *fare*, sino [far X] en la que X es un verbo en infinitivo. De este modo, *far fare* en los fragmentos citados constituye una de las posibles realizaciones de esta construcción, pero no una reduplicación coincidiendo con esta en la forma, aunque aportando un significado distinto (y, de acuerdo con la gramática de construcciones, para hablar de una construcción resulta imprescindible reconocer la relación entre forma y significado).

63 http://www.treccani.it/vocabolario/fare2/ [8/08/2018]

6.3 La construcción *capito capito*

En la parte introductoria del presente capítulo, se advierte de que la reduplicación de los participios parece ser un fenómeno menos frecuente que la reduplicación de los infinitivos o los gerundios. La propia categoría del participio suscita mucha polémica entre los lingüistas. Como señala Bosque (2007: 166–168), los participios poseen muchos rasgos que los asemejan a los adjetivos y por eso, varios estudiosos cuestionan su carácter verbal. Tras presentar una serie de problemas a la hora de clasificar los participios, Bosque llega a la siguiente conclusión (2007: 168): "Parece razonable pensar que la morfología nominal que poseen los participios pasivos no es razón suficiente para excluirlos de la clase de los verbos. La consecuencia de dar ese paso sería dejar sin explicar la mayor parte de su sintaxis, que muestra claramente una serie de propiedades típicamente verbales." Bosque, por lo tanto, defiende el carácter primordialmente verbal de esta categoría.

La reduplicación de los participios no es un fenómeno inexistente en español o italiano, pero los ejemplos son tan escasos que parece difícil formular unas conclusiones tajantes. Aparece en algunos ejemplos, como:

(28) – *Diciamo che quando fai una lasagna e dentro c' hai la scarola e la provola diciamo che.*
– *È tutto un altro gusto.*
– *Di per sé parti da gusti abbastanza.*
– ***Decisi decisi*** *soprattutto quindi c' erano 'ste due riviste e mi so' messa a guardarle questa delle uova ne avevamo parlato anche con Davide quindi sicuramente gliela devo rifare ah ce n' era un' altra che secondo me era forte proprio ed era i cestini come quelli che diceva Chiara di parmigiano ma dentro con la polpa della melanzana e i pomodorini.*
(PEC)

(29) – *Io devo andare avanti, la famiglia va avanti ...*
– *Una forma di egoismo?*
– *Ogni tanto ci penso ancora se l' ultima nata non mi sia* ***servita servita****, parola bruttissima non mi sia servita per superare questo lutto ...*
– *Forse doveva essere così, semplicemente, era la cosa più naturale.*
(PEC)

(30) *Claro, como quemarme yo mis pantalones. ¿Cuándo? Y rompértelos. ¿Cuándo se ha quemado los pantalones esta moni? Sí, maja y calla Los pantalones azules.* ***Rotos rotos*** *de que ha caído que te caíste ¿o quemados? No, que me quemé, con la plancha, que me dejé y se pegó a la plancha. Empecé a restregar y por eso ahora está esto más blanco. Los pantalones de. Pues mirad, esto esto de aquí No, yo pensaba que es que te habías caído.*
(CREA, Domicilio particular, conversación familiar, Segovia, 23/03/91)

Estos ejemplos parecen señalar la prototipicidad del concepto, pero nos resulta difícil llevar a cabo un análisis más profundo, ya que no constituyen una prueba suficientemente amplia. No obstante, una construcción ha llamado nuestra atención, especialmente por la función que desempeña en la interacción. Se trata de *capito capito* en italiano. Hemos observado que tal construcción aparece en varias partes de las conversaciones, como en los ejemplos:

(31) *a settembre è stata con la borsa di ghiaccio sì sul ginocchio ha avuto una specie di infezione mh mh tante storie ho* ***capito capito*** *quindi non si è mai mossa dal letto chiaro e la terapista c' era a Bergamo che ci lavorava sì ma non poteva fare fisioterapia* (PEC)

(32) *eh che XYZ mi ha detto qualche cosa però non so poi se questa telefonata che t' hanno fatto è legata è legata a quello ho* ***capito capito*** *va boh va boh buon lavoro okay grazie* (PEC)

(33) *eh dicevo queste 250 mila lire allora erano fissate come se fosse l' equo canone no 140 no no io ne pagavo 140 come vedrai da questi conti prima ho pagato 140 sì sì poi 170 che poi son diventati 180 con la facciata poi 200 da 180 siamo andati a 250* ***capito capito*** *così con aumenti che diceva lei* (PEC)

En general, la función de *capito capito* radica en demostrar que se entienden las palabras del interlocutor, o bien en animar a este para que siga con su historia. En (31) y (32), *capito capito* forma parte del sintagma verbal con el núcleo representado por el verbo en primera persona de singular del pretérito perfecto compuesto *ho capito capito*. En (33), por otra parte, se prescinde del verbo auxiliar *ho* dejando solo el participio reduplicado. Esto nos llama la atención sobre la posible gramaticalización a nivel interactivo de esta construcción. Esto es, *capito capito* apoya la interacción, ya que garantiza una buena relación entre los interlocutores formando parte de las expresiones de cortesía. Por lo tanto, la reduplicación *capito capito* no solo indica que el hablante ha entendido lo que le han contado, sino que facilita el desarrollo de la conversación según las normas de cortesía.

La construcción *capito capito* parece característica del italiano. En los corpus españoles no hemos encontrado un equivalente, tipo *entendido entendido*, con la misma función pragmática. Existen otras formas que pueden desempeñar una función parecida (como *ya ya* o *claro claro*), pero desde el punto de vista formal, no están compuestas por participios.

6.4 La reduplicación de los verbos personales

En la parte introductoria del presente capítulo se advierte de que las reduplicaciones, tal como las entendemos en este trabajo, conciernen primordialmente a las formas no personales de los verbos. Se subraya, además, que la repetición de los verbos personales resulta difícil de detectar porque existe una frontera muy borrosa entre las construcciones reduplicadas de verbos y las repeticiones.

En varias lenguas encontramos el mecanismo de repetir los verbos personales con la función de marcar de modo icónico la larga duración de una acción (sobre la iconicidad hablamos más adelante en el capítulo 8). Se trata de los usos siguientes:

(34) *58323 on patrzy tysiąc coś stopni w górę z tym/ze śmiechem/ /ze śmiechem/kramikiem. no i w końcu zostawił ten kramik idzie idzie na górę na górę już prawie doczłapał się na ostatnim stopniu. eh nie może tchu złapać a te drzwi się/udaje zadyszanie/ /udaje zadyszanie/zamykają wiesz. on* ***biegnie biegnie biegnie biegnie*** *i mu tak przed nosem chlast/naśladuje dźwięk zatrzaskujących drzwi/ /naśladuje dźwięk zatrzaskujących drzwi/!*
(NKJP)

(35) *¿¿¿si han quitado??? las cosas... hombre, siempre... porque mi marido es muy ordenado y muy detallista, más que yo, yo, sí... Ya. ...* ***limpio limpio limpio****, pero luego, no soy detallista, eso... las cosas como son... Sí. ... y yo muchas veces muchas veces digo... le digo: "Vam**... voy a... tú vas a ser el fracaso del matrimonio"*
(CREA, Conversación 5, Universidad de Alcalá de Henares)

Las repeticiones expuestas se asemejan a la reduplicación del gerundio: indican la extensión de una acción en el tiempo. No obstante, creemos que no forman parte del repertorio de construcciones reduplicadas por varias razones. Primero, la construcción reduplicada, tal como la entendemos en el presente trabajo, presenta el esquema [XX], esto es, está compuesta por dos elementos. Las repeticiones de los verbos personales pueden contener un diverso número de constituyentes (tres, cuatro, cinco, dependiendo de la voluntad del hablante). Además, la idea principal de la teoría de construcciones radica en reconocer el vínculo entre la forma y el significado. Por eso, a lo largo del presente trabajo argumentamos que existe una diferencia de carácter pragmático entre la unidad simple, tipo *casa, pasa* o *azul* y la construcción basada en su reduplicación, tipo *casa casa, pasa pasa* o *azul azul.* Lo que ocurre en las repeticiones de (34) y (35) es que su forma no necesariamente se relaciona con su significado, ya que el número de constituyentes no modifica sus valores semántico-pragmáticos. Esto es, no hay diferencia entre *biegnie biegnie biegnie* (tres constituyentes) y *biegnie biegnie biegnie biegnie* (cuatro constituyentes). Una y otra forma expresan el mismo significado (una larga duración de la acción): no encontramos diferencia al variar el número de elementos. Clasificamos, por lo tanto, este tipo de fenómenos como un mecanismo estilístico cuyo papel en la conversación no es nada desdeñable, pero que no forma parte de las construcciones reduplicadas examinadas en el presente trabajo.

Conviene señalar, sin embargo, que en español y en italiano encontramos ciertas construcciones reduplicadas compuestas por verbos personales. Se trata de las reduplicaciones de verbos en el dialecto siciliano y la construcción *dice dice* en español.

6.4.1 La reduplicación de verbos en siciliano

El italiano es una lengua que presenta una peculiaridad muy interesante: en un territorio bastante limitado encontramos un número muy elevado de variedades dialectales. Los dialectos son tan variados que algunos ponen en duda incluso la existencia de un italiano común. Cada dialecto italiano presenta sus propias características, tanto semántico-léxicas como morfosintácticas. Tal es el caso del siciliano: diferentes autores que enumeran sus rasgos específicos llaman la atención sobre un mecanismo de reduplicación de verbos personales raramente detectable en otras variedades. Para Sorrento (1950: 335), el verbo reduplicado en siciliano puede indicar una acción habitual que tiende a convertirse en un apodo para la persona que suele efectuar esta acción. Se trata de construcciones tipo *Zu Vasa vasa* que se puede traducir como 'tío besa-besa' en la que *vasa vasa* se refiere a la acción realizada frecuentemente por el tío.

Aparte de esta construcción, Rossitto (1975: 172) menciona las reduplicaciones de verbos que expresan generalizaciones formadas por adverbio + verbo reduplicado. El autor aporta los ejemplos siguientes:

(36) *Dove è è (= dovunque sia)*
Come è è (= comunque sia)
Come viene viene (= quale che sia l'esito)
Come fai fai (= in qualunque modo tu faccia)
Come dici dici (= in qualunque modo tu dica)
Cosa dici dici (= qualunque cosa tu dica)

Por lo tanto, en siciliano la reduplicación de verbos precedidos por adverbios indica cierta indiferencia por la información que se expresa. Al decir *come dici dici* o *dove è è*, el hablante subraya que el modo en que el receptor dice una cosa o dónde se encuentra una persona u objeto tiene menor importancia que otras informaciones aportadas en el discurso. Aunque no hemos encontrado casos de este tipo en los corpus analizados (son casos específicos solamente de un dialecto), nos atrevemos a proponer el siguiente esquema que podría explicar este tipo de construcciones:

adverbio + [XX] → [intensificación de la (inter)subjetividad]
X: verbo en forma personal de infinitivo

construcción reduplicada → la información tiene menor importancia → se intensifica la perspectiva (inter)subjetiva

Mediante la construcción reduplicada se indica la menor importancia de una información. Este procedimiento, por una parte, señala la perspectiva subjetiva del hablante (porque organiza las informaciones según su importancia) y puede también recibir una interpretación intersubjetiva (si contribuye a la organización argumentativa del texto).

6.4.2 La construcción *dice dice*

En español hemos encontrado una construcción compuesta por la reduplicación del verbo *decir* en tercera persona de singular. Esta construcción aparece con bastante frecuencia en un mismo tipo de contextos, como en los ejemplos:

(37) *Por Obispo Quesada, además. ¡Qué rabia! Yo pensaba que aquí se podía ir tranquilo. Sí. Sí, hombre. Se puede hombre, sí, pero que vamos. Pues eso. Así que todas esas cosas, maja. Están en un plan. Bueno, no te digo más que la citaron a las nueve la mañana y la examinaron a la una de la tarde porque el señor examinador no llegaba y cuando la cogieron, encima la dijeron: "Aparca ahí un momento que voy a comprar tabaco". ¡Pero bueno! Y el señor se fue a tomar un copazo de ginebra inmenso que su profesor, o sea, el de la autoescuela,* ***dice dice****: "¿Que se ha ido a comprar tabaco? Ya. Que se ha ido a tomar un copazo de ginebra".*
(CREA, Vehículo particular, conversación entre amigos, Segovia, 27/03/91)

(38) *Hija, ¿por qué tendrá tan pocas horas el día? El día. Y además que, bueno, o sea, yo es que tengo clarísimo que que tengo que sacarlas, o sea, que voy de eso que voy a ir delante el tribunal y voy a decir o sea, de esto que vas diciendo: "Mire, me da lo mismo, pero, o sea, yo de aquí me voy con la plaza", o sea, de esto que tengo que ir "Pregúnteme lo que quiera". Sí, o sea, de esto que vas sí, o sea, Joaquín me* ***dice dice****: "Tú tienes que ir segura, pensando que la vas a sacar. Si no la sacas, no pasa nada".*
(CREA, Domicilio particular, conversación entre amigas, Segovia, 27/03/91)

(39) *He trabajado yo más que ellos. Pero te quiero decir el caso que, entonces, pues me dice la chica,* ***dice dice****: "Pues mire, sabe lo que puede hacer, arreglar la casa de Doctor Santero y allí pongo yo mi despachito y abro una habitación, por eso te hablaba yo de que una habitación, quería hacer yo una habitación de estas y haber hecho un armario con cogiendo la puerta.*
(CREA, Conversación, Madrid, 10/04/91)

(40) *Pues ya lo estás llevando, claro, lógico. "y le dices al profesor 'mire', dice, 'que este estuche me lo he encontrado, que si es de alguien, pues'" Es que si el niño "'si es de alguien pues eso, y si no'" pero si ese ni si el niño viene diciendo: "Mamá me he encontrado este estuche" y yo le digo: "Pues mira, para ti, así no te lo tengo que comprar yo" Claro. pues ese niño* ***dice dice****: ", pues muy bien, mañana cojo" Pues otra cosa. Otra cosa. "pues la próxima vez cojo otra cosa y yo le digo" Claro. "a mi madre que me lo" Claro. "he comprado". Que he hecho una cosa buena, sí. Claro, al contrario.*
(CREA, Conversación 6, Universidad de Alcalá de Henares)

(41) *649 C: =ya lo creo// y ahí ya no tenía yoo/veinte años/ya tenía*
650 más/// (2'') estas son las del patín de– de– ¡ah! no/esta– ahí

651 tenía res años§
652 P: § ella se refería/y luego contó una historia
653 (RISAS)/de la mamá– de tu madre// dice que→// una vez se
654 fue Rosita no sé dónde↑/con Pepe↑///(2") y– y se quedaron
*655 allí en El Perelló↑// y **dice dice**/tía/se había roto el cristal*
656 de una puerta↑// y dice e y la tía nos decía/¿queréis cerrar la
657 puerta/que tengo frío?§
658 C: § (RISAS)/y no sabía que estaba el cristal
659 roto/quer– ¿no lo sabía?
(Val.Es.Co, p.207)

(42) 132 B: § en la caja fuerte (RISAS)
*133 A: **dice dice** mi cuñao→ dice ESTO que lleva aquí↑ esto será un rubí↓*
134 eso será un rubí↓ eso que te dije yo de las (())
135 C: que ((eso es lo que me pasó)) ¿te acuerdas deel– de lo que se
136 encontró↑ la semana pasada?/cuéntaselo↓ que lo ha llevao
137 a una relojería
(Val.Es.Co, p. 227)

*(43) 0392 A: (()) hacía tiempo ¿ no? (());yo qué se!/el otro día le dijo a Fernando→// **dicee dice**→¡ai!// tenem- tenemos que hablar de mogollón de cosas→ pero eh que luego com- como te veo súper poco estoy ahí contigo y oo se me olvida↑ o- o me pongó ahí yo qué sé o me apetece ahí hacer tonterías estar ahí y reírnos y eso/y yo→ pues nada me escribes una carta y me pones el PREFACIO de lo que quieres hablar→ y luego cuando te vea pues hablamos de eso yo creo que (()) hija mía el prefacio es que no me salía otra palabra tío el/prefacio hija mía// no sé→ me ha salido tío↑///*
(Val.Es.Co 2.0)

En todos estos fragmentos, la construcción *dice dice* aparece en un contexto muy similar. Primero, se trata de secuencias de carácter primordialmente descriptivo que describen una situación. Además, forman parte del llamado *estilo directo* en el que se transmiten, sin modificaciones, las palabras de una persona (en oposición con el *estilo indirecto* que muestra las palabras de una persona modificadas para ubicar como punto de referencia al emisor del enunciado). Desde el punto de vista pragmático, el estilo directo parece muy interesante porque en un determinado momento el emisor desplaza el punto de referencia de sí mismo a otra persona. En algunas ocasiones, como en (38), el hablante se posiciona como el receptor del enunciado. De este modo, se marca con mayor claridad la organización polifónica del texto (sobre el concepto de polifonía de Ducrot, véase el capítulo 1.4.6.5.). El discurso suele presentar varias voces y no solo la voz del emisor del enunciado. Existen numerosos procedimientos que sirven para marcar esta multiplicidad de voces y, de ellos, el estilo directo parece ser el más claro, ya que no confunde la voz del propio emisor con la voz de otras personas. Además, puede tener una finalidad intersubjetiva porque facilita el entendimiento del mensaje estructurando de modo muy claro la organización polifónica.

Consideramos la construcción *dice dice* un modo gramaticalizado de introducir varias voces en el discurso. En este caso la gramaticalización radica en el hecho de aparecer la misma construcción en los enunciados de diferentes hablantes con la misma función. De este modo, en español, la reduplicación contribuye a la organización polifónica del texto.

En los corpus hemos encontrado un ejemplo que se diferencia del resto, puesto que no introduce estilo directo:

(44) *Sí, es muy bonita. Dicen que los los mataron...???, los mártires, sí. Los mártires. Además dice que... Estaba la piedra estaba la piedra por ahí abajo por... Estaba la iglesia, ¿no? ¿No estaba la iglesia debajo de... Pues* ***dice dice*** *que la sangre que estaba en la puerta de la iglesia... y que el manchón de la sangre todavía no se había ido. ¿Y todavía está ahora? Eso dicen.*
(CREA, Conversación 9, Universidad de Alcalá de Henares)

Como en el resto de los casos que contradicen nuestra propuesta, son dos las posibles explicaciones: este ejemplo puede constituir una excepción a la tesis defendida, o bien no constituir un caso de reduplicación, sino un ejemplo de repetición. Debemos tener en cuenta ambas posibilidades, pero al mismo tiempo no creemos que este ejemplo invalide la propuesta interpretativa defendida en el presente capítulo.

6.5 A modo de conclusión

La categoría del verbo nos ha resultado más problemática a la hora de examinar su reduplicación. Primero, en numerosos casos resulta muy complicado diferenciar la reduplicación de la repetición. Por eso, tenemos que descartar un amplio abanico de ejemplos cuya interpretación puede variar según la posición tomada (pero, ya que no estamos seguros de si se incluyen en el objetivo de nuestro trabajo, nos vemos obligados a eliminarlos del análisis). Además, resulta que las funciones que desempeñan las diferentes formas verbales son de diversa índole. Hemos recogido las principales tendencias observadas en los corpus en la tabla siguiente:

Forma verbal reduplicada	**Función**
Gerundio	En las secuencias descriptivas, presenta el punto de vista subjetivo del hablante.
Infinitivo	En las secuencias argumentativas, marca el prototipo expresando una evaluación.
Verbos en siciliano	Organizan la estructura informativa, quitando importancia a unas informaciones determinadas.
Capito capito (en italiano)	Actúa a nivel interactivo propiciando el desarrollo dinámico de la interacción.

Forma verbal reduplicada	**Función**
Dice dice (en español)	Organiza el discurso introduciendo el estilo directo y facilitando a la vez el entendimiento del mensaje.

Las diferentes funciones de los verbos reduplicados provocan que este tipo de construcciones pueda formar parte del ethos comunicativo de las comunidades analizadas de modo muy variado. En general, los gerundios y los infinitivos reduplicados tienden a presentar una opinión o convencer a una persona de acuerdo con la norma de cortesía que impide el hecho de imponer su propia perspectiva al interlocutor (la reduplicación parece constituir una manera menos directa de transmitir significados subjetivos que constituyen una posible amenaza a la imagen negativa del interlocutor). Los verbos reduplicados en siciliano y la construcción *dice dice* parecen influir sobre la organización del discurso facilitando el entendimiento y, además, constituyen un hábito lingüístico propio de las comunidades analizadas (por ejemplo, en la comunidad polaca el equivalente *mówi mówi* no tiende a indicar estilo directo, mientras que la reduplicación de los verbos personales en la construcción adverbio + [XX] con la función de indicar la menor importancia de una información es un fenómeno inexistente). En los ejemplos citados, encontramos también la construcción *capito capito* que constituye un modo cortés de contribuir al desarrollo de la conversación cooperando con el interlocutor a la hora de formar significados e informaciones. Los verbos, por lo tanto, aunque de modo más difícilmente clasificable y esquemático, pueden crear construcciones reduplicadas de funciones nada desdeñables a la hora de realizar los ethos comunicativos de las comunidades hispano- e italoparlantes.

7. La reduplicación de adverbios

El presente capítulo está dedicado a la descripción del análisis de las construcciones reduplicadas tipo [XX] en las que X es un adverbio. Este tipo de construcciones presenta un comportamiento muy interesante, ya que su significado pragmático depende de todos los factores ya expuestos al analizar verbos, sustantivos, adjetivos o demostrativos. Por lo tanto, el papel de los adverbios reduplicados comparte las características de las funciones desempeñadas por otro tipo de reduplicaciones y por eso, conviene tener en cuenta diferentes perspectivas mencionadas en nuestro trabajo. Se debería explicar el significado pragmático de las construcciones reduplicadas basadas en los adverbios tanto desde el punto de vista del significado semántico de sus componentes como del tipo de secuencia en que aparecen o su grado de gramaticalización. Por lo tanto, estas nociones se consideran los ejes constitutivos del presente análisis.

7.1 Reduplicación de adverbios vs. tipo de secuencia

Tal como hemos expuesto en el capítulo sobre la reduplicación de los sustantivos y los adjetivos, el significado pragmático de los adverbios reduplicados depende del tipo de secuencia en el que aparezcan: descriptiva, argumentativa o descriptivo-argumentativa. Las funciones pragmáticas que se realizan corresponden a las de los sustantivos o adjetivos, esto es:

1) En la secuencia descriptiva:
   [XX] → [intensificación de la subjetividad]
2) En la secuencia argumentativa:
   [XX] → [intensificación de la intersubjetividad]
3) En la secuencia descriptivo-argumentativa:
   [XX] → [intensificación de la intersubjetividad – función de impresionar]

Conviene advertir, sin embargo, que el comportamiento de los adverbios reduplicados se caracteriza por ciertas particularidades, lo que los diferencia de las reduplicaciones de los adjetivos o los sustantivos. La cuestión que más sale a la luz al analizar los ejemplos del corpus es la de la función que desempeña esta categoría dentro del enunciado. Al hablar de los sustantivos o los adjetivos mencionamos dos posibles significados semánticos de las reduplicaciones basadas en estas clases de palabras: prototipo y contraste. Por lo tanto, la construcción *casa casa* se refiere a una casa prototípica, 'de verdad', o bien a una casa concreta que entra en contraste con otras casas posibles (por ejemplo, es la casa de Pedro y no de María, Carmen o Felipe). Estas reduplicaciones llaman la atención sobre un referente concreto (o su calidad, si se trata de un adjetivo) que constituye a la vez el núcleo informativo del enunciado. No obstante, en cuanto a los adverbios, hemos notado que en numerosas ocasiones su reduplicación no sirve para hacer hincapié en la calidad que expresan, sino más bien, en otros elementos a los que especifican. De este modo, las reduplicaciones dirigen la atención del receptor a otras partes del enunciado que, según el emisor, merecen ser resaltadas. Veamos algunos ejemplos:

(1) *hab1* *venga dos mil euros tal <pausa/> un acta <pausa/>*
hab2 *¡ostras! ¿dos mil euros? <pausa/>*
hab1 *sí <alargamiento>porque</alargamiento> <pausa/> a ver <pausa/>*
hab2 *¿y los tenías?*
hab1 *<risa_inicio/>claro <risa_fin/><pausa/><risa/><pausa/> menos mal <pausa/> pero ¿ves?*
<pausa/> por ejemplo <pausa/> esa <palabra_cortada>ve</palabra_cortada> <pausa/> la primera
vez que me multaron que no fue esa <pausa_larga/>
hab1 *"<ruido tipo=""chasquido boca""/> era mm <pausa_larga/>"*
hab1 *de aquella <pausa/> solo vendía porros <pausa/> y me acuerdo* ***perfectamente perfectamente*** *como si fuera hoy tío <pausa_larga/>*
(ESLORA)

(2) *hab1* *y por eso <pausa/> ya te digo hacía mucha gimnasia <pausa/> pero <pausa_ larga/>*
hab1 *"tuve la desgracia <alargamiento>de</alargamiento> tener este problema con la salud <pausa/> y tuve que dejar* ***casi casi*** *todo <pausa/> solamente ahora en lo que estoy <pausa/> es como presidente de la asociación de <lengua_inicio nombre=""- gl""/>Xogadores da Chave<lengua_fin/> <pausa_larga/>"*
(ESLORA)

(3) *non è ora resti tra noi ma sì sì anche se glielo dici diglielo* ***sempre sempre*** *correttamente ah con riservatezza ah io sai ho insegnato nel corso gi lei è stata mia collega di corso*
(PEC)

(4) *allora gli esperti hanno chiesto a molti abitanti di queste città mh per esempio ah eh di queste città qual erano secondo loro i problemi* ***più più*** *fastidiosi mh e quasi quasi cioè quelli di eh gli abitanti di Roma Torino e Roma e Torino e Firenze hanno detto che no no eh l' intervista di questi queste persone intervistate hanno detto hanno detto che secondo loro i problemi più importanti sono sono la mafia il traffico e la droga*
(PEC)

En (1), la reduplicación *perfectamente perfectamente* sirve para resaltar la acción de acordar, en (2), *casi casi* la acción de dejarlo todo, en (3), el hecho de decir algo correctamente y en (4), lo fastidiosos que son algunos problemas. Esta función de hacer hincapié en alguna parte del enunciado (que no sea la construcción misma) la desempeñan con mucha frecuencia los adverbios *sempre* y *proprio* en italiano:

(5) *prendono in braccio prendono il capretto e lo lo portano in camera loro e lo portano su per le scale e lo prendevano in braccio anche se diventava sempre più grande* ***sempre sempre*** *più pesante al mattino cosa facevano al mattino scendevano giù scendevano giù*
(PEC)

(6) *la disastrosa subita del eh sconfitta subita nel cinque aggrava ulteriormente la crisi economica e quindi provoca la reazione bene perché per l ' ancora* ***sempre sempre*** *peggiore tra l' altro 905 il Giappone rientra in tutto un problema di espansionismo coloniale che non ha lasciato fuori neanche la Russia*
(PEC)

(7) *c' era il santista nella nuova camorra si componeva in bosco sottobosco foglie ramo ramoscello fusto e rifusto erano tutta un' altra è impastata sul linguaggio* ***sempre sempre*** *una gerarchia c' era anche se si chiamavano sì sì sì diversamente sì è impastata sul linguaggio di della vecchia 'ndrangheta*
(PEC)

En (5), se resalta la calidad de ser más pesado, en (6), la peor reacción, mientras que en (7) se destaca la jerarquía. Resulta que la construcción *sempre sempre* sirve más bien para llamar la atención sobre otras partes del enunciado más que sobre sí misma. El adverbio *proprio* se comporta de modo muy parecido:

(8) *guarda là perché qua stanno la gente di merda no là stanno gente proprio di niente proprio del del terzo ramo ma proprio eh ma ma ma* ***proprio proprio*** *puttanone ah proprio mamma mia fanno venire pure il voltastomaco*
(PEC)

(9) *non lo sopporto quella ce l' ha azzeccata* ***proprio proprio*** *azzeccata sarà per te a me mi fa pure impressione a parte che non mi piace se mi piacesse sarei più generosa nei tuoi riguardi ma tu te* (PEC)

En (8), la reduplicación hace hincapié en *puttanone*, mientras que en (9), lo hace en *azzeccata*. Lo que resulta especialmente interesante en este ejemplo es que la construcción analizada alude a un referente prototípico no de sus componentes, sino de algún otro elemento del enunciado.

Teniendo en cuenta esta característica de las reduplicaciones basadas en adverbios, proponemos su análisis pragmático según el tipo de secuencia en el que se encuentren.

7.1.1 Las secuencias descriptivas

Tal como ocurre en el caso de los sustantivos y de los adjetivos, en las secuencias descriptivas las reduplicaciones de adverbios sirven primordialmente para revelar la perspectiva subjetiva de los hablantes.

(10) *Había días que te veías más apurada, pero realmente te veías más apurada, pero realmente también antes trabajaba menos que ahora, ahora también estoy más liada por las clases. Entonces es un poquito compaginar todo, pero también tengo* ***menos menos*** *problema con mi hijo porque al tener quince años él es bastante independiente y no se ha creado se ha criado bastante independiente también.*
(CREA, GC-9. Mujer, de X años. Abogada)

(11) *y salíamos de casa a las cinco y media de la mañana porque entrábamos a las seis, eran turnos, pues algunas veces sí íbamos con chicas, pero, otras veces a lo mejor, si te quedabas dormida, íbamos corriendo. Mira, un día, mi hermana y yo nos levantamos muy pronto y nos creíamos que era* ***tarde tarde****. No veíamos a nadie y cuando venga correr venga correr, ¿¿¿mirábamos para atrás??? y no hay nadie y venga, y llegamos allí y nos dice el el de la puerta, el portero que había allí: "Pero, hijas mías, ¿dónde vais tan pronto?", "Pero, ¡qué va!, si es tarde, si no vemos a nadie"*
(CREA, Conversación 5, Universidad de Alcalá de Henares)

(12) *SCOM_H11_047.txt:I: una época que viví* ***solo solo*** *y después/con un niño/y pff/es que eran unas armadas ¿eh?/¡mi madre!/en cuando vivíamos juntos es // ya era/era esa época de salir día sí día también/cuando vivía solo no porque/fue justo antes de que dejara de trabajar y/yo qué sé // de aquella ya no era tanto ¿sabes?/estabas acostumbrado a trabajar/te levantabas a tu hora // pero/después era un degenere ¿eh? entre fumar porros y las de Dios/¡mi madre tío! había // fff había días que yo no sabía ni si vivía en un videojuego neno/en serio ¿eh? de llegar // ts/no sé tío/de Madrid y de por ahí y // solo ir/una noche a Madrid ¿sabes? /*
(ESLORA)

En (10), una mujer describe su vida de antes y de ahora. La construcción *menos menos* subraya su actitud positiva frente al comportamiento de su hijo. En cuanto a (11), el hablante cuenta una historia subrayando su perspectiva subjetiva de la parte del día en la que se desarrolló la acción. *Tarde tarde* no solamente significa que era tarde, sino también que el reconocimiento de esta parte del día resulta importante para la historia contada. En (12), la reduplicación *solo solo* señala que el hecho de vivir solo no constituye una mera información, sino que desempeña un papel importante para la descripción. Encontramos una situación parecida en los ejemplos italianos:

(13) *– Però tu ti ritrovi in quel momento ad essere vice – questore a Palermo.*
– No io in quel momento ero ***appena appena*** *commissario*
(PEC)

(14) *I: perchè aveva detto agli autori che sarebbe stato pubblicato ed era* ***già già*** *passato un pò di tempo insomma da quando si sono avute queste cose anzi lo voleva mettere nel numero che è uscita per ogni anno l'anno scorso e poi allora si disse si pubblica nel prossimo numero è stata fatta questa scelta che poi rientra nel loro ambiente diciamo no?*
(VoLIP)

(15) *All' inizio, infatti, la frontiera sta nel New England ma poi* ***piano piano*** *ci si sposta verso le grandi pianure, che costituiranno lo scenario classico del cinema western, che continuerà a riprendere alcuni di questi temi*
(PEC)

En (13), el emisor del enunciado subraya mediante la construcción *appena appena* cuál era su ocupación en el tiempo al que hace referencia. En (14), se habla sobre la publicación de una revista: la reduplicación *già già* resalta que una acción se desarrolló en un momento determinado. En (15), por su parte, la expresión *piano piano* llama la atención sobre un cambio lento del lugar en el que se realiza la acción. En todos los casos, la construcción reduplicada revela cierta perspectiva subjetiva de la descripción. Tal como hemos advertido al hablar de los sustantivos o adjetivos, la descripción está compuesta por varios elementos. Es decisión del hablante cuáles de estos elementos se deben subrayar y cuáles pueden quedar en sombra. La reduplicación constituye el mecanismo que facilita esta diferenciación llamando la atención sobre aspectos concretos de la descripción.

7.1.2 Las secuencias argumentativas

La reduplicación de los adverbios desempeña también un papel importante en la estructura argumentativa. Las construcciones reduplicadas suelen resaltar un argumento expresado mediante otras partes del texto: tal como hemos advertido al inicio de este capítulo, la reduplicación de los adverbios suele llamar la atención no sobre sí misma, sino sobre otros elementos. En este caso se trata de los argumentos que apoyan una conclusión de la que se intenta convencer a otros participantes de la conversación. De este modo, la reduplicación de adverbios contribuye a la estructura argumentativa del texto, como indican los ejemplos siguientes:

(16) *hab1 "un joven ahora <pausa/> se le ocurre comprar hoy una camiseta y va <ruido tipo="""golpe"""/> <pausa/> y va a <ruido tipo="""golpe"""/> Springfield y va a <ruido tipo="""golpe"""/> Zara y va a no sé <ruido tipo="""golpe"""/> qué y no va a sé cuánto <pausa/> pero a lo mejor es que no lo piensa a lo mejor es que entra ya y la compra <pausa/>"*
hab2 sí <pausa/>
hab1 quiero decir <pausa/> llegará un momento que eso no lo pueda hacer <pausa/> y tendrá que razonarlo y decir <pausa/> <cita_inicio/>no es que no me puedo comprar una camiseta ***cada cada*** *día <pausa/> o cada dos días <pausa/> o cada semana <pausa_larga/>*
hab1 y no <pausa/> me tendré que comprar una cada dos meses<cita_fin/> <silencio/>
(ESLORA)

(17) *Siempre hay que estudiar,* ***siempre, siempre*** *porque cada vez van saliendo nuev y cada día te vas encontrando cosas, ¿no?, pero pero cosas también de otra cosa, no siempre de lo mismo.*
(CREA, GC-9. Mujer, de X años. Abogada)

(18) *Porque porque claro, ahí es ganar tiempo, que siento yo que con mi invento no Fue una desilusión. Era* ***demasiado demasiado*** *barato. Para ser bueno. Eso también con el transformador también lo podías hacer con el botón del transformador.*
(CREA, Universidad, conversación entre compañeros, 18/03/91)

(19) *¿Sí? Afrancesado, teniendo en cuenta la cantidad de turismo francés que este año parece que nos ha dejado un poquito y que el año que viene a lo mejor nos dejará un poquito más. Yo lo siento muchísimo por la cuestión de divisas y todo eso, pero para los*

en fin, para los medio nativos de allí, nos viene muy bien, porque, claro, es menos, que nos contagia ***menos menos****, sí, de todo, es muy grande la playa, son siete kilómetros, nos podemos extender sin molestarnos demasiado. Pero vamos, para los chiquillos es mejor, más y más bueno, nosotros tenemos nuestro grupo y nos limitamos a eso a a los conocidos y a a las amistades íntimas y demás, y no no no hay mezcla, en realidad no hay mezcla.*
(CREA, MA-9. Mujer de 42 años. Ha estudiado las carreras de piano y pintura)

(20) *c' è interesse solo per per le minime cose eh per cui io su questo punto ti ripeto sono molto poco fiducioso mh tutto qua senti vediamo un po' se i fatti ti smentiscono come ti devo dire ma* ***purtroppo purtroppo*** *i fatti hanno smentito il movimento per la pace perché beh lo so no non sono eh su questo discuterete tra un po' con eh un ospite che sta arrivando*
(PEC)

(21) *e quindi quel film erano due e sette montati due e otto secondo e allora ne avanzava eh c' erano dei magazzini che non finivano* ***mai mai*** *appunto venivano conservati del film che anche quelli adesso bisogna vedere come che cosa si potrà fare*
(PEC)

(22) *no dai capito io continuamente trovo appunti cioè infilo dentro meglio che lo consegno* ***insieme insieme*** *non è che io potrei anche consegnare insieme a te potrei pure consegnarlo prima però siamo tutti nella siamo nella barca*
(PEC)

(23) *i giovani quando si tratta di tirare fuori i soldi un po' perché* ***spesso spesso*** *non ne hanno o fanno fanno gli studenti o fanno dei lavori eh iniziano a lavorare per cui hanno un reddito molto scarso è difficile coinvolgerli in questo*
(PEC)

Ejemplos	**Conclusión**	**Argumento reforzado**
Ejemplo (16) ***Cada cada***	Hoy los jóvenes son muy derrochadores.	Un día no van a poder gastar tanto dinero.
Ejemplo (17) ***Siempre siempre***	Hay que estudiar.	No se puede dejar de estudiar.
Ejemplo (18) ***demasiado demasiado***	El invento no fue un éxito.	Era barato y podía ganar dinero.
Ejemplo (19) ***menos menos***	El turismo ejerce una mala influencia sobre la zona descrita.	Las divisas protegen la zona del turismo excesivo.

Ejemplos	Conclusión	Argumento reforzado
Ejemplo (20) ***purtroppo purt-toppo***	La gente no se va a interesar por los problemas del medio ambiente.	La gente se suele olvidar de las cuestiones importantes.
Ejemplo (21) ***mai mai***	Conviene buscar y utilizar las grabaciones antiguas.	Algunas nunca han salido a la luz.
Ejemplo (22) ***insieme insieme***	Se deben recoger y otorgar los apuntes todos juntos.	Sería provechoso para ambas personas.
Ejemplo (23) ***spesso spesso***	No se debe exigir mucho dinero de los jóvenes.	Los jóvenes no tienen mucho dinero.

Como demuestra la tabla, los fragmentos expuestos constituyen partes de las secuencias de carácter primordialmente argumentativo: se intenta convencer al interlocutor de una tesis. La función principal de las construcciones reduplicadas basadas en adverbios radica en resaltar ciertos argumentos. Conviene señalar que estas construcciones tienen su propio significado semántico nada desdeñable para el discurso. A nuestro juicio, sin embargo, su función pragmática implica el hecho de reforzar unos argumentos y no hacer hincapié sobre sí mismas. Por ejemplo, en el ejemplo (18), el emisor recurre a la construcción *demasiado demasiado*. El adverbio *demasiado* posee su propio significado: indica exceso de algo. En este ejemplo, la calidad especificada por la construcción es la de ser barato. Desde el punto de vista de la estructura argumentativa, es la calidad de ser barato y no la del exceso la que forma parte del conjunto de los argumentos. Por eso, en la construcción *demasiado demasiado* reconocemos el papel de llamar la atención no sobre el exceso, sino sobre la calidad de barato. Debido a esta construcción, el argumento adquiere más fuerza de modo que puede ser más convincente para el interlocutor.

Aunque en numerosas ocasiones la reduplicación de adverbios sirve para resaltar los argumentos introducidos por otros elementos del enunciado, en algunos casos este tipo de construcción hace hincapié en sus componentes. Tal es el caso de las construcciones basadas en los adverbios de significado fuertemente subjetivo. Como advertimos en varias partes del presente trabajo, el significado semántico de la unidad reduplicada ejerce una gran influencia sobre el significado pragmático de la misma. En cuanto a los adverbios, si su significado semántico se caracteriza por una fuerte carga de subjetividad, su reduplicación intensifica esta subjetividad (que suele, a la vez, constituir un argumento). Veamos un par de ejemplos:

(24) *Yo creo que, sinceramente, nos ha aprobado, pues eso, de chiripa, porque ¿¿¿somos??? adultos y ¿¿¿vamos para delante???, porque saber saber no ...???. Y es que además es una asignatura que yo llevo* ***fatal fatal****. Según... ¿Inglés?. ... están explicando en clase, bueno, de momento pues se queda pero cuando salgo ya, luego lo olvido todo, sobre todo el inglés, el idioma???. Es que yo no sé qué qué qué nos pueden enseñar a nosotros de*

inglés, ¿a decir palabras sueltas???? Lo que pasa es que es una asignatura más y tiene que estar ahí y tienen que enseñarla, claro...
(CREA, Conversación 11, Universidad de Alcalá de Henares)

(25) *0012 F: [=es que es la leche]// y nada/estaba yo sola por allí // y nada tía ahí aguantandoo// el hombre ese se me quedó mirando así como hacer un trabajo y yo↑/yo tía toda nerviosa decía/¡HÓSTIA! ¿ahora qué hago yo? [¿qué hago yo con este?=]*
0013 H: [(RISAS)]
*0014 F: =pero venga de mirarme/subnormal↑/**supermal/supermal**// y eso*
(Val.Es.Co 2.0)

En ambos ejemplos, los adverbios reduplicados tienen un significado muy subjetivo. En estos fragmentos, son los adverbios los que constituyen argumentos en la estructura argumentativa del discurso. Por lo tanto, la función de la reduplicación consiste en reforzar estos argumentos.

7.1.3 Las secuencias descriptivo-argumentativas

Como hemos advertido al explicar los diferentes tipos de secuencias, en un amplio abanico de casos resulta muy difícil delimitar si una secuencia tiene carácter descriptivo o argumentativo, ya que posee características de ambas. Se trata tanto de las descripciones que también intentan presentar un determinado punto de vista como de las argumentaciones que acuden a la descripción para demostrar ciertos argumentos. En los corpus, hemos localizado un número bastante elevado de ejemplos en los que por una parte, el hablante describe a una persona o un objeto y por otra, mediante la reduplicación intenta impresionar al interlocutor, suscitar alguna reacción por su parte. Esta doble función se realiza tanto en español como en italiano a través de diferentes reduplicaciones de adverbios:

(26) *hab1 “o sea <ruido tipo=““golpe””/> <pausa/> es que <pausa/> cruzar por ahí <cita_inicio/><alargamiento>no</alargamiento><cita_fin/> o sea es quedaba <pausa/> aislado de todo <pausa/> Castiñeiriño igual <pausa/> ¡buf! <pausa_larga/>”*
*hab1 “sí Santiago cambió **muchísimo muchísimo** <pausa/> y en ese aspecto aquello pues era la <alargamiento>zona</alargamiento> cen <ruido tipo=““golpe””/> <pausa/> de centro era la vida que había <silencio/>”*
(ESLORA)

(27) *hab2 pero cuando cuando me vieron con mi padre yo le decía <cita_inicio/>papá no echa de este año<cita_fin/> <pausa_larga/>*
*hab2 y cuando vieron que la cosa estaba mal <pausa/> **mal mal** <pausa/> empezaron ellos dos <pausa_larga/>*
(ESLORA)

(28) *Es que el verano es agosto. Desde mayo. . Se lo digo a Paula, oye. Sí, díselo. Pues sí. Paula, en un momento dado, le apetecería. Hombre, y le da un disgusto a sus padres que n les deja fritos. Joe, pero ya es problema suyo. No, yo creo que se acostumbrarían. . En*

fin, buscaré. Si luego siempre, no sé cómo lo hago, que llevo te lo encuentro y tal. Pero ***siempre siempre*** *extranjeros, ya sabes. Sí, eres nuestro contacto internacional le digo a éstos: "Es que he quedado con un chico alemán", "Joe, qué internacionalizado estás", "Tío, no sé no sé" Joe, qué plantón le he dado. O igual es que se ha ido a A lo mejor se ha ido. A lo mejor ha pillado billete, y se ha . . Pues me voy a cagar en él, entonces . .*
(CREA, Domicilio particular, conversación entre amigos, Madrid, 27/04/91)

(29) *Tiene tiene mucha fuerza y cada día cada día van extendiéndose un poquito y donde se podía extender el museo, que era por la parte actual de la calle Vitrubio, pues ya ellos van construyendo un edificio a espaldas del edificio del de Bellas Artes, ya se hacen laboratorios cinematográficos, distintos laboratorios total, que quien se extiende como una mancha de aceite, con mucho dinero, son los ingenieros y el museo cada día se le quita un pedacito un pedacito, nada, muchas dificultades. Yo, en este momento, desde luego, veo al museo* ***mal mal****. Y es eso.*
(CREA, MA-11. Hombre de 69 años. Taxidermista)

(30) *A: eh certe volte però_ mi sorprende invece perchè per esempio # eh è sempre così incerta_* ***poco poco*** *definita non è difficile anche giudicarla certe volte io mi dimentico della Simona perchè non essendo una che partecipa # <?> allora la devo richiamare per per poter vedere com'è no? Com'è e_ certe volte mi sorprende invece perchè poi le capacità io gliele trovo insomma*
(VoLIP)

(31) *amore ah dopodomani ma perché tu veni' co' me no quindi domani mattina lui deve fa' la consegna a XYZ e a XYZ ci sto io* ***domani domani*** *sto io non ti preoccupare va bene*
(PEC)

(32) *è andata a accompagnare Enrico a ah no a Miche' stai studiando sì o no o no* ***meglio meglio*** *sta andando meglio sì dove siete state sulla neve che parte sì vi siete divertite eh 'na pensione un albergo beh ma mangiavate in questo praticamente non è che sì sì eravamo in due a mangiare no si sta bene là noialtri stavamo proprio bene al nord in Svizzera là dove è dov' era la vicino Sempione è molto carino lì bello sembra via Montenapoleone*
(PEC)

Los elementos de la descripción y los de la argumentación vienen recogidos en la tabla siguiente:

Ejemplo	**Elementos de descripción**	**Elementos de argumentación**
Ejemplo (26) ***muchísimo muchísimo***	La descripción de Santiago.	*Muchísimo muchísimo*: expresar lo impresionantes que han sido los cambios en Santiago.

Ejemplo	Elementos de descripción	Elementos de argumentación
Ejemplo (27) ***mal mal***	La descripción de una situación del pasado.	*Mal mal*: impresionar sobre la calidad de la situación descrita.
Ejemplo (28) ***siempre siempre***	La descripción de la vida amorosa.	*Siempre siempre*: suscitar alguna reacción frente a la información de que el hablante siempre tiene novios extranjeros.
Ejemplo (29) ***mal mal***	La descripción del museo.	*Mal mal*: impresionar sobre la mala influencia de los cambios.
Ejemplo (30) ***poco poco***	La descripción de Simona.	*Poco poco*: expresar lo difícil que es describir a Simona.
Ejemplo (31) ***domani domani***	La descripción de una situación.	*Domani domani*: resaltar lo eficaz que es el hablante.
Ejemplo (32) ***meglio meglio***	La descripción de una situación.	*Meglio meglio*: suscitar alguna reacción respecto a la acción desempeñada por el hablante.

Los adverbios que componen las reduplicaciones resultan importantes para la descripción (por ejemplo, en (31), se utiliza el adverbio *domani* para especificar el tiempo de la acción). Su reduplicación, sin embargo, expresa significados argumentativos, ya que sirve para impresionar al hablante o bien, provocar alguna reacción por su parte. A veces es el propio significado del adverbio el que claramente posee rasgos de argumentación (por ejemplo, *muchísimo* por su forma de superlativo suele vincularse a la argumentación, mientras que el adverbio *mal* en sí mismo es una unidad evaluativa). En otros casos, son la reduplicación y el contexto los que dotan a la expresión de valores argumentativos (por ejemplo, *siempre* parece un adverbio neutro que puede ser considerado como algo positivo o algo negativo según el contexto).

7.1.4 Otros casos

Como hemos intentado demostrar, las construcciones reduplicadas basadas en adverbios suelen desempeñar funciones diversas según el tipo de secuencia en la que aparezcan. Al analizar los corpus, han llamado nuestra atención otros tres casos que resultan interesantes, especialmente desde el punto de vista del vínculo entre la reduplicación y el ethos comunicativo. Nos referimos a las reduplicaciones en preguntas, las reduplicaciones de adverbios deícticos y las reduplicaciones de adverbios en diminutivo.

7.1.4.1 Las reduplicaciones en preguntas

En el capítulo 4.4.4. dedicado a las reduplicaciones de sustantivos y adjetivos en preguntas, insistimos en dos aspectos de este procedimiento: la reduplicación favorece el reconocimiento de la percepción específica de un concepto por parte del receptor y tiene carácter fuertemente intersubjetivo, ya que toma como punto de referencia su perspectiva. En cuanto a los adverbios reduplicados, su funcionamiento resulta muy parecido: constituyen un mecanismo que intensifica los valores intersubjetivos formando parte del conjunto de los recursos de la cortesía verbal.

(33) *hab2 <risa_inicio/><alargamiento>y</alargamiento><risa_fin/><pausa/> ¿vivías tú* ***solo solo*** *o sobrevivir sobreviven <pausa/>*
hab1 con <pausa/> compañeros? los negros <pausa/> en África <pausa/> <risa/> <pausa/>
<palabra_cortada>tie</palabra_cortada> <palabra_cortada>tie</palabra_cortada>
<pausa/>
<palabra_cortada>tien</palabra_cortada> <palabra_cortada>le</palabra_cortada>
<pausa/> hay
leones y cosas <risa_inicio/>allí aquí <risa_fin/> que no te pasa nada por mucho que duermas tirado
en la calle <pausa/>
(ESLORA)

(34) *hab1 "<risa/><cita_inicio/><lengua_inicio nombre=""gl""/>e ve e chegou e moito bebiu <palabra_cortada>vi</palabra_cortada> traíala <palabra_cortada>che</palabra_cortada> mortiña de sed<lengua_fin/><cita_fin/> y yo <cita_inicio/>bueno abuela pero <pausa/> ¿piensas que no le di de beber en?<cita_fin/> <pausa/> <cita_inicio/><lengua_inicio nombre=""gl""/>é <alargamiento>que</alargamiento> pois bebiu moito eeh <pausa/> ¿e* ***fíxoo fíxoo****?<lengua_fin/><cita_fin/> <risa_inicio/>en plan <risa_fin/> <pausa/> <cita_inicio/>sí hizo de todo<cita_fin/> <cita_inicio/><lengua_inicio nombre=""gl""/>bueno vouna sacar eu igual<lengua_fin/><cita_fin/> y es en plan ¡Dios! <pausa/> pero solo o sea ya te digo que <pausa/> lo único que eh su único entretenimiento son las perras <pausa/>"*
hab2 ss <alargamiento>ya</alargamiento> a esa edad ¿sabes? <pausa/>
(ESLORA)

(35) *Yo he ido también a a Pucalpa, y cuando fue a Pucalpa fui de de copiloto, en la moto. Y me di cuenta de que es mucho más pesado para el copiloto es mucho más pesado. ¿Debe llegar uno con la espalda* ***totalmente totalmente*** *adolorida, no? Efectivamente, la espalda y allí donde la espalda también cambia de nombre.*
(CREA, LI-1. Hombre de 29 años. Administrador de empresas)

(36) – *Mhm io è lì la mia partenza.*
– *Ah quindi.*
– *Io faccio il percorso a retromarcia del tuo.*
– *Sì devi andare verso le palline e poi gli occhiali.*
– *Verso le palline e poi gli occhia_ ma alle palline devo girare intorno o.*
– *No, ci passi nel mezzo.*
– *Nel mezzo?*
– *Sì nel mezzo alle palline.*
– *Mhm* ***mezzo mezzo****?*
– *Ci sono le palline, no?*
– *Ci passi proprio nel mezzo.*
– *Sì mhm.*
(PEC)

En (33), se reduplica el adverbio *solo* para contrastarlo con el hecho de vivir con los compañeros y para que el interlocutor sepa a qué se refiere la pregunta (se facilita así el entendimiento de la pregunta). En (34), estamos ante una función parecida. Aunque no son palabras directas del hablante (el emisor repite las palabras de otro hablante), la función de la construcción reduplicada radica en el establecimiento como punto de referencia de la perspectiva del interlocutor. En (35), *totalmente totalmente* precisa la pregunta: no se trata de ser adolorido, sino totalmente adolorido. El emisor de esta pregunta la especifica así porque espera que el interlocutor le confirme su conjetura (otra vez, se establece como punto de referencia la opinión del receptor del enunciado). En el fragmento italiano, un hablante da ciertas instrucciones al otro hablante. Para poder seguir estas instrucciones, se necesitan datos concretos: en esta concreción radica la función de la construcción reduplicada. De este modo, el hablante señala que está dispuesto a seguir las órdenes de su interlocutor.

En todos estos casos la reduplicación tiene una finalidad intersubjetiva: se toma como punto de referencia la perspectiva del otro participante de la conversación. Como hemos advertido en varias ocasiones, tal perspectiva forma parte de las normas sociales reconocidas como muestras de cortesía: en las culturas analizadas, el interés por otros participantes de la conversación parece concordar con la imagen de cortesía que domina en el entorno sociocultural. Por lo tanto, la reduplicación de adverbios en preguntas se puede considerar como una estrategia de cortesía verbal en las comunidades hispano- e italoparlantes.

7.1.4.2 La reduplicación de los adverbios deícticos

El capítulo 5 está dedicado al análisis de los demostrativos, entre los cuales reconocemos los adverbios deícticos de tipo *aquí/ahí/allí*. Estos demostrativos presentan varias peculiaridades y por eso, creemos que merecen un análisis aparte. Sin embargo, conviene recordar que no son los únicos adverbios de carácter deíctico. Aparte de ellos, existe una amplia gama de adverbios que tienen la función de localizar las entidades en el espacio o el tiempo. Aunque no todos resultan propiamente deícticos, ya que a veces el punto de referencia no necesariamente coincide con la ubicación del emisor del enunciado, su función espacio-temporal provoca ciertas peculiaridades. Por eso, creemos que merecen un comentario aparte.

Al hablar de los adverbios demostrativos, reconocemos dos funciones que dependen del tipo de secuencia en la que se encuentran: en las secuencias descriptivas se intensifica la subjetividad utilizando la reduplicación para precisar el lugar descrito, mientras que en las secuencias de carácter argumentativo o interactivo se intensifica la intersubjetividad contrastando a la vez el lugar descrito con otros sitios (posibles, pero que no se deben tener en cuenta). En cuanto a los adverbios deícticos presentados en este apartado, en los corpus los hemos encontrado solamente en secuencias argumentativas/interactivas (lo que no descarta la posibilidad de su aparición en las secuencias descriptivas, aunque no disponemos de este tipo de ejemplos). Son deícticos espaciales o temporales que, efectivamente, aportan un significado de contraste y desempeñan un papel importante a nivel intersubjetivo:

(37) *hab1 que son a sesenta céntimos de ahora de aquella <pausa_larga/>*
*hab1 y ponían tapas <pausa/> <risa_inicio/>**ahora ahora** <alargamiento>ya</alargamiento> ahora ya <risa_fin/> hay que <pausa/> ahora hay que saber a dónde ir a tomar las tapas <ininteligible/>*
hab2 no <pausa/> es que por sesenta céntimos y con tapa ni de coña <pausa_larga/>
(ESLORA)

(38) *0091 B: (()) yy a ver si teníaa tenía cochee y suelta sí lo que pasa que mi padre no me deja ir de fiestaa yaa dice ya tengo bast- ya tengo bastante[con el autobúus*
*0092 D: (()) **antes antes** dicen que salía] súper poco →// y ahoraa desde que va con Rosaa ↑ sólo (())*
(Val.Es.Co 2.0)

(39) *Pero es que no cada vez se abre más se abre más, porque los jóvenes de hoy están presenciando el derrumbe de toda una concepción de la vida religiosa, es decir, hablemos de el con el no digo el terror, pero del miedo que teníamos de niños al pecado, a las a las represiones del más allá. Hoy no **hoy hoy** no existe nada de esto, es decir, el el infierno ha dejado de existir, vamos, el infierno del infierno no se habla ya más no se le amenaza a ningún niño que se comporte mal con el que va a ir que va a ir al infierno.*
(CREA, MA-6. Hombre de 52 años. Médico)

(40) *C: sabato pomeriggio se vuoi venir con me facciamo una viene una coppia [incomprensibile]*
*B: no sabato prossimo andiamo **fuori fuori** Milano ti dico*
(VoLIP)

(41) *amore ah dopodomani ma perché tu veni' co' me no quindi domani mattina lui deve fa' la consegna a XYZ e a XYZ ci sto io **domani domani** sto io non ti preoccupare va bene*
(PEC)

(42) – *Boh ma in realtà m' aveva mandato un messaggio qualche giorno fa dopodichè non l' ho più senti.*
– *No* ***stamattina stamattina*** *a me.*
– *Stamattina?*
– *Mhm.*
– *Se io le ho parlato?*
– *Quando ho sentito te ho sentito pure lei quindi pensavo che avesse rotto il cazzo anche a te*
(PEC)

El análisis de estos ejemplos se presenta en la tabla siguiente:

Ejemplo	**Referente con el que se contrasta**	**Función intersubjetiva**
Ejemplo (37) ***ahora ahora***	Los tiempos pasados (que se marcan mediante el tiempo pretérito perfecto simple)	Resaltar la diferencia entre la situación en el pasado y la situación presente (función argumentativa).
Ejemplo (38) ***antes antes***	El presente (marcado mediante el adverbio *ahora*)	Reforzar el contraste entre el comportamiento pasado y el comportamiento presente de una persona (función argumentativa).
Ejemplo (39) ***hoy hoy***	El pasado (marcado mediante el tiempo pretérito perfecto simple, la expresión *de niños*)	Reforzar el contraste entre el pasado y el presente (función argumentativa).
Ejemplo (40) ***fuori fuori***	En Milano	Que el interlocutor entienda que el hablante no puede acudir a la fiesta (función interactiva).
Ejemplo (41) ***domani domani***	*Dopodomani*	Facilitar el entendimiento del mensaje (función interactiva).
Ejemplo (42) ***stamattina stamattina***	*Qualche giorno fa*	Facilitar el entendimiento del mensaje (función interactiva).

Como demuestra la tabla, la reduplicación de los adverbios deícticos espacio-temporales desempeña unas funciones intersubjetivas relacionadas tanto con la estructura argumentativa del texto como con la interacción.

7.1.4.3 La reduplicación de diminutivos

El tercer caso que ha atraído nuestra atención consiste en reduplicar los adverbios en forma de diminutivo. Como hemos demostrado en el capítulo sobre los sustantivos y los adjetivos, las unidades que se reduplican no necesariamente presentan sus formas originarias: a veces están modificadas mediante diferentes procedimientos morfológicos. Tal es el caso también de los adverbios en diminutivo cuya reduplicación, a nuestro juicio, constituye un recurso interesante de ritualización de la cortesía verbal. Parece que en algunas situaciones la forma del diminutivo resulta incluso más habitual que la forma original del adverbio, también su reduplicación constituye una construcción muy habitual. Esto es lo que sucede en una situación correspondiente a una comida familiar cuando un hablante le ofrece a su interlocutor algo para beber o comer, y este segundo quiere aceptar el ofrecimiento, pero en cantidad reducida.

(43) *Paco, filete. Dame tu plato o este mismo. Aquí aquí tengo uno. Toma . Pero no muy grande Bueno, te pongo aquí Que esté poquito pasado. Mira, la que no quería nada Más pasado.* ***Poquito poquito.****, espera, ¿lo quieres más pasado? No, está bien está bien. ¿Quién quiere más? Fernando ¿Cubiertos tenéis? Entre dos cachos de pan. Dame Fal faltan algún tenedor. No están ahí ahí. Tú come y calla, cago en Ros. Toma. más.*
(CREA, Domicilio particular, conversación familiar, Madrid, 28/10/91)

Lo que llama nuestra atención es que esta tendencia se realiza también en polaco. Por lo tanto, en este tipo de situación, también en polaco se prefiere la forma de diminutivo, como en los ejemplos:

(44) *118165 jeszcze chcesz picia?*
118166 daj wlej babci czystej wody
118167 ***troszkę troszkę***
118168 tam jest jeszcze herbata
(NKJP)

(45) *111107 no to tu zrobisz trochę przerwy i ona potem znów trochę poje. Zbyszku nałożyć ci od razu też?*
111108 no ale bar ale tutaj na brzeg żeby żeby nie pobrudzić ziemniaków. dziękuję . dziękuję dziękuję.
111109 no co tak ***malutko****?*
111110 bo nie przepadam za burakami
(NKJP)

Es un procedimiento bastante peculiar porque estamos ante una conversación entre adultos y no entre adultos y niños (con los niños la forma de diminutivo es más frecuente). Debe de constituir, por lo tanto, una norma social compartida por representantes de diversas áreas culturales.

7.2 Las reduplicaciones gramaticalizadas

Como se advierte al inicio de este capítulo, el análisis de las reduplicaciones de los adverbios debe concernir tanto al tipo de secuencia como al nivel de gramaticalización de la construcción. Por eso, en esta parte de nuestras cavilaciones examinamos el vínculo entre el significado de los adverbios reduplicados y el fenómeno de la gramaticalización.

En los corpus, hemos reconocido tres diferentes tipos de gramaticalización de las construcciones reduplicadas basadas en adverbios:

- **construcciones frecuentes,**
- **reduplicaciones de cortesía convencionalizada,**
- **reduplicaciones lexicalizadas.**

Cada uno de estos grupos incluye reduplicaciones cuya gramaticalización tiene carácter distinto. Por eso, proponemos analizar cada tipo por separado indicando en qué consiste la gramaticalización y cuáles son las diferencias al respecto entre español e italiano.

7.2.1 Construcciones frecuentes

El primer grupo incluye las unidades cuya gramaticalización se basa en la frecuencia. Como se explica en el capítulo 3.1.2., la frecuencia constituye una de las marcas de la posible gramaticalización: si una construcción se repite constantemente en distintos tipos de producciones lingüísticas, esto nos puede indicar su posible gramaticalización. Conviene señalar, sin embargo, que la frecuencia no puede ser el único índice del proceso de gramaticalización, dado que algunas construcciones no son demasiado frecuentes (por ejemplo, porque pertenecen a un registro específico), y ello no les impide someterse a un proceso de gramaticalización. En nuestro caso, no obstante, la frecuencia es el concepto clave para el reconocimiento de las construcciones gramaticalizadas. Son reduplicaciones basadas en adverbios que se repiten en numerosas ocasiones, tanto en español como en italiano. Creemos, por lo tanto, que de algún modo se han ritualizado porque constituyen un hábito lingüístico de los hispano- e italoparlantes. Nos referimos específicamente a *poco poco* y *molto molto* en italiano y *muy muy, mucho mucho* y *ni ni* en español, como en los ejemplos:

(46) *– E in questo ci deve essere ...*
– alla fine ...
– boh ...
– questa è una persona comunque ***molto molto*** *grande.*
– Si potrebbe quasi dire adesso, non anziana, ma insomma ...
(PEC)

(47) *– Ecco, così va meglio per tutti, comunque salutamelo, eh, diglielo che ...*
– tra l' altro, ripeto, Mejuto proprio l' ho visto io la sua ultima e l' ho trattato molto molto bene lì a Liverpool, quando ha fatto Liverpool – Olimpiakos, non ha guardato in faccia nessuno, ***molto molto*** *bene, eh.*
– Bene.
(PEC)

(48) *– Eh, no, quello della sera che Manfredi ha aspettato Matteo.*
– Questo gliel' ho detta io, non me l' ha detta Marco, quando io ho detto a Matteo: guarda, Matteo, io lì dentro non ho contatti con nessuno e nemmeno li voglio, ma io ti dico perché lo so, e non sono stupida, perché conosco ***molto molto*** *più di te l' ambiente, quello che è successo giovedì sera, è successo così, così, così e così, è vero?*
– Lui m' ha detto sì, hai capito
(PEC)

(49) *mia sorella mia sorella mi chiamò eh quella mia sorella manco se sente se sente tanto bene no quella ogni tanto si sente* ***poco poco*** *bene*
(PEC)

(50) *però mi sorprende invece perché per esempio eh è sempre così incerta* ***poco poco*** *definita non è difficile anche giudicarla certe volte io mi dimentico della Simona perché non essendo una che partecipa allora la devo richiamare per per poter vedere com' è no com' è*
(PEC)

(51) *0059 C: ((como los japonese)) que son así dee// la mentalidad nano↑ (()) [((de una zona a otra))]*
0060 A: [son ***MUY MUY*** *currantes]*
0061 B: habrá que irse a [China] =
(Val.Es.Co 2.0)

(52) *0489 A: [o sea]/[a la hora de una presentación es importante hastaa exacto↓ cómo vas vestido] cómo llevas el pelo↑ §*
*0490 B: §síi/****MUY muy*** *buena [((expresión)) (())]*
(Val.Es.Co 2.0)

(53) *Entonces, las vidrieras, pues sí, resultaban bonitas al sol, un momento que hubo un poco de sol, pero en fin, pero desde luego, fabulosas y estupendas. Ahora, San Isidoro me encantó, me gustó muchísimo, a pesar de que no tu teníamos mucho tiempo para verlo, pero me gustó* ***mucho mucho****.*
(CREA, MA-3. Mujer de 25 años. Ha estudiado la carrera de piano y canto)

(54) *es otra <pausa_larga/>*
procura retomar cosas <pausa/> que antes no podías <pausa_larga/>
aficiones <ruido tipo="golpe"/> <pausa/>

claro <pausa/> cosas que le den placer y que
cosas que te den placer que tal dentro de tu posibilidad <pausa/> pues mira <pausa/> haz eso <pausa_larga/>
me costó adaptarme ¡ eh! me costó ***mucho mucho*** *<pausa/> gracias a un psicólogo que me <silencio/>*
<ruido tipo="inspiración"/> que tuve y me ayudó mucho <pausa_larga/>
(ESLORA)

(55) hab1 "¡eh! <pausa/> es que yo nosotros le llamamos <lengua_inicio nombre="""gl"""/>-salgueiros<lengua_fin/> <pausa/> no sé en castellano cómo se llaman <pausa/>"
hab2 no es que a lo mejor ***ni ni*** *lo conozco en castellano <pausa_larga/>*
hab2 a lo mejor no conozco el árbol
(ESLORA)

(56) hab2 eso ahora está muy mal visto
hab1 "¿ves? eso está muy mal visto <pausa/> y en cambio pues <alargamiento>no</alargamiento> mmm <ruido tipo="""chasquido boca"""/> tampoco es así o sea ***ni ni*** *una cosa ni la otra tampoco puedes es <alargamiento>que</alargamiento> <pausa/> eeh también es triste ver <alargamiento>a</alargamiento> niños pequeños que te puedan responder como te responden"*
(ESLORA)

La reduplicación de estos adverbios desempeña su función a nivel informativo: indica la focalización de una de las informaciones introducidas en el discurso. Lo que se focaliza, sin embargo, no es el significado del adverbio, sino de otras expresiones que lo acompañan. Así, en (46), se focaliza el adjetivo *grande*, en (47) y (49), el adverbio *bene*, en (48), *più*, en (50), el adjetivo *definita*, en (51), el adjetivo *currantes*, en (52), el adjetivo *buena*, en (56), el sustantivo *cosa* y en (55), el verbo *conozco*. La información focalizada contiene matices de (inter)subjetividad porque expresa evaluación. Al decir que algo es *muy grande* se puede interpretar como la descripción de algo que presenta una altura excepcional. La construcción *muy muy grande*, no obstante, expresa evaluación: el objeto descrito no solo se considera grande, sino que su altura también puede ser percibida como una calidad positiva o negativa.

En general, todas las reduplicaciones sirven para focalizar alguna información. Al decir *nos encontramos raramente raramente*, también se focaliza lo raro que resultan los encuentros. Sin embargo, lo que caracteriza a las construcciones analizadas en este apartado de nuestro trabajo es su frecuencia. Examinando los corpus se aprecia que las construcciones tipo *poco poco* o *molto molto* son mucho más frecuentes que *fijo fijo, discretamente discretamente* o *purtroppo purtoppo*. Probablemente esto se debe a su universalidad combinatoria (casi todos los adjetivos pueden combinarse con el adverbio *muy*) y a la frecuencia de uso de estos adverbios sin reduplicación. En consecuencia, las reduplicaciones basadas en estos adverbios son más frecuentes constituyendo expresiones que parecen más propicias para gramaticalizarse.

7.2.2 Las reduplicaciones de cortesía convencionalizada

Tal como ocurre en el caso de las reduplicaciones de imperativo (véase el capítulo 3.2.2.), también las construcciones basadas en adverbios pueden crear expresiones de cortesía convencionalizada. Nos referimos a las construcciones cuya finalidad (inter)subjetiva se ajusta a las normas de la cortesía verbal proyectando cierta imagen del hablante y, a la vez, cuidando la imagen del receptor del enunciado. Las reduplicaciones de cortesía convencionalizada las dividimos en dos tipos:

1) Construcciones basadas en varios tipos de adverbios que en un contexto específico expresan acuerdo.

Son construcciones basadas en adverbios que en la interacción suelen señalar que el hablante **está de acuerdo** con lo dicho por su interlocutor. Conviene subrayar, sin embargo, que el acuerdo constituye una de sus posibilidades interpretativas: en otros contextos pueden favorecer otros significados pragmáticos. Lo que caracteriza estas reduplicaciones es que constituyen intervenciones que frecuentemente se intercalan con la intervención del otro participante para manifestar que se sigue el hilo de la historia y que se comparte la misma opinión con el interlocutor acerca del asunto comentado:

(57) *A però mettere i nuovi confini eliminare i colori dove non è più territorio anche qui russo*
*B: **esatto esatto***
(VoLIP)

(58) *B: bibliografia ovviamente la devo rifare perchè eh insomma eh innanzitutto penso di doverla sondare o infine*
*A: **assolutamente assolutamente***
B: ah infatti basandomi in particolare sulle sue indicazioni bibliografiche
(VoLIP)

(59) *¿A la derecha o a la izquierda? Está en Alcalá Según vas ciento seis. Según vas, a la derecha., a la derecha, sí. Donde está el Alcalá Llegando el sitio donde asesinaron casi a ése. . Sí, **justo justo**. Muy cerca del hotel este Alcalá veinte.*
(CREA, Domicilio particular, conversación entre amigos, Madrid, 27/04/91)

(60) *Que es tienes un trabajo cómodo, pocas horas, estás muy bien, lo tienes fijo y entonces te haces vago, cómodo. temporadas. . De todas formas, yo soy bastante dado a por las tardes a hacer cosas. No ocupo el tiempo como como debiera de ocuparlo. O sea, hacer quieres decir, hacer cosas que no debie que no debieras hacer. . **exactamente exactamente**. La siesta, por ejemplo me me encanta me encanta llegar y Puesel tiempo perdido el tiempo perdido y bueno, una horita o hora y algo la siesta y tal. O dos, depende de Dos, ya te levantas. Pero bueno, hay días que sí hay días que sí.*
(CREA, Conversación 13, Universidad de Alcalá de Henares)

En estos cuatro fragmentos, la reduplicación constituye una reacción a las palabras del otro participante. Esta reacción tiene un carácter afirmativo, esto es, sirve para confirmar la opinión o la historia del interlocutor. La reduplicación refuerza su valor intersubjetivo de cortesía de dos maneras:

- manifiesta explícitamente que lo dicho por el interlocutor se considera verdadero,
- anima al interlocutor a continuar su historia.

Este tipo de reduplicaciones permite, además, evitar el silencio que, como ya hemos mencionado, en las sociedades analizadas se tolera con dificultad en las interacciones.

Las reduplicaciones que expresan acuerdo pueden basarse también en el mecanismo de repetir las palabras del interlocutor, como en:

(61) *B: discretamente*
A: discretamente
B: per lo meno sei e mezzo
A: ***discretamente discretamente*** *in quegli altri che erano_ eh una volta doveva_ inventare un racconto un breve racconto su una traccia che avevo dato non l'ha fatto bene gliel'ho fatto rifare_ ma_ praticamente anche il recupero*
(VoLIP)

(62) *hab1 en cinco años que llevo yo en esto pero es que es ya es <palabra_cortada>sufi</palabra_cortada> o sea con que sea uno ya es ya llega <pausa_larga/>*
hab2 ***ya ya*** *llega <pausa/>*
hab2 las medidas de seguridad <pausa/>
(ESLORA)

En estos dos casos, el hablante coge las palabras del otro participante y las reduplica. Así consigue el mismo objetivo que en el caso del primer tipo de reduplicaciones, esto es, mostrar acuerdo. Es un tipo de repetición ecoica en la que el elemento repetido viene reforzado mediante reduplicación.

Para transmitir valores de cortesía, las reduplicaciones que pertenecen a este grupo tienen que encontrarse en un contexto específico: como reacción intercalada entre las palabras del interlocutor, o bien, como repetición ecoica que confirma su punto de vista. En otros casos, las reduplicaciones no necesariamente son muestras de cortesía, por ejemplo en (63):

(63) *Es que eso esas terrazas son muy muy reducidas. Es que la terraza mía es muy grande, Yo he visto la de mi sobrina Maribel que tiene cuatro dormitorios, la de Maribí que tiene que da* ***justo justo*** *a la pla a la A la piscina a la piscina, que te estás asomando en el cuartito de estar que las alcobas es una un el cuartito de estar Es que nada más que te cabe la mesita tiene y las dos mecedoras, no te cabe más.*
(CREA, Conversación 8, Universidad de Alcalá de Henares)

En este fragmento, también estamos ante la reduplicación del adverbio *justo*, que en el ejemplo (59) constituía un recurso de cortesía. En este caso sin embargo, estamos ante una descripción realizada por un hablante que no coincide con ninguno de los contextos mencionados y por eso, recibe otra interpretación.

2) Las construcciones italianas *bene bene* y *certo certo.*

Las construcciones *bene bene* y *certo certo* parecen muy características de las conversaciones en italiano. Ambas presentan una característica común: pueden indicar intensificación semántica, o bien la intensificación de valores interactivos. En el segundo caso, hemos reconocido una serie de contextos en los que *bene bene* y *certo certo* desempeñan un papel importante a nivel interactivo.

En algunos fragmentos, las construcciones analizadas mantienen su significado literal:

(64) – *No, almeno dal campo era piuttosto solare insomma, piuttosto netto.*
– *Sì.*
– *Cioè perché si vede* ***bene bene*** *anche il movimento delle sue gambe, le sue ginocchia, no?*
(PEC)

En este fragmento, *bene bene* equivale a 'bien de verdad' e intensifica el hecho de que algo puede ser visto verdaderamente bien. Este tipo de construcciones desempeñan un papel importante especialmente a nivel argumentativo (indican cierta evaluación). No obstante, en un gran número de casos, las construcciones *bene bene* y *certo certo* realizan funciones interactivas. Como ya hemos mencionado, estas funciones requieren determinados contextos, entre los cuales hemos detectado los siguientes:

– la construcción *bene bene* como respuesta a la pregunta *come va?*:

(65) – *come va la vita?*
– ***bene bene*** *abbastanza bene*
(PEC)

(66) – *ciao Barbara*
– *ciao come va?*
– ***bene bene***
– *ah stai studiando?*
– *sì*
– *bravo ti ho disturbato?*
– *no no no non ti preoccupare*
(PEC)

(67) – *ciao Salvatore*
– *ciao tutto bene?*
– *tutto* ***bene bene***
– *senti non ti trattengo voglio sapere se Marina è in loco*
(PEC)

En los corpus, hemos encontrado varios casos del uso de la construcción *bene bene* como respuesta a la pregunta equivalente a *¿cómo estás?* o *¿qué tal?* españolas. Consideramos, por lo tanto, esta construcción como una expresión convencionalizada de cortesía: constituye una fórmula comúnmente percibida como cortés en la sociedad italoparlante. La construcción puede incluso sufrir modificaciones convirtiendo uno de sus componentes en superlativo:

(68) – *buongiorno come va?*
– *tutto* ***bene benissimo****, lei come va?*
– *bene grazie*
(PEC)

El hecho de introducir el superlativo en la construcción puede considerarse incluso más cortés porque revela entusiasmo y una actitud positiva del hablante frente a la interacción con el receptor del enunciado.

– las construcciones *bene bene* y *certo certo* como un modo cortés de tomar el turno:

(69) *A: che la fa su radio vaticana i racconti una <?> dei racconti*
C: ah sì ***bene bene*** *adesso stanno facendo Oreste Del Buono sta facendo sti racconti in tv*
(VoLIP)

(70) – *quello studio quel punto ah ah viene ricostruito un testo che cioè che con il passare del tempo aveva subito delle trasformazioni*
– ***benissimo bene*** *vedi che logia qui ha ha uno studio serio*
(PEC)

(71) – *io credo che domani sarebbe importante riuscire a fare una chiacchierata tutti insieme*
– ***certo certo*** *senti l' appuntamento è alle sette e un quarto in capo al tren*
(PEC)

(72) – *noi siamo molto preoccupati nel senso che mh eh una frattura a quell' età più giorni passano e più diventa*
– *ah ah certo difficile poi riabituare l' arto*
– *sì sì* ***certo certo*** *e allora e allora si ci ci stiamo muovendo un po' in tutte le direzioni*
(PEC)

La acción de tomar el turno en la conversación puede considerarse un acto de amenaza a la imagen del interlocutor (FTA) porque implica que un participante deja de escuchar al otro introduciendo su propio comentario. Para que la conversación se ajuste a las normas sociales de cortesía, los hablantes tienen que recurrir a varios recursos lingüísticos que sirven para suavizar los posibles FTAs. Una de las estrategias consiste en utilizar las construcciones *bene bene* o *certo certo* que parecen expresar acuerdo, pero que constituyen también un puente entre la intervención del interlocutor y la intervención del emisor. En (69) y (70), estas construcciones introducen una nueva información respecto al tema desarrollado por el interlocutor, en (71) y (72), por otra parte, sirven para terminar el tema y empezar otro. Este segundo propósito se presenta incluso más propicio para amenazar la imagen del receptor, ya que cierra cierta área temática, posiblemente importante o interesante para el resto de los participantes. Las reduplicaciones *bene bene* y *certo certo* suavizan los posibles efectos de amenaza constituyendo recursos muy útiles para cumplir con las reglas de la cortesía verbal.

En español, la construcción *bien bien* también resulta posible, como en el ejemplo (73):

(73) *147 C: = dos besos ¿no? mua-mua/total que me y digo ¡ay! hola ¿cómo estas?* ***bien bien*** *y me voy yo diciendo ¿¡quién coño es este tío!? ¿no?/y yo pues está bueno tal/total que me voy/al rato/viene ¡ay! ¡hola! no se que [aaah]*
148 B: [¿qué tiene tu edad?]
(Val.Es.Co 2.0)

En los corpus de italiano, sin embargo, hemos encontrado un mayor número de este tipo de construcciones lo que nos puede indicar que son más características para la comunidad italoparlante[64].

En español, encontramos una construcción bastante peculiar basada en el adverbio *nada*. Hemos observado que, por su funcionamiento, se asemeja al *bene bene* y al *certo certo* italianos, aunque el significado semántico de sus componentes es muy diferente. En varios casos, la reduplicación *nada nada* significa 'nada de verdad' y se utiliza para descartar por completo la posibilidad de algo:

(74) *hab1 <alargamiento>y</alargamiento> no quiero echarle la culpa ni a profesores <alargamiento>ni</alargamiento> a nadie <pausa/> vamos <pausa_larga/>*
hab2 ya
hab1 porque los profesores me imagino que les enseñarán lo que tienen que enseñarles <pausa/> lo que viene en la programación o lo que sea <pausa/> pero es que no estudian ***nada nada*** *y aparte <pausa_larga/>*
(ESLORA)

(75) *hab1 yo sabía dónde estaba la de Empresariales <pausa/> porque mi prima estuvo estudiando allí <pausa_larga/>*
hab2 mmm

64 La escasa presencia de la construcción *bien bien* puede ser también provocada por las características de los corpus teniendo en cuenta que se utiliza en contextos bastante restringidos. Sin embargo, basándonos en los datos recogidos de varios corpus de español, observamos que esta construcción no goza de tanta frecuencia como su equivalente *bene bene* en italiano.

hab1 entonces pues <alargamiento>ya</alargamiento> la conocía porque tengo ido con ella y tal <pausa_larga/>
hab1 pero nada más <risa/> ***nada nada***
(ESLORA)

En (74), se subraya que los alumnos de verdad no estudian nada, mientras que en (75), el hablante 1 intenta convencer al hablante 2 de que solo conocía a una chica sin entrar en ningún tipo de relación con ella. No obstante, hemos advertido también el uso de la reduplicación *nada nada* con una motivación más bien pragmática relacionada con la cortesía verbal:

(76) hab1 <ininteligible/> tienes la ventana abierta <alargamiento>y</alargamiento> <silencio/>
hab2 que va
hab2 ***nada nada***
hab1 y yo últimamente la verdad que le estoy dando vueltas tío
(ESLORA)

(77) hab1 ¿qué tal? soy <ficticio>Bárbara</ficticio> <pausa_larga/>
hab3 encantada yo soy <ficticio>Sofía</ficticio> <pausa_larga/>
hab1 me está aquí contando <pausa/>
hab3 pues
hab3 me olvidé <pausa/> totalmente
hab1 ***nada nada*** *me abrió él aquí estamos <pausa/>*
hab3 pues <risa/>
(ESLORA)

En estos dos fragmentos, la construcción *nada nada,* en vez de indicar la inexistencia de algo, desempeña varias funciones al nivel de la interacción. En (76), el hablante 2 indica al hablante 1 que puede continuar con su historia, ya que el asunto de la ventana abierta se ha arreglado. En (77), por otra parte, el hablante 1 mediante la reduplicación *nada nada* quiere transmitir el mensaje de que no pasó nada y de que se puede empezar con otro tema. En ambos casos, la construcción analizada cierra algún área temática animando al interlocutor a hablar de lo que le apetezca. Por lo tanto, en estos contextos *nada nada* presenta rasgos de una gramaticalización bastante avanzada porque, por una parte, se pierde de algún modo su significado literal de *nada* y por otra, parece que la construcción constituye una fórmula convencionalizada de transmitir significados corteses.

7.2.3 Las reduplicaciones lexicalizadas

El tercer grupo de construcciones gramaticalizadas presenta mayores divergencias entre el sistema español y el italiano. Las reduplicaciones lexicalizadas basadas en adverbios, esto es, las que crean unidades léxicas con su propio significado, resultan muy características del italiano y bastante raras en español. Por eso, en esta parte de nuestro estudio nos centramos primordialmente en las construcciones italianas.

En los corpus españoles, hemos detectado dos casos de reduplicación lexicalizada: las construcciones *tal tal* y *así así*. El adverbio *tal,* al reduplicarse, adquiere un significado bastante peculiar y característico de las conversaciones españolas de 'algo no importante para la historia', como se muestra en los ejemplos:

(78) *hab1 aquí en <palabra_cortada>Sant</palabra_cortada> <risa_fin/> <pausa/> es que me gusta mucho el gesto ese <pausa/> que se pone así <risa/> lo hace <pausa/> tú ves las noticias de Cuatro <pausa/> y se pone así y empieza a hablar <pausa/>* ***tal tal*** *<pausa/> con las cejas <pausa/> y eso <pausa/> que quiere ser <alargamiento>como</alargamiento> <pausa/> bueno no me sale ningún nombre ahora pero los periodistas <pausa/> británicos de la <sigla_inicio/>BBC<sigla_fin/> o de Estados Unidos que hablan <alargamiento>así</alargamiento> dando su opinión <pausa/> <palabra_cortada>vo</palabra_cortada> voz de cátedra claro <pausa/>*
(ESLORA)

(79) *hab1 y le decías tú <pausa/> <cita_inicio/>sácame esa paja <pausa/> si <pausa/> si tienes narices<cita_fin/> <pausa_larga/>*
hab1 <cita_inicio/>eh ***tal tal****<cita_fin/><pausa_larga/>*
hab1 "entonces así en un momento <pausa/> <ruido tipo=""golpe""/> te la sacaban <pausa/> bum <pausa/> ya te <pausa/> <alargamiento>ya</alargamiento> te liabas <pausa_larga/>"
hab1 ya te enzarzabas <risa/> <pausa_larga/>
hab1 ya ba ba <alargamiento>ba</alargamiento> venga a pegarse y ***tal tal*** *pero bueno <pausa/> la cosa nunca llegaba a mayores al final*
(ESLORA)

(80) *hab1 eehmm ellos no ven lo <pausa/> o sea ven lo que escriben <pausa_larga/>*
hab1 "pero antes hacían un folio <pausa/> escrito dicen <cita_inicio/> oh jo <ruido tipo=""palmada""/> cuánto <risa/> hice <pausa/> y ***tal tal****<cita_fin/> pero esto no <pausa/> esto es <pausa/> esto es una pantallita"*
hab2 aah
(ESLORA)

En estos tres fragmentos, la reduplicación *tal tal* remite a algo que no tiene importancia para la historia contada y por eso, se omite. *Tal tal* puede sustituir a varios elementos, como el tema de la conversación, una acción, etc. La multifuncionalidad de esta expresión provoca que se encuentren numerosos casos de su uso en las conversaciones cotidianas de los hispanohablantes.

En cuanto a *así así*, es una expresión que indica algo mediocre, de calidad cuestionable o poco agradable. Tal es su uso en el ejemplo (81):

(81) *mm Sonia tú <pausa/> verás <pausa/> como aquí <pausa/> en cuanto cojan gente <pausa_larga/>*
tú eh sí <pausa/> sí porque te desenvolviste muy bien desde el principio <pausa/> estamos todas contentas contigo
y muy bien <pausa_larga/>
entonces <pausa/> mmm <pausa_larga/>
ya te digo <pausa/> pero a <pausa/> ***así así*** *<pausa/> estuve los primeros días todo el mundo preguntándome por ella <pausa_larga/>*

mira es que tengo una amiga <pausa/> mira es que una cuñada mi mira <pausa/> no pero mira no <pausa/> Sonia quiere <pausa/> claro <pausa/> ella quiere <pausa/> una cosa fija <pausa_larga/>
esto no está mal pero mmm <silencio/>
(ESLORA)

En este caso lo que se califica como mediocre es el ambiente en un lugar (probablemente una empresa o una institución). No hemos encontrado muchos ejemplos del uso lexicalizado de la construcción *así así*, pero teniendo en cuenta que goza de su propia entrada en los diccionarios, nos resulta imprescindible mencionarla.

Como ya hemos advertido, es en italiano en donde podemos encontrar una serie de expresiones que constituyen reduplicaciones lexicalizadas formadas a partir de adverbios. Lo que caracteriza a estas expresiones es que presentan un significado específico basado en el significado original de los componentes. En la tabla siguiente presentamos estas unidades, su significado y algunos fragmentos en los que aparecen en el corpus:

Reduplicación	**Significado**[65]	**Ejemplos**
Via via	Cada vez, sucesivamente	*(82) Il ritmo del cambiamento è divenuto* ***via via*** *più intenso e veloce.* (PEC) *(83) A: comunque ha capito lei deve cercarsi un pò di* *G: sì infatti anche l'importanza prima c'era il francese eh proprio alle origini <?> il francese poi dopo* ***via via*** *è stato eliminato e c'era questa differenza appunto del nel tradurre anche* (VoLIP)
Piano piano	progresivamente	*(84) Sì mo' stai andando verso il grigio dal grigio tornerai magari* ***piano piano*** *al colore* (PEC) *(85) All' inizio, infatti, la frontiera sta nel New England ma poi* ***piano piano*** *ci si sposta verso le grandi pianure, che costituiranno lo scenario classico del cinema western, che continuerà a riprendere alcuni di questi temi.* (PEC)

65 Todos los significados se basan en el *Grande Dizionario di Italiano Hoepli* disponible online: http://dizionari.repubblica.it/ [19/07/2018].

Reduplicación	Significado[65]	Ejemplos
Mo' mo'	Hace poco tiempo	*(86) mamma mia ah l' altra volta devo anna' qua devo anna' a e mo' m' ha telefonato non lo so mo' per parla' ah* ***mo' mo'*** *gli ho telefonato stasera non c' è nessuno mo' domani tenterò ma quando è ritornato non lo so dice che eh gli ha telefonato* (PEC) *(87) ah lei pensa due ali diverse per esempio dell' ufficio ah esatto vabbè* ***mo' mo'*** *pensiamo fottitene andiamo avanti e allora possiamo andare questo è firmato allora Perugia* (PEC)
Allora allora	Justo en este momento	*(88) poi basta torno a casa e rientro vado in camera di Andrea e trovo il suo zaino che aveva preso e portato doveva portarlo era pronto svuotato dico ha cambiato idea ha messo un altro zaino lo guardo apro il eh apro la tocca e c' era il passaporto ah ecco oh madonna e* ***allora allora*** *mi piglia mi volevo mettere a piangere mh allora a questo punto telefono in questura* (PEC) *(89) – Neanche la mia.* *- Ehm.* *- Madonna!* *- Troviamone un altro* ***allora allora****.* *- L' albero non l' abbiamo visto però.* (PEC)
Appena appena	apenas	*(90) – Però tu ti ritrovi in quel momento ad essere vice – questore a Palermo.* *- No io in quel momento ero* ***appena appena*** *commissario* (PEC) *(91) – Quell' altra è uguale a quella a sin_ più a sinistra e però.* *- Sì, è un po' più alta?* *- Eh* ***appena appena****.* *- Sì.* *- Ed è chiusa dalla testa del cane.* (PEC)

Reduplicación	Significado[65]	Ejemplos
Così così	mediocre	*(92) A: e li ha fatti molto meglio* *B: mh* *A: insomma il primo* ***così così*** *un pò meglio* (VoLIP) *(93) io ah ah sì però ti sento lontanissimo così ti sento lontanissimo ancora anche così sì anche* ***così così*** (PEC)

Las reduplicaciones expuestas tienen su propio significado y resultan bastante frecuentes en las conversaciones italianas. Como ya se ha advertido, en general, su valor se basa en el significado originario de los componentes, pero adquieren a la vez ciertos matices que las diferencian y provocan que estas expresiones parezcan imprescindibles en numerosos contextos. Por lo tanto, la reduplicación no solo intensifica la prototipicidad de los conceptos, sino que también aporta nuevos valores significativos explicados en la tabla siguiente[66]:

Unidad base	Significado de la unidad base	Significado aportado por la construcción reduplicada
via	Fuera (el modo de alejarse de un lugar)	La noción de moverse o modificarse de un modo sucesivo adquiriendo fuerza.
piano	Lentamente	La noción de progreso.
mo'	Ahora	La noción de anterioridad.
allora	Ahora	El contraste con otros momentos.
appena	Un poco, con fatiga	La noción de insuficiencia.
così	Así	El sentido de mediocridad.

Los ejemplos presentados constituyen construcciones recogidas de los corpus. En este caso observamos una plena lexicalización, ya que a partir de la repetición dentro de un sintagma de un mismo adverbio se crean expresiones que empiezan a constituir unidades independientes. Algunas de las construcciones están muy vinculadas al significado de sus componentes (por ejemplo, *allora allora* o *piano piano*), otras representan valores bastante diversos (como *così così* o *via via*). En todos los casos, estamos ante construcciones muy características del italiano oral.

66 Todos los significados se basan en el *Grande Dizionario di Italiano Hoepli* disponible online: http://dizionari.repubblica.it/ [19/07/2018].

7.3 A modo de conclusión

A lo largo de nuestro trabajo intentamos demostrar que el mecanismo de reduplicar ciertas unidades está de algún modo relacionado con el concepto del ethos comunicativo. Parece que las construcciones basadas en adverbios confirman esta tesis. Los vínculos entre la reduplicación y el ethos comunicativo son de índole diversa, los que han llamado nuestra atención son los siguientes:

1) La reduplicación parece una manera indirecta de presentar significados muy subjetivos. De este modo, lo que puede considerarse una amenaza a la imagen negativa del interlocutor (ya que se le impone cierta perspectiva), constituye un modo cortés de expresar valores (inter)subjetivos. En las descripciones, las construcciones reduplicadas transmiten unos juicios subjetivos, mientras que en la argumentación, refuerzan argumentos. En ambos casos, no obstante, se ajustan a las normas de cortesía por lo que los consideramos una estrategia muy eficaz para verbalizar significados (inter)subjetivos.
2) En cuanto a las preguntas, la reduplicación de adverbios presenta unos valores claramente corteses, puesto que sirve para manifestar acuerdo con la perspectiva del interlocutor (lo que en las comunidades analizadas se considera una de las normas de cortesía).
3) La reduplicación de adverbios puede constituir una ritualización de valores corteses. Se trata, en concreto, de las reduplicaciones de cortesía convencionalizada (las que en determinado contexto expresan acuerdo y las construcciones tipo *certo certo, bene bene* y *nada nada*) y de las reduplicaciones de adverbios en diminutivo. Estamos ante estrategias que se repiten a lo largo de las conversaciones españoles e italianas constituyendo una convención de carácter cortés.
4) La reduplicación de adverbios puede realizar también la función interactiva de evitar el silencio y manifestar interés por lo que dice el interlocutor. Se trata especialmente de las reduplicaciones de adverbios que sirven para animar al interlocutor a continuar su discurso, o bien para expresar que se comparte su punto de vista.

Aunque las reduplicaciones de adverbios en español y en italiano manifiestan un amplio abanico de similitudes, se observan también varias diferencias a nivel de uso. En ambas lenguas, las construcciones analizadas presentan un comportamiento parecido en diferentes tipos de secuencias, sin embargo, los adverbios que suelen reduplicarse son diferentes. En italiano, por ejemplo, resultan muy frecuentes las construcciones *sempre sempre, proprio proprio, certo certo* o *bene bene*, mientras que en español encontramos las construcciones *nada nada, ni ni* o *poquito poquito* cuyos equivalentes formales no coinciden en cuanto al significado pragmático. Además, creemos que en italiano las construcciones reduplicadas basadas en adverbios están en un nivel más avanzado de gramaticalización. Se trata tanto de las construcciones que se han gramaticalizado en el plano interactivo como de las que se han lexicalizado constituyendo unidades nuevas. De este modo, se confirma que las reduplicaciones en las comunidades hispano- e italoparlantes desempeñan funciones parecidas, pero a la vez, presentan sus propias peculiaridades.

8. La reduplicación y la iconicidad

Tras realizar el estudio de diferentes construcciones reduplicadas en español e italiano, nos parece oportuno comentar la problemática de la relación entre la reduplicación y la iconicidad. Para algunos lingüistas, resulta muy evidente el vínculo entre estos dos conceptos. Haiman (1980: 530) reconoce la reduplicación como un ejemplo muy claro de iconicidad en la lengua. Conradie (2002), por su parte, enumera una serie de casos en los que la reduplicación en Afrikaans revela su carácter icónico. Conviene reflexionar, por lo tanto, si en el caso de la reduplicación española o italiana se pueden encontrar testimonios de iconicidad. El presente capítulo está dividido en dos partes: en la primera, se esbozan los diferentes aspectos del concepto de iconicidad, mientras que en la segunda, se analiza si las construcciones reduplicadas en español o italiano pueden considerarse icónicas.

8.1 La iconicidad

Entre los postulados clave de la lingüística moderna se encuentra el concepto de arbitrariedad. La arbitrariedad se revela en el hecho de que la relación entre forma y significado es el resultado de una convención que carece de una motivación concreta. La razón por la que en español a un animal doméstico lo llamamos *gato*, mientras que en polaco se emplea *kot* no radica en que los sonidos que componen estos lexemas mantengan relación alguna con la naturaleza del animal mencionado. Lo mismo ocurre en cuanto a la gramática: la formación del plural en español mediante *-s* o en italiano mediante *-i* constituye pura convención: ni la naturaleza de /s/ ni la de /i/ provocan sensación de pluralidad, es el acuerdo social el que dota estos sonidos de tal significado.

Tras aceptar la arbitrariedad en la lengua, surgen algunas dudas que pueden suscitar polémica al analizar la naturaleza del signo lingüístico. Un ejemplo muy claro que contradice esta teoría lo constituyen los lexemas de carácter onomatopéyico: *szumieć* en polaco o *maullar* en español sí que presentan alguna motivación extralingüística, ya que los sonidos que los componen imitan a los sonidos designados. De este tipo de ejemplos, nada desdeñables para el análisis lingüístico, nace el concepto de iconicidad en la lengua[67].

Uno de los precursores de la iconicidad fue Peirce y su división de signos (citado por Jakobson, (1988 [1965]). 114–115). Peirce reconoce tres tipos básicos de signos:

67 La polémica entre la arbitrariedad y la iconicidad de la lengua tiene sus raíces en la Antigüedad: una breve historia de las diferentes posturas sobre esta cuestión la presentan De Cuypre y Willems (2008). Para Kirsner (1995), por otra parte, son dos motivaciones complementarias que contribuyen a la formación de los sistemas lingüísticos.

- Iconos: se caracterizan por la semejanza entre *signans* y *signatum* (tal relación se establece, por ejemplo, entre el dibujo de una casa y una casa real). Además, los iconos se dividen en dos subtipos:
  a) las imágenes: cuando el signo imita los rasgos de su referente,
  b) los diagramas: lo que imitan son las relaciones (y no rasgos concretos).
- Índices: manifiestan una relación factual entre *signans* y *signatum* (por ejemplo, el humo es el índice del fuego).
- Símbolos: constituyen una relación convencional, basada en una regla previamente establecida entre *signans* y *signatum* (por ejemplo, el símbolo de la justicia es la balanza, para una persona que no reconoce esa relación, la balanza no va a representar ese significado).

En general, el signo lingüístico está asociado a la tercera categoría (los símbolos), sin embargo, como advierte Peirce, raramente un signo presenta rasgos de un grupo exclusivamente. Por lo tanto, su inscripción dentro de una categoría depende de la prevalencia de los rasgos de alguno de los tipos. De este modo, las reglas a partir de las cuales se crean los iconos pueden ser convencionales.

La famosa división de Peirce constituye la base para la teoría de la iconicidad. Hasta hoy en día numerosos lingüistas se han preguntado si los signos lingüísticos forman parte del repertorio de los símbolos puros, o bien si se pueden encontrar rasgos de iconicidad en el léxico o en la gramática de las lenguas. Entre los trabajos clave para el estudio de la iconicidad en la lengua conviene mencionar el artículo de Jakobson titulado "Quest for the Essence of Language" (1988 [1965]). En su escrito, Jakobson enumera una serie de casos que efectivamente vienen motivados por algún elemento de la realidad extralingüística presentando así una relación icónica:

- el orden de los sintagmas verbales, tipo *veni vidi vici*: la secuencia de los verbos representa el orden cronológico de los acontecimientos;
- en la gran mayoría de las lenguas, el sujeto precede al objeto lo que demuestra icónicamente la jerarquía de los participantes: es el sujeto el que efectúa la acción y, por eso, ocupa el puesto superior en la jerarquía;
- la combinación de morfemas en las palabras: los morfemas raíces presentan mayor flexibilidad e independencia, mientras que los afijos (especialmente los flexivos) se caracterizan por su uso restringido y selectivo de los fonemas;
- en muchas lenguas indoeuropeas, los grados positivo, comparativo y superlativo del adjetivo presentan un aumento en el número de fonemas (*high-higher-highest*);
- no existen lenguas en las que la pluralidad sea una categoría no marcada y la singularidad marcada (esto es, en cada lengua, para expresar el plural, hay que añadir ciertos elementos y nunca es el plural el que constituye la forma básica a partir de la cual se forma el singular);
- las palabras onomatopéyicas (tipo *clash, smash* en inglés) imitan los sonidos descritos;

- algunos sonidos, aunque en principio no se vinculan a sus representantes del mundo real, producen ciertas asociaciones (por ejemplo, en diferentes desinencias del caso instrumental en polaco se repite el rasgo de nasalidad).

A partir de la propuesta de Jakobson han florecido varios estudios acerca de la iconicidad en la lengua. Entre ellas, encontramos la teoría del fonosimbolismo y los llamados *ideophones* ('ideófonos'). El fonosimbolismo se realiza en los lexemas que mediante los sonidos imitan no la categoría acústica, sino un movimiento o una característica física o moral, como *grumpy* o *wrigle* en inglés (Díaz Rojo, 2002). De este modo, se les atribuyen a los sonidos ciertos significados simbólicos que evocan directamente unas interpretaciones determinadas. Con la noción del fonosimbolismo se relaciona el concepto de los ideófonos, esto es, palabras difícilmente clasificables en las categorías clásicas (sustantivos, adjetivos, verbos o adverbios) muy frecuentes en varias lenguas del mundo. Son unidades que presentan un comportamiento específico no solo en cuanto a sus rasgos fonológicos, sino también desde el punto de vista de la sintaxis (sobre el concepto de ideófonos, véanse, por ejemplo, Bartens, 2000 o Voeltz y Kilian-Hatz, 2001). Los ideófonos constituyen una especie de puente entre el mundo real y la lengua, puesto que carecen de una arbitrariedad completa, pero al mismo tiempo, se someten a ciertas reglas vigentes en los sistemas lingüísticos.

Otra de las aportaciones de mayor importancia en el ámbito de la iconicidad se presenta en los trabajos de Haiman (1980, 1983). Primero, Haiman (1980) divide la iconicidad en dos tipos: la isomorfía y la motivación. La isomorfía es un concepto válido en varias ciencias: en la biología, en la química o en las matemáticas. En general, se puede explicar de dos modos:

1) Aparece cuando una relación (por ejemplo de sustancias o de variables) se repite en otro organismo o estructura. Desde este punto de vista, ciertas relaciones que aparecen en el mundo tienen su reflejo en la estructura de la lengua.
2) Haiman (1980: 515) define la isomorfía como "one-to-one correspondence between the signanas and the signatum, whether this be a single word or a grammatical construction". Entonces, las excepciones a la isomorfía serían la sinonimia y la homonimia (que, según Haiman, en realidad no existen). Icónicamente, por lo tanto, a una forma se le asocia un significado y así, las diferentes construcciones gramaticales o los diferentes lexemas tienen que presentar significados distintos.

El segundo concepto introducido por Haiman, la motivación, se refiere al hecho de que la lengua está de algún modo motivada por el mundo externo. Un ejemplo de este tipo de iconicidad se lo puede observar en la estructuración de los pronombres de cortesía. En muchas lenguas, como francés, ruso o turco, los pronombres de cortesía reflejan en la forma del plural su asociación con el poder. Como los pronombres de cortesía se suelen emplear en situaciones entre hablantes de diferente nivel jerárquico, esta construcción gramatical está motivada por un mayor poder de una de las partes en el mundo real. En otras lenguas, como el italiano o el húngaro, el pronombre de cortesía representa la tercera persona, esto es, la asociada con la mayor distancia. Por lo tanto, la relación de distancia entre las personas viene reflejada mediante los pronombres que prototípicamente se refieren a personas situadas a mayor distancia del hablante.

La relación entre la distancia conceptual y la lingüística aparece desarrollada por Haiman en su artículo posterior (1983). La menor distancia conceptual, según Haiman (1883: 783), puede asumir tres caras:

- cuando dos conceptos comparten las mismas propiedades semánticas,
- cuando un concepto afecta al otro,
- cuando dos conceptos son inseparables.

A lo largo de su estudio, Haiman intenta demostrar que la distancia lingüística está motivada por la conceptual. Como pruebas de esta relación, Haiman presenta casos de construcciones causativas, coordinadas, transitivas y de posesión. Por ejemplo, en las construcciones coordinadas la distancia conceptual entre dos sintagmas depende del uso de una conjunción explícita (1983: 788):

S1 y S2 – mayor distancia conceptual
S1 S2 – menor distancia conceptual

En la lengua fe'fe', cuando las cláusulas están yuxtapuestas, las acciones se realizan casi al mismo tiempo, mientras que con la partícula *nī* ('y'), los eventos se consideran temporalmente separados:

(1) á ká gén ntēe njwēn lwà: 'Fue al mercado y compró (en ese mercado) las batatas'
(2) á ká gén ntēe ***nī*** *njwēn lwà*: 'Un día fue al mercado y otro compró las batatas'

En el primer ejemplo, la ausencia de la partícula indica una cercanía temporal, mientras que la presencia de la partícula en la segunda oración indica la lejanía temporal de los eventos.

Otra cuestión analizada por Haiman en su artículo sobre la iconicidad concierne al concepto de *individuation* (1983: 795). Esta noción radica en dos premisas:

- una palabra separada denota una entidad separada (lo que no ocurre con el morfema ligado),
- una cláusula separada denota una proposición independiente (lo que no ocurre con una cláusula reducida).

Haiman propone el siguiente ejemplo del inglés:

(3) V Cause (separados) vs. V + Cause (no separados)

I caused the tree to fall vs. I felled the tree

En la primera oración, estamos ante dos acciones separadas (una realizada por el sujeto y otra por otra entidad). En la segunda, es el sujeto el que realizó la acción directamente. Por lo tanto, la (in)dependencia de las cláusulas refleja la (in)dependencia de las acciones.

Todos estos ejemplos ilustran el fenómeno de la iconicidad gramatical, esto es, la motivación icónica de una serie de estructuras morfosintácticas. Entre los postulados más importantes en este campo, conviene mencionar los amplios estudios de Givón (1991a, 1991b, 1995). Givón (1995) reconoce tres niveles de los principios de iconicidad:

1) El imperativo de la iconicidad: "All other things being equal, a coded experience is easier to *store, retrieve* and *communicate* if the code is maximally isomorphic to the experience" (1995: 189). Este principio alude a la isomorfía, esto es, la relación una forma – un significado.
2) Los principios generales de la iconicidad: son normas universales para todas las gramáticas que rigen su funcionamiento. Givón (1991a) enumera tres grandes principios que coordinan el funcionamiento de muchas construcciones gramaticales:

   a) "The quantity principle:

      - a larger chunk of information will be given a larger chunk of code,
      - less predictable information will be given more coding material,
      - more important information will be given more coding material" (1991a: 87–89)

      Este principio se realiza en el ejemplo siguiente (1991a: 88)

      (4) I ***have*** *two books*
      *I'****ve*** *got two books*
      *I'****ve*** *read two books*

      En el primer caso, el verbo *have* presenta más información que en el segundo y en el tercero: por eso, no solo su realización es más larga, sino que también está acentuada con mayor fuerza.

      (5) act → act-ive → act-iv-ate → act-iv-at-ion

      Con la mayor dosis de información aparecen más elementos y el lexema extiende su longitud.

   b) "The proximity principle:
      - entities that are closer together functionally, conceptually, or cognitively will be placed closer together at the code level, i.e. temporally or spatially,
      - functional operators will be placed closest, temporally or spatially at the code level, to the conceptual unit to which they are most relevant." (1991a: 89–92)

      Este principio alude a la relación entre la distancia conceptual y la distancia lingüística realizándose, por ejemplo, en (1991a: 90):

      (6) She ***let-go*** *of him*
      She ***let*** *him* ***go***
      She ***wanted*** *him to* ***go***
      She ***wished*** *that he would* ***go***

*She **forgot** that he had **gone***
*She **said**: "He's gone"*

Como podemos observar, cuanto mayor la distancia conceptual entre los eventos, menor la integración de las cláusulas[68].

c) "The sequential order principles:
   - semantic: the order of clauses in coherent discourse will tend to correspond to the temporal order of the occurrence of the depicted events,
   - pragmatic: more important or more urgent information tends to be placed first in the string and less accessible or less predictable information tends to be placed first in the string" (1991a: 92–94).

   En cuanto al principio semántico, se manifiesta en el ejemplo siguiente (1991a: 92):

   (7) Probable: He shot and killed her
   *Improbable: *He killed and shot her*
   Frecuente: She shot him, and he died
   Infrecuente: He died. She had shot her
   Frecuente: After she shot him, he died
   Infrecuente: He died after she shot him
   Frecuente: If he comes, we'll do it
   Infrecuente: We'll do it if he comes

   Como podemos observar, Givón demuestra que el orden de las cláusulas tiende a reflejar el orden temporal de los eventos (las construcciones que contradicen esta tendencia, aunque gramaticalmente correctas, resultan improbables o infrecuentes). Por otra parte, el principio pragmático lo podemos apreciar en (8):

   (8) Neutro: John milked the goat
   *Contraste: He milks the cow, but the **Goat** he wouldn't milk*
   *Foco: It's the **Goat** that John milked*
   Dislocación a izquierda: The goat, John milked it
   Pregunta con QUÉ: What did John milk?

   En estos casos observamos que, efectivamente, la información más importante viene introducida al principio de la oración, mientras que la menos previsible aparece al final de la oración.

3) Los principios característicos de una lengua (menos universales): como ejemplo de tal principio, Givón (1995: 210) propone el siguiente: "The more important a facet of experience is to the organism or culture, in term of pragmatic, adaptive, real-world needs, the more distinctly it is coded in language." Esto significa que en la lengua de cada cultura van a resaltar las nociones que resultan importantes para esta. El principio mencionado nos parece estrechamente vinculado a los

68 Esta hipótesis está relacionada con la famosa *Binding Theory* (véase Givón, 1980).

estudios del ethos comunicativo o de la etnosintaxis porque hace hincapié en el hecho de que la gramática va a marcar de algún modo lo que resulta importante para los miembros de una comunidad. De este modo, la gramática no se muestra indiferente a las necesidades de las personas que la utilizan.

Otros autores han realizado estudios de diferentes sistemas lingüísticos para demostrar la veracidad de las propuestas de Givón. De este modo, Rohdenburg (2002) confirma los principios de Givón apoyándose en una serie de ejemplos ingleses. Simone (1994), por su parte, propone sus propias máximas que tienen una motivación pragmática:

- "Maxim of succession by default: If not otherwise expressly indicated, assume that the order of clauses resembles that of actions involved" (1994: 162). Es una reformulación de la máxima de secuencialidad que sugiere que el orden de las cláusulas refleja el orden de los eventos. Según Simone, este principio resulta muy importante en los mandatos (por ejemplo, garantiza un buen entendimiento de enunciados tipo *Take that book and bring it to me*).
- "Maxim of surrogation of extra-language by language: If the text is likely to be diagrammatically linked to extra-language, inspect it instead of extra-language" (1994: 163). Esta máxima se realiza especialmente en los textos literarios. Simone llama nuestra atención sobre el hecho de que, por ejemplo, las descripciones en los textos literarios aluden a sitios, personas o situaciones que no existen en el mundo real. Por lo tanto, las descripciones presentan una relación con el mundo real imitándolo (y por eso, se puede investigar el texto mismo y no la realidad).
- "Maxim of causation by default: If there is no specific indicator (intonational or other) to the contrary, co-ordinated clauses can be intended in the post hoc ergo propter hoc sense" (1994: 166). En otras palabras, la relación de causa – efecto viene reflejada en el orden de las cláusulas (si no hay otras marcas, como una entonación específica, la primera cláusula se refiere a la causa y la segunda al efecto, tipo *He had an accident and he remained wounded*).

Hopper y Thompson (1985) realizaron un estudio muy interesante de la iconicidad de dos categorías: sustantivos y verbos. En su artículo demuestran que la división de elementos en categorías depende de sus funciones discursivas y no de sus significados semánticos. Los sustantivos y los verbos presentan un significado icónico:

los sustantivos: se refieren a los participantes
los verbos: se refieren a los eventos

Las unidades lingüísticas pueden presentar un mayor o menor grado de iconicidad constituyendo representantes más o menos prototípicos de cada categoría. Una serie de ejemplos del inglés aclara esta tendencia (1985: 156):

(9) We ***traveled*** *from Sweden to Greece*
(10) To ***travel*** *from Sweden to Greece*
(11) We know a ***traveling*** *salesman*
(12) The woman ***traveling*** *with the computer is in seat 17A*

Prototípicamente, solo en (9) estamos ante la categoría de verbo. En el resto de los ejemplos, las diferentes variaciones de *travel* constituyen ejemplos menos prototípicos (o incluso, más cercanos a otras categorías).

La propuesta de Hopper y Thompson, por lo tanto, asume que la división de las unidades lingüísticas en categorías tiene carácter icónico, mientras que el nivel de prototipicidad de esta unidad se somete a gradación.

Nos ha parecido conveniente explicar la problemática de la iconicidad y sus diferentes facetas, ya que varios lingüistas mencionan el mecanismo de la reduplicación como un caso muy claro de la motivación icónica en la lengua. Para Haiman (1980: 530), la reduplicación es un recurso icónico, puesto que:

- puede expresar pluralidad,
- puede expresar repetición,
- puede expresar intensificación.

Haiman enumera una serie de lenguas en las que se dan estas tres nociones al reduplicar los lexemas. Conradie (2002) analiza la reduplicación en Afrikaans reconociendo las siguientes motivaciones icónicas (2002: 206):

- la repetición: se repite el lexema – se repite la acción,
- la interrupción o discontinuidad: después de una pausa se repite el lexema – se interrumpe la acción,
- la duración o continuación: dos lexemas indican el principio y el final de un evento, es decir, su duración,
- la extensión de una acción o estado: la repetición de un lexema indica la continuación de una acción o un estado,
- la intensificación: se repite el lexema – se pone énfasis sobre el evento.

Lo que ha suscitado nuestro interés es el posible vínculo entre la motivación icónica y la reduplicación en las lenguas analizadas, esto es, en el español peninsular y en el italiano. Si en otras lenguas los investigadores reconocen la iconicidad de la reduplicación, conviene examinar si se puede atribuir la misma tendencia a las construcciones reduplicadas en las lenguas que sometemos a estudio.

8.2 La iconicidad de la reduplicación en español e italiano

Tras esbozar las cuestiones principales relacionadas con la iconicidad, intentaremos demostrar hasta qué punto el mecanismo de la reduplicación en español e italiano puede considerarse icónico. El tema de la iconicidad de la reduplicación fue desarrollado por Moreno Cabrera (2016) en su artículo sobre las reduplicaciones apofónicas en las lenguas románicas. Se trata de construcciones tipo *zigzag* o *tictac* que se basan, por una parte, en la repetición de ciertas unidades y por otra, en la variación vocálica. Según Moreno Cabrera, estas construcciones presentan una motivación icónica de dos tipos:

- la reduplicación indica la continuidad de la acción,
- la variación vocálica señala la noción de cambio.

Conviene señalar, sin embargo, que las construcciones analizadas por Moreno Cabrera no constituyen casos de reduplicación léxica (el objetivo del presente estudio). Por lo tanto, proponemos un análisis de la iconicidad en las construcciones basadas en la repetición de los lexemas enteros.

Antes de empezar nuestro análisis subrayamos que el reconocimiento de la presencia o de la ausencia de iconicidad en un mecanismo lingüístico **depende de la definición que se le atribuya a este concepto.** Como hemos demostrado, la explicación del concepto de iconicidad carece de unanimidad: varios autores entienden de manera distinta el significado de este fenómeno. Aunque, en general, todos coinciden en su aspecto clave, esto es, que la lengua imita al mundo real reconstruyendo las relaciones que se observan en este, la imitación puede ser de diversa índole. Por una parte, la iconicidad puede ser interpretada como una imitación más bien directa del tipo ELEMENTO DE REALIDAD – ELEMENTO LINGÜÍSTICO. Esto se realiza, por ejemplo, en las diversas máximas de proximidad según las cuales la distancia entre los elementos lingüísticos refleja la distancia conceptual de los referentes. En este caso la noción de distancia, bien conocida en nuestra vida cotidiana, motiva una cierta organización dentro de la oración. No obstante, algunos autores consideran la iconicidad de modo más indirecto. Creemos que tal es el caso de la propuesta de Hopper y Thompson (1985) que atribuyen a las categorías de sustantivo y verbo ciertas características icónicas. Lo que llama nuestra atención, sin embargo, es el hecho de que la misma categorización de unidades lingüísticas constituye una pura convención que en realidad interesa solamente a los lingüistas (ya que a la mayoría de los hablantes les da igual si un elemento es un sustantivo o un verbo). En este caso, por lo tanto, la relación icónica que se mantiene sirve para unir los elementos lingüísticos con las categorías lingüísticas (más bien artificiales).

Dicho todo eso, insistimos en que el reconocimiento de rasgos de iconicidad en el mecanismo de la reduplicación requiere una especificación de la definición de iconicidad. En el presente trabajo se analizan dos aspectos de la iconicidad en la reduplicación:

- la relación entre la reduplicación y el principio de cantidad de Givón,
- la reduplicación como forma de imitación de ciertos aspectos del mundo.

8.2.1 La reduplicación y el principio de cantidad

El principio de cantidad propuesto por Givón (1991a: 87–89) alude a la relación entre la cantidad de información y la cantidad de los signos lingüísticos utilizados para expresarla. En la reduplicación española e italiana hemos reconocido dos tipos de esta relación:

1) más forma – más información
2) más forma – mayor importancia

En adelante presentamos ejemplos que constituyen pruebas de la existencia de tales vínculos.

8.2.1.1 Más forma – más información

La tesis principal de nuestro trabajo atribuye a la construcción reduplicada la intensificación de la (inter)subjetividad según el esquema:

[XX] → [intensificación de la (inter)subjetividad]

En esta definición general ya se pueden apreciar rasgos icónicos porque indica que la repetición dentro de un sintagma de una unidad X añade la información relacionada con la intensificación de la (inter)subjetividad. Por lo tanto, lo que diferencia [X] de [XX] es que la segunda construcción añade ciertas nociones a la primera: más forma contiene más información.

Ahora bien, lo que se ha intentado demostrar a lo largo del presente estudio es que la información añadida depende de varios factores, como la naturaleza de X o el contexto en el que aparece. Por lo tanto, la información añadida puede ser de diversa índole:

Tipo de X	**Información añadida a X al reduplicarlo**
Verbo en imperativo en segunda persona de singular	Reduplicación de insistencia: la noción de insistir, animar
	Reduplicación de cortesía convencionalizada: la noción de cortesía
	Reduplicación de marcadores discursivos: funciones interactivas
Sustantivos y adjetivos	Información semántica: prototipicidad o contraste
	Información pragmática: - en secuencia descriptiva: precisión, - en secuencia argumentativa: evaluación, - en secuencia descriptivo-argumentativa: impresión.
	En preguntas: la noción intersubjetiva de facilitar la comprensión
Demostrativos	En secuencia descriptiva: la noción de precisión
	En secuencia argumentativa: la noción de contraste
Adverbios	Nociones (inter)subjetivas
Verbos	Reduplicación de gerundio: la noción de subjetividad
	Reduplicación de infinitivo: la noción de intersubjetividad

Aunque el esquema general nos demuestra que, en el caso de la reduplicación, efectivamente se realiza el principio de cantidad, hemos observado la tendencia siguiente:

Cuanto mayor el nivel de gramaticalización de la construcción reduplicada, menos propicio a realizarse es el principio de cantidad.

Creemos que se puede apreciar esta tendencia en todas las categorías analizadas. Al gramaticalizarse, las construcciones reduplicadas pierden ciertos significados que son sustituidos por otros. Por lo tanto, más forma no implica más información, sino información diferente, como en los casos ya mencionados:

Construcción gramaticalizada	**Explicación**
Las reduplicaciones lexicalizadas de imperativo	Estas construcciones pierden su valor de imperativo (mandato, consejo, pedido, etc.) adquiriendo un significado semántico nuevo (por ejemplo, *fuggifuggi* designa la acción de huir de varias personas). Por lo tanto, entre *fuggi* y *fuggifuggi* no hay diferencia en la cantidad de información, sino en la calidad de esta.
Las reduplicaciones de sustantivos o adjetivos gramaticalizadas	Se trata de dos tipos de gramaticalización: - las gramaticalizaciones a nivel semántico (por ejemplo, *man mano* en italiano): en este caso un significado de cierta naturaleza sustituye a otro de naturaleza bien distinta, (*mano*: 'mano', *man mano*: 'al mismo tiempo' o 'poco a poco'), - las gramaticalizaciones a nivel interactivo: en otros casos, la reduplicación se convierte en una rutina frecuentemente utilizada en las conversaciones (por ejemplo, *pronto pronto* al coger el teléfono o *un bacio grosso grosso*). Las reduplicaciones se convierten en rutinas conversacionales que no añaden más información, sino que se convencionalizan constituyendo la manera más frecuente de utilizar ciertos recursos lingüísticos.
Las construcciones *eso eso* y *ecco ecco*	Son dos construcciones que en vez de indicar un lugar en el espacio, constituyen una muestra de acuerdo con lo dicho por el interlocutor (el significado deíctico se convierte en el significado interactivo: otra vez, es un cambio en la cualidad y no en la cantidad de la información).

Construcción gramaticalizada	**Explicación**
Las construcciones con adverbios	Se trata de dos tipos de construcciones: - las reduplicaciones que han obtenido valores interactivos perdiendo a la vez ciertos valores semánticos (como *bene bene* o las reduplicaciones de diminutivos en la situación de ofrecer algo a alguien), - las reduplicaciones lexicalizadas (tipo *así así* o *mo' mo'*): presentan un significado diferente de sus versiones no reduplicadas.
Las construcciones *capito capito* en italiano y *dice dice* en español	En cuanto a *capito capito,* es otro caso de una rutina conversacional (muchas veces ya no sirve para manifestar que se entienden las cosas, sino para mantener el contacto o una buena relación con el interlocutor). *Dice dice*, por su parte, parece convertirse en un modo específico de marcar el estilo directo (entonces, es un equivalente de *dice que* que introduce el estilo indirecto).

En todos estos casos, por lo tanto, la gramaticalización provoca un cambio de significado, esto es, la construcción [XX] no difiere de [X] en cuanto a la cantidad de información, sino en cuanto a su calidad.

8.2.1.2 Más forma – mayor importancia

El segundo subtipo del principio de cantidad consiste en atribuir mayor importancia a los elementos que gozan de más forma. Dado que la construcción [XX] sin duda alguna presenta más forma que [X], se intenta averiguar si con el aumento en forma aumenta también el grado de importancia. Tras reflexionar sobre los casos analizados, efectivamente, hemos detectado tal tendencia. Se trata, en concreto, de las construcciones que semánticamente indican la noción de **contraste**. Si la reduplicación señala hacia un referente X, contrastándolo con A, B o C, atribuye a X mayor importancia que a A, B o C. Veamos algunos ejemplos:

(13) *con Funari bah 300 mila lire al giorno* ***lorde lorde*** *o nette sì scusa un attimo solo eh ho dovuto metter su delle spine no perché dalla voce mi sembrava come se pronto pronto pronto dicevo poi le facciamo fare la missionaria di Calcutta* (PEC)

En (13), la reduplicación sirve para marcar el contraste con la cantidad neta: al mismo tiempo se le atribuye más importancia a la cantidad bruta.

(14) *Vamos a ponernos en un sitio más Claro. accesible . ¿Nos cambiamos ahí? Venga. Venga. A mí yo estoy bien aquí,. Llévame llévame tú el vaso, Javi. vamos a otra mesa que se vea mejor la puesta de sol.* ***aquí aquí*** *mola,. Es igual, a Simón le toca., es que es*

increíble. A Simón le toca sitio. No, está bien., está chulísimo. ¿Quién? ¿La churri, dices? Dentro de un momentín, cuando esté ac alto por el horizonte,. Oye, ¿cuál es mi cerveza? ¿Cuál es la cuál es la tuya?
(CREA, Vía pública, conversación entre amigos, Madrid, 23/05/91)

En cuanto a los adverbios demostrativos, hemos observado que la noción de contraste suele aparecer en las secuencias argumentativas. Estas secuencias, por su naturaleza, organizan los elementos en los más importantes o menos importantes. Por lo tanto, en (14), la construcción reduplicada *aquí aquí* hace referencia a un sitio mejor que otros atribuyéndole, además, mayor importancia.

(15) *– ¿ y ya conocías a tu novia la con la que luego te casaste o tuviste otras ant?*
–no esa <pausa/> ***esa esa*** *a los dieciocho años <pausa/> dieciocho y pico tampoco mmm esperamos mucho joder si ya tenemos una hija con <pausa/> treinta años y un hijo con veintinueve así que ya me contarás <silencio/>*
(ESLORA)

Los adjetivos demostrativos, por su parte, suelen expresar la noción de contraste en las secuencias descriptivas (ya que eliminan así otros elementos posibles). De este modo, *esa esa* se refiere a la novia con la que se casó el hablante: la novia más importante de todas.

(16) *– Boh ma in realtà m' aveva mandato un messaggio qualche giorno fa dopodichè non l' ho più senti.*
– No ***stamattina stamattina*** *a me.*
– Stamattina?
– Mhm.
– Se io le ho parlato?
– Quando ho sentito te ho sentito pure lei quindi pensavo che avesse rotto il cazzo anche a te
(PEC)

En (16), el uso de la construcción reduplicada del adverbio deíctico temporal mediante su significado de contraste señala la importancia del momento indicado (el hablante se ha encontrado con una persona esa mañana y no en otra ocasión lo que resulta significativo para la conversación).

Como se puede observar, la reduplicación que expresa contraste propicia la organización gradual de los elementos según su nivel de importancia. Al mismo tiempo, parece que se asigna al referente de la construcción reduplicada mayor importancia que a otros elementos posibles, pero descartados.

8.2.2 La reduplicación como imitación del mundo

El segundo tipo de la interpretación de la iconicidad reconoce este fenómeno como la propiedad de ciertos recursos lingüísticos de imitar al mundo extralingüístico. Un ejemplo muy claro lo constituyen las palabras onomatopéyicas, como *szumieć* en polaco o *susurrar* en español, que imitan los sonidos a los que representan. Otro ejemplo, también ya mencionado, es el caso de la secuencia de las cláusulas, tipo *veni vidi vici* que corresponde al orden de los acontecimientos descritos.

Tras observar la reduplicación en español e italiano, hemos detectado una serie de ejemplos de la motivación icónica que se efectúan tras repetir diversos recursos lingüísticos.

8.2.2.1 La reduplicación del gerundio – indicio de continuidad o iteración

Al reduplicar la forma no personal del verbo, el gerundio, los hablantes suelen indicar la larga duración de una acción, o bien su iteración. De este modo, se imitan los acontecimientos del mundo real: se prolonga una construcción para que ocupe más lugar en el enunciado indicando continuidad (como en (17)), o para que su iteración imite la iteración de la acción (ejemplo (18)):

(17) *que subiéramos al del recreo tío↓ y luego te echaba el aliento e iba (()) echando el aliento↓*
0181 B: ¡Gimeno! Gimeno a mi el año pasao↓ no/hace dos años/en tercero // *°(eso es)°/en medio de ese ((PUERCO)) //*
0182 D: ay síi↓ [¿por dónde?
0183 B: me dice]/estaba el-el hombre inspirado contando ***hablando [hablando→***
(Val.Es.Co 2.0)

(18) *hab1 sí <palabra_cortada>t</palabra_cortada> hombre yo <pausa/> yo sabía <pausa/> ¡joder! yo eeeh yo sabía que la lubina se iba a pescar a la roca <pausa/> a la zona <alargamiento>de</alargamiento> la zona del batiente donde donde donde rompe <pausa_larga/>*
*hab1 que iban <pausa/> que que iban allí a pescar la gente desde los acantilados o desde lanchas <pausa/> <alargamiento>**metiéndose**</alargamiento> **metiéndose** allí <pausa_larga/>*
hab2 pero ya no es lo mismo
(ESLORA)

8.2.2.2 La reduplicación de verbos personales en siciliano – la imitación de la escena presentada

En el capítulo 6.4.2. se menciona un caso específico del dialecto siciliano: la reduplicación de los verbos personales. Las construcciones tipo "adverbio + verbo reduplicado" indican generalización. Por lo tanto, *dove è è* significa 'está dondequiera', mientras que *come fai fai* 'hazlo como quieras'. Creemos que este tipo de construcciones imitan la imagen conceptual que se mantiene del evento descrito. Si quisiéramos dibujar una imagen presentada en el primer enunciado (*dove è è*), marcaríamos por lo menos dos puntos en los que podría ubicarse el objeto o la persona descrita:

Creemos que la reduplicación del verbo *è* imita nuestra percepción conceptual del evento: el objeto o la persona pueden encontrarse tanto en el lugar nº1 (imitado por el primer *è*), o bien en el lugar nº2 (imitado por el segundo *è*).

En cuanto al segundo enunciado, *come fai fai*, su imagen conceptual contiene dos objetos de forma distinta:

Cada una de las figuras representa un modo distinto de realizar la acción. Por lo tanto, en la construcción reduplicada, el primer constituyente se refiere a la primera, mientras que el segundo a la segunda.

En este caso la reduplicación imita nuestra visión conceptual de los eventos que, al fin y al cabo, también forma parte del mundo extralingüístico en que vivimos.

8.2.2.3 La reduplicación de sustantivos, adjetivos o adverbios que expresan contenidos de 'longitud', 'altura' o 'grandeza'

El tercer caso de reduplicaciones que mantienen rasgos de iconicidad concierne a las construcciones compuestas por diversos lexemas que expresan contenidos de 'longitud', 'altura' o 'grandeza', esto es, extensión en el espacio o en el tiempo. La reduplicación de este tipo de unidades conceptualmente se nos presenta como el grado superior de sus equivalentes no reduplicados, aunque desde el punto de vista de la semántica no necesariamente son un recurso para formar el grado comparativo o el superlativo, ya que *alto alto* no siempre corresponde a 'más alto'. Sin embrago, entre dos construcciones: *alto* por una parte y *alto alto* por otra, su representación conceptual probablemente sería:

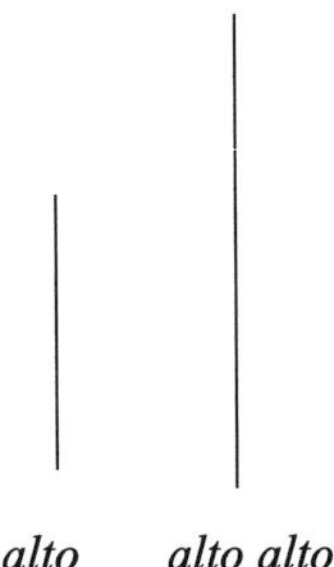

Igual que se prolonga el tiempo de pronunciar la segunda construcción (frente al tiempo necesario para pronunciar la primera), también se prolonga la longitud del objeto o persona a los que caracteriza. Por lo tanto, parece que la reduplicación de este tipo de lexemas imita sus rasgos en el mundo real, como en los ejemplos:

(19) *¿Y qué recuerdos tiene de él? Me imagino que muchos. ¡, sí,* ***muchos muchos****! Era muy culto y hablaba poco, extraño muy extraño, hijo de cubana, y su padre era valenciano la madre cubana.*
(CREA, MA-14. Mujer de 86 años. Estudió la carrera de piano)

En este caso la imagen que tenemos en mente del concepto de *mucho mucho* frente a *mucho* no reduplicado sería:

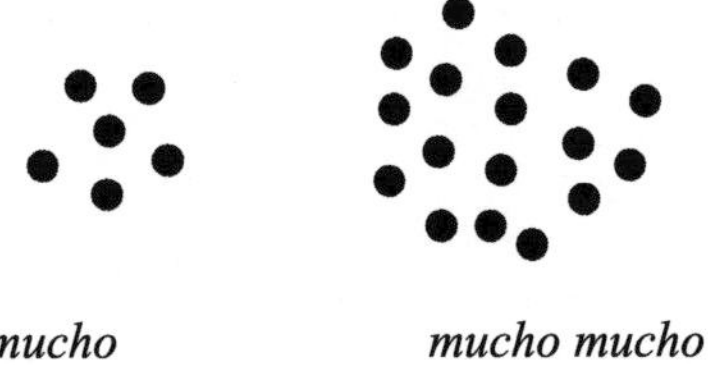

(20) *– Okay piedone lunghissimo piede* ***lungo lungo****.*
– Lunghissimo piedone piede, sì.
(PEC)

En (20), estamos ante un adjetivo reduplicado que indica longitud. La imagen conceptual de un *piedone lungo* frente a un *piedone lungo lungo* será:

La misma pronunciación de la construcción *lungo lungo* ocupa un periodo temporal más largo que la de *lungo* (en ello radica la iconicidad de la reduplicación).

(21) *He vendido la casa conseguí, en fin, que no que no me la pagaran demasiado mal, pero como no podía continuar viviendo allí, porque no tenía elementos económicos para continuar, pues que tengo muy buenas amigas ¡una suerte con la amistad!,* ***enorme, enorme****. Porque tú sabes si he ha sido suerte. Mucha suerte.*
(CREA, MA-14. Mujer de 86 años. Estudió la carrera de piano)

En español, encontramos un caso muy parecido. La grandeza subrayada por la reduplicación del adjetivo *enorme* corresponde a nuestra imagen conceptual de esta noción.

Conviene señalar que esta iconicidad no se da en el caso de las construcciones compuestas por los antónimos de las unidades analizadas. En las reduplicaciones tipo *corto corto, estrecho estrecho* o *pequeño pequeño* no se realiza la iconicidad, puesto que la extensión de la construcción no indica extensión espacio-temporal, sino que suscita una interpretación opuesta. Por lo tanto, parece que la iconicidad considerada como la imitación del mundo real no siempre se realiza en las construcciones reduplicadas.

8.3 A modo de conclusión

La problemática de la iconicidad en la lengua, frente a su arbitrariedad, parece muy interesante, pero también puede suscitar varias cuestiones polémicas. Primero, observamos una gran variedad de maneras de definir la misma iconicidad. Dependiendo de la definición asumida, un mismo recurso sintáctico, como la reduplicación léxica, puede confirmar o rechazar la tesis sobre la posible iconicidad del lenguaje humano. En cuanto a las reduplicaciones en español e italiano, encontramos una serie de casos muy interesantes que constituyen pruebas del carácter icónico de este mecanismo lingüístico. Por otra parte, como también hemos subrayado, entre las construcciones reduplicadas se pueden encontrar casos a los que difícilmente se puede atribuir rasgos de iconicidad. Teniendo todos estos aspectos en cuenta, se propone la conclusión siguiente:

En español e italiano las reduplicaciones léxicas tienden a manifestar rasgos de iconicidad. No obstante, la realización de esta tendencia depende de varios factores, como:
– la definición de la iconicidad asumida,
– el grado de gramaticalización de las construcciones reduplicadas,
– el contexto en el que aparecen.

Por lo tanto, creemos que no se puede constatar que una construcción sea icónica o no. Primero, conviene definir qué es lo que se entiende bajo el término "iconicidad" y luego examinar si en el contexto en el que aparece presenta rasgos icónicos. Por lo tanto, los factores que conviene tener en cuenta por sus posibles repercusiones son los siguientes:

1) La definición de iconicidad:
   Si estudiamos la iconicidad desde el punto de vista del principio de cantidad, la construcción *corto corto* puede ser icónica porque con el aumento en forma aumenta la cantidad de información (y posiblemente el grado de importancia de la construcción en el discurso). No obstante, si se considera la iconicidad como la imitación del mundo extralingüístico, no se puede atribuir a la expresión *corto corto* una motivación icónica.
2) El grado de gramaticalización:
   La misma construcción *mano mano* si se refiere a 'mano de verdad' puede ser icónica (por ejemplo, desde el punto de vista del principio de cantidad). No obstante, la misma construcción gramaticalizada pierde estos valores, ya que, como hemos explicado, no aumenta la cantidad de información que representa, sino su cualidad.
3) El contexto:
   La construcción tipo *joven joven* en ciertos contextos puede indicar el aumento de la intensidad (por ejemplo, si se utiliza como argumento, para impresionar a alguien, o bien para poner a alguien en oposición a otras personas y así destacar su importancia). No obstante, la misma construcción *joven joven* puede aparecer en un contexto puramente descriptivo indicando la prototipicidad de esta característica. En este caso parece que disminuye su grado de iconicidad.

Otra observación que sale a la luz al analizar la iconicidad en las construcciones reduplicadas es la gradualidad de este fenómeno. Esto significa que, al contrastar dos construcciones, una puede presentar mayor iconicidad que otra, lo que no descarta cierto matiz icónico de la segunda. Por ejemplo, comparamos los casos siguientes:

(22) *Mira, la tía es éste el que le el tipo de mueble que le gusta. Cuando vio el catálogo del tío Santos. ¿A qué tía? ¿Quién? ¿Petra? Sí. Vamos a ver, yo no me acuerdo ahora cómo tiene su casa. A eso le llaman una. Yo no la he visto. No la conozco. Sí, yo sí. Es* ***igual igual*** *que la de los tíos. ¿Cuál? La casa nueva de Pinto. No he estado.*
(CREA, Domicilio particular, conversación familiar, Segovia, 23/03/91)

(23) *¿Tenían también algún tipo de obras sociales? Pues había la sección hispanoamericana, la sección literaria, que fueron a dar conferencias Hu hubo una conferencia histórica, porque a mí me dejó aquello una huella que es que vino a España este filósofo alemán, este* ***alto alto*** *¡Keyserling! Vino Keyserling y fue, pues entre risas y bromas y tragedias, fue aquella una tarde realmente curiosa porque se hospedaba en la Residencia de Estudiantes, que entonces era, aquí en Madrid, un lugar muy de intelectuales, ahí en al final de la calle Serrano y fuimos a buscar a Keyserling en un coche muy grande, porque nos dijeron: "Es altísimo y no sé qué".*
(CREA, MA-14. Mujer de 86 años. Estudió la carrera de piano)

En (22), la construcción *igual igual* parece icónica desde el punto de vista del principio de cantidad, ya que al aumento de la forma corresponde a un aumento de información (se añade la noción de prototipicidad). En cuanto a (23), la iconicidad se realiza en dos planos:

- el principio de cantidad: se añade más información (más forma– – más información y más forma – mayor importancia),
- se imita el mundo real, ya que *alto alto* es una construcción de una larga pronunciación que indica a la vez una gran altura.

Por lo tanto, la construcción *alto alto* parece presentar mayor grado de iconicidad que *igual igual* (que también puede considerarse de algún modo icónica).

Concluyendo, la reduplicación constituye un recurso que presenta varios rasgos de iconicidad. Conviene señalar, sin embargo, que para adquirir una perspectiva completa de este fenómeno, se deberían analizar las construcciones separadamente teniendo en cuenta los diversos factores que ejercen una gran influencia sobre su interpretación.

9. Conclusiones finales

Tras llevar a cabo nuestro análisis y examinar sus resultados, conviene recapitular las tesis propuestas y presentar las conclusiones finales que se pueden obtener del estudio realizado. Como el presente trabajo tiene carácter comparativo, se ha sometido a análisis un mismo fenómeno que aparece en dos lenguas emparentadas, pero diferentes. Hemos optado por estudiar la reduplicación en español e italiano por una razón principal: creemos que la comparación amplía nuestra perspectiva y permite advertir y describir un repertorio más completo de nociones. En otras palabras, tras manejar ejemplos que provienen de dos lenguas, se observan diferencias entre ellas, lo que provoca cierta reflexión sobre la naturaleza de la construcción estudiada. Desde el punto de vista formal, la construcción reduplicada aporta relativamente pocas cuestiones problemáticas. No obstante, a nivel semántico-pragmático presenta numerosos valores que no siempre tienen correspondencia en la otra lengua. A nuestro juicio, el estudio comparativo ha enriquecido el repertorio de datos acerca del funcionamiento de la reduplicación facilitando así la realización de un análisis más completo.

Conviene subrayar, además, que los datos que se manejan en el presente estudio provienen de varios corpus de lengua oral. El estudio del corpus, aunque a veces puede proporcionar ciertas dificultades (muchas veces relacionadas con la complejidad en la fase de preparación), constituye una herramienta indispensable en la lingüística actual, especialmente si se trata de mecanismos que corresponden a la variedad oral de le lengua. Por lo tanto, al analizar las conversaciones reales, obtenemos los contextos reales en los que se utiliza la reduplicación y de este modo, podemos sacar conclusiones relacionadas no solo con el significado semántico de la construcción, sino también con su uso y valores pragmáticos.

El mecanismo estudiado, la reduplicación, forma parte de un concepto bastante amplio y poco homogéneo: la repetición. Como hemos demostrado en el primer capítulo, la repetición puede actuar en diferentes niveles de la lengua ejerciendo funciones muy variadas. En español y en italiano, resultan muy frecuentes las repeticiones a nivel sintáctico, repeticiones que para un hablante no nativo pueden suponer un problema, pero que al mismo tiempo constituyen un recurso muy importante para la organización sintáctica de estas lenguas. Las repeticiones a nivel semántico-pragmático también resultan abundantes y, como se ha intentado demostrar, pueden ser atribuidas a los ethos comunicativos (y sus diversos ejes) de las comunidades hispano- e italoparlantes. Cabe subrayar, además, que la repetición puede interpretarse de manera polifacética. Esto es, a menudo **son muchos los factores que intervienen en la decisión del hablante de recurrir a este mecanismo lingüístico**. Esta conclusión constituye también el fundamento para el presente análisis. De hecho, partimos de la hipótesis de que el funcionamiento del mecanismo estudiado debe basarse no solo en un factor semántico (su posible significado en el enunciado), sino también en otros factores que pueden pertenecer a varios niveles de estudio.

El objetivo de la presente investigación, la reduplicación léxica, constituye un mecanismo sintáctico (porque consiste en yuxtaponer dos elementos léxicos del mismo aspecto formal) que desempeña su papel primordial a nivel pragmático. Por lo tanto, **estudiando un mecanismo lingüístico, se observan sus funciones relacionadas con la interacción entre los hablantes**. De este modo, nuestro trabajo sigue el camino sugerido por Catalina Fuentes (2015a) sobre la Lingüística Pragmática y la relación estrecha entre los recursos lingüísticos (a todos los niveles de análisis) y las funciones pragmáticas.

Para poder sistematizar el estudio, hemos optado por adoptar la metodología de la **Gramática de Construcciones**. Tal como se expone en el capítulo 2.4., aprovechando el concepto de construcción, se pueden evitar ciertas incongruencias formales (por ejemplo, si la reduplicación es una aposición o una composición). Además, como demostramos, es la misma construcción [XX] que aporta unos significados específicos cualesquiera que sean sus componentes. Como se defiende a lo largo de nuestro análisis, la construcción reduplicada en español e italiano obtiene la interpretación siguiente:

[XX] < ---------- > **[interpretación pragmática: intensificación de la (inter) subjetividad]**

Por lo tanto, al reduplicar un elemento lingüístico, se intensifica la (inter)subjetividad (los conceptos clave, esto es, la intensificación y la (inter)subjetividad están definidos en los capítulos 2.5. y 2.6. respectivamente).

Como insistimos desde el primer capítulo, la construcción reduplicada desempeña su propio papel en los ethos comunicativos de las comunidades analizadas. En otras palabras, **la reduplicación actúa en diferentes niveles del ethos** (esto es, la *parole*, las relaciones interpersonales, la cortesía verbal, la concepción del individuo, la ritualización y la afectividad) reflejados también en algunos aspectos de la lingüística etológica de Nowikow, la etnosintaxis de Wierzbicka o el estilo comunicativo de Tannen. El concepto clave para la teoría del ethos lo constituye la "imagen social" (Bravo, 2002), esto es, las preferencias discursivas que concuerdan con los valores socioculturales premiados en una comunidad dada. Como hemos observado mediante el análisis de diferentes ejemplos de reduplicación, su papel en la formación del ethos comunicativo depende de tres factores:

- **el tipo de constituyente**: la clase de palabras a que pertenece (por eso, hemos dividido los capítulos según las diversas clases de palabras que forman parte de la construcción),
- **el tipo de texto** en que aparece: si es una secuencia argumentativa, descriptiva o descriptivo-argumentativa (sobre los tipos de secuencias, véase el apartado 4.3.),
- **el grado de gramaticalización** de la construcción (véase el apartado 3.1.).

Estos tres factores resultan cruciales para poder realizar un estudio de la construcción reduplicada enfocándose en todos sus posibles significados pragmáticos. Insistimos, por lo tanto, que para poder descifrar el significado de las construcciones reduplicadas, conviene tener en cuenta el carácter polifacético del mecanismo en cuestión.

Tras esbozar el marco metodológico en el que se lleva a cabo el análisis, hemos procedido al análisis de las construcciones reduplicadas en español e italiano basadas en diferentes clases de palabras. En adelante presentamos un breve resumen de los resultados de nuestro estudio en que se demuestran las tesis principales y la posible clasificación de las construcciones analizadas. Además, se delimita el papel de cada tipo de reduplicación en la creación del ethos comunicativo. Como el trabajo tiene carácter comparativo, se hace hincapié también en los usos discursivos propios del español y del italiano. Conviene señalar que, en general, el funcionamiento de las reduplicaciones en ambas lenguas presenta un carácter muy parecido. No obstante, cada lengua se caracteriza por ciertas particularidades que merecen por lo menos un breve comentario.

La reduplicación de imperativos	
Tesis principales	La función de la construcción depende de su grado de gramaticalización.
	Mayor grado de gramaticalización supone mayor valor interactivo de la construcción.
Clasificación de las construcciones	La reduplicación de insistencia: [XX] → [insistir, animar]
	La reduplicación de cortesía convencionalizada: [XX] → [cortesía]
	La reduplicación de marcadores discursivos: [XX] → [funciones interaccionales]
	Las reduplicaciones lexicalizadas
Funciones relacionadas con el ethos comunicativo	Las reduplicaciones pueden funcionar como mecanismos de cortesía verbal (el caso de *pasa pasa* o *dimmi dimmi*).
	La reduplicación del imperativo puede minimizar la distancia entre los interlocutores (el caso de *cuenta cuenta*) y apoyar la interacción entre los hablantes: desempeña, por lo tanto, un papel importante en la formación de las relaciones interpersonales.
	Algunas de las construcciones reduplicadas, especialmente las gramaticalizadas, ayudan a evitar el silencio durante la conversación.
	Algunos casos de reduplicación del imperativo presentan un nivel muy alto de ritualización: son ritos que se emplean en la conversación porque forman parte de la norma establecida por la comunidad de habla.

La reduplicación de imperativos	
Diferencias entre español e italiano	En italiano observamos un mayor número de verbos en imperativo que se han convertido en marcadores discursivos. Por lo tanto, las construcciones reduplicadas basadas en esta categoría también parecen más variadas.
	El repertorio de las reduplicaciones lexicalizadas en italiano parece más amplio que en español.

La reduplicación de sustantivos y adjetivos	
Significado semántico	Prototipo ([XX] → 'X de verdad')
	Contraste ([XX] → 'X y no Y')
Tesis principales	El significado pragmático de las reduplicaciones depende del tipo de secuencia en que aparecen.
	La finalidad pragmática de las construcciones tiene carácter (inter)subjetivo.
Clasificación	Secuencia descriptiva: - la intensificación de la subjetividad: mediante la noción de precisión (se precisa el punto de vista subjetivo), - la intensificación de la intersubjetividad: para facilitar el entendimiento del mensaje descrito, - la topicalización.
	Secuencia argumentativa: - evaluación mediante reduplicación (intensificación de la subjetividad: se presenta el punto de vista subjetivo, la intensificación de la intersubjetividad: se intenta convencer al interlocutor de algo), - atenuación mediante reduplicación (que intensifica la noción de (inter)subjetividad).
	Secuencias descriptivo-argumentativas: sirven para impresionar al interlocutor (función intersubjetiva).
	Preguntas: especificación de la percepción del concepto por parte del interlocutor (intensificación de la intersubjetividad).
	Estructuras gramaticalizadas: - construcciones lexicalizadas, - construcciones de cortesía convencionalizada.

La reduplicación de sustantivos y adjetivos	
Funciones relacionadas con el ethos comunicativo	La interpretación de la prototipicidad depende de la percepción de ciertos conceptos por parte de la sociedad.
	Muchas de las construcciones reduplicadas apoyan la cortesía verbal (relacionada con el hecho de salvar la imagen positiva del interlocutor): - en las secuencias descriptivas, facilitan el entendimiento del mensaje, - en algunas secuencias argumentativas, atenúan una información presentándola como menos directa de modo que el hablante no impone su punto de vista al interlocutor, - en preguntas, llaman la atención sobre la perspectiva del interlocutor resaltando de este modo su importancia en la conversación, - algunas construcciones se han gramaticalizado dando lugar a reduplicaciones de cortesía convencionalizada (como *baccio grosso grosso*).
	Las reduplicaciones actúan a nivel interpersonal: en preguntas, se incorpora la perspectiva del interlocutor para llegar al consenso, de este modo se manifiesta cierta igualdad en las relaciones interpersonales.
	Las reduplicaciones pueden servir como estrategias para evitar el silencio (al convertirse, por ejemplo, en marcadores discursivos).
Diferencias entre español e italiano	El grado de prototipicidad: como en italiano las reduplicaciones suelen ir acompañadas por otros elementos de intensificación (por ejemplo, recursos léxicos tipo *proprio*), parece que la reduplicación no manifiesta el grado máximo de prototipicidad (lo que, en contraste, ocurre en español).
	En italiano encontramos un número mayor de construcciones gramaticalizadas, especialmente de cortesía convencionalizada.

La reduplicación de demostrativos	
El sistema español	La reduplicación de adverbios demostrativos en secuencias descriptivas: intensificación de la subjetividad mediante la precisión.
	La reduplicación de adverbios demostrativos en secuencias argumentativas/interactivas: la intensificación de la intersubjetividad mediante el contraste.
	La reduplicación de adjetivos demostrativos en secuencias de instrucción: para que el interlocutor entienda bien la instrucción.
	La reduplicación de adjetivos demostrativos en secuencias descriptivas: la intensificación de la subjetividad mediante el contraste.
El sistema italiano	En italiano la reduplicación es menos frecuente que en español. Atribuimos este fenómeno a la menor fuerza deíctica de los adjetivos que, en consecuencia, a menudo aparecen en construcciones tipo adjetivo + adverbio (como *questo quì*) en las que resultaría redundante repetir uno de los elementos.
El caso de *eso/ecco*	Son demostrativos que se han gramaticalizado convirtiéndose en marcadores discursivos. Aparecen en la interacción, su función consiste en mostrar acuerdo, la reduplicación refuerza esa función.
Funciones relacionadas con el ethos comunicativo	La cortesía verbal (relacionada con la imagen positiva): - al precisar ciertos conceptos se facilita el entendimiento del enunciado, - las construcciones con *eso/ecco* muestran acuerdo.
	La *parole*: las construcciones *eso/ecco* sirven para evitar el silencio y garantizar el flujo de la conversación.
	Las relaciones interpersonales: se acorta la distancia entre los interlocutores, ya que la reduplicación implica cierta preocupación del hablante por su interlocutor.

La reduplicación de adverbios	
Tesis principal	El significado pragmático de la reduplicación del adverbio depende de todos los factores mencionados: el tipo de secuencia, el tipo de unidad reduplicada y el nivel de gramaticalización.
Clasificación según tipo de secuencia	Secuencia descriptiva: [XX] → [intensificación de la subjetividad]
	Secuencia argumentativa: [XX] → [intensificación de la intersubjetividad]
	Secuencia descriptivo-argumentativa: [XX] → [intensificación de la intersubjetividad – la función de impresionar]
	Reduplicación en preguntas: intensificación de la intersubjetividad al intentar adoptar la perspectiva del interlocutor.
Clasificación según tipo de unidad	Los adverbios deícticos: las mismas funciones que los adverbios demostrativos.
	Los diminutivos: uso convencional relacionado con la cortesía verbal.
Clasificación según grado de gramaticalización	Las construcciones frecuentes: que aparecen muy a menudo.
	Las reduplicaciones de cortesía convencionalizada: actúan como estrategia de cortesía.
	Las reduplicaciones lexicalizadas: construcciones que se han lexicalizado constituyendo unidades lexicalizadas nuevas.
Funciones relacionadas con el ethos comunicativo	La cortesía verbal: la reduplicación de adverbios suele ser un modo bastante indirecto de transmitir contenidos fuertemente subjetivos (que podrían suponer una amenaza a la imagen positiva del interlocutor, pero, que al utilizar este recurso, no lo parecen).
	La ritualización: algunas construcciones se han convencionalizado constituyendo un tipo de rito conversacional para los hablantes.
	La *parole*: algunas construcciones, especialmente de cortesía convencionalizada, sirven para evitar el silencio.

La reduplicación de adverbios	
Diferencias entre español e italiano	En cada una de estas dos lenguas encontramos ciertos lexemas que se presentan más propensos a reduplicarse y que no siempre coinciden en una y otra.
	El italiano parece presentar un grado más alto de gramaticalización de las construcciones reduplicadas basadas en adverbios.

La reduplicación de verbos	
Tendencias generales (verbos no personales)	La reduplicación de gerundios: en secuencias descriptivas, indica iteración o continuidad, intensifica la subjetividad
	La reduplicación de infinitivos: en secuencias argumentativas, indica prototipicidad, intensifica la intersubjetividad
Casos especiales (verbos personales)	La reduplicación de verbos en siciliano que indica inespecificidad.
	La construcción *dice dice* en español que organiza el estilo directo.
Funciones relacionadas con el ethos comunicativo	La reduplicación de verbos facilita la expresión de opinión de acuerdo con las normas de cortesía (evitando la imposición de la propia perspectiva al otro hablante y salvaguardando así su imagen negativa).
	Algunas construcciones se han ritualizado constituyendo expresiones convencionales utilizadas en determinados contextos.

Como se puede observar en las tablas expuestas, la reduplicación, tanto en español como en italiano, desempeña varias funciones relacionadas con el ethos comunicativo de las comunidades analizadas. La noción que destaca en todos los tipos de construcciones es **la cortesía verbal** manifestándose en las dimensiones siguientes:

1) Como un mecanismo estratégico convencionalizado: se trata de reduplicaciones en algún nivel de gramaticalización que realizan la función de FFAs. De

este modo, la reduplicación forma parte de las fórmulas que se aplican en determinados contextos porque tal es la convención asumida por los patrones de cortesía. Por lo tanto, junto con los saludos, las expresiones de agradecimiento y otras formas de cortesía normativa, constituye uno de los mecanismos que se emplean como un rito para que la interacción encaje dentro de lo que llamaríamos una "conversación ideal" en la que los hablantes respetan las normas de cortesía. Este tipo de construcciones, aparte de proyectar cierta imagen del hablante, no proporcionan ninguna información reveladora para el discurso, sino que permiten que la interacción se lleve a cabo con éxito.

2) Como mecanismo para salvar la imagen del interlocutor: como se ha demostrado, en varios casos la reduplicación contribuye a la estructura argumentativa del discurso, facilitando la transmisión de significados subjetivos. Al mismo tiempo, es un mecanismo que presenta contenidos a veces muy subjetivos de manera menos directa. De este modo, el hablante evita imponer su propio punto de vista al interlocutor salvando su imagen negativa.
3) Como mecanismo que ubica el núcleo de la conversación en el punto de vista del interlocutor: en numerosos ejemplos la reduplicación sirve para orientar la conversación hacia el receptor (ahí es donde radica su dimensión intersubjetiva). Es un mecanismo que, al menos en la cultura occidental, parece muy deseado desde el punto de vista de las normas de cortesía. En nuestra área cultural resulta muy cortés respetar la perspectiva del interlocutor o incluso asumirla como punto de referencia. Actuamos en el ámbito cultural en el que prevalece el siguiente tópico: ser egoísta (preocuparse solo por sí mismo) es percibido como algo malo, mientras que ser altruista (preocuparse por otros) se reconoce como algo bueno. Por lo tanto, al llamar la atención sobre la posible postura del interlocutor, se realiza un patrón de altruismo proyectando a la vez una imagen cortés de uno mismo.
4) Como muestra de acuerdo: a veces la reduplicación sirve como mecanismo para mostrar el acuerdo. Así, el hablante salva la imagen positiva de su interlocutor demostrándole que su punto de vista está aceptado por un grupo y, por lo tanto, que puede sentirse como un miembro de este grupo (que no queda excluido). A nuestro juicio, la aceptación por parte de otros constituye un valor muy importante en la cultura occidental, ya que, aunque hasta cierto punto valoramos la individualidad, necesitamos también formar parte de determinadas colectividades.

El segundo ámbito al que concierne la reduplicación es **la *parole***, esto es, la actitud de los hablantes frente a la verbosidad. En las comunidades analizadas, en general, se intenta evitar el silencio. Algunos casos de reduplicación parecen desempeñar la función de rellenar el posible silencio evitando así una situación inconveniente para los hablantes. La dinámica conversacional relacionada con el constante flujo de conversación provoca la aparición de ciertos mecanismos lingüísticos, la reduplicación léxica entre ellos.

En cuanto al concepto de **ritualización**, también parece muy visible en algunas construcciones reduplicadas. Se trata, en principio, de estructuras que han adquirido cierto nivel de gramaticalización y pragmaticalización y que se emplean como ritos en determinadas situaciones comunicativas. La reduplicación, por lo tanto, aparece no solo cuando el hablante desea expresar unos significados semánticos, sino también como un rito en varias situaciones comunicativas. A veces los hablantes se ven inconscientemente obligados a recurrir a la reduplicación porque tal es la convención vigente en las comunidades analizadas.

La reduplicación desempeña también un papel importante a la hora de establecer **las relaciones interpersonales** entre los hablantes. Se trata especialmente de las relaciones horizontales, esto es, la distancia psicológica entre los interlocutores. Como hemos mencionado, en varias ocasiones a lo largo del presente trabajo, la reduplicación suele acortar la distancia emocional entre los participantes de la conversación, creando un ambiente agradable y de igualdad. Además, teniendo en cuenta que la reduplicación suele constituir una muestra de acuerdo, parece favorecer también el patrón del consenso (y no del conflicto). Se trata, por lo tanto, de una estrategia lingüística que parece confirmar las suposiciones acerca de las relaciones interpersonales preferidas en las comunidades analizadas (la relación de cercanía y consenso).

Como ya se ha mencionado, la perspectiva comparativa nos permite vislumbrar numerosos aspectos del mismo mecanismo. En general, la reduplicación léxica en español e italiano comparte varios rasgos característicos, tanto a nivel formal como a nivel semántico-pragmático. No obstante, como el español y el italiano constituyen dos lenguas diferentes, presentan también un amplio abanico de diferencias. La categoría que nos ha planteado mayores problemas a la hora de compararla en las lenguas analizadas son los demostrativos. El comportamiento del demostrativo no reduplicado varía según la lengua, no sorprende, por lo tanto, que su reduplicación también muestre particularidades. Aparte de los demostrativos, observamos también que en cada lengua algunas unidades se presentan más propicias a reduplicarse que otras. Se crean estructuras características para español que no tienen sus representantes correspondientes en italiano (como *dice dice*) y al revés, algunas de las construcciones italianas (por ejemplo, *fuggifuggi*) carecen de equivalentes españoles.

Aunque en numerosas ocasiones la reduplicación en español y en italiano expresan los mismos significados semánticos, en algunos ejemplos podemos apreciar ciertas diferencias. Tal es el caso de la reduplicación de los sustantivos y los adjetivos que en español, expresan el mayor grado de prototipicidad, lo que no ocurre en el italiano (ya que las estructuras reduplicadas italianas pueden someterse a intensificación).

Por último, en varias construcciones italianas observamos un mayor grado de gramaticalización e incluso de lexicalización de las estructuras reduplicadas. En el caso de numerosas categorías, como los verbos en imperativo o los sustantivos y adjetivos, llama la atención un repertorio muy amplio de estructuras que han sufrido el proceso de gramaticalización. En español, aunque también nos encontramos con varias construcciones gramaticalizadas, el proceso parece menos avanzado.

Aparte del análisis detallado de la reduplicación léxica en ambas lenguas, el presente trabajo tiene como objetivo mostrar dos cuestiones. Primero, lo que intentamos subrayar desde el principio de nuestras cavilaciones es que un mecanismo relativamente simple desde el punto de vista formal puede entrañar significados y funciones bastante complejas. En cuanto a su forma, la reduplicación no presenta muchos problemas. No obstante, a la hora de analizarla, nos enfrentamos a numerosos aspectos de gran complejidad. Este hecho está estrechamente vinculado al segundo fundamento del trabajo: para poder explicar un mecanismo lingüístico, se deben tener en cuenta valores y metodologías a veces muy alejadas. Creemos que, para poder describir con detalle el mecanismo de la reduplicación, resulta indispensable **valerse de varios marcos teóricos**. Por eso, en el presente trabajo nos apoyamos en diferentes metodologías y herramientas, como el concepto del ethos comunicativo, la teoría de la cortesía verbal, la Gramática de Construcciones, el Análisis del Discurso, la teoría de la gramaticalización, el concepto de (inter)subjetivización o la teoría de la argumentación. Creemos que solo al combinar estas teorías y conceptos, a menudo pertenecientes a campos muy distintos, se puede obtener un análisis, por lo menos por ahora, lo suficientemente completo.

10. Referencias bibliográficas

Acadèmia Valenciana de la Llengua (2016): *Gramàtica valenciana bàsica*, Valencia: Publicacions de l'Academia Valenciana de la Llengua.

Adam, Jean-Michel (1992): *Les textes: types et prototypes. Récit, description, argumentation, explication et dialogue*, Paris: Nathan.

Aikhenvald, Alexandra (2013): *Imperatives and Commands*, Oxford: Oxford University Press.

Alarcos Llorach, Emilio (1973): *Estudios de gramática funcional del español*, Madrid: Gredos.

Albelda Marco, Marta (2007): *La intensificación como categoría pragmática: revisión y propuesta. Una aplicación al español coloquial*, Frankfurt am Main: Peter Lang.

Albelda Marco, Marta, Barros García, Jesús (2013): *La cortesía en la comunicación*, Madrid: Arco Libros.

Albelda Marco, Marta, Cestero Mancera, Ana María (2011): "De nuevo, sobre los procedimientos de atenuación lingüística", *Español actual: Revista de español vivo*, 96, pp. 9–40.

Álvarez, Miriam (1993): *Tipos de escrito I: Narración y descripción*, Madrid: Arco Libros.

Álvarez, Rosario, Xove, Xosé (2002): *Gramática da lingua galega*, Vigo: Galaxia.

Amietta, Pier Luigi, Magnani, Silvia (1998): *Dal gesto al pensiero. Il linguaggio del corpo alle frontiere della mente*, Milano: Franco Angeli.

André, Jacques (1978): *Les mots à redoublement en latin*, Paris: Klincksieck.

Anscombre, Jean-Claude, Ducrot, Oswald (1994): *La argumentación en la lengua*, J. Sevilla y M. Tordesillas (Trad.), Madrid: Gredos.

Ansre, Gilbert (1963): "Reduplication in Ewe", *Journal of African Languages*, 2, pp. 128–132.

Araújo, Gabriel (2002): "Truncamento e reduplicação no português brasileiro", *Revista de Estudios Lingüísticos Belo Horizonte*, 10/1, pp. 61–90.

Areiza Londoño, Rafael, García Valencia, Alejandro David (2002): "¿Qué significa saludar?", D. Bravo (Ed.), *Actas del Primer Coloquio del Programa EDICE, "La perspectiva no etnocentrista de la cortesía: identidad sociocultural de las comunidades hispanohablantes", Estocolmo, septiembre, 2002*, Estocolmo, pp. 71–85.

Auwera, Johan van der (2002): "More thoughts on degrammaticalization", I. Wischer y G. Diewald (Eds.), *New Reflections on Grammaticalization*, Amsterdam/ Philadelphia: John Benjamins Publishing Company, pp. 19–29.

Awidiejew, Aleksy (2004): *Gramatyka interakcji werbalnej*, Kraków: Wydawnictwo Uniwersytetu Jagiellońskiego.

Bajo Pérez, Elena (2002): *La caracterización morfosintáctica del nombre propio*, A Coruña: Toxosoutos.

Bañón Hernández, Antonio Miguel (1993): *El vocativo. Propuestas para su análisis lingüístico*, Barcelona: Octadero.

Baran, Marek (2010): *Emotividad y convención sociopragmática. Una contribución al estudio del ethos comunicativo de la comunidad hispanohablante peninsular*, Łódź: Wydawnictwo Uniwersytetu Łódzkiego.

Baran, Marek (2014): "La subjetivización y las dinámicas interaccionales", *Studia Romanica Posnaniensia*, 41/1, pp. 3–16.

Bartens, Angela (2000): *Ideophones and Sound Symbolism in Atlantic Creoles*, Saarijärvi: Gummens Printing.

Bauer, Laurie (1991): *English Word-Formation*, Cambridge: Cambridge University Press.

Bazzanella, Carla (1996): *Le fecce del parlare. Un approccio pragmatico all'italiano parlato*, Firenze: La Nuova Italia.

Bazzanella, Carla (2004): "Atténuation et intensification en italien: dimensions et configuration pragmatique", M. H. Araújo Carreira (Ed.), *Plus ou moins?! L'atténuation et l'intensification dans les langues romanes*, Paris: Université Paris 8.

Beinhauer, Werner (1973 [1958]): *El español coloquial*, Madrid: Gredos.

Benveniste, Émile (2010 [1971]): *Problemi di linguistica generale*, M. Vittoria Giuliani (Trad.), Milano: Il Saggiatore.

Berretta, Monica (1985): "I pronomi clitici nell'italiano parlato", G. Holtus y E. Radtke (Eds.), *Gesprochenes Italienisch in Gesichte und Gegenwart*, Tübingen: Gunter Narr Verlag, pp. 185–225.

Beretta, Monica (2011): "Morfologia", A. Sobrero (Ed.), *Introduzione all´italiano contemporaneo*, Roma-Bari: Laterza, pp. 191–245.

Berruto, Gaetano (1985): "Le dislocazioni a destra in italiano", H. Stammerjohann (Ed.), *Tema-Rema in Italiano*, Tübingen: Gunter Narr Verlag.

Blake, Frank (1917): "Reduplication in Tagalog", *The American Journal of Philology*, 38/4, pp. 425–431.

Bogard, Sergio (2015): "Los clíticos pronominales del español. Estructura y función", *Nueva Revista de Filología Hispánica*, 1, pp. 1–38.

Bosque, Ignacio (2007): *Las categorías gramaticales: relaciones y diferencias*, Madrid: Síntesis.

Botha, Rudolf (1988): *Form and Meaning in Word Formation. A study of Afrikaans reduplication*, Cambridge: Cambridge University Press.

Boyero Rodríguez, María José (2005): *Aportación al estudio de los marcadores conversacionales que intervienen en el desarrollo del diálogo* (Tesis doctoral en la Universidad Complutense de Madrid).

Brandimonte, Giovanni (2011): "Breve estudio contrastivo sobre los vocativos en el español y el italiano actual", J. de Santiago Guervós, H. Bongaerts, J. J. Sánchez Iglesias y M. Seseña Gómez (Eds.), *Del texto a la lengua: La aplicación de los textos a la enseñanza-aprendizaje del español L2-LE*, pp. 249–262.

Bravo, Diana (2002): "Actividades de cortesía, imagen social y contextos socioculturales: una introducción", D. Bravo (Ed.), *Actas del Primer Coloquio del Programa EDICE. La perspectiva no etnocentrista de la cortesía: identidad sociocultural de las comunidades hispanohablantes*, Estocolmo, pp. 98–108.

Bravo, Diana (2004): "Tensión entre universalidad y relatividad en las teorías de cortesía", D. Bravo y A. Briz Gómez (Eds.), *Pragmática sociocultural: estudios sobre el discurso de cortesía e español*, Barcelona: Ariel Lingüística, pp. 15–37.

Brinton, Laurel, Traugott, Elizabeth Closs (2006): *Lexicalization and Language Change*, Cambridge: Cambridge University Press.

Briz Gómez, Antonio (1995): "La atenuación en la conversación coloquial. Una categoría pragmática", L. Cortés Rodríguez (Ed.), *Actas del I Simposio sobre análisis del discurso oral, Almería, 23–25 de noviembre de 1994*, Universidad de Almería, pp. 103–122.

Briz Gómez, Antonio (1996): "Los intensificadores en la conversación coloquial", A. Briz Gómez, J. R. Gómez Molina y M. J. Martínez Alcalde (Eds.), *Pragmática y gramática del español hablado. Actas del II Simposio sobre análisis del discurso oral*, Valencia: Libros Pórtico, pp. 11–36.

Briz Gómez, Antonio (1998): *El español coloquial en la conversación. Esbozo de pragmagramática*, Barcelona: Ariel.

Briz Gómez, Antonio (2004): "Cortesía verbal codificada y cortesía verbal interpretada en la conversación", D. Bravo y A. Briz Gómez (Eds.), *Pragmática sociocultural: estudios sobre el discurso de cortesía e español*, Barcelona: Ariel Lingüística, pp. 67–93.

Briz Gómez, Antonio (2017): "Una propuesta funcional para el análisis de la estrategia pragmática intensificadora en la conversación coloquial", M. Albelda Marco y W. Mihatsch (Eds.), *Atenuación e intensificación en géneros discursivos*, Madrid/Frankfurt am Main. Iberoamericana/Vervuert, pp 43–67.

Briz Gómez, Antonio, Albelda Marco, Marta (2013): "Una propuesta teórica y metodológica para el análisis de la atenuación lingüística en español y portugués. La base de un proyecto en común (ES.POR.ATENUACIÓN)", *Onomázein*, 28, pp. 288–319.

Brown, Penelope, Levinson, Stephen (1987): *Politeness. Some universals in language usage*, Cambridge: Cambridge University Press.

Bustos Gisbert, Eugenio de (1986): *La composición nominal en español*, Salamanca: Ediciones Universidad de Salamanca.

Bustos Tovar, José Jesús de (1995): "De la oralidad a la escritura", L. Cortés Rodríguez (Ed.), *El español coloquial. Actas del I Simposio sobre el análisis del discurso oral. Almería, 23–25 de noviembre 1994*, Almería: Universidad de Almería, pp. 11–28.

Butts, Aaron Michael (2011): "Reduplicated Nominal Patterns in Semitic", *Journal of the American Oriental Society*, 131/1, pp. 83–108.

Bybee, Joan (2009): "Language Universals and Usage-Based Theory", M. H. Christiansen, C. Collins y S. Edelman (Eds.), *Language Universals*, Oxford: Oxford University Press, pp. 17–39.

Bybee, Joan (2011): "Usage-based theory and grammaticalization", H. Narrog y B. Heine (Eds.), *The Oxford Handbook of Grammaticalization*, Oxford: Oxford University Press, pp. 69–78.

Cabré Monné, Teresa (2002): "Altres sistemes de formació de mots", J. Solà, *et al.* (Ed.), *Gramàtica del català contemporani. Vol. 1*, Barcelona: Empúries, pp. 889–932.

Calderón Campos, Miguel (2015): "El antropónimo precedido de artículo en la historia del español", *Hispania*, 1, pp. 79–93.

Calsamiglia Blancafort, Helena, Tusón Valls, Amparo (2007): *Las cosas del decir*, Barcelona: Ariel.

Camacho Adarve, María Matilde (2009): *Análisis del discurso y repetición: palabras, actitudes y sentimientos*, Madrid: Arco/Libros.

Campbell, Lyle, Janda, Richard (2001): "Introduction: conceptions of grammaticalization and their problems", *Language Sciences*, 23, pp. 93–112.

Carbonero Cano, Pedro (1979): *Deíxis especial y temporal en el sistema lingüístico*, Sevilla: Publicaciones de la Universidad de Sevilla, Núm. 46.

Ceppellini, Vincenzo (2005): *Dizionario grammaticale. Dizionario pratico di grammatica e linguistica*, Milano: De Agostini.

Cervera Rodríguez, Ángel (1996): *La afirmación en el español actual*, Madrid: Universidad Complutense de Madrid.

Channell, Joanna (2000): "Corpus-Based Analysis of Evaluative Lexis", S. Hunston y G. Thompson (Eds.), *Evaluation in Text. Authorial Stance and the Construction of Discourse*, Oxford: Oxford University Press, pp. 38–55.

Chao, Yuen Ren (1968): *A grammar of spoken Chinese*, Berkeley: University of California Press.

Charaudeau, Patrick (1992): *Grammaire du sens et de l'expression*, Paris: Hachette.

Christaller, Johann Gottlieb (1875): *A grammar of the Asante and Fante language called Tshi (Chwee, Twi)*, Basel: Gregg Press Inc.

Company Company, Concepción (2003): "La gramaticalización en la historia del español", *Medievalia*, 35, pp. 3–61.

Company Company, Concepción (2004a): "Gramaticalización o desgramaticalización? El reanálisis y subjetivización de verbos como marcadores discursivos en la historia del español", *Revista de filología española*, 84/1, pp. 29–66.

Company Company, Concepción (2004b): "Gramaticalización por subjetivización como prescindibilidad de la sintaxis", *Nueva revista de filología hispánica*, 52/1, pp. 1–28.

Company Company, Concepción (2006): "Subjectification of Verbs into Discourse Markers: Semantic-pragmatic Change only?", B. Cornille y N. Delbecque (Eds.), *Topics in Subjectification and Modalization*, Amsterdam: John Benjamins Publishing Company, pp. 97–121.

Conrad, Susan, Biber, Douglas (2000): "Adverbial Marking of Stance in Speech and Writing", S. Hunston y G. Thompson (Eds.), *Evaluation in Text. Authorial Stance and the Construction of Discourse*, Oxford: Oxford University Press, pp. 56–73.

Conradie, Jac (2002): "The iconicity of Afrikaans reduplication", W. G. Müller y O. Fischer (Eds.), *From Sign to Signing. Iconicity in language and literature 3*, Amsterdam/Philadelphia: John Benjamins Publishing Company, pp. 203–223.

Corsaro, William, Rizzo, Thomas (1990): "Disputes in the peer culture of American and Italian nursery-school children", A. Grimshaw (Ed.), *Conflict Talk*, Cambridge: Cambridge University Press, pp. 21–66.

Criado de Val, Manuel (1980): *Estructura general del coloquial*, Madrid: Consejo Superior de Investigaciones Científicas.

Croft, William (1993): *Typology and Universals*, Cambridge: Cambridge University Press.

Croft, William (2001): *Radical Construction Grammar*, Oxford: Oxford University Press.

Cuenca, María Josep, Hilferty, Joseph (2007): *Introducción a la lingüística cognitiva*, Barcelona: Ariel.

Dardano, Maurizio, Trifone, Pietro (2010): *La nuova grammatica della lingua italiana*, Bologna: Zanichelli.

Dąmbska, Izydora (1975): *O konwencjach i konwencji*, Wrocław: Ossolineum.

De Cuypere, Ludovic, Willems, Klaas (2008): "Introduction. Naturalness and iconicity in language", L. De Cuypere y K. Willems (Eds.), *Naturalness and Iconicity in Language*, Amsterdam/Philadelphia: John Benjamins Publishing, pp. 1–13.

Díaz Pérez, Juan Carlos (1997): "Sobre la gramaticalización en el tratamiento nominal", *Revista de Filología Románica*, 14, pp. 193–209.

Díaz Rojo, José Antonio (2002): "El fonosimbolismo: ¿propiedad natural o convención cultural?", *Tonos digital: Revista electrónica de estudios filológicos*, 3.

Downing Rothewell, Angela (1978): "La subjetivización del adverbio en el inglés de hoy", *Cuadernos de investigación filológica*, 4, pp. 17–28.

Dressler, Wolfgang, Merlini Barbaresi, Lavinia (1994): *Morphopragmatics. Diminutives and Intensifiers in Italian, German, and Other Languages*, Berlin/New York: Mouton de Gruyter.

Du Bois, John (2007): "The stance triangle", R. Englebretson (Ed.), *Stancetaking in discourse*, Amsterdam/Philadelphia: John Benjamins Publishing Company, pp. 137–182.

Ducrot, Oswald (1986): *El decir y lo dicho: polifonía de la enunciación*, Barcelona: Paidós.

Dumitrescu, Domniţa (1992): "Sintaxis y pragmática de las preguntas cuasi-eco en español", A. Vilanova (Ed.), *Actas del X Congreso de la Asociación Internacional de Hispanistas, Tomo IV, Barcelona 21–26 de agosto de 1989*, Barcelona.

Dumitrescu, Domniţa (1993): "Función pragma-discursiva de la interrogación ecoica usada como respuesta en español", H. Haverkate, H. K. Hengeveld y G. Mulder (Eds.), *Aproximaciones pragmalingüísticas al español*, Amsterdam/Atlanta: Rodopi, pp. 51–85.

Eckardt, Regine (2008): *Meaning Change in Grammaticalization. An Enquiry into Semantic Reanalysis*, Oxford: Oxford Univeristy Press.

Englebretson, Robert (2007): "Stancetaking in discourse. An introduction", R. Englebretson (Ed.), *Stancetaking in discourse*, Amsterdam/Philadelphia: John Benjamins Publishing Company, pp. 1–25.

Enríquez, Emilia (1984): *El pronombre personal sujeto en la lengua española hablada en Madrid*, Madrid: Instituto "Miguel de Cervantes".

Escandell Vidal, María Victoria (1988): *La interrogación en español: semántica y pragmática*, Tesis Doctoral, Universidad Complutense de Madrid.

Escandell Vidal, María Victoria (1991): "Sobre las reduplicaciones léxicas", *LEA: Lingüística española actual*, 13/1, pp. 71–86.

Fant, Lars (1984): *Estructura informativa en español. Estudio sintáctico y entonativo*, Uppsala .

Fant, Lars (1989): "Cultural mismatch in conversation: Spanish and Scandinavian communicative behaviour in negotiation setting", *Hermès*, 3, pp. 247–265.

Felíu Arquiola, Elena (2011): "Las reduplicaciones léxicas nominales en español actual", *Verba*, 38, pp. 95–126.

Fernández Jódar, Raúl (2003): "La organización del discurso en polaco y español como generador de incomprensión", B. Łuczak (Ed.), *El enfoque social y cultural en los estudios lingüísticos y literarios*, Poznań: Uniwersytet Adama Mickiewicza, pp. 125–134.

Fillmore, Charles, Kay, Paul, O'Connor, Mary Catherine (1988): "Regularity and Idiomacity in Grammatical Constructions: The Case of Let Alone", *Language*, 3, pp. 501–538.

Fischer, Olga (2011): "Grammaticalization as analogically driven change?", H. Narrog y B. Heine (Eds.), *The Oxford Handbook of Grammaticalization*, Oxford: Oxford Univeristy Press, pp. 31–42.

Freixeiro Mato, Xosé Ramón (2016): "Tipos de marcadores discursivos no galego oral e escrito", *Revista Galega de Filoloxía*, 17, pp. 77–118.

Fuentes Rodríguez, Catalina (1989): "De nuevo sobre la aposición", *Verba: Anuario galego de filoloxia*, 16, pp. 215–236.

Fuentes Rodríguez, Catalina (2009): *Diccionario de conectores y operadores del español*, Madrid: Arco Libros.

Fuentes Rodríguez, Catalina (2010): *La gramática de la cortesía en español/LE"*, Madrid: Arco Libros.

Fuentes Rodríguez, Catalina (2012): "Subjetividad, argumentación y (des)cortesía", *Círculo de lingüística aplicada a la comunicación*, 49, pp. 49–92.

Fuentes Rodríguez, Catalina (2013): "Argumentación, (des)cortesía y género en el discurso parlamentario", *Tonos digital: revista electrónica de estudios filológicos*, 25.

Fuentes Rodríguez, Catalina (2015a): *Lingüística pragmática y análisis del discurso*, Madrid: Arco/Libros.

Fuentes Rodríguez, Catalina (2015b): "Pragmagramática de *es que*: El operador de intensificación", *Estudios Filológicos*, 55, pp. 53–76.

Fuentes Rodríguez, Catalina (2016): "(Des)cortesía, imagen social e identidad como categorías sociopragmáticas en el discurso público", D. Dumitrescu y D. Bravo (Eds.), *Roles situacionales, interculturalidad y multiculturalidad en encuentros en español*, Buenos Aires: Editorial Dunken, pp. 165–192.

Fuentes Rodríguez, Catalina, Alcaide Lara, Esperanza R. (2002): *Mecanismos lingüísticos de la persuasión*, Madrid: Arco Libros.

Fuentes Rodríguez, Catalina, Alcaide Lara, Esperanza R. (2007): *La argumentación lingüística y sus medios de expresión*, Madrid: Arco Libros.

Gaeta, Livio (1998): "Some Remarks on Analogy, Reanalysis and Grammaticalization", A. Giacalone Ramat y P. Hopper (Eds.), *The Limits of Grammaticalization*, Philadelphia: John Benjamins Publishing, pp. 89–105.

Garancha Camarero, Mar (1999): "Los procesos de gramaticalización", *Moenia: Revista lucense de lingüística & literatura*, 5, pp. 155–172.

Garcés Gómez, María Pilar (2002–2004): "La repetición: formas y funciones en el discurso oral", *Archivo de filología aragonesa*, 1, pp. 437–456.

García, Carmen, Placencia, María Elena (Eds.) (2011): *Estudios de variación pragmática en español*, Buenos Aires: Editorial Dunken.

García-Miguel, José María (1991): "La duplicación de complemento directo e indirecto como concordancia", *Verba*, 18, pp. 375–410.

García-Page, Mario (1997): "Formas de superlación en español: la repetición", *Verba*, 24, pp. 133–157.

Gaviño Rodríguez, Victoriano (2008): *Español coloquial: pragmática de lo cotidiano*, Cádiz: Universidad de Cádiz.

Geeraerts, Dirk (1997): *Diachronic Prototype Semantics. A Contribution to Historical Lexicology*, Oxford: Clarendon Press.

Ghesquière, Lobke, Brems Lieselotte, Van de Velde, Freek (2014): "Intersubjectivity and intersubjectification. Typology and operationalization", L. Brems, L. Ghesquière y F. Van de Velde (Eds.), *Intersubjectivity and Intersubjectification in Grammar and Discourse. Theoretical and Descriptive Advances*, Amsterdam/Philadelphia: John Benjamins Publishing Company, pp. 129–153.

Ghomeshi, Jila, Jackendoff, Ray, Rosen, Nicole, Russell, Kevin (2004): "Contrastive focus reduplication in English (the salad-salad paper)", *Natural Language & Linguistic Theory*, 22, pp. 307–357.

Gil, David (2005): "From repetition to reduplication in Riau Indonesian", B. Hurch (Ed.), *Studies on Reduplication*, Berlin: De Gruyter, pp. 31–64.

Giuliano, Patrizia, Russo, Rosa (2014): "L'uso dei marcatori discorsivi come segnale di integrazione linguistica e sociale", P. Donadio, G. Gabrielli y M. Massari (Eds.), *Uno come te. Europei e nuovi europei nei percorsi di integrazione*, Milano: Franco Angeli, pp. 237–247.

Givón, Talmy (1980): "The Binding Hierarchy and the Typology of Complements", *Studies in Language*, 4-3, pp. 333–377.

Givón, Talmy (1991a): "Isomorphism in the grammatical code: cognitive and biological considerations", *Studies in Language*, 15-1, pp. 85–114.

Givón, Talmy (1991b): "Markedness in grammar: distributional, communicative and cognitive correlates of syntactic structure", *Studies in Language*, 15-2, pp. 335–370.

Givón, Talmy (1995): "Iconocity, isomorphism and non-arbitrary coding in syntax", *Iconicity in Syntax. Proceedings of a Symposium on Iconicity in Syntax, Stanford, 24–6 June, 1993*, Amsterdam/Philadelphia: John Benjamins Publishing Company, pp. 187–219.

Goddard, Cliff, Wierzbicka, Anna (1997): "Discourse and Culture", T. van Dijk (Ed.), *Discourse as Social Interaction. Discourse Studies: A Multidisciplinary Introduction Volume 1*, London/Thousand Oaks/New Delhi: SAGE, pp. 231–257.

Goffman, Erving (1967): *Interaction Ritual: Essays on Face-to-Face Behaviour*, Nueva York: Doubleday-Anchor.

Goldberg, Adele (1995): *A Construction Grammar Approach to Argument Structure*, Chicago: The University of Chicago Press.

Gonçalves, Carlos Alexandre, Albuquerque Daltio Vialli, Luciana de (2015): "Por uma abordagem compreensiva da reduplicação no português do Brasil", *Pontos de Interrogação*, 1, pp. 123–141.

Gras Manzano, Pedro (2010): "Gramática en interacción: una propuesta desde la Gramática de Construcciones", J. Sueiro Justel, M. Cuevas Alonso, V. Dacosta Cea y M. R. Pérez (Eds.), *Lingüística e Hispanismo*, Lugo: Editorial Axac, pp. 283–298.

Greco, Rosa Anna (1975): "Il costrutto reduplicato nel dialetto tarentino", *Problemi di morfosintassi dialettale. Atti dell'XI Convegno del C.S.D.I, Cosenza-Reggio Calabria, 1–4 Aprile*, Pisa: Pacini, pp. 311–314.

Gutiérrez Ordóñez, Salvador (2014): *Temas, remas, focos tópicos y comentarios*, Madrid: Arco/Libros.

Haeberlin, Herman (1918): "Types of reduplication in the Salish Dialects", *International Journal of American Linguistics*, 2/1, pp. 154–174.

Haiman, John (1980): "The Iconicity of Grammar: Isomorphism and Motivation", *Language*, 56/3, pp. 515–540.

Haiman, John (1983): "Iconic and Economic Motivation", *Language*, 59/4, pp. 781–819.

Haspelmath, Martin (1998): "Does Grammaticalization Need Reanalysis?", *Studies in Language*, 22/2, pp. 315–351.

Haverkate, Henk (1994): *La cortesía verbal. Estudio pragmalingüístico*, Madrid: Gredos.

Heger, Klaus (1967): "La conjugación objetiva en castellano y en francés", *Thesaurus*, 22/2, pp. 153–175.

Heine, Bernd, Kuteva, Tania (2002): *World Lexicon of Grammaticalization*, Cambridge: Cambridge University Press.

Heine, Bernd, Kuteva, Tania (2006): *The changing languages of Europe*, Oxford: Oxford University Press.

Heine, Bernd, Kuteva, Tania (2007): *The Genesis of Grammar. A Reconstruction"*, Oxford: Oxford University Press.

Heine, Bernd, Song, Kyung-An (2011): "On the grammaticalization of personal pronouns", *Journal of Linguistics*, 47, pp. 587–630.

Hernández Alonso, César (1986): *Gramática funcional del español*, Madrid: Gredos.

Hernández Flores, Nieves (2004): "La cortesía como la búsqueda del equilibrio de la imagen social", D. Bravo y A. Briz Gómez (Eds.), *Pragmática sociocultural: estudios sobre el discurso de cortesía e español*, Barcelona: Ariel Lingüística, pp. 95–108.

Hernández Sacristán, Carlos (1999): *Culturas y acción comunicativa. Introducción a la pragmática intercultural*, Barcelona: Octaedro.

Herrero, Gemma (1995): "Las construcciones eco: exclamativas-eco en español", *El español coloquial, Actas del I Simposio sobre análisis del discurso oral, Almería, 23–25 de noviembre de 1994*, Almería: Universidad de Almería, pp. 125–145.

Hoffmann, Sebastian (2004): "Are low-frecuency complex prepositions grammaticalized? On the limits of corpus data – and the importance of intuition", H. Lindquist y C. Mair (Eds.), *Corpus Approaches to Grammaticalization in English*, Amsterdam/Philadelphia: John Benjamins Publishing Company, pp. 171–210.

Hopper, Paul (1987): "Emergent Grammar", *Proceedings of the Thirteenth Annual Meeting of the Berkeley Linguistics Society*, pp. 139–157.

Hopper, Paul, Thompson, Sandra (1985): "The iconicity of the universal categories 'noun' and 'verb' ", *Iconicity in Syntax. Proceedings of a Symposium on Iconicity in Syntax, Stanford, 24–6 June, 1993*, Amsterdam/Philadelphia: John Benjamins Publishing Company, pp. 151–183.

Hopper, Paul, Traugott, Elisabeth Closs (1993): *Grammaticalization*, Cambridge: Cambridge University Press.

Huerta Flores, Norohella (2005): "Gramaticalización y concordancia objetiva en el español. Despronominalización del clítico dativo plural", *Verba*, 32, pp. 165–190.

Hunston, Susan (2011): *Corpus Approaches to Evaluation. Phraseology and Evaluative Language*, New York/London: Routlesge.

Huszcza, Romuald (2005): "Politeness in Poland: From 'Titlemania' to Grammaticalised Honorifics", L. Hickey y M. Stewart (Eds.), *Politeness in Europe*, Clevedon/Buffalo/Toronto: Multilingual Matters, pp. 218–233.

Hymes, Dell (1972): "Models of the Interaction of Language and Social Life", J. Gumperz y D. Hymes (Eds.), *Directions in Sociolinguistics. The Ethnography of Communication*, New York: Holt, Rinehart and Winston, pp. 35–71.

Inchaurralde Besga, Carlos (2000–2001): "Cultura e interacción lingüística", *RESLA*, 14, pp. 181–195.

Inkelas, Sharon, Zoll, Cheryl (2005): *Reduplication. Doubling in Morphology*, Cambridge: Cambridge University Press.

Iwasaki, Shoichi (1993): *Subjectivity in Grammar and Discourse. Theoretical Considerations and a Case Study of Japanese Spoken Discourse*, Amsterdam/Philadelphia: John Benjamins Publishing Company.

Jackiewicz, Agata (2016): *Études su le discours évaluatifs et d'opinion*, Paris: L'Harmattou.

Jakobson, Roman (1988 [1965]): "Charles Sanders Peirce y la búsqueda de la esencia de la lengua", J. L. Melena, G. Gostas y V. Díaz (Eds.), *Obras selectas I*, Madrid: Gredos, pp. 113–124.

Jiménez Juliá, Tomás (1986): *Aproximación al estudio de las funciones informativas*, Málaga: Agora.

Kay, Paul, Fillmore, Charles (1999): "Grammatical Constructions and Linguistic Generalizations: The What's X doing Y Construction", *Language*, 1, pp. 1–33.

Kerbrat-Orecchioni, Catherine (1980): *L'Énonciation. De la subjectivité dans le langage*, Paris: Armand Colin.

Kerbrat-Orecchioni, Catherine (1996): *La conversation*, Paris: Seuil.

Kerbrat-Orecchioni, Catherine (1998): *Les interactions verbales. Variations culturelles et échanges rituels, t. 3*, Paris: Armand Colin.

Kerbrat-Orecchioni, Catherine (2004): "Es universal la cortesía? Tensión entre universalidad y relatividad en las teorías de cortesía", D. Bravo y A. Briz Gómez (Eds.), *Pragmática sociocultural: estudios sobre el discurso de cortesía e español*, Barcelona: Ariel Lingüística, pp. 39–53.

Kiesling, Scott (2009): "Style as Stance. Stance as Explanation for Patterns of Sociolinguistic Variation", A. Jaffe (Ed.), *Stance. Sociolinguistic Perspectives*, Oxford: Oxford Univeristy Press, pp. 171–194.

Kirsner, Robert (1995): "Iconicity and grammatical meaning", *Iconocity in Syntax. Proceedings of a Symposium on Iconicity in Syntax, Stanford, 24–6 June, 1993*, Amsterdam/Philadelphia: John Benjamins Publishing Company, pp. 249–287.

Kiyomil, Setsuko, Davis, Stuart (1992): "Verb Reduplication in Swati", *African Languages and Cultures*, 5/2, pp. 113–124.

Kuryłowicz, Jerzy (1968): *O rozwoju kategorii gramatycznych*, Kraków: Polska Akademia Nauk.

Kuteva, Tania (2004): *Auxiliation. An Enquiry into the Nature of Grammaticalization*, Oxford: Oxford University Press.

Lakoff, Robin (1973): "The logic of politeness or minding your p´s and q´s", C. Colum *et al.* (Ed.), *Papers from the Ninth Regional Meeting of the Chicago Society*, Chicago: Chicago Linguistic Society, pp. 292–305.

Lamíquiz, Vidal (1991): *La cuantificación lingüística y los cuantificadores*, Madrid: Universidad Nacional de Educación a Distancia.

Landone, Elena (2009): *Los marcadores del discurso y la cortesía verbal en español*, Bern: Peter Lang.

Langacker, Ronald (2005): *Obserwacje i rozważania na temat zjawiska subiektyfikacji*, M. Majewska (Trad.), Kraków: Universitas.

Langacker, Ronald (2006): "Subjectification, grammaticalization, and conceptual archetypes", A. Athanasiadou, C. Canakis y B. Cornillie (Eds.), *Subjectification. Various Paths to Subjectivity*, Berlin/New York: Mouton de Gruyter, pp. 17–40.

Lass, Roger (1997): *Historical Linguistics and Language Change*, Cambridge: Cambridge University Press

Ledgeway, Adam (2015): "Varieties in Italy", G. Holtus y F. Sánchez Miret (Eds.), *Manuals of Romance Linguistics. Volume 6. Manual of Deixis in Romance Languages*, Berlin: De Gruyter, pp. 63–101.

Leech, Geoffrey (1983): *Principles of Pragmatics*, London: Longman.

Leech, Geoffrey (1999): "The Distribution and Function of Vocatives in American and British English Conversation", H. Hasselgård y S. Oksefjell (Eds.), *Out of Corpora: Studies in Honour of Stig Johansson*, Amsterdam-Atlanta: Rodopi, pp. 107–120.

Lehmann, Christian (2005): "Pleonasm and hypercharacterization", G. E. Booij y J. van Marle (Eds.), *Yearbook of Morphology*, Heidelberg: Springer, pp. 119–154.

Lehmann, Christian (2015 [1982]): *Thoughts on Grammaticalization*, Berlin: Language Science Press.

Leone, Alfonso (1960): "Ripetizione intensiva", *Lingua Nostra*, 21/4, pp. 126–128.

Linell, Per (1984): *Approaching Dialogue. Talk, interaction and contexts in dialogical perspectives*, Amsterdam/Philadelphia: John Benjamins Publishing Company.

Lloyd, Paul (1966): "Some Reduplicative Words in Colloquial Spanish", *Hispanic Review*, 2, pp. 135–142.

Lo Cascio, Vincenzo (1998): *Gramática de la argumentación*, Madrid: Alianza.

Lyons, John (1994): "Subjecthood and Subjectivity", M. Yaguello (Ed.), *The Status of Subject in Linguistic Theory*, Paris: Institut Français du Royanne-Uni, pp. 9–17.

Mair, Christian (2004): "Corpus linguistics and grammaticalisation theory", H. Lindquist y C. Mair (Eds.), *Corpus Approaches to Grammaticalization in English*, Amsterdam/Philadelphia: John Benjamins Publishing Company, pp. 121–150.

Mair, Christian (2011): "Grammaticalization and corpus linguistics", H. Narrog y B. Heine (Eds.), *The Oxford Handbook of Grammaticalization*, Oxford: Oxford University Press, pp. 239–250.

Małocha-Krupa, Agnieszka (2003): *Słowa w lustrze. Pleonazm-semanytka-pragmatyka*, Wrocław: Wydawnictwo Uniwersytetu Wrocławskiego.

Marantz, Alec (1982): "Re Reduplication", *Linguistic Inquiry*, 13/3, pp. 435–482.

Márquez Reiter, Rosina, Placencia, María Elena (2005): *Spanish Pragmatics*, New York: Pelgrave Macmillan.

Martin, James, White, Peter (2005): *The Language of Evaluation. Appraisal in English*, New York: Palgrave Macmillan.

Matte Bon, Francisco (1995): *Gramática Comunicativa del español. Tomo I*, Madrid: Edelsa.

Meyer-Hermann, Reinhard (1972): "Atenuación e intensificación (análisis pragmático de sus formas y funciones en español hablado)", *Anuario de Estudios Filológicos*, 11, pp. 275–290.

Moravcsik, Edith A (1978): "Reduplicative Constructions", *Universals of Human Language, Vol. III*, J. H. Greenberg (Ed.), Stanford: Stanford Univeristy Press, pp. 297–334.

Moreno Cabrera, Juan Carlos (2016): "Semántica de la reduplicación apofónica en las lenguas romances", B. García-Hernández y M. Azucena Penas Ibáñez (Eds.), *Semántica latina y románica: unidades de significado conceptual y procedimental*, New York: Peter Lang, pp. 29–56.

Morin, Yves (1972): "The Phonology of Echo-Words in French", *Language*, 48/1, pp. 97–108.

Narrog, Heiko (2012): *Modality, Subjectivity and Semantic Change*, Oxford: Oxford Univeristy Press.

Nowikow, Wiaczesław (2003): "Sobre los modelos etológico-lingüísticos", B. Łuczak (Ed.), *El enfoque social y cultural en los estudios lingüísticos y literarios*, Poznań: Uniwersytet Adama Mickiewicza, pp. 155–162.

Nowikow, Wiaczesław (2005): "El enfoque etológico-lingüístico desde la perspectiva de las pragmáticas transcultural e interlingüística", *Lodz Papers in Pragmatics*, 1, pp. 179–195.

Nuyts, Jan (2014): "Notions of (inter)subjectivity", L. Brems, L. Ghesquière y F. Van de Velde (Eds.), *Intersubjectivity and Intersubjectification in Grammar and Discourse. Theoretical and descriptive advances*, Amsterdam/Philadelphia: John Benjamins Publishing Company, pp. 53–76.

Ożóg, Kazimierz (1992): "O niektórych aspektach semantyki zwrotów grzecznościowych", J. Anusiewicz y M. Marcjanik (Eds.), *Język a kultura t. 6*, Wrocław.

Padilla Cruz, Manuel (2003): "Perspectivas pragmáticas sobre los saludos", *Interlingüística*, 14, pp. 815–828.

Parker, Frank, Pickeral, John (1985): "Echo Questions in English", *American Speech*, 60/4, pp. 337–347.

Pastor Gaitero, Pilar (2011): *Adquisición del español por hablantes de italiano: los demostrativos en la interlengua*, Tesis doctoral realizada en la Universidad Nebrija.

Paula Pombar, María Nieves de (1978): *Contribución al estudio de la aposición en español actual*, Tesis Doctoral realizada en la Universidad de Santiago de Compostela.

Peñalver Castillo, Manuel (2009): "Los marcadores conversacionales. Aspectos pragmáticos y discursivos", *Moemia*, 15, pp. 223–224.

Pinto de Lima, José (2014): *Studies on Grammaticalization and Lexicalization*, München: Lincom Europa.

Plantin, Christian (1998): *La argumentación*, Barcelona: Ariel.

Poggi Salani, Teresa (1971): "Il tipo *caffé caffé*", *Lingua Nostra*, 32/3, pp. 67–74.

Porroche Ballesteros, Margarita (2009): *Aspectos de gramática del español coloquial para profesores de español como L2*, Madrid: Arco/Libros.

Portolés, José (2007): *Marcadores del discurso*, Barcelona: Ariel.

Pratt, George (1862): *A Samoan Dictionary: English and Samoan, and Samoan and English, with a short grammar of the Samoan dialect*, London: London Missionary Society's Press.

Raga Gimeno, Francisco (2005): *Comunicación y cultura. Propuestas para el análisis transcultural de las interacciones comunicativas cara a cara*, Madrid/Frankfurt am Main: Iberoamericana/Vervuert.

Ratcliffe, Robert (1996): "Drift and Noun Plural Reduplication in Afroasiatic", *Bulletin of the School of Oriental and African Studies, University of London*, 59/2, pp. 296–311.

Reyes, Graciela (1996): *Los procedimientos de cita: citas encubiertas y ecos*, Madrid: Arco/Libros.

Ricci Bitti, Pio (Ed.) (1988): *Comunicazione e gestualità*, Milano: Franco Angeli.

Rinke, Esther (2010): "A combinação de artigo definido e pronome possessivo na história do Português", *Estudos de lingüística galega*, 2, pp. 121–139.

Robins, Robert (1959): "Nominal and verbal derivation in Sundanese", *Lingua*, 8, pp. 337–369.

Roca, Francesc, Suñer, Avel·lina (1997–1998): "Reduplicación y tipos de cuantificación en español", *Estudi general: Revista de la Facultat de Lletres de la Universitat de Girona*, 17–18, pp. 37–67.

Rohdenburg, Günter (2002): "Aspects of grammatical iconicity in English", W. G. Müller y O. Fisher (Eds.), *From Sign to Signing. Iconicity in Language and Literature 3*, Amsterdam/Philadelphia: John Benjamins Publishing Company, pp. 263–285.

Rohlfs, Gerhard (1968): *Grammatica storica della lingua italiana e dei suoi dialetti. Morfologia*, T. Franceschi (Trad.), Torino: Einaudi.

Rojo, Guillermo (1983): *Aspectos básicos de sintaxis funcional*, Málaga: Librería Ágora.

Romero Aguilera, Laura (2006): "La gramaticalización de verbos de movimiento como marcadores del discurso: el caso de *vamos*", *Res Diachronicae*, 5, pp. 46–56.

Rossitto, Concetto (1975): "Di alcuni tratti morfosintattici del siciliano e delle loro interferenze sull'italiano di Sicilia", *Problemi di morfosintassi dialettale. Atti dell'XI Convegno del C.S.D.I, Cosenza-Reggio Calabria, 1–4 Aprile*, Pisa: Pacini, pp. 153–176.

Saunders, George (1995): "Silence and Noise as Emotion Management Styles: An Italian Case", D. Tannen y M. Seville-Troike (Eds.), *Perspectives on Silence*, Norwood/New Jersey: Alex Publishing Corporation, pp. 165–183.

Sawicka, Grażyna (2006): *Język a konwencja*, Bydgoszcz: Wydawnictwo Uniwersytetu Kazimierza Wielkiego.

Schapira, Charlotte (1988): "Le redoublement expressif dans la création lexicale", *Cahiers de lexicologie*, 52, pp. 51–63.

Scheibman, Joanne (2002): *Point of View and Grammar*, Amsterdam/Philadelphia: John Benjamins Publishing Company.

Schneider, Stefan (2013): "La atenuación gramatical y léxica", *Oralia*, 16, pp. 335–356.

Schneider, Stefan (2017): "Las dimensiones de la intensificación y de la atenuación", M. Albelda Marco y W. Mihatsch (Eds.), *Atenuación e intensificación en géneros discursivos*, Madrid/Frankfurt am Main: Iberoamericana/Vervuert, pp. 23–42.

Sensini, Marcello (1997): *La grammatica della lingua italiana*, Milano: Mondadori.

Sgarioto, Laura (2006): "*Caminari riva riva:* su un fenomeno di reduplicazione nominale in siciliano", *Quaderni di Lavoro dell'ASIS*, 5, pp. 36–49.

Simone, Raffaele (1994): "Iconic Aspects of Syntax: A Pragmatic Approach", R. Simone (Ed.), *Iconicity in Language*, Amsterdam/Philadelphia: John Benjamins Publishing, pp. 153–169.

Skoda, Françoise (1982): *Le redoublement expressif: un universal linguistique. Analyse du procédé en grec ancien et en d'autres langues*, Paris: SELAF.

Sławomirski, Jerzy (1990): "La duplicación de objetos: ¿conjugación objetiva o polisíntesis?", *Revista Española de Lingüística*, 20/1, pp. 99–109.

Sorrento, Luigi (1950): *Sintassi romanza*, Varese-Milano: Istituto Editoriale Cisalpino.

Stenström, Anna-Brita (1988): "Questioning in Conversation", M. Meyer (Ed.), *Questions and Questioning*, Berlin: Walter de Gruyter, pp. 304–325.

Sweetser, Eve (2012): "Introduction: viewpoint and perspective in language, and gesture, from the Ground down", B. Dancygier y E. Sweetser (Eds.), *Viewpoint in Language. A Multimodal Perspective*, Cambridge: Cambridge University Press, pp. 1–22.

Tannen, Deborah (1981): "Indirectness in discourse: Ethnicity as conversational style", *Discourse Strategies*, 3, pp. 221–238.

Tannen, Deborah (1990): "Talking New York", *New York*, September 24, pp. 68–75.

Tannen, Deborah (2005): *Conversational Style. Analyzing Talk among Friends*, Oxford: Oxford University Press.

Tannen, Deborah (2007): *Talking Voices. Repetition, Dialogue, and Imagery in Conversational Discourse*, Cambridge: Cambridge University Press.

Tannen, Deborah, Öztek, Piyale (1981): "Health to Our Mounths. Formulaic Expressions in Turkish and Greek", F. Coulmas (Ed.), *Conversational Routine*, The Hague: Mouton, pp. 37–54.

Tannen, Deborah, Seville-Troike, Muriel (Eds.) (1995): *Perspectives on Silence*, Norwood/New Jersey: Alex Publishing Corporation.

Taylor, John (1995): *Linguistic Categorization: Prototypes in Linguistic Theory*, Oxford: Oxford University Press.

Thompson, Geoff, Hunston, Susan (2000): "Evaluation: An Introduction", S. Hunston y G. Thompson (Eds.), *Evaluation in Text. Authorial Stance and the Construction of Discourse*, Oxford: Oxford University Press, pp. 1–27.

Thornton, Anna (2009): "Italian verb reduplication between syntx and the lexicon", *Rivista di Linguistica*, 21, 253–261.

Torreblanca Perles, José María (2005): "Los pronombres de objeto indirecto. Implicaciones pragmáticas y culturales", *ASELE. Actas XVI*, pp. 635–643.

Toulmin, Stephen (2007): *Los usos de la argumentación*, Barcelona: Península.

Traugott, Elisabeth Closs (1988): "Pragmatic Streghtening and Grammaticalization", *Proceedings of the Fourteenth Annual Meeting of Berkeley Linguistics*, pp. 406–416.

Traugott, Elisabeth Closs (2003): "From subjectification to intersubjectification", R. Hickey (Ed.), *Motives for Language Change*, Cambridge: Cambridge University Press, pp. 124–139.

Traugott, Elisabeth Closs (2010): "(Inter)subjectivity and (inter)subjectification: A reassessment", K. Davidse, L. Vandelanotte y H. Cuyckens (Eds.), *Subjectification, Intersubjectification and Grammaticalization*, Berlin/New York: De Gruyter, pp. 29–71.

Traugott, Elisabeth Closs (2014a): "Intersubjectification and clause periphery", L. Brems, L. Ghesquière y F. Van de Velde (Eds.), *Intersubjectivity and Intersubjectification in Grammar and Discourse. Theoretical and descriptive advances*, Amsterdam/Philadelphia: John Benjamins Publishing Company, pp. 7–27.

Traugott, Elisabeth Closs (2014b): "Toward a constructional framework for research on language change", S. Hancil y E. König (Eds.), *Grammaticalization – Theory and Data*, Amsterdam/Philadelphia: John Benjamins Publishing Company, pp. 87–105.

Traugott, Elisabeth Closs, Dasher, Richard (2002): *Regularity in Semantic Change*, Cambridge: Cambridge University Press.

Travis, Lisa (1999): "A syntactician's view of reduplication", *Proceedings of the Austronesian Formal Linguistics Association (AFLA) VI, Toronto Working Papers in Linguistics.*

Travis, Lisa (2001): "The Syntax of Reduplication", *Proceedings of Northeast Linguistics Society GLSA*, pp. 454–469.

Ureña Rib, Pedro, Cruz Rodríguez, José Manuel (1998): "Los referentes interculturales en la enseñanza del ELE en el Caribe insular", *Actas del IX Congreso*

Internacional de la ASELE Español como Lengua Extranjera: Enfoque Comunicativo y Gramática, Santiago de Compostela.

Valenzuela, Javier, Hilferty, Joseph, Garachana, Mar (2005): "On the reality of constructions: The Spanish reduplicative-topic construction", *Annual Review of Cognitive Linguistics*, 3, pp. 201–215.

Van Nuffel, Robert (1983): "La ripetizione intensiva in Pirandello", C. Angelet, L. Meli, F. J. Mateus y F. Musarra (Eds.), *Language, dialecte, literature. Etudes romanes à mémoire de Hugo Plomteux*, Leuven: Leuven University Press, pp. 125–140.

Varela Ortega, Soledad (2005): *Morfología léxica: la formación de palabras*, Madrid: Gredos.

Verhagen, Ana (1995): "Subjectification, syntax, and communication", D. Stein y S. Wright (Eds.), *Subjectivity and Subjectivisation. Linguistic Perspectives*, Cambridge: Cambridge University Press, pp. 103–128.

Verhagen, Arie (2005): *Constructions of Intersubjectivity. Discourse, Syntax, and Cognition*, Oxford: Oxford University Press.

Vigara Tauste, Ana María (1992): *Morfosintaxis del español coloquial. Esbozo estilístico*, Madrid: Gredos.

Vigara Tauste, Ana María (1995): "Comodidad y recurrencia en la organización del discurso coloquial", L. Cortés Rodríguez (Ed.), *El español coloquial. Actas del I Simposio sobre análisis del discurso oral, Almería, 23–25 de noviembre de 1994*, Almería: Universidad de Almería, pp. 175–208.

Voeltz, Erhard, Kilian-Hatz, Christa (Eds.) (2001): *Ideophones*, Amsterdam/Philadelphia: John Benjamins Publishing.

Wagner, Robert León, Pinchon, Jacqueline (1991): *Grammaire du Français classique et moderne*, Paris: Hachette.

Watson, Richard (1966): *Reduplication in Pacoh*, M.A. Tesis, Hartford Seminary Foundation.

Wierzbicka, Anna (1988): *The Semantics of Grammar*, Amsterdam/Philadelphia: John Benjamins Publishing Company.

Wierzbicka, Anna (1990): " 'Prototypes save': on the uses and abuses of the notion of 'prototype' in linguistics and related fields", S. L. Tsohatzidis (Ed.), *Meanings and Prototypes. Studies in Linguistic categorization*, London/New York: Routledge, pp. 347–367.

Wierzbicka, Anna (1991): *Cross-cultural Pragmatics. The Semantics of Human Interaction*, Berlin/New York: Mouton de Gruyter.

Wierzbicka, Anna (1997): *Understanding Cultures Through Their Key Words. English, Russian, Polish, German, and Japanese*, Oxford: Oxford University Press.

Wierzbicka, Anna (1999): "Włoska reduplikacja. Pragmatyka międzykulturowa i semantyka illokucyjna", J. Bartmiński (Ed.), *Język – umysł – kultura*, A. Kochańska (Trad.), Warszawa: PWN, pp. 270–299.

Wierzbicka, Anna (2006): *Semantyka. Jednostki elementarne i uniwersalne*, A. Głaz, K. Korżyk y R. Tokarski (Trad.), Lublin: Wydawnictwo UMCS.

Williams, Alonzo (1875): "On Verb-Reduplication as a Means of Expressing Completed Action", *Transactions of the American Philological Association (1869–1896)*, pp. 54–68.

Wisher, Ilse (2000): "Grammaticalization versus lexicalization. 'Methinks' there is some confusion", O. Fisher, A. Rosenbach y D. Stein (Eds.), *Pathways of Change*, Amsterdam/Philadelphia: John Benjamins Publishing Company, pp. 355–370.

Corpus:

British National Corpus [en línea]: https://corpus.byu.edu/bnc/.

Briz Gómez, Antonio y Grupo Val.Es.Co. (2002): *Corpus de conversaciones coloquiales*, Madrid: Arco/Libros.

Cabedo, Adrián, Pons, Salvador (Eds.): *Corpus Val.Es.Co 2.0*, [en línea]: http://www.valesco.es.

Corpus del Español [en línea]: http://www.corpusdelespanol.org/hist-gen/.

Corpus do Portugues [en línea]: http://www.corpusdoportugues.org.

ESLORA: Corpus para el estudio del español oral, versión 1.2.2 de noviembre de 2018, [en línea]: http://eslora.usc.es.

Laboratorio de Lingüística Informática, Universidad Autónoma de Madrid: *CORLEC, Corpus Oral de Referencia de la Lengua Española Contemporánea*, [en línea]: http://www.lllf.uam.es/ESP/InfoCorlec.html.

Perugia corpus (PEC): scritto e parlato [en línea]: https://www.unistrapg.it/cqpweb/pec/.

Pęzik, Piotr (2012): *Język mówiony w NKJP. Narodowy Korpus Języka Polskiego*, A. Przepiórkowski, M. Bańko, R. Górski, B. Lewandowska-Tomaszczyk (Eds.), Wydawnictwo PWN.

Real Academia Española: *Corpus del Español del Siglo XXI (CORPES)*, [en línea]: http://www.rae.es.

Real Academia Española: *Corpus de referencia del español actual*, [en línea]: http://www.rae.es.

Voghera, Miriam, Cutugno, Francesco, Iacobini, Claudio, Savy, Renata: *VoLIP: Voce del LIP*, [en línea]: http://www.parlaritaliano.it/index.php/en/volip.

Études de linguistique, littérature et art
Studi di Lingua, Letteratura e Arte

Dirigée par Katarzyna Wołowska et Maria Załęska

Volume 1 Teresa Muryn / Salah Mejri / Wojciech Prażuch / Inès Sfar (éds): La phraséologie entre langues et cultures. Structures, fonctionnements, discours. 2013.

Volume 2 Przemysław Dębowiak: La formation diminutive dans les langues romanes. 2014.

Volume 3 Katarzyna Wołowska: Le sens absent. Approche microstructurale et interpétative du virtuel sémantique. 2014.

Volume 4 Monika Kulesza: Le romanesque dans les *Lettres* de Madame de Sévigné. 2014.

Volume 5 Judyta Zbierska-Mościcka: Lieux de vie, lieux de sens. Le couple lieu/identité dans le roman belge contemporain. Rolin-Harpman-Feyder-Lalande-Lamarche-Deltenre. 2015.

Volume 6 Izabela Pozierak-Trybisz: Analyse sémantique des prédicats de communication. Production et interprétation des signes. Emplois de communication non verbale. 2015.

Volume 7 Maria Załęska: Retorica della linguistica. Scienza, struttura, scrittura. 2014.

Volume 8 Teresa Muryn / Salah Mejri / Wojciech Prażuch / Inès Sfar (éds.): La phraséologie entre langues et cultures. Structures, fonctionnements, discours. 2015.

Volume 9 Ewa Stala: El léxico español en el *Waaren-Lexicon in zwölf Sprachen* de Ph. A. Nemnich. 2015.

Volume 10 Paulina Mazurkiewicz: Terminologie française et polonaise relative à la famille. Analyses fondées sur les documents de la doctrine sociale de l'Église catholique. 2015.

Volume 11 Christophe Cusimano: Le Sens en mouvement. Études de sémantique interprétative. 2015.

Volume 12 Renata Jakubczuk: Téo Spychalski: Dépassement scénique du littéraire. 2015.

Volume 13 Katarzyna Gabrysiak: Analyse lexicale des verbes français exprimant la cause. À partir de l'exemple de *déterminer* et de *produire*. 2015.

Volume 14 Anna Grochowska-Reiter: Commedia all'italiana come specchio di stereotipi veicolati dal dialetto. Un approccio sociolinguistico. 2016.

Volume 15 Marta E. Cichocka: Estrategias de la novela histórica contemporánea. Pasado plural, Postmemoria, Pophistoria. 2016.

Volume 16 Anna Krzyżanowska / Katarzyna Wołowska (éds): Les émotions et les valeurs dans la communication I. Découvrir l'univers de la langue. 2016.

Volume 17 Anna Krzyżanowska / Katarzyna Wołowska (éds): Les émotions et les valeurs dans la communication II. Entrer dans l'univers du discours. 2016.

Volume 18 Edyta Kociubińska (éd.): Le jeu dans tous ses états. Études dix-neuviémistes. 2016.

Volume 19 Maria Załęska (ed.): Il discorso accademico italiano. Temi, domande, prospettive. 2016.

Volume 20 Adrianna Siennicka: Benito Mussolini retore. Un caso di persuasione politica. 2016.

Volume 21 Regina Bochenek-Franczakowa: Présences de George Sand en Pologne. 2017.

Volume 22 Andrzej Zieliński: Las fórmulas honoríficas con -ísimo en la historia del español. Contribución a la lexicalización de la deixis social. 2017.

Volume 23 Ewa Kalinowska: Lire en classe de français. Nouvelles d'expression française dans l'enseignement et l'apprentissage du FLE. 2017.

Volume 24 Paulina Malicka: Il movimento del dono nella poesia di Eugenio Montale. Rifiutare – ricevere – ricambiare. 2017.

Volume 25 Anne Isabelle François / Edyta Kociubińska / Gilbert Pham-Thanh / Pierre Zoberman (dirs.): Figures du dandysme. 2017.

Volume 26 Andrzej Zieliński / Rosa María Espinosa Elorza: La modalidad dinámica en la historia del español. 2018.

Volume 27 Wojciec Prażuch. Les langues de bois contemporaines. Entre la novlangue totalitaire et le discours détabouisé du néo-populisme. 2018.

Volume 28 Witold Wołowski (ed.): Le théâtre à (re)découvrir I. Intermédia / Intercultures. 2018.

Volume 29 Witold Wołowski (ed.): Le théâtre à (re)découvrir II. Intermédia / Intercultures. 2018.

Volume 30 Gilles Quentel: La genèse du lexique français. 2018.

Volume 31 Luca Palmarini: La lessicografia bilingue italiano-polacca e polacco-italiana dal 1856 al 1946. 2018.

Volume 32 Anna Krzyżanowska / Jolanta Rachwalska von Rejchwald (éds.): Texte, Fragmentation, Créativité I. Text, Fragmentation, Creativity I. Penser le fragment en linguistique. Studies on a fragment in linguistics. 2018.

Volume 33 Jolanta Rachwalska von Rejchwald / Anna Krzyżanowska (éds.): Texte, Fragmentation, Créativité II. Text, Fragmentation, Creativity II. Penser le fragment littéraire. Studies on a fragment in literature. 2018.

Volume 34 Tomasz Szymański : Texte, La morale des choses. Sur la théorie des correspondances dans l'œuvre de Charles Baudelaire. 2019.

Volume 35 Maciej Durkiewicz : Lingua e testualità dei diari on-line italiani. 2019.

Volume 36 Nikol Dziub / Tatiana Musinova / Augustin Voegele (éds): Traduction et interculturalité. Entre identité et altérité. 2019.

Volume 37 Krzysztof Kotuła: Voir à travers le texte, lire à travers l'image. Les mécanismes de la lecture du manuscrit médiéval. 2019.

Volume 38 Edyta Kociubińska (éd.): Le dandysme, de l'histoire au mythe. 2019.

Volume 39 Katarzyna Wołowska (éd.): Les facettes de l'interprétation multiple. 2019.

Volume 40 Ewa Urbaniak: La reduplicación léxica en español y en italiano: formas y motivaciones. 2020.

www.peterlang.com